数据合规师概论

数据合规师教程Ⅰ

商建刚 孙建伟◎编著

施伟东 郑少华／主编

 中国政法大学出版社

2023·北京

图书在版编目（ＣＩＰ）数据

数据合规师概论/商建刚，孙建伟编著；施伟东，郑少华主编. —北京：中国政法大学出版社，2023.11

ISBN 978-7-5764-1054-9

Ⅰ.①数… Ⅱ.①商… ②孙… ③施… ④郑… Ⅲ.①数据管理－科学技术管理法规－研究－中国 Ⅳ.①D922.174

中国国家版本馆 CIP 数据核字(2023)第 151625 号

出 版 者	中国政法大学出版社
地　　址	北京市海淀区西土城路 25 号
邮寄地址	北京 100088 信箱 8034 分箱　邮编 100088
网　　址	http://www.cuplpress.com (网络实名：中国政法大学出版社)
电　　话	010-58908285(总编室) 58908433 （编辑部） 58908334(邮购部)
承　　印	固安华明印业有限公司
开　　本	720mm×960 mm　1/16
印　　张	27.5
字　　数	446 千字
版　　次	2023 年 11 月第 1 版
印　　次	2023 年 11 月第 1 次印刷
定　　价	125.00 元

教材编写人员

主　编：施伟东　郑少华

编　著：商建刚　孙建伟

参与编写人员（按姓氏笔画排序）：

丁　迪（第十二章）　　　　　　　石其宝（第五章、第六章）

孙益武（第十章第二、三、四、五节）　江翔宇（第十一章）

肖卫兵（第八章）　　　　　　　　张继红（第十章第一节）

郑立明（第五章）　　　　　　　　杨彤丹（第十章第六节）

胡戎恩（第一章）　　　　　　　　徐威娜（第六章）

哥舒泮（Koshzhanova Baktygul）（第二章）

曹　阳（第三章）　　　　　　　　商建刚（第一章、第二章）

舒静怡（第四章、第九章）　　　　蓝纯杰（第七章）

习近平总书记在主持召开中央全面深化改革委员会第二十六次会议时强调，数据基础制度建设事关国家发展和安全大局，要维护国家数据安全，保护个人信息和商业秘密，促进数据高效流通使用、赋能实体经济，统筹推进数据产权、流通交易、收益分配、安全治理，加快构建数据基础制度体系。2020 年 3 月，数据被明确为与土地、资本、劳动力、技术并列的第五大生产要素。数据生产要素具有无形性、非消耗性等特点，数据生命周期中，个人、企业、社会、国家等相关主体均有不同的利益诉求，主客体带来的新兴问题对传统产权、流通、分配、治理等制度提出新挑战。

上海市法学会是中国法学会的地方组织，是党领导的人民团体，是上海法学、法律界的全市性群众团体和学术团体，是上海政法战线的重要组成部分，旨在团结全市法学、法律工作者，扎实开展法学研究，积极服务法治实践，为推进中国式现代化作出更多法治贡献。2021 年，《上海市全面推进城市数字化转型"十四五"规划》，对城市数字化转型特别是企业数字化发展提出了新要求，其中之一就是加快数字资源产权体系的研究和落地。如何厘清由数据流通带来的诸多问题，促进提高数据交易效率，提升数据流通和交易全流程服务能力，打造健康、有序、公平、高效的数据要素流通交易服务生态，并培养相应的技术、法律人才是重中之重。

面对新时代数字经济的高速发展和数字法学人才培养的重大需求，法学教育界对于数字法学的研究学习如火如荼。目前，国际上已有一些针对数据合规的体系化培训，如由国际信息科学考试学会组织的隐私数据保护考试。我国也有一些数据合规相关的教材及培训服务，如中国企业评价协会组织开展的企业合规师职业能力水平考试。与此同时，高校方面也非常重视对于数字法学、智慧法治的专门研究，许多高校都设立了专门的数据法学院，如中国人民大学专设了未来法治研究院、中国政法大学开设了数据法治研究院等。除此之外不少法学院已开设了数据法学的相关课程，从理论层面对数据法学进行深入研究。

数字高地的打造离不开数字人才，数字人才是经济数字化转型的核心动力。目前，我国大量缺乏法律行业的数字人才，根据清华大学经济管理学院互联网发展与治理研究中心与领英中国的研究结果，当前87.5%的数字人才集中在产品研发行业，大数据分析和商业智能等深度分析行业仅占3.5%左右，先进制造和数字营销职能的占比不到1%，法律行业的数字人才更是仅占0.1%。作为数字产业和数字人才的富集地，我国应当加快进行数字人才的规模化培养，特别是在法律行业促进数字人才培养和转化，为数字经济高质量发展提供可靠的法治人才保障。

为此，上海市法学会和上海政法学院通力合作，探索在上海政法学院建立数据合规培训考试基地，组织专家学者编写培训教材，以期通过"实践发现问题——理论解决问题——再次实践"的方式，促进数据合规领域的产学研相结合，形成数字法学人才培养的良性正反馈，不断向社会输送能理论、能实践的新型数字法学人才，为解决我国数字时代法治建设的重大理论和实践问题，积极参与全球数据治理，增强我国在数据治理领域的话语权和影响力而不断努力。也期待我们的探索能够汇聚业界更多共识，共同投入、发展数据合规的人才队伍建设、学术体系建设、技术标准建设。

上海市法学会副会长 施伟东

2023 年 4 月

现今，我国充分认识到了数据的无穷价值，并积极应对数据带来的风险和挑战。2020 年 3 月 30 日，《中共中央、国务院关于构建更加完善的要素市场化配置体制机制的意见》正式公布，首次将数据作为一种新型生产要素写入文件，数据已经成为继土地、劳动力、资本、技术之外的第五大生产要素，我国也成为世界上首个将数据作为生产要素的国家。面对具有高价值属性的数据，我国数据相关法律法规的构建也加快了步伐，形成了以《中华人民共和国数据安全法》（以下简称《数据安全法》）、《中华人民共和国网络安全法》（以下简称《网络安全法》）、《中华人民共和国个人信息保护法》（以下简称《个人信息保护法》）等法律法规为核心的数据领域基本法律框架。数据带来经济效益，甚至能成为资产，但其风险也应当规制。

人工智能与大数据技术的快速发展与迭代，数据作为人工智能时代最为核心的资产，被广泛应用于政治、经济与文化等各个领域，大数据的渗透与滥用蕴含着风险和危机，稍有不慎便可能成为引发个人信息保护、市场秩序、社会治理和国家安全等问题的导火索。例如，由人工智能实验室 OpenAI 研发的通用聊天机器人 ChatGPT 的上线引起了公众对于人工智能与大数据的现象级讨论，其背后存在着数据收集、数据存储、数据挖掘等诸多问题。值得注意的是，大数据时代的创新虽然重要，但更重要的是能否利用数据创新，这就对数据提出了"量"与"质"的要求，可以说，高科技企业逐渐成为"数据驱动企业"而非"创新驱动企业"。同时，数据不仅具有经济价值，还具有安全属性，为充分保证国家安全，各国家之间也将目光从传统的自然资源等竞争转至数据收集、处理、存储等竞争。如何保障数据的合规使用是所有国家发展数字经济的先决问题。

为此，国内外的数据合规监管不断加强，数据合规的潜在风险和潜在损失剧增。以欧盟《通用数据保护条例》、美国《加州隐私权法案》为代表的高标准数据合规要求极大地增加了数据合规的需求，日本、韩国、印度、新加坡等国家和地区也相继加强数据监管。本书出版的前夕，2023年3月，中共中央、国务院印发了《党和国家机构改革方案》，组建国家数据局，负责协调推进数据基础制度建设，统筹数据资源整合共享和开发利用，统筹推进数字中国、数字经济、数字社会规划和建设等，由国家发展和改革委员会管理。这意味着数据要素乃至数字经济的发展真正进入落地阶段，充分体现了国家层面对于将数据作为未来经济社会发展核心的高度重视。事实上，企业数据合规面临着低门槛、高标准的情况，对数据合规人员的数据合规体系提出了较高要求。

遗憾的是，我国数据合规行业尚处起步阶段，仍然存在许多问题需要完善。企业合规意识不够、培训不到位、合规管理松散等，成为扩大企业风险、增加企业成本的核心问题。在此情况下，亟须推进合规人才培养，填补数据要素市场面临的巨大合规人才缺口，更好地促进数据要素市场的发展。2022年6月28日，上海政法学院与上海市法学会签约，接受上海市法学会的委托，开发与数据合规相关的系列培训教材、考试题库并对外提供培训。参加签约的有上海市法学会施伟东常务副会长、上海政法学院副校长郑少华教授以及本教材编写人员。我们力争成为国内最具专业影响力的数据合规培训和考试基地，这也是本教材在此阶段问世的意义所在。

在教材编写过程中，我们参考了许多国内外专家、学者的书籍与文献，并多次赴上海市数据交易所、相关律师事务所、相关电子商务企业进行调研，了解数据交易所、数商在从事数据交易业务中的合规风险和关键点。本教材编写人员包括国内外法律、技术、管理领域的相关研究人员，同时在此感谢为我们提供帮助的朋友、同事、家人们，感谢大家的辛苦付出！

　　数据合规是一个新兴、仍在不断发展和完善的行业，许多理论与实践仍在不断地探讨当中，其中不免有不同的观点、体系的差异。限于我们自身的水平和现阶段的发展，书中难免有疏漏、错误之处，再次真诚地希望读者们批评指正、提出建议，勉励我们进一步对本书作出完善。

上海政法学院副校长　郑少华

2023 年 4 月

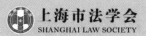

目 录
CONTENTS

■ 第一编　导　论 ■

■ 第二编　总　论 ■

■ 第三编　分　论 ■

■ 附　录 ■

第一编

导　论

第一章　数据合规师简述

【本章概述】本章旨在对数据合规师进行总体的概述，包括为何要设立数据合规师以及作为一名合格的数据合规师所需的技能与素养、数据合规师职责以及数据合规师有关的培训与考试等内容。

【学习目标】了解数据合规师的职业定位是什么。

第一节　数据合规相关概念

合规，是指企业及其员工的经营管理行为符合法律法规、监管规定、行业准则和企业章程、规章制度以及国际条约、规则等要求。合规这个概念最早来自会计领域的合规性审计，用于确定受审单位是否具有健全的会计制度、内部控制制度，以及是否遵守现行法律与规章，财务报表是否表述得公正确切。现今中国经济迅猛发展，国内企业有走出去的需求，与此同时，国外对企业的合规要求日益严格，阻碍了国内企业的"出海"。

为同国际接轨，我国必须建立自己的合规标准。2016 年开始，国务院国有资产监督管理委员会在中国石油天然气集团有限公司、招商局集团有限公司、中国移动通信集团有限公司、中国铁路工程集团有限公司、中国东方电气集团有限公司五家央企进行试点合规工作，积累了一定的合规经验。2018 年，国资委印发国资发法规〔2018〕106 号《中央企业合规管理指引（试行）》，合规的概念首次出现在大众面前。随着企业对合规理解的加深与运用的渐频，企业对合规人才的需求也在不断增强。

2018 年 5 月 25 日，欧盟《通用数据保护条例》（General Data Protection Regulation，简称 GDPR）正式生效。凡是涉及欧盟数据的企业都需要遵守 GDPR，国内企业若想同欧盟国家进行涉数商业往来，就必须遵守欧盟颁布的

GDPR。在 GDPR 中，以专门成章的形式，要求相关企业设立数据保护官（Data Protection Officer，简称 DPO），这一要求迅速将数据合规变为实务与学术研究的热点，数据合规人才的缺口也越来越大。

2021 年 3 月 18 日，人力资源和社会保障部会同国家市场监督管理总局、国家统计局面向社会正式发布了企业合规师等 18 个新职业，将企业合规师定义为从事企业合规建设、管理和监督工作，使企业及企业内部成员行为符合法律法规、监管要求、行业规定和道德规范的人员。[1]2022 年 8 月 23 日，国资委正式公布了《中央企业合规管理办法》，推动中央企业加强合规管理，切实防控风险，有力保障深化改革与高质量发展。

《中央企业合规管理办法》正式将合规定义为：企业经营管理行为和员工履职行为符合国家法律法规、监管规定、行业准则和国际条约、规则，以及公司章程、相关规章制度等要求，并将合规管理定义为：企业以有效防控合规风险为目的，以提升依法合规经营管理水平为导向，以企业经营管理行为和员工履职行为为对象，开展的包括建立合规制度、完善运行机制、培育合规文化、强化监督问责等有组织、有计划的管理活动。伴随合规、企业合规师、数据保护官等概念的出现，数据合规师（Data Compliance Officer，简称 DCO）的概念开始出现在大众视野中。

数据合规师是为企业提供数据合规管理，防范数据合规风险的人员。根据企业合规师的概念，可以说数据合规师是企业合规师的下位概念。与许多公司已经存在的首席信息官（CIO）、首席信息安全官（CISO）或首席数据官（CDO）等角色不同，数据合规师的主要作用在于使公司数据在数据生命周期的全过程中符合动态变化的数据合规要求，避免数据不合规的风险。其中，数据保护官（DPO）和数据合规师概念非常接近，但两者并不完全相同。数据保护官（DPO）是根据 GDPR 的要求设立的岗位，数据保护官要作为"中立的数据保护者"，在企业中需要保持与根据 GDPR 特设机构之间的联系，并及时汇报企业数据合规情况。而数据合规师则是我国语境下的职务设置，数据合规师应当以企业为中心，为企业服务，通过自身对法律与技术的了解帮

---

〔1〕 参见《人力资源社会保障部、国家市场监督管理总局、国家统计局联合发布集成电路工程技术人员等 18 个新职业》，载 http://www.gov.cn/xinwen/2021-03/19/content_ 5593787.htm，最后访问日期：2022 年 8 月 22 日。

助企业进行数据合规，不必同根据 GDPR 所设置的机构保持联系，但可能需要履行我国法律法规规定的某些义务，如发生个人信息风险、数据出境等场景需要向有关部门报备与合规。

数据合规师是企业合规官中负责企业数据合规方面工作的岗位。在我国现行法律中，相近的概念或职位已经在众多法律法规中陆续出现，如 2021 年 4 月 23 日生效的《广东省首席数据官制度试点工作方案》、2021 年 5 月 28 日生效的《江苏省企业首席数据官制度建设指南（试行）》、2021 年 9 月 1 日生效的《上海市促进城市数字化转型的若干政策措施》、2022 年 1 月 1 日生效的《上海市数据条例》等。2022 年最新颁布的《中央企业合规管理办法》第 12 条直接规定了中央企业应当结合实际设立首席合规官，不新增领导岗位和职数，由总法律顾问兼任，对企业主要负责人负责，领导合规管理部门组织开展相关工作，指导所属单位加强合规管理。具体而言，中央企业承担合规管理的业务及职能部门主要履行以下职责：（一）建立健全本部门业务合规管理制度和流程，开展合规风险识别评估，编制风险清单和应对预案；（二）定期梳理重点岗位合规风险，将合规要求纳入岗位职责；（三）负责本部门经营管理行为的合规审查；（四）及时报告合规风险，组织或者配合开展应对处置；（五）组织或者配合开展违规问题调查和整改。目前，对于中央企业违反本办法规定，因合规管理不到位引发违规行为的，《中央企业合规管理办法》规定了监督问责机制：国资委可以约谈相关企业并责成整改；造成损失或者不良影响的，国资委根据相关规定开展责任追究。中央企业应当对在履职过程中因故意或者重大过失应当发现而未发现违规问题，或者发现违规问题存在失职渎职行为，给企业造成损失或者不良影响的单位和人员开展责任追究。

中共中央、国务院 2020 年 3 月 30 日印发的《关于构建更加完善的要素市场化配置体制机制的意见》中将数据上升为新的生产要素，我国构建了以《个人信息保护法》《数据安全法》《网络安全法》为核心的数据治理法律体系，随着《中央企业合规管理办法》的颁布，数据合规成为各大中央企业必须要实现的任务，相信在可以预见的未来，它也会成为各大企业必须完成的任务，数据合规师也会成为关键职位。

本书对企业数据合规的定义是，在企业经营活动中以提升数据合规管理水平为导向，以企业经营管理行为和员工履职行为为对象，开展包括建立数据合规制度、完善数据处理机制、培育数据合规文化、强化监督问责等有组织、有计划的企业管理活动。

第二节　数据合规师岗位设立的必要性

虽然有不少企业已经注意到数据合规的要求，但仍未设立相关职位或外聘数据合规的专家顾问。不设置专门的数据合规师，蕴藏着极大的企业发展风险，企业可能会因不合规而面临处罚，可能无法进行首次公开发行股票（Initial Public Offerings，简称 IPO），甚至无法进行以数据产品及服务为核心的数据交易等问题。

日前已有众多公司因数据不合规受处罚，数据合规已成为"企业运营底线"。2021 年 5 月 21 日，抖音等 105 款 App 因违法违规收集使用个人信息被国家互联网信息办公室（以下简称"网信办"）通报批评。网信办在通报中指出，短视频、浏览器、求职招聘等常见类型公众大量使用的部分 App，存在违反信息收集必要原则、未经同意收集、未公开收集使用规则或目的等严重侵害个人信息的问题。2022 年 3 月 25 日，原中国银行保险监督管理委员会（以下简称"原银保监会"）发布文件，严肃查处一批监管标准化数据（EAST）数据质量领域违法违规案件，指出 EAST 数据漏报错报、部分数据交叉校核存在偏差等数据质量违规问题成为痛点。包括中行、工行在内的政策性银行、国有大型银行、股份制银行等共 21 家银行机构被依法处罚，处罚金额合计 8760 万元。2022 年 2 月，美国加州地方法院何塞分庭宣布了结了一起 Meta 与 4 名 Facebook 用户长达十年的数据隐私诉讼，这 4 名用户指控 Facebook 在他们退出社交媒体网站后，仍会追踪他们的网络活动，对用户隐私权构成侵犯。根据庭外和解协议，Meta 最终同意支付 9000 万美元的赔偿金，并同意删除在用户不知情的情况下搜集到的所有数据。近一年来，Meta 罚单不断，其中因为数据处理和隐私安全等问题所遭受到的来自各国的罚款就已超过 10 亿美元。原银保监会对包括中行、工行在内的监管标准化数据（EAST）质量领域违法违规的 21 家银行开具了罚单，抖音、Keep、腾讯手机管家等众多 App 相继因违法违规收集使用个人信息被通报，Meta 被罚，无一不为企业的数据合规敲响警钟。

当下国内外的数据泄露问题频发，数据合规成为数据安全的重要一环。2022 年上半年，美国国家安全局（简称 NSA）"特定入侵行动办公室"（Office of Tailored Access Operation，简称TAO）使用了40余种不同的NSA专属网络攻击武器，持续对西北工业大学开展攻击窃密，窃取该校关键网络设备配置、网管数据、运维数据等核心技术数据。实际上，近年来美国NSA下属TAO对中国国内的网络目标实施了上万次的恶意网络攻击，控制了数以万计的网络设备（网络服务器、上网终端、网络交换机、电话交换机、路由器、防火墙等），窃取了超过140 GB的高价值数据。2022年6月，大学生学习软件超星学习通被曝数据严重泄露。根据教育网重要通知，超星学习通已确认被拖库，确认泄露的数据包含机构名、学校、学号、手机号、性别、密码、邮箱等信息177 273万条。根据网络上流传的相关截图，超星学习通上面的数据疑似被贩卖，"学习通数据单价为10元一人，购买整个数据库需要3000元"。中国高校众多教师和大学生作为中国未来发展的中坚力量，其记录在超星学习通上的信息遭到泄露，造成了非常严重的影响。2022年3月，Lapsus＄黑客组织公开了韩国消费电子巨头三星电子190 GB的机密数据和核心源代码。该组织还开通对外下载渠道，表示会部署更多的服务器来提高下载的速度。三星电子于3月7日发表声明，证实了数据泄露事件，但否认会影响客户或员工的个人数据。这些都为个人、企业、社会乃至国家带来了极大的不确定性。2022年6月20日，"人民数保"平台[1]正式上线，提出旨在保护个人数据不被非法乱用的同时，实现数据精准确权、授权、流转及二次开发，将个人数据权利还归个人，对企业数据合规提出了更高要求。

因不合规造成IPO受阻的现象也屡见不鲜，数据合规成为企业上市的保障。旷视科技在2021年3月于上海证券交易所（以下简称"上交所"）开始上市流程，4月上交所针对旷视科技在数据合规环节进行了7个关键点的数据合规问询，产生了一定影响。可以说，关注数据合规已经成为IPO的关键流程。如今，不少公司在IPO过程中都因数据使用、数据来源等问题不合规导致无法上市。据统计，截至2020年3月19日，已经有1家主板上市企业、12家创业板上市（或拟上市）企业、9家科创板上市（或拟上市）企业、2家新三板挂牌企业（包括1家已停牌企业）在申请上市或挂牌过程中接受了发审委或交易平台关于数据合规问题的问询。在合规审查中，往往针对数据来

---

〔1〕"人民数保"是由人民日报、人民网旗下"党管数据"理论和实践平台-人民数据和世纪互联倾力打造的平台，是我国首个个人信息保护与确权服务平台。

源、数据权属、数据使用、数据流转等方面进行详细考察。比如 2017 年北京瑞智华胜科技股份有限公司申请新三板挂牌过程中被要求解释数据采集、使用的合法合规性问题，因涉嫌特大数据泄露案件，公司于 2018 年 11 月终止挂牌数据。[1]由此看来，数据全流程合法合规情况已经成为上市的核心要素，是上市双方乃至多方不得不关注的重点。

数据作为生产要素，需要在流转中释放价值，而数据合规是数据要素价值释放的前提。随着大数据的广泛普及和应用，数据资源的价值逐步得到重视和认可，数据交易需求也在不断增加。工业和信息化部在《"十四五"大数据产业发展规划》中提出，要加快培育数据要素市场，具体措施包括建立数据要素价值体系、健全数据要素市场规则、提升数据要素配置作用等。数据已经成为继土地、劳动力、资本、技术之外的第五大生产要素。数据资源要像产品与服务一样具有商品属性，有价格、有产权、能交易。我国正加快培育数据要素市场，促进数据要素价值释放。在交易前确保拟交易的数据资产合规，是交易双方履行数据安全和个人信息保护义务的重要要求。新成立的上海数据交易所强调"无合规不交易"，无论是场内还是场外交易，都应注意拟交易数据资产的标的和来源的合规性。

我国已进入数据合规时代，对于尚未设定数据保护官岗位的组织（包括政府、机构、企业）来说，需要慎重考虑如下问题：整个组织内对于数据合规制度的认识程度；当前业务内部流程以及对外合作中是否存在数据采集、数据存储、数据加工、数据提供甚至数据许可第三方使用等环节；面向组织内部的数据保护问题，以及面向外部的影响客户和用户的问题；组织能否识别并考虑组织持有的数据，在组织内部、客户和用户之间及时沟通数据保护政策以及更新。面临着动态变化的合规要求和数据不合规可能带来的巨大风险，企业应当有数据合规意识，能够将数据合规作为企业必需的一环，必要时设立数据合规师并进行相应的数据合规。

第三节　数据合规师的职业素养

数据合规师需要对数据保护相关法律法规进行深入了解，比如我国的

---

[1]　参见陈际红等：《科技企业上市之数据合规（上）——审核要点篇》，载 https://www.zhonglun.com/Content/2020/03-19/1637217429.html，最后访问日期：2022 年 7 月 30 日。

《个人信息保护法》《数据安全法》《网络安全法》等，国外的 GDPR、《加州隐私权法案》（California Privacy Rights Act，简称 CPRA）等，同时对数据保护技术也需要有足够的掌握。简言之，数据合规师是熟悉网络信息技术且具有法律背景的专家。当然，做到上述任意一点都可以成为行业中的中流砥柱，更不必说两者都做好、学好，因此数据合规师在实践中会更偏向于专精一门，另一门有通识即可。实际工作场景下，具有法律背景的数据合规师可以会同钻研网络信息技术的专业工程师一起进行工作，在涉及专业问题时数据合规师同工程师协商，以达到数据合规的目的。

一、资格证需求

目前国内企业合规尚处在起步期，对任职的资格证书并无明确要求，但是国内外已经有了一些有官方背书或认可度较高的证书。

国内含金量较高的证书是由中国企业评价协会颁发的企业合规师证书。中国企业评价协会是由国务院发展研究中心于 1991 年发起成立的，是在民政部注册具备企业评价资质的国家级社团法人组织。2019 年，技能人员水平评价由政府认定改为实行社会化等级认定，不再由政府或其授权的单位评价发证。2021 年 8 月，中国企业评价协会按照民政部相关要求，通过常务理事会成员单位表决同意成立中国企业评价协会企业合规专业委员会，并联合中国标准化研究院专家组、中国投资协会专家组、中国政法大学专家组、清华大学专家组开展《企业合规师职业技能评价标准》起草工作。2021 年 11 月 25 日，中国企业评价协会发布首个团体标准：T/CEEAS004—2021《企业合规师职业技能评价标准》，并依据标准出考纲，编撰教材，组织开展 2022 年 3 月企业合规师职业能力水平考试工作。2022 年 4 月 9 日，首次企业合规师职业能力（水平）试点考试正式举办。[1]

企业合规师具有三个等级，分别是初级企业合规师、中级企业合规师、高级企业合规师，需要满足一定的条件才能报考相应级别的考试。如报考高级企业合规师，还需满足下列条件之一：取得法律职业资格、注册会计师、会计专业技术中级及以上、审计专业技术中级及以上的任一资质或证书；取

---

[1] 参见企业合规专业委员会企业合规师等级考试网，载 http://www.heguishi.org.cn/test_center.html，最后访问日期：2022 年 7 月 29 日。

得国家教育部门认可的硕士研究生及以上学历；取得国家教育部门认可的本科学历，满3年；取得国家教育部门认可的专科学历，满4年；取得初级企业合规师证书，满2年；取得中级企业合规师证书，满1年；法务、财税相关工作满10年。报考中级企业合规师，还需满足下列条件之一：研究生（含在校）及以上学历；取得国家教育部门认可的本科学历，满2年；取得国家教育部门认可的专科学历，满3年；取得初级企业合规师证书，满1年。报考初级企业合规师，还需具备国家教育部门认可的高中毕业（含高中、中专、职高和技校）及以上学历。

企业合规师的考试科目分为公共科目和分级科目两部分，公共科目包括《企业合规与财务思维》《企业合规与审计思维》；分级科目包括《企业合规事务管理（初级）》《企业合规事务管理（中级）》《企业合规事务管理（高级）》。所有科目综合为一张试卷进行考试。

国外认可度比较高的是国际信息科学考试学会（Exam Institute for Information Science，简称EXIN），该机构由荷兰经济事务部于1984年创办，现今已经从荷兰政府部门脱离，独立成了EXIN基金会。EXIN是信息技术基础构架库（Information Technology Infrastructure Library，简称ITIL）及认证体系的全球创始认定机构，曾参与欧盟数字化能力e-CF标准CEN16234的起草和撰写。该机构在信息安全和数据隐私保护方面开发了基于GDPR的认证证书，对包括数据保护官、信息安全官（Information Security Officer，简称ISO）、道德黑客、安全编程、网络安全等在内的十余个项目进行培训和考核。除了基于欧盟GDPR的数据隐私认证以外，EXIN还发布了基于《巴西通用数据保护法-LGPD》的基础级别认证和基于中国《个人信息保护法-PIPL》的基础级别认证。数据合规师主要通过隐私数据保护（Privacy and Data Protection，简称PDP）考试来证明其合规能力。此门课主要包含了4门子课程以及考试：

1. 隐私和数据保护基础（Privacy and Data Protection Foundation，简称PDPF）。这门考试是对GDPR所涉及的隐私保护部分进行考察。考试形式为闭卷单选题，答题时间60分钟，题目数量40道，答对26道及以上视为通过。

2. 隐私和数据保护实践（Privacy and Data Protection Practitioner，简称PDPP）。这门考试目的在于验证专业人员对欧盟隐私法规和其国际效力的理解，进一步考察实践中应用这些知识的能力。考试形式为开卷单选题，可以查阅GDPR原文，答题时间120分钟，题目数量40道，答对26道及以上视为通过。

3. 隐私和数据保护要点（Privacy and Data Protection Essentials，简称 PDPE）。这门考试主要考察组织对于个人数据保护的专业知识和能力。考试形式为闭卷多选题，答题时间 30 分钟，题目数量 20 道，答对 13 道及以上视为通过。

4. 基于《个人信息保护法》下的隐私和数据保护考察（Privacy & Data Protection Foundation based on PIPL，简称 PDPF-PIPL）。EXIN 于 2022 年发布基于我国《个人信息保护法》PIPL 的认证考试，同年 7 月 15 日正式上线。PDPF-PIPL 认证涵盖了《个人信息保护法》相关的主要议题，以及与欧盟 GDPR 的比较。该认证旨在验证专业人员是否掌握和理解有关个人信息保护，以及中华人民共和国个人信息保护的规则和条例方面的知识。这门考试涵盖了我国《个人信息保护法》以及 GDPR，还对二者进行了对比。这项考试适用于需要了解或及时掌握当地法律所规定隐私和个人信息保护最新情况的人士，专门面向：数据保护官（DPO）、信息安全官（ISO）、首席数据官（CDO）、数据合规师、律师、法律人员、安全工程师、安全负责人、对数据安全及《个人信息保护法》等法律法规感兴趣的人。在需要进行考试时，考生可以选择线上或者线下两种方式参加考试。以下是 EXIN 考试的具体要求。

考试类型：单选题

题目数量：40

通过分数：65%（26/40 题）

是否开卷考试：否

是否记笔记：否

是否允许携带电子设备/辅助设备：否

考试时间：60 分钟

EXIN 的考试规则和规定适用于本次考试。

布鲁姆级别：PDPF-PIPL 认证根据布鲁姆分类学修订版对考生进行布鲁姆 1 级和 2 级测试。

●布鲁姆 1 级：记忆——依靠对信息的回忆。考生需要对知识吸收、记忆、识别和回忆。

●布鲁姆 2 级：理解——识记之上的一级。理解表明考生能够理解呈现的内容，并能够评估如何将学习资料应用到实际的环境中。这类题目旨在证明考生能够整理、比较、阐释并选择跟事实和想法有关的正确描述。

考试内容包括：

考试要求	考试规范	权重
1.《个人信息保护法》基础		**40%**
	1.1《个人信息保护法》适用范围	15%
	1.2 处理个人信息的原则	10%
	1.3 个人权利	10%
	1.4《个人信息保护法》(PIPL)与《通用数据保护条例》(GDPR)	5%
2. 个人信息的处理		**35%**
	2.1 个人信息处理的基础规则	12.5%
	2.2 多方处理个人信息的情况	2.5%
	2.3 常规处理个人信息的例外情况	5%
	2.4 国家机关以及公共环境	10%
	2.5 个人信息的跨境处理	5%
3. 确保个人信息得到保护		**25%**
	3.1 评估	5%
	3.2 个人信息安全事件	5%
	3.3 监管部门	10%
	3.4《个人信息保护法》的执法	5%
	合计	100%

图 1-1 PDPF-PIPL 考试范围

考试文献教材包括：

A. 程啸著，《个人信息保护法理解与适用》，中国法制出版社（2021 年 9 月）ISBN：9787521621297（纸质版）。

可选教材（可选教材仅作为参考和深度学习使用）

B. 中国人大网《中华人民共和国个人信息保护法》，2021 年 8 月 20 日第十三届全国人民代表大会常务委员会第三十次会议通过。

C. 杨合庆主编，《中华人民共和国个人信息保护法释义》，法律出版社（2022 年 2 月）ISBN：9787519763367（纸质版）。

考试费用：PDPF-PIPL 考试费用市场价是 10000 元（包含授课、教材、考试费等所有的费用），官方目前未提供自学的渠道，也就是说要求培训和考试都需要在官方指引下进行。

除此之外，国际隐私专家协会（International Association of Privacy Professionals，简称 IAPP）也提供相关的培训和考试。IAPP 成立于 2000 年，目前是一个非营利组织，主要从事全球信息隐私保护相关活动，总部设在美国新罕布什尔州。IAPP 致力于在全球范围内帮助定义、促进和改进隐私专业，为隐私专业人士提供了一个共享最佳做法、追踪趋势、推进隐私管理问题解决、规范隐私专业管理的平台，为信息隐私领域和专业人士提供相关教育和指导。IAPP 开发并启动了唯一一个全球认可的信息隐私管理认证项目，包括注册信息隐私专业人士（CIPP）、注册信息隐私管理经理（CIPM）和注册信息隐私技术专家（CIPT）。值得注意的是，CIPM/CIPT/CIPP 三种证书无级别之分，只是分别对应不同领域，根据不同工作职责的需求，适用不同的证书。

　　IAPP 的主要职能是帮助信息隐私保护从业者发展和推进其职业生涯，并帮助其他组织管理和保护数据。IAPP 提供的 CIPM[1]、CIPP/E[2]、CIPP/US[3] 和 CIPT[4] 证书由美国国家标准协会（ANSI）根据国际标准化组织（ISO）标准 17024：2012 进行认证。[5]其中与数据合规最相关的认证是信息隐私认证专家（Certified Information Privacy Professional，简称 CIPP），主要考察数据隐私法律及相关法规的熟悉程度及其运用。信息隐私认证技术专家认证（Certified Information Privacy Technologist，简称 CIPT），为持证者隐私保护与数据技术的双重能力提供背书。

二、技能需求

（一）数据基本情况梳理能力

　　数据合规师首要关注的是全面了解并梳理本企业数据主体权利的执行情况。在实际工作中，大多数企业内部数据及业务系统错综复杂，并且隐私数据处理会涉及数据采集、数据存储以及数据处理等多个数据生命周期环节，这要求数据合规师对业务系统的基础架构以及数据全生命周期具备较好的理

---

　　〔1〕 CIPM，全称 Certified Information Privacy Manager，即注册信息隐私管理师证书，是世界上第一个也是为数不多的一个世界级隐私项目管理认证证书，其主要满足隐私项目生命周期内风险管理、隐私运行、审计与追责、隐私分析等方面的需求。

　　〔2〕 CIPP/E，全称 Certificated Information Privacy Professional/Europe，即欧盟信息隐私专家认证，是 IAPP 推出的针对欧盟地区的合规项目系列认证之一，内容涉及 DPO 必须具备的有关欧洲立法法律框架的知识，含泛欧和国家数据保护法、关键隐私术语和有关个人数据保护的实用概念、跨境数据流。

　　〔3〕 CIPP/US，全称 Certificated Information Privacy Professional/United States，即美国信息隐私专家认证，是 IAPP 报考人数最多的证书，涉及美国主要的隐私法规和政策。

　　〔4〕 CIPT，全称 Certified Information Privacy Technologists，即信息隐私技术专家认证，是为数不多的一个世界级并且符合国际标准认证（ANSI/ISO）的证书，主要涉及对科技产品隐私结构的整体数据构建和组织方面知识掌握。

　　〔5〕 ANSI 是美国唯一符合国家认证要求的人员认证机构。ANSI 的人员认证计划是美国第一个满足 ISO / IEC 17011 合格评定要求的计划，也是认证机构实践的全球基准，被公认为人员认证的领导者。

解能力，才能更充分地了解企业中隐私数据的真实现状，为后续隐私保护及合规评估提供基础保障。

（二）隐私影响评估能力

具体包括三方面的评估：第一，隐私影响评估（Privacy Impact Assessment，简称 PIA）。第二，数据保护影响评估（Data Protection Impact Assessments，简称 DPIA）。第三，隐私风险评估（Privacy Risk Assessment，简称 PRA）。针对各类评估过程，可以询问相关工程师，并简单应用比较成熟的技术工具。

（三）熟悉产品设计和研发流程

在产品设计环节尽量采取不涉及或少涉及个人数据的方式实现产品功能，要求数据合规师具备一定的产品设计相关知识，数据合规师还应熟悉产品整体研发流程，并推进隐私设计理念（Privacy by Design，简称 PBD）在企业中的实践。

（四）熟悉数据合规的法律规范、管理规范以及技术工具

审查组织内部收集和汇总个人数据、数据处理的机制和流程，处理来自用户的数据删除和数据擦除的问题和请求，应对涉及儿童、敏感数据的处理，避免数据泄露风险以及处理组织数据泄露事件，数据产品和数据服务的确权、评估、数据交易。除此之外，数据合规师还需联络组织各个部门负责人确保各个部门具备数据合规意识，遵守数据合规规范。

三、招聘时的具体要求

企业在招聘时一般会要求应聘者熟悉相关数据合规法律法规，部分企业在招聘时因有跨国贸易的需求，还可能要求熟悉国外的相关法律法规等，另外对管理能力也有一定要求。现阶段各企业都在建立自己的合规制度与体系，所以在招聘时更加强调应聘者应当具有良好的逻辑能力，能够系统地解决问题。当然，应聘者也需要参与企业发展的全过程，对数据处理的技术知识有一定的了解。结合国内外法律法规的规定，以及各公司企业招聘时的需求，在大陆地区，对应聘者可能存在如下几点要求：

1. 法律、数据合规性、审计或 IT 安全方面的背景和专业知识；

2. 了解数据保护立法，特别是对《个人信息保护法》等有一定的理解和研究，熟悉个人数据保护相关的合规框架；

3. 在隐私相关法律法规的实际应用方面经验丰富；

4. 熟悉计算机安全系统，了解业务运营环境和相关数据保护风险，有管理数据泄露的经验；

5. 对数据生命周期管理（Data Life Cycle Management）中的各环节有一定的理解和思考，熟悉数据处理活动分析基本的方法论，对数据安全相关概念（加密、去标识化、隐私计算等）有基本的认识；

6. 掌握主流的认证标准或审计经验，包括但不限于等级保护，ISO27001，GDPR，PCI-DSS 等；[1]

7. 具备 CISSP、CISA、CCSP 等安全与隐私专业认证的优先；[2]

8. 有产品数据合规评估与改造、数据保护影响评估、隐私设计（Privacy by Design）相关经验。

第四节　数据合规师的义务概览

数据合规师入职主要负责运营与交易中的数据合规问题。用一个案例来说明这个问题：2018 年法国致力于促进公民数字权利和自由的 La Quadature du Net 组织对谷歌处以 500 万欧元的罚款。谷歌是数字信息基础设施，可以收集用户姓名、照片、电子邮件、IP 地址等信息，虽然允许用户控制自身的某些数据（比如位置信息），但用户无法控制由个人数据产生的衍生数据。谷歌还会利用其 Gmail 在未经用户同意的情况下阅读用户之间的邮件，甚至没告诉用户存在这种"监控"行为。谷歌认为，这种"监控"的核心目的是提高人类生产力，具有崇高的正当性，并且还声称其分析电子邮件的目的是更准

---

〔1〕　ISO27001 是指信息安全管理要求，或称信息安全领域的管理体系标准，其前身为英国的 BS7799 标准，该标准由英国标准协会（BSI）于 1995 年 2 月提出，并于 1995 年 5 月修订而成。ISO27001 认证已经成为企业核心竞争力的重要标志。PCI-DSS 是指第三方支付行业数据安全标准，全称 Payment Card Industry Data Security Standard，是由 PCI 安全标准委员会的创始成员共同组建的支付卡产业安全标准委员会制定。

〔2〕　CISSP 是指国际注册"信息安全师"，全称 Certification for Information System Security Professional。这一证书代表国际信息系统安全从业人员的权威认证，CISSP 认证项目面向从事商业环境安全体系建构、设计、管理或控制的专业人员，对从业人员的技术及知识积累进行测试。CISA 是指国际信息系统审计师，全称 Certified Information Systems Auditor，认证是由信息系统审计与控制协会 ISACA 发起的，是信息系统审计、控制与安全等专业领域中取得成绩的象征。CCSP 是指云安全专家认证，是由国际信息系统安全认证联盟与云安全联盟联手推出的，旨在满足云计算市场对合格安全人才的关键需求，即确保云安全专业人员具备审计、评估和保护云计算基础设施所需的关键知识、技能和能力。

确地识别用户，勾勒精准用户画像。通过这种方式，谷歌可以"跟踪"用户，通过用户画像进行广告精准投送，并以此收获了公司16%的收入。不仅如此，谷歌拥有的YouTube平台还采用了特殊算法，将具有政治性、极端性、攻击性的阴谋论视频推送给用户，用户就会像"停下来看打架"一样去观看这些视频。视频创作者为了迎合该网站的推荐方式，获取推荐流量，也开始大量生产更加激进的内容。而这一切行为的动机都来自谷歌可以通过增加用户浏览次数从而进行广告获利。谷歌甚至会在Android平台开启"后门"，直接读取用户信息，记录用户的位置等隐私内容以进行"跟踪"。于是该组织根据GDPR中"企业需征得用户明确同意"的要求，对谷歌处以500万欧元的罚款，此处罚相较于谷歌1100余亿美元的营收来说可谓是九牛一毛。谷歌对此表示"不可以接受"，并紧急改善了自己的同意条款以期免于处罚。

企业运营中，随时会面临新法出台的问题，正如此次谷歌事件，GDPR的出台为La Quadature du Net对企业进行处罚提供了正当理由。如果企业没能及时追踪立法最新动态，对用户、员工、业务产品等数据的持有、加工、经营行为进行动态合规审查，那么就很容易被处以重罚。在上市、投融资等重大交易活动中，对于科技企业和互联网企业来说，是否满足网络安全的需求、对数据处理是否尽到安全保障义务、是否曾因数据不合规被处罚等情况是证券监管机构与投资人关注的重点。

具体而言，数据合规师旨在帮助企业建设或者完善数据合规管理体系（Data Compliance Management System，简称DCMS），该体系建立的目的在于提供一个完整的系统，以便在设计、实施、监测、评估和改进中能够利用政策、计划、程序、实践、控制和技术工具，来适应有关数据监管的要求。同时对企业涉及风险的地方可以进行保护影响评估，通过此过程，及时识别最小化项目制定过程中的数据保护风险。数据合规师还应当对数据生命周期管理有一定了解。所谓数据生命周期就是从数据生成和第一次收集、存储到使用、加工、传输、提供、公开、共享再到过期、删除、销毁的整个过程。而数据生命周期管理是通过利用管理信息系统中的数据流的方法，准确地跟踪数据，针对不同环节的数据流存在的不同风险，及时采取相应的管控措施，以规避风险、减少损失。根据GDPR、《数据安全管理办法（征求意见稿）》《数据安全法》等法律法规，以及相关企业招聘时的需求，针对我国数据合规师的具体职责如下：

1. 对企业工作和管理提供有关数据合规与保护方面的建议并监管执行；

2. 识别和评估公司的数据处理活动，并上报结果；

3. 处理机构、数据控制者、数据主体的投诉或请求，或主动提出改进措施；

4. 起草公司数据合规相关的规章制度；

5. 帮助准备提高认识、培训和指导材料，并组织和提供培训课程；

6. 维护、保护、控制和管理与数据有关的文件。

【思考题】

1. 名词解释

（1）合规

（2）数据生命周期

2. 论述题

数据合规师需具备哪些能力？

第二章 数据法理论

【本章概述】本章首先对数据相关概念进行区分，如个人数据与公开数据、数据公开与数据共享等，在厘清概念的前提下梳理数据法的架构和原则，进一步对数据权益保护的基础理论和基本制度进行讲解。

【学习目标】系统学习数据法理论知识，明晰现有数据权益保护的理论与基础。

第一节 数据及其价值

一、什么是数据

我们不仅生产数据，更生活在数据之中。数据对我们而言就像是空气一样，知道其存在，但却看不见摸不着，那么数据究竟是什么呢？由此延伸的问题是，数据和信息的关系是什么？

目前有以下两种认知方式。其一，可以基于价值判断而形成数据的定义。托马斯·斯特尔那斯·艾略特曾提出了 DIKW（Data, Information, Knowledge, Wisdom）知识管理体系。DIKW 模型是一种金字塔结构，该金字塔被横向划分为四层，最底层到最上层分别为，数据、信息、知识、智慧。也就是说，通过原始观察、记录等方式可以获得大量的数据，数据汇集后对其进行分析可以得到一般的信息，信息可以跃迁成为知识，最终使人产生智慧。在 DIKW 模型下，数据、信息、知识、智慧的价值逐级升高，数据的价值最低，但却是信息、知识、智慧的基础。其二，可基于信息论视角从而形成数据的定义。我国《数据安全法》第 3 条第 1 款规定，"本法所称数据，是指任何以电子或者其他方式对信息的记录。"从这个角度看，在我国，数据作为信息的记录方式存在，也即数据和信息是载体与内容的关系。

总的来说，在 DIKW 分析框架下，数据被认为是一种对离散的、客观的事实进行的描述，在信息论视角下，数据指对信息的记录，两者并无本质冲突。实际上，数据难以被定义，难以和信息进行区分，其原因可能在于人的认知是"一气呵成的"。也就是说，从数据到智慧的过程中，我们没有清晰地界分。数据是信息的载体，信息是数据的内容，已经成了界定数据、界定数据和信息的关系的共识。

二、数据的价值

新一轮科技革命和产业变革正在全方位改变着社会生产生活，以 5G、AI、大数据、云计算为代表的新技术飞速发展，一个以数据服务能力为基础，万物感知、万物互联、万物智能的数字经济时代正在加速朝我们奔来。我国数字经济全球领先，庞大的数据资源亟须高效转化为生产要素。

数字经济成为国家经济发展的重要引擎，为经济高质量发展提供不竭动力。根据中国信息通信研究院（以下简称"信通院"）的数据，2021 年全球 47 个主要经济体数字产业规模化为 5.7 万亿美元，而产业数字化规模为 32.4 万亿美元，分别占数字经济比重为 15% 与 85%。产业数字化占 GDP 比重同比上涨 1%，可见产业数字化仍然是数字经济发展的趋势。我国与全球数字经济的趋势一致，2021 年产业数字化同比名义增长 17.2%，占数字经济比重为 81.7%，成为数字经济发展的核心动力。工业和信息化部发布的《"十四五"大数据产业发展规划》显示，到 2025 年，大数据产业测算规模将突破 3 万亿元，年均复合增长率保持在 25% 左右。国家工信安全中心测算数据显示，2020 年我国数据要素市场规模达到 545 亿元，预计到 2025 年，规模将突破 1749 亿元。产业数字化可明显提高实体经济的效能。例如，深圳宝安区工业互联网产业示范基地通过工业互联网改造，人均利润率提高 16%、设备综合利用率提升 56%、产品交付周期缩短 28%；山西通过"5G+智慧采矿应用"提升了矿产全流程效率，矿山装备远程运维服务平台使矿山设备故障率降低 15%、影响时间降低 60%；中海油服通过构建数字平台全面提升了企业的管理水平，为基层减负 38.4%。可见，实体经济的数字化转型是推动实体经济高质量发展的必由之路。

数据作为信息的载体，除经济效益外，还承载着人格利益。2022 年 4 月，最高人民法院民一庭评选出九个人格权司法保护典型民事案例，其中"AI 陪伴"软件侵害人格权案体现了数据对人格的负面效应。[1]数据还可能通过深度发掘、深度伪造、算法决策等方式侵害个人权益，对个人造成人格损害。以算法决策为例，其已渗透到人们日常生活的各个领域。算法不仅用于对人进行客观描述，如推测人的兴趣爱好、犯罪倾向、财务状况、社会关系、工作能力等，也被用于新冠肺炎公共健康应对、自动驾驶、虚假信息传播应对、图像识别、医疗服务、人员雇佣、互联网搜索、在线广告推送、产品推荐、阅读内容推荐、贷款资格审查、恐怖分子筛选等领域。在算法决策应用场景中，个人信息的保护、处理、传输、共享等过程中蕴含着巨大的人格利益风险。

数据是新时代的重要资源，我国政府对此有清晰且明确的认知。2020 年 3 月 30 日，中共中央、国务院印发《关于构建更加完善的要素市场化配置体制机制的意见》，明确将数据作为与土地、劳动力、资本、技术等并列的生产要素，提出加快培育数据要素市场。2022 年 12 月中共中央、国务院正式印发的《关于构建数据基础制度更好发挥数据要素作用的意见》（以下简称"数据二十条"）对完善数据要素市场化配置机制、打造数字经济发展新动能具有举旗定向的重要意义。2023 年 2 月 27 日，中共中央、国务院印发《数字中国建设整体布局规划》，提出"释放商业数据价值潜能，加快建立数据产权制度，开展数据资产计价研究，建立数据要素按价值贡献参与分配机制"。2023 年 3 月 7 日，在第十四届全国人民代表大会第一次会议上，时任国务委员兼国务院秘书长肖捷受国务院委托向大会作了国务院机构改革方案的说明，"组建国家数据局"是改革方案之一。

总之，以 5G、人工智能、物联网等为代表的第四次工业革命中，数据资源是关键与核心。数据具有极高的经济价值，承担着人格利益，此外，在更宏大的视野下，数据对国家安全、国家主权、国家利益、国家竞争等有举足轻重的作用。对此，我国进行了一系列的制度设计，为在第四次工业革命中

---

　　[1]　上海某公司运营的一款手机记账软件，在未经何某同意的情况下，以其姓名、肖像为标识，制作了 AI 陪伴者，并将其开放给众多用户，允许用户与其互动从而实现"调教"。北京互联网法院认为，通过整体形象投射到 AI 上，形成了原告的虚拟形象，软件的产品设计和算法应用决定了软件核心功能的实现，被告不再只是中立的技术服务提供者，应作为内容服务提供者承担侵权责任。法院判决该软件公司构成对何某人格权的侵害。

实现"弯道超车"做出制度安排，数据资源值得保护。

第二节　数据产权的相关理论

产权集中体现了客体的财产属性。具体而言，财产具有两种形式，一种是有形财产，即可以被掌控、触摸或能通过感觉来评判其价值；另一种是无形财产，指没有物理存在，但具有内在价值。财产权的概念暗含了价值交换的思想，若某一事物可以金钱价值进行交换则可将其视为财产，存在财产权。可以说，数据时代，传统财产权理论正向实用主义演进。随着这种演进，财产权的概念逐渐消解，数据作为无形财产的理念被广泛接受，对财产具有"物"的实体之要求逐渐放宽，使数据获取财产权成为可能，这也是大部分学者论证的基础。故此，学界延伸传统研究思路，基于财产权的保护范式，诞生了诸多"事先赋权"的数据保护理论。

一、人格权财产化理论

早在20世纪70年代，美国便开展了科技和隐私的讨论，当时主要涉及政府干预私人日常生活的问题。隐私权是人格利益的重要体现，人格权财产化理论起源于对隐私权的保护。Samuel Warren和Louis Brandeis是最早研究个人隐私的学者，他们认为个人对新技术和商业便利等利益的渴望与个人隐私免受窥探的本能之间存在着明显的紧张关系，个人信息应该被正式承认为财产权客体。[1]进入21世纪，Lawrence Lessig系统地提出了通过隐私权来保护数据的著名观点，他认为隐私是数据的一种形式，个人可以自由衡量其不同隐私的价值。[2]至此，人格权财产化理论基本形成。

人格权财产化理论认为，为了避免人格利益在数据活动中遭受无端侵害，应当赋予个人信息财产属性，从而使个人可以在数据活动中具有议价能力。个人基于人格利益应该对自己的个人信息拥有"可执行的财产权"。[3]人格

---

[1]　See Samuel Warren, Louis Brandeis, "The Right to Privacy", *Harv. L. Rev.*, Vol. 4, No. 5., 1890, pp. 519-522.

[2]　See Lawrence Lessig, "Privacy as Property", *Social Research*, Vol. 69, No. 1., 2002.

[3]　See Jamie Lund, "Property Rights to Information", *Nw. J. Tech. &Intell. Prop.*, Vol. 10, No. 1., 2011.

权财产化理论是最早引入我国对数据权益进行认定和保护的理论。有学者认为考虑到数据中的人格利益，应当将个人信息分为人格权利益和财产权利益，不能基于人格权理论否认个人信息财产权。但同时也有学者认为不应简单地将个人信息中的人格权和财产权看作一体两面，应当将个人数据和个人信息区分处理。

二、"洛克"劳动理论、赋权理论

根据洛克劳动理论，数据作为不能被人感知的存在，被全体人类所共有，通过"劳动"可以赋予劳动主体财产性权利。

当收益大于成本时，财产权益就会产生。以土地为例，在土地很多的时候，因为每个人都能找到土地并开垦，所以并没有土地财产权的概念。但随着人口的增加，当土地带来的收益大于开垦土地的成本时，就产生了财产权益。洛克认为自然界万物都归属于人类共有，每个人天然有权利享有世界万物。但人通过劳动可以获得排他性权益，正如苹果树上的果子，因为在其中加入了摘苹果的劳动，谁摘下来这个果子就该归谁。将数据的处理过程视为数据控制者的劳动，因此其享有对处理结果的所有权，并获得巨大价值。

与洛克劳动理论相对应的是野生动物理论，此理论来源于 Pierson v. Post 案。Post 在一个野生并无人居住、占有的荒地上打猎，指挥自己的猎犬追逐狐狸，此时 Pierson 看到 Post 正在打猎，抢先一步将狐狸打死。Post 认为此狐狸应归自己所有，因为其实施了事先追逐的行为，但是法院并没有支持其主张，认为追逐行为并没有真正"控制"狐狸，只有控制住了狐狸，才能认定其获得了所有权。

三、功利主义理论

功利主义也是数据产权的重要理论之一。美国心理学家马斯洛从生理、安全、社会、尊重、自我实现五个层次概括人类各种需求，并认为人们会依次追求。根据不同阶段设置不同目标即可起到激励作用，最终实现个人的幸福。这种思想延伸至社会领域，便是功利主义理论，也即个人幸福是每个人的追求，那么由人聚合而成的社会的目的在于追求绝大多数人的最大幸福。

对数据而言，功利主义不考虑相关主体的行为手段或者动机，仅考虑利用数据能否实现"善"的效果，这种理论有利于促进数据流通。例如，对数据主体的任何数据，只要经过数据主体同意，即可进行交易，而不论是否具有侵犯人格的可能等，因为增加个人的"快乐"就是最大的"善"。此过程中，数据主体和数据收集者是平等的主体，将个人数据视为财产进行交易，可以使数据流转到需要它的人手上，进而促进整体社会的最大幸福。

四、直接赋予数据财产权的理论

数据具有无形性，不能作为有形财产进行规制，只能通过无形财产的方式确权。无形财产的概念起源于罗马法学家盖尤斯，其将物划分为有体物与无体物两种。时至今日，准财产概念的出现及其演变更契合数据无形财产的属性。

准财产的概念始于 1918 年，美国最高法院在国际新闻社诉美联社一案中认为，有竞争关系的新闻收集机构在同一时间、同一领域收集到的可获利新闻素材，是准财产。[1]进一步，准财产的概念迈入商标领域，商誉被视为准财产。准财产的理念而后又在不同领域中得以贯彻。美国作为判例法国家，关于财产权的定义由州法院在不同案件中做出。Titus v. Terkelsen 案中法官认为财产的含义非常广泛[2]，在 Womack v. Womack 案中将财产的概念拓宽到任何有价权益和利益，包括不动产和个人产权。[3]Hildebrand v. S. Bell Tel. & Tel. Co. 案进一步提出，财产权不仅包括对诸如房地产等物品的占有，还包括处分等权利。[4]财产具有两种形式，一种是有形财产，即可以被掌控、触摸或能通过感觉来评判其价值。另一种是无形财产，指没有物理存在，但具有内在价值。财产权的概念其实暗含了价值交换的思想，即某一事物可以以金钱价值进行交换就可以看作存在财产权。毫无疑问，数据属于无形财产。

五、以知识产权为依据的数据财产权

数据的无形性特征与知识产权类似，基于保护数据的价值性之需要，将数据纳入知识产权体系进行保护成为学术界甚至立法界的尝试。我国 2015 年 6 月 24 日提交的《中华人民共和国民法典·民法总则专家建议稿》中，将

---

〔1〕　See International News Service V. Associated Press. 248 U. S. 215（1918）.

〔2〕　See Titus v. Terkelsen 302 Mass. 84. 18 N. E. 2d 444. 445（1938）.

〔3〕　See Womack V. Womack. 172 S. W. 2d 307, 308（1943）.

〔4〕　See Hidebrand V. S. Bell Tel. & Tel. Co. , 14 S. E. 2d 252, 256（1941）.

"信息"作为知识产权的权利客体加以规定；2016 年 6 月提交稿中，"数据信息"被列为知识产权的一类独立客体。虽然数据最终并未被纳入知识产权的客体，但《中华人民共和国民法典》（以下简称《民法典》）第 127 条规定"法律对数据、网络虚拟财产的保护有规定的，依照其规定。"该条款作为引致条款，可链接至《民法典》第 123 条，为数据成为知识产权客体提供可能的路径。知识产权制度在保护商业数据方面具有潜在的适用性。

但也有学者认为不应将数据认定为知识产权进行保护。第一，著作权不能保护数据，2008 年的"大众点评诉爱帮网案"说明著作权无法保护不具有独创性的数据。现阶段大数据背景下的数据主要是通过算法自动生成，无法认定为具有独创性的汇编产品，难以适应数据保护的新需求。第二，欧盟早在 1996 年便通过《欧洲会议和理事会关于数据库法律保护的指令》（以下简称指令），用著作权对数据进行保护，但数据库权无法对不符合作品构成要件的数据提供保护。我国并没有像欧盟一样的数据库权，无法通过"著作权＋数据库权"对数据进行保护。第三，商业秘密说不能保护数据，数据不具有秘密属性，采用商业秘密，无法解决实践中纷繁复杂的数据侵权问题。虽然数据财产权与知识产权有交叉之处，但两者不是包含关系，数据不能通过知识产权进行保护。

六、以物权为依据的数据财产权

通过扩张解释"物的客体"，主张数据系"类物权"，比照物权对数据进行强保护的观点一度引起共鸣。有学者基于占有法、侵权法、破产法、强制执行法等具体法律领域中问题的处理范式发现，通过大量借鉴物权保护原理从而构建数据所有权是数据确权的可行进路。[1]还有学者认为从《中华人民共和国反不正当竞争法》（以下简称《反不正当竞争法》）的行为规制模式到"数据权"等赋权模式都无法解决数据财产权的权益分配问题，借鉴自物权-他物权和著作权-邻接权的思想，应当构建数据所有权和数据用益物权相分离的二元权利结构。[2]然而，批判"类物权"的声音似乎更多，学界已经对将数据拟制成为类似于电、热、声、光等自然事物的观点进行了有力批判，

---

[1] 参见纪海龙：《数据的私法定位与保护》，载《法学研究》2018 年第 6 期。

[2] 参见申卫星：《论数据用益权》，载《中国社会科学》2020 年第 11 期。

认为对数据设定绝对的排他性支配权，与数据共享性、公益性的基本理念存在本质差异。[1]

事实上，现有研究未从数据的现实属性入手探讨，数据究竟是"有形"抑或"无形"，应当等待自然科学界的回答。在自然科学界，信息的物理属性已经被研究了数十年，与很多人认知不同的是，数据可能存在质量。1948 年，Claude Shannon 通过"信息熵"的概念解决了信息度量问题，1991 年，Rolf Landauer 提出信息以实体存在的重要观点。Landauer 认为，信息不是抽象存在，而是被刻在"物理介质"中。美国路易斯安那州的司法实践也许能成为一则实例。在 S. Cent. Bell Tel. Co. v. Barthelemy 一案中，路易斯安那州最高法院认为，软件是一种实体，应适用对有形物的税收制度。数据"有形"研究的延长线是，数据将可能成为一个新的物权客体，而不是被赋予类物权。[2]

第三节　数据保护的现有实践

一般认为，《个人信息保护法》《网络安全法》《数据安全法》是我国数据合规领域的"三驾马车"。然而，面对商事领域复杂的竞争，以合规作为核心的上述法律制度存在供给不足。故此，我国司法实践中日渐形成了以《著作权法》《反不正当竞争法》为核心的审判规则。其目的在于通过扩张旧制度的适用范围为数据确权，从赋权角度保护数据权益，本质也是一种数据保护制度。

一、数据库保护模式

欧盟 1996 年的《欧洲议会和理事会关于数据库法律保护的指令》赋予了消费者许多数据权益。当时欧盟还未订立反不正当竞争法，也未形成统一的判例对数据库进行保护，但对数据库权益的保护需求日益增加，所以发出该指令用统一标准对数据库权进行保护。根据此指令，数据库分为实质性部分和非实质性部分，但该指令并没有说明二者的区别。后续英国赛马协会诉威廉·希尔组织有限公司案对二者进行了区分。所谓实质性部分是指数据库在

---

[1]　参见钱子瑜：《论数据财产权的构建》，载《法学家》2021 年第 6 期。
[2]　See S. Cent Bell Tel. Co. V. Barthelemy. 643 So. 2d 1240（La. 1994）.

获取、核实、呈现、提取或者重新利用等方面对数据库本身的投资，非实质性部分则仅指内含的数据等。实质性投入是指包括资金、时间、精力、能力等的投入，其评判标准可以从定性或者定量两个角度进行判断，具有实质性的数据库部分当然享有权利，非实质性的数据库部分则只有在被反复利用且具有非正常使用数据库或侵害数据库权益的情况下才会被禁止。[1]而保护数据库的核心理由是版权制度，也即用汇编作品对数据库进行保护，且只对数据库本身保护，而不对其内容进行保护。从这个角度看，该指令所体现的数据库制度在我国的实践是汉涛公司诉爱帮聚信公司一案，爱帮聚信公司擅自引用了汉涛公司建立的大众点评平台中的用户评论，汉涛公司遂提起诉讼，法院以汉涛公司拥有评论集的汇编权为由，认定爱帮聚信公司的行为侵犯了汉涛公司的著作权。法院判决爱帮聚信公司向汉涛公司赔偿 30 000 元，合理开支 17 500 元。但此案中，法院并未对数据进行公司数据或个人数据的分类，也没有对能构成作品或不能构成作品的评论进行分类。

对数据库制度的理解需要再做说明。首先，因立法年代较早，实际上此数据库和我们当下所言的大数据范围不同。该指令第 1 条虽然说明了此法保护任何形式的数据，但在当时更多指对文学、艺术、音乐等形式作品的汇集，当然也包括录音资料、图像等资料的汇集，而当下大数据的概念更大，除了上述内容外，还应包含类似运动轨迹、用户画像等新兴数据。其次，该指令更多是保护对数据库本身的投资，而不是其中的数据。比如上文赛马案中认定对马匹、骑手等信息搜集的投入不属于对数据库的投资，这就造成了最具有价值的数据本身的经济价值无法得到法律保护。再次，不少学者将数据库制度与著作权中的汇编权分开讨论，其实两者本质是同一的。该指令中明确说明了对数据的独创性的智力选择编排是判断数据库独创性的唯一标准，而汇编权也是同样的逻辑，所以数据库权是借鉴著作权中的汇编权所建立的制度，本质就是汇编权，这也将一些学者提出的根据"额头出汗"原则建立数据库的理论排除在外。最后，数据库制度在实际应用中成效很差，在该指令出台后，欧盟数据库的市场占比一直走低，当然也可能是由于欧盟数据产业本身就不如中美发达造成的，但应用数据库制度解决不了数据权益保护

---

[1] See The British Horseracing Board Ltd V William Hill Brganisation Ltd, c-203102, Novemeber (2004).

问题，最根本的原因就是数据库制度在立法过程中回避了数据权益这一核心问题。

二、著作权保护模式

实践中，以著作权解决数据争议多存在于涉及数据库权益争议的案件中。例如，在梅斯公司与科睿唯安公司侵害作品信息网络传播权纠纷一案中，法院认为，JCR 期刊引证报告作为业内专业数据分析成果，对期刊来源进行了智力选择，卡米洛公司对由此形成的数据库享有著作权。[1]与之类似，鼎容公司与白兔公司著作权权属、侵权纠纷案中，法院认为涉案数据库构成汇编作品。[2]大众点评诉爱帮网一案中，法院认为汉涛公司享有评论集的著作权。[3]这种审判思路扩张了著作权的范围，将数据库中的数据作为汇编作品中的作品，数据库权人对数据库整体享有汇编权。

然而，通过著作权制度确保数据权益的实现，只能针对数据库类型案件，且法官自由裁量空间较大。随着硬件技术发展、通信承载能力提高、数据产品及服务的演化，数据侵权模式也逐渐增多，产生诸如数据非法爬取、数据盗取、流量劫持、数据刷量、截取跳链等一系列侵权样态。以汇编权为核心的著作权范式只能保护数据集合的权益，而不能保护单一数据的权益、原始数据的权益。面对如此多变的侵权样态，著作权制度明显无法一一解决。此外，对于"独创性"而言，数据库的著作权更强调"创"。然而"创"的判断会给法官带来较大的裁量空间。例如，在阳光公司与霸才公司技术合同、不正当竞争纠纷一案中，法院作出了与梅斯公司案截然相反的裁判。法院认为将信息流通过一定的手段进行汇集和编排不符合作品的独创性要求，不能认定为汇编作品。[4]事实上，通过信息流的自动筛选和 JCR 数据库的人工筛选，均是智力筛选，然而哪种筛选满足数据库"独创性"的要求，并无明确答案和刚性规定。通过著作权制度确保对数据权益的充分保护，不具有标准化裁判的可能。

---

〔1〕 参见上海知识产权法院（2020）沪 73 民终 531 号民事判决书。
〔2〕 参见广东省佛山市中级人民法院（2016）粤 06 民终 9055 号民事判决书。
〔3〕 参见北京市海淀区人民法院（2008）海民初字第 16204 号民事判决书。
〔4〕 参见北京市第一中级人民法院（1996）一中知初字第 54 号民事判决书。

三、合同制度保护模式

采用合同制度解决数据权益问题也是一种思路。用户同意各大 App 的隐私政策的行为本质上就是利用合同在进行数据治理的行为。通过合同类分配权利的方式，能将数据使用的问题留给最了解商业实践的企业，以最大化实现数据权益。不少学者提出了通过合同方式构建数据治理范式，例如构建"服务合同""许可合同"等不同制度，在数据交易的过程中，全国各地的数据交易所都应当立足于数据合作，撮合数据交易、提供安全认证，从鼓励数据交易转向注重数据的流通与利用。

当然，采用合同制度也存在短板。首先，合同的相对性制约权利使用。合同条款非常灵活，用技术手段可以排除第三方主体对数据的侵扰，但是合同具有相对性，一旦第三人对数据主张权利，会使法律问题复杂化。其次，采用合同制度进行数据保护的约束力不足。如用户无法实质性地控制公司如何处理自己的信息，一旦流转给第三方，难以限制第三方使用数据的情况。最后，用户成本过高。在美国，每年每个用户约花费 201 小时在阅读隐私政策上，时间价值折合为 3534 美元。如果美国人逐字逐句地阅读隐私政策，则预计每年损失 7810 亿美元。更不必说目前的隐私政策对普通用户来说晦涩难懂，遣词造句多是法律用语，用户并不能清楚地了解个人数据的处理过程。如果用户数据遭到泄露，那么修复的平均成本高达 1769 美元，遭受的直接损失中位数会高达 300 美元。[1]

四、商业秘密保护模式

我国有很多学者支持通过商业秘密对数据权益进行保护，比如有学者认为司法实践没有出现不能克服的困难，数据在客体、保护内容和方式以及保护效果方面，与商业秘密高度契合，应当通过扩张适用商业秘密对数据财产权益进行保护。[2]商业秘密作为前置保护可最大程度利用现有制度，现行制度出现法律漏洞时，只有无法通过司法解释或者由法官进行法律续造，进而

---

〔1〕 See Aleecia M. McDonald, Lorrie Faith Craror, "The Cost of Reading Privacy Policies", A Journal of Law and Policy for the information Society, Vol. 4, No. 3, 2008-2009.

〔2〕 参见卢扬逊:《数据财产权益的私法保护》，载《甘肃社会科学》2020 年第 6 期。

解决问题时，才应当考虑另立新法。

然而，通过商业秘密进行数据权益保护，有一定合理性，但不充分。数据集合具备商业秘密的三要件，因此以商业秘密进行数据权益的实现有一定合理性。数据集合一般由企业长期经营、管理所得，不被公众所知悉。企业一般会通过账户密码、保密协议等措施对数据集合进行保护，采取了保密措施。数据集合能通过数据算法、数据交易、数据共享等途径为企业带来利益，具有商业价值。然而，满足商业秘密三要件即可通过商业秘密模式对数据进行保护吗？在张力公司与徐文福等商业贿赂不正当竞争纠纷一案中，法院就指出了商业秘密保护模式的缺陷，即如果未采取严格保密措施，大部分信息可从公开渠道获得时，不能认定数据库具有不被公众知识的秘密属性，即不能认定为商业秘密。[1]这揭示了商业秘密模式最大的弊端，即无法保护公开的、非独创性的数据集合。此外，商业秘密无法保护可交易的数据产品和服务自不待言。一旦数据产品和服务进入市场，将丧失秘密性。

五、《反不正当竞争法》保护模式

作为原则性条款的《反不正当竞争法》第 2 条一度成为法官裁判的重要理由。这可能与《反不正当竞争法》尚未修订有关，当时尚未有互联网专条，法官手中裁判依据有限。但法官不能拒绝裁判，只能通过原则性条款进行裁判。例如，在大众点评诉爱帮网案[2]、酷米客诉车来了案[3]、大众点评诉百度案[4]等案件中，法院均援引了《反不正当竞争法》第 2 条作为裁判依据。法院形成了一定的审判思路，并体现在多个案件中。法院首先判断原被告之间是否具有竞争关系，其次判断原告是否享有涉案数据的合法权益，接着看被告是否违反了诚实信用原则和商业道德，最后看被告是否损害了原告的合法权益。在未有明确的法律规范时，这种审判思路对数据侵权案件的裁判发挥了积极作用。

然而，这种审判思路长期以来并未进一步明确，存在较为明显的漏洞。上述审判思路的各个环节均需要法官进行主观判断，这就造成了法官具有较

---

〔1〕 参见浙江省宁波市中级人民法院（2015）浙甬知初字第 40 号民事判决书。
〔2〕 参见北京市第一中级人民法院（2011）一中民终字第 7512 号民事判决书。
〔3〕 参见广东省深圳市中级人民法院（2017）粤 03 民初 822 号民事判决书。
〔4〕 参见上海知识产权法院（2016）沪 73 民终 242 号民事判决书。

大的自由裁量权。例如，在衡量是否满足侵犯商业道德这一点中，由于相关法律法规并未对商业道德作出刚性规定，司法实践对商业道德的判断存在争议。在腾讯公司诉世界星辉公司[1]一案中，一审法院认为，世界星辉公司的浏览器虽然屏蔽了腾讯公司的广告，但是从社会公益角度考量，这是有益的，不能认定为违反商业道德。二审法院却认为，商业活动的运营才是考虑商业道德应采取的角度，而不应从社会公益出发。可见，不同级别法院对同一案件的事实认定存在矛盾。2022 年 3 月最高人民法院公布了《关于适用〈中华人民共和国反不正当竞争法〉若干问题的解释》，其中第 2 条、第 3 条对商业道德的范围进行了规定，但仍无法形成一个非常具体的判断标准。总之，同商业秘密保护进路类似，《反不正当竞争法》的规制方式是事后规制、被动防御的"弱保护"范式，过强的原则属性导致其不能成为数据权益实现的路径。

作为《反不正当竞争法》第 2 条的补充，相对具体的互联网专条增加了法官裁判的"工具"。2017 年《反不正当竞争法》修订，规定了三种典型的数据侵权方式，并将其归纳为通过影响用户选择或者其他方式，实施妨碍、破坏其他经营者合法提供的网络产品或者服务正常运行的行为。在微博诉饭友 App[2]、二维火诉美团小白盒[3]、爱奇艺诉"刷量"[4]等案件中，法官都利用了《反不正当竞争法》第 12 条互联网专条进行裁判。法院的这种裁判模式细化了对数据权益的保护，互联网专条进一步拓宽了法院的审理思路。

然而，互联网专条对侵权行为的列举法无法涵盖日益复杂的数据侵权方式，对三种典型侵权行为的概括归纳本身就是另一种兜底性、原则性条款。同著作权保护一样，随着互联网空间的不断延伸，侵权样态的多样，互联网专条不能充分适应侵权样态的变化。最新的司法解释中，也只是对互联网专条第 2 款第 1 项和第 2 项进行了简单说明。此外，试图通过兜底性的原则性条款进行规制也会给法官留下较大的自由裁量权，不利于司法稳定。例如，腾讯诉国鼎一案中，[5]法院认为，国鼎公司利用 X 分身软件实现正常微信软件

---

[1] 参见北京知识产权法院（2018）京 73 民终 558 号民事判决书。
[2] 参见北京知识产权法院（2019）京 73 民终 2799 号民事判决书。
[3] 参见浙江省杭州市中级人民法院（2018）浙 01 民初 3166 号民事判决书。
[4] 参见江苏省常州市中级人民法院（2018）苏 04 民初 51 号民事判决书。
[5] 参见北京市海淀区人民法院（2019）京 0108 民初 52890 号民事判决书。

所不具有的微信伪装、一键集赞等功能，不属于互联网专条所列举的情况，属于兜底性条款所规定的情形。通过互联网专条实现数据权益是现行制度下的有益补充，但不能成为主流方式。

六、最新顶层制度设计

2022 年 12 月 2 日"数据二十条"全文发布，从总体要求、数据产权制度、数据要素流通和交易制度、数据要素收益分配制度、数据要素治理制度以及保障措施六个方面对我国数据基础制度做出顶层设计。"数据二十条"开宗明义，以坚持促进数据合规高效流通使用、赋能实体经济这一主线，以充分实现数据要素价值、促进全体人民共享数字经济发展红利为目标。[1]为更好发挥数据要素作用，将"遵循发展规律，创新制度安排""坚持共享共用，释放价值红利""强化优质供给，促进合规流通""完善治理体系，保障安全发展""深化开放合作，实现互利共赢"作为主要工作原则。五个主要工作原则中的四个都在强调数据利用，这意味着接下来如何促进数据流通利用将成为主要目标。其中，数据产权分离制度的设计是"数据二十条"的重大创新。

"数据二十条"建立了保障权益、合规使用的数据产权制度，明确了应当以数据分类分级为前提促进数据流通。对公共数据，要在保护个人隐私和确保公共安全的前提下，按照"原始数据不出域、数据可用不可见"的要求，以模型、核验等产品和服务等形式向社会提供，用于公共治理、公益事业的公共数据有条件无偿使用，用于产业发展、行业发展的公共数据有条件有偿使用。对企业数据，要保障各类市场主体在生产经营活动中采集加工的不涉及个人信息和公共利益的数据依法依规持有、使用、获取收益的权益，合理保护对依法依规持有的数据进行自主管控的权益，充分保障数据处理者使用数据和获得收益的权利。对个人数据，要充分保护数据来源者合法权益，推动基于知情同意或存在法定事由的数据流通使用模式，保障数据来源者享有获取或复制转移由其促成产生数据的权益。整体上看，我国数据产权制度的创新之处在于从公共数据、企业数据、个人数据三方面进行分类分级和确权

---

〔1〕　参见《构建数据基础制度　更好发挥数据要素作用——国家发展改革委负责同志答记者问》，载 http://www.gov.cn/zhengce/2022-12/20/content_ 5732705.htm，最后访问日期：2023 年 1 月 12 日。

授权，并以此建立数据资源持有权、数据加工使用权、数据产品经营权分置的产权运行机制。促进公共数据开放，保障市场主体对不涉及个人信息和公共利益的原始数据，以及通过数据处理所得的衍生数据的权益，保障数据来源者获得数据流通中带来的利益。

数据资源持有权、数据加工使用权、数据产品经营权是推动产权分离的良好范式。三权分置更加吻合数据的特质，能妥善治理数据跨境流动、数据交易、数据垄断等问题，进一步强化个人数据、公共数据、数据爬取等涉及各类各级数据的保护。首先，数据资源持有权更加强调数据的资源属性，而非事实属性，以"资源"对"数据"进行限定，意图深挖数据资源的经济价值，弱化数据是否应当赋权及如何赋权的争议，放大数据作为资源在流通中的经济价值，把促进数据流通作为数据治理的核心内容。其次，数据产品经营权本质是一种竞争性利益，是数据要素市场下的概念，与数据共享、流动、交换、跨境等数据交易行为强相关，"数据二十条"提出，要"依法依规规范数据处理者许可他人使用数据或数据衍生产品的权利"，明确应围绕数据产品经营权设计数据产品的许可使用制度。最后，数据加工使用权可不断延伸出积极权能和消极权能，以应对数据及数据市场的发展，这些权能从属于数据加工使用权，具有体系性和灵活性的双重特征，是"谁投入、谁贡献、谁受益"原则的具体体现之一，兼顾了"效率"和"公平"。

"数据二十条"通过促进产权制度分离的制度设计，构建了以"市场无形的手"进行调节的现代数据要素流通和交易制度，无疑会放大市场效应，能充分实现数据要素价值、促进全体人民共享数字经济发展红利，为理解数据合规要点提供了思想引领。

第四节　数据法的原则

目前我国以《个人信息保护法》《数据安全法》《网络安全法》为核心，其他法律、法规、标准为细则，构建了数据合规的整体框架。然而，具体合规要求散见于各法律文件中，存在诸多问题。其一，同一合规要求出现在不同文件之中，如对个人信息的"知情-同意"原则在《网络安全法》《信息安全技术 个人信息安全规范》等文件中都有所提及；其二，同一合规要求在不同文件中的表述不同，如在《网络安全法》中"知情-同意"要求取得个人单独同意，在《信息安全技术 个人信息安全规范》中则表述为获得个人信息主体授权同意；其三，企业经营者无法快速、具体地进行风险排除。面对这种情况，如果不掌握数据合规的一般性原则，就无法整体把握、理解数据合规的基本要求。前一章节介绍了数据合规师的一般含义，企业基于合规需求，必须设立数据合规师来直面企业合规风险，那么为什么要进行数据合规？数据合规的一般性原则是什么？数据合规中的近似概念如何区分？为系统化理解数据合规，必须回答以上问题。

为理解数据合规的要求，需要引入数据全生命周期管理（Data Life Cycle Management，简称 DLM）的概念。数据全生命周期管理是指，在进行数据管理时，从数据输入到数据销毁的整个生命周期内，通过对不同阶段的数据采取针对性管理策略，实现数据效益的最大化的管理方式。从国内外数据生命周期的研究来看，不同的角度、不同的业务场景会形成不同的生命周期模型，但不同生命周期模型的交集均包括数据收集、存储、使用、加工、传输、提供、公开、删除等阶段。

数据生命周期并非人为赋予的概念，而是通过实践总结出来的产物。数据从采集到销毁的全生命周期与企业形成数据产品及服务、提供数据产品及服务、结束数据产品及服务的过程密不可分。从数据生命周期入手进行数据合规的概述，可以帮助读者大致把握数据合规理论，即找到数据合规的一根主线，或称之为原则。正如柏拉图的哲学观，"人先天就具有真知，后天的学习仅是回忆"，他通过《申辩篇》以对话体的方式向世界传达"理型"这一"原则"；我国孔子的《论语》也是通过该方法，让世人从心底产生为人处世的原则；又如王阳明崇尚心学，认为人的本心就具有真知。本章通过归纳总结国内外立法、政策的要求，整理出数据合规过程中的关键节点，以让读者尽可能掌握数据合规的一般原则。在后续章节的学习中，可以此为基础，理解具体的细则。

（一）平衡原则

数据是新时代的石油，但具有负外部性，数据利用和数据保护是天平的两端，只能尽量保持平衡。而数据合规的目的就在于最大程度促进数据流通的同时尽可能地保护数据主体的合法权益不受侵犯。目前，纵观数据立法，欧盟以 GDPR 为代表构建了以数据保护为核心的数据流转制度，美国则以

《澄清域外合法使用数据法案》为代表构建了数据自由为核心的数据流转制度。[1]我国的立法更倾向于欧盟，天平指针指向了数据保护，但我们要深刻认识到，仅仅靠合规是无法保护数据安全的，究其原因，当前企业发展并不是技术驱动，而是数据驱动，所以铤而走险通过非法手段不断收集数据的情况屡见不鲜。其实，数据利用与数据保护的关系并不应当是非此即彼。在数字经济发展的过程中，数据利用与数据保护背后所蕴含的经济价值和人格价值往往会共同增长，保持两者间的相对平衡是数据合规的重要目的。

（二）合法、公开原则

对涉及数据主体的个人数据，应当以合法的依据来进行收集、处理、发布，同时应公开收集、使用规则，明示收集、使用信息的目的、方式和范围，确保公众知情权。

（三）目的限制原则

对个人数据的收集、处理应当遵循具体的、清晰的和正当的目的，依此目的获得的数据断不能用于任何其他用途。

（四）知情同意原则

数据收集过程中最重要的是对"知情-同意"原则的适用。该原则有些类似于民法上的"诚实信用"原则，是数据活动中的帝王原则、基础原则，也是数据合规的重要目的之一。根据字面意思不难理解"知情"与"同意"的含义，也即在进行数据活动中要保障数据来源者的知情权。为什么要保障数据来源者的知情权呢？因为数据本身具有复杂性，包含着个人信息，个人信息与人格尊严相关，是人格权的具体体现。不保障数据来源者的知情权，相当于让个人信息"自由飞翔"，不仅会产生经济危害，还会进一步损害人格。用"个人信息自决"理论来概括"知情-同意"原则的必要性是非常准确的。

违反"知情-同意"原则的行为，可存在于数据生命周期的全过程，即未经同意收集、使用、加工、传输、提供、公开、删除等过程。前几个过程较好理解，但是删除时也需要"知情-同意"吗？当然，即使是信息的删除也与人格挂钩，试想，如果某天你的个人社交账户未经你的同意被网络平台经营

---

〔1〕参见张晓君：《数据主权规则建设的模式与借鉴——兼论中国数据主权的规则构建》，载《现代法学》2020年第6期。

者注销，该行为一定会对你的人格造成侵害。可以说，只要数据存在"变动"，就一定要经过数据来源者的"知情"和"同意"。在数字信息时代，数据资源持有者、数据加工使用者、数据产品经营者的地位与个人明显不对等，如果不以较强的方式限制上述三主体的权利，那么无疑会助长"数据利维坦"的形成，对个人权利造成侵害，贬损社会整体人格。

（五）最小数据原则

最小数据原则包含数据收集和数据发布两个层面。2021年国家互联网信息办公室秘书局、工业和信息化部办公厅、公安部办公厅、国家市场监督管理总局办公厅联合印发《常见类型移动互联网应用程序必要个人信息范围规定》，对各行业的数据处理进行了相对细致的规定。"最小必要"是指数据处理过程中，数据加工使用者不能随意收集、加工、提供、公开数据，而应基于实现产品功能、目的的最低处理限度对数据进行处理。也可以表述为"应当是为实现数据处理目的而采取适当的、相关的和必要的数据处理方式。"[1]

最小数据原则来源于比例原则，而比例原则是行政法上的理念。比例原则强调行政行为的必要性、适当性、损害最小性。而最小必要原则则强调收集数据的必要性、适当性、收集数据后要对数据主体损害最小。《App违法违规收集使用个人信息行为认定方法》将所能收集的个人信息类型限定为与现有业务直接相关，收集个人信息的频度不能超出实际业务功能需求。所以最小必要原则的必要性和收集数量的适当性就是指为了完成用户侧所欲达到的目的所必须收集的最少量的信息，而不是企业服务侧为了达到目的所想要收集的信息。

（六）数据安全原则

承担数据收集、利用、公布职能的机构要采取充分的管理措施和技术手段，来保证个人数据的保密性、安全性，相关个人要严守工作纪律和法律法规，严禁故意泄露个人数据。

"数据二十条"中明确指出，要将"保障安全发展"作为工作原则之一。我国在有了《网络安全法》后，相继通过《数据安全法》和《个人信息保护法》继续加强对数据安全的监管。《网络安全法》强调网络空间整体的内部、外部治理和安全，《数据安全法》更多体现了国家整体安全观的思想，《个人

---

〔1〕　参见欧盟GDPR第5条第1款第3项。

信息保护法》更多以个人视角强化数据的安全管理，也就是说，这三部法律分别从网络空间整体、国家、个人三个层面形成数据安全治理规范。

应在数据生命周期全过程秉持"数据安全"原则，即在各环节采取适当的技术管理措施，如制定内部安全管理和操作制度、防范计算机病毒和网络侵入等。可以说，数据安全可控是企业进入及深耕市场的重要条件，数据产品经营者应当保护数据的完整性和秘密性，以保证经营过程中数据不会遭受非法处理或未经授权的处理，造成数据的毁损或灭失。[1]

（七）限期存储原则

收集的个人数据应有其自身固有的生命周期，如有关疫情防控的个人信息，其保存方式应当不长于为了实现疫情防控目的所必要的期限，除非为了实现公共利益、科学或历史研究目的等例外情形。

第五节　相关概念区分

按照逻辑学的思路，概念是一种大前提，只有概念明确、真实，才能在大前提的基础上通过逻辑推理得出结论，也即"从真到真"的逻辑推演。所以哲学家们一直在孜孜不倦地探求世间万物的最真实的概念。但是，正如世界上没有真正完美的圆形，放大圆形的边界，就会看到一条线，完美的定义同样是不存在于现实生活中的，我们无法在现实中真正厘清一个物的定义，只能无限接近，在脑海中掌握它。纵观各层级立法，不难发现这些立法虽有不同，但实则共通。找到共通性，并尝试做出定义及区分，可以为之后章节以及数据合规的学习起到事半功倍的作用。

一、个人数据和个人信息

个人数据和个人信息这一对概念是众多法律性文件中涉及最多的，也是实务界和理论界混用最多的。根据《深圳经济特区数据条例》第2条，个人数据是指载有可识别特定自然人信息的数据，不包括匿名化处理后的数据。此外《深圳经济特区数据条例》还对敏感个人数据进行了规定，敏感个人数据是指一旦泄露、非法提供或者滥用，可能导致自然人受到歧视或者人身、

---

[1] 参见欧盟GDPR第5条第1款第6项。

财产安全受到严重危害的个人数据，具体范围依照法律、行政法规的规定确定。可以看到，个人数据是以"可识别特定自然人信息"界定的，敏感个人数据是以"可能造成严重危害"界定的，该条例其实是借鉴了《个人信息保护法》中关于个人信息的定义。《个人信息保护法》第 4 条规定，个人信息是以电子或者其他方式记录的与已识别或者可识别的自然人有关的各种信息，不包括匿名化处理后的信息；第 28 条规定，敏感个人信息是一旦泄露或者非法使用，容易导致自然人的人格尊严受到侵害或者人身、财产安全受到危害的个人信息。可以见得在立法层面个人数据和个人信息其实并未做严格区分，但他们是完全一样的吗？并非如此。数据和信息在认知层面有所差异，数据强调存在形式，而信息强调应用，也就是说只有在使用过程中，人们才能感知到信息，但无论是否使用，数据都会存在，即个人数据是个人信息的载体。

数据加工使用者通过个人信息或其他信息加工处理后形成的信息，例如，用户画像或特征标签，能够单独或者与其他信息结合识别特定自然人身份或者反映特定自然人活动情况的，属于个人信息。具体而言，个人信息包括姓名、出生日期、身份证件号码、个人生物识别信息、住址、通信通讯联系方式、通信记录和内容、账号密码、财产信息、征信信息、行踪轨迹、住宿信息、健康生理信息、交易信息等。如何判断数据来源者的信息是个人信息还是个人数据呢？可以采用"识别+关联"的判断方法。对于个人信息，通过"识别"的方式进行判断，即可以从信息确定到个人，由信息本身的特殊性识别出特定自然人。对于个人数据而言，其范围更大，可以采用"关联"的方式进行判断，即从个人产生的数据，如已知特定自然人，由该特定自然人在日常活动中产生的信息即为个人数据。

二、个人信息控制者和个人信息处理者

在我国的法律文件中，多次出现个人信息控制者和个人信息处理者的概念，前者更为频繁。如果仅从字面意思理解，控制指"掌握住不使任意活动或越出范围；使处于自己的占有、管理或影响之下"，而处理指"处置、安排、料理；用特定方法加工"，两者不甚相同。而个人信息控制者的概念一定程度上受到了欧盟立法的影响，欧盟 GDPR 将个人信息控制者命名为"data controller"，定义为"那些决定——不论是单独决定还是共同决定——个人数据

处理目的与方式的自然人或法人、公共机构、规制机构或其他实体。"[1]根据欧盟的定义，个人信息控制者与我国《个人信息保护法》第73条关于个人信息处理者的定义"在个人信息处理活动中自主决定处理目的、处理方式的组织、个人"基本一致。所以此两概念的基本含义相同，不在于字面的"控制"或"处理"本身，个人信息控制者抑或是处理者是真正能决定数据处理目的和方式的主体。

三、公共数据和政务数据

根据各层级立法，公共数据和政务数据的内涵基本一致。对公共数据来说，《浙江省数字经济促进条例》第18条规定，"本条例所称公共数据，是指国家机关、法律法规规章授权的具有管理公共事务职能的组织（以下统称公共管理和服务机构）在依法履行职责和提供公共服务过程中获取的数据资源，以及法律、法规规定纳入公共数据管理的其他数据资源"。《无锡市公共数据管理办法》第2条规定："本办法所称公共数据，是指行政机关以及履行公共管理和服务职能的企业、事业单位和社会组织（以下统称公共管理服务机构）在依法履行职责的过程中采集和产生的数据。"此外，《深圳经济特区数据条例》《上海市数据条例》等文件都做出了类似规定。对政务数据来说，《南京市政务数据管理暂行办法》第3条规定："本办法所称政务数据，是指本市各级行政机关、事业单位、社会团体或者其他依法经授权、受委托的具有公共管理职能的组织（以下称政务部门），在履行职责过程中产生或者获取的具有原始性、可机器读取、可供社会化再利用的各类数据。"《福建省大数据发展条例》第49条规定："政务数据，是指政务部门在履行职责过程中采集、获取或者通过特许经营、购买服务等方式开展信息化建设和应用所产生的数据。"此外，《中山市政务数据管理办法》等文件也做了类似规定。从上述立法来看，公共数据和政务数据直接指向"公共管理和服务的机构"在"管理公共事务""履行职责"的过程中所产生的数据。可以看到，公共数据和政务数据似乎有强相关性，那么两者的关系如何，是完全一致还是有所区分？根据全国信息安全标准化技术委员会发布的《网络安全标准实践指南—网络数

---

[1] 原文为"The natural or legal person, public authority, agency or other body which, alone or jointly with others, determines the purposes and means of the processing of personal data."

据分类分级指引》，公共数据分为广义的公共数据和狭义的公共数据，广义的公共数据是指"国家机关和依法经授权受委托履行公共管理和服务职能的组织，在依法履行公共管理职责或提供公共服务过程中收集、产生的数据"。狭义的公共数据是指"提供公共服务的组织在公共服务过程中收集的数据"，而政务数据是指"政务机关履职过程中收集产生的数据"。

四、数据公开和数据共享

《浙江省公共数据条例》第 27 条规定："本条例所称公共数据开放，是指向自然人、法人或者非法人组织依法提供公共数据的公共服务行为。"《无锡市公共数据管理办法》第 2 条规定："本办法所称数据共享，是指公共管理服务机构因履行职责需要，无偿使用其他公共管理服务机构采集和产生的公共数据，或者为其他公共管理服务机构提供公共数据的行为。本办法所称数据开放，是指公共管理服务机构面向公民、法人和其他组织提供公共数据供其开发利用的公共服务。"在其他法律文件中也有类似规定，所以数据公开指公共数据或政务数据向公共管理服务机构以外的社会公众公开的过程，而数据共享则特指公共管理服务机构内部的数据相互利用的过程。

五、公开数据和非公开数据

对于公开数据和非公开数据，我国相关法律法规并未做出明确定义，其区分更多存在于司法实践之中。如，新浪微博诉蚁坊案[1]中，法院就采取了公开数据和非公开数据的称呼来区分微博所称被侵权的数据。可以看到，公开数据和非公开数据，是对数据的分类，而不是对数据利用方式的分类。这也能将非常近似的概念"数据公开"和"公开数据"进行区分，也即数据公开是数据利用的方式，而公开数据是数据的种类。此外，数据公开所涉及的数据特指政府所持有的数据。

至于公开数据和非公开数据的区分或者定义，目前仍存在争议，但在实践中以"是否采取相应技术措施"作为区分原则的方式逐渐被接受。具体而言，如果采取了类似于密码、防火墙等限制他人进行数据访问的措施，致使

---

〔1〕　参见（2018）京 0108 民初 28643 号、（2019）京 73 民终 3789 号、（2021）京民申 5573 号民事判决书。

访问者的访问受到一定的限制，此时被技术措施所管理的数据则为非公开数据。在美国范·布伦诉美国案中对"门（gates-up-or-down inquiry）"的讨论似乎更能明确公开数据与非公开数据的区别[1]。范·布伦作为一名警察，利用职权访问警局数据库，超越访问权限探查他人车牌。美国联邦最高法院将系统准入比喻为一个"门"，如果需要进入并已经获得访问授权，则允许访问系统；若未获得访问授权，则不允许访问系统。对于公开数据和非公开数据，用"门"这种抽象概念似乎更好理解，没有"钥匙"无法访问的就是非公开数据，不用"钥匙"即可进入或甚至没有"门"即可访问的就是公开数据。因此，采用"非法的钥匙"进行访问的，就可能面临侵权责任。

六、数字资产与数据资产

（一）数字资产（Digitial Asset）

关于数字资产的定义，有学者认为，数字资产是指由加密技术保障的数字化价值表彰或合同权利，其基于分布式账本技术且可以被电子化转移、存储或交易。由类似比特币的数字货币，逐渐发展为有融资属性的数字代币。[2]数字人民币是数字资产的典型代表。[3]有学者认为，"数字资产"指个人享有权利或权益的电子记录。术语"数字资产"不包括基础资产或负债，除非该资产或负债本身是电子记录。[4]还有学者对数字资产从狭义和广义两个维度进行定义。狭义地解释，数字资产是通过计算机代码实例化的，并依赖于所谓的共识计算机算法来触发和验证给定数字资产中的交易。从广义上讲，数字资产可以包括最广义的电子游戏等虚拟资产，电子游戏中出售的物品也可以是虚拟资产。虚拟资产不需要验证交易或提供安全级别的共识算法[5]。维基百科对数字资产的定义则更为广泛，数字资产是指仅以数字形式存在并具有独特使用权的任何东西。不具有该权利的数据不被视为资产。美国国家税务局对数字资产的定义是，数字资产是记录在加密安全分布式账本或任何类似

---

[1] See Van Buren v. United States, 593 U. S. ----, 141 S. Ct. 1648, 210 L. Ed. 2d 26 (2021).

[2] 参见李敏：《融资领域区块链数字资产属性争议及监管：美国经验与启示》，载《现代法学》2020年第2期。

[3] 参见周怡君：《数字人民币担保制度框架构建》，载《东方法学》2022年第2期。

[4] See Uniform Fiduciary Access to Digital Assets Act of 2020, Sec. 21-2502, (9).

[5] See Kaal, Wulf A., "Digital Asset Market Evolution", *Journal of Corporation Law*, vol. 46, No. 4., 2021.

技术上的任何价值的数字表示。例如，数字资产包括不可替代代币（NFTs）和虚拟货币，如加密货币和稳定币。如果某一特定资产具有数字资产的特征，则在联邦所得税方面将其视为数字资产。[1]基于上述对数字资产的定义，数字资产应当具备如下特征：

1. 计算机代码实例化的数字形式；

2. 基于加密安全分布式账本技术或者任何类似技术；

3. 是一种合同权利或者具有经济价值；

4. 可以依照共识算法被电子化转移、存储、交易；

5. 不包括非数字形式的基础资产或者负债。

在我国，结合国内监管和行业实践，数字资产的定义需要遵循如下原则：（1）与数据资产进行有效区分；（2）与加密货币、代币进行有效区分；（3）与央行数字货币进行有效区分；（4）能够包括数字藏品但不仅限于数字藏品，并且能够尽量扩大数字资产标的物囊括的范畴；（5）使得数字资产不仅是一个通证或记录，而是包括其背后所代表的物品或权益，从而赋予其实际价值。在我国，数字资产是指法人、自然人或非法人组织所享有的具有预期经济价值的在加密安全的分布式账本或国家指定的类似技术上的记录及其代表的非货币性权益的价值表彰或者合同权益，通常具有不可分割性、唯一性、排他性、原始授权性，权益归属者享有持有权、使用权、处分权、收益权。

（二）数据资产（Data Asset）

我国地方性法规以及相关标准中对数据资产进行了定义。例如，《山西省政务数据资产管理试行办法》第3条规定，本办法所称政务数据资产，是指由政务服务实施机构建设、管理和使用的各类业务应用系统，以及利用业务应用系统，依据法律法规和有关规定直接或者间接采集、使用、产生、管理的文字、数字、符号、图片和视音频等具有经济、社会价值，权属明晰、可量化、可控制、可交换的政务数据。《信息技术服务 数据资产 管理要求》（GB/T 40685-2021）对数据资产的定义为：合法拥有或者控制的，能进行计量的，为组织带来经济和社会价值的数据资源。《信息技术服务 治理 第5部

---

[1] See Internal Revenue Service, instruction 1040, available at https://www.irs.gov/instructions/i1040gi. accessed on 2/10/2023, last accessed on：February 10, 2023.

分：数据治理规范》（GB/T 34960.5-2018）对"数据资产"的定义为：组织拥有和控制的、能够产生效益的数据资源。浙江省征求意见中的地方标准《数据资产确认工作指南（征求意见稿）》对"数据资产"的定义为：会计主体过去的交易或事项形成的，由会计主体拥有或合法控制的，能进行可靠计量的，预期会给会计主体带来经济利益或产生服务潜力的数据资源。中国信通院在《数据资产管理实践白皮书（5.0 版）》对"数据资产"的定义为：由组织（政府机构、企事业单位等）合法拥有或控制的数据资源，以电子或其他方式记录，例如文本、图像、语音、视频、网页、数据库、传感信号等结构化或非结构化数据，可进行计量或交易，能直接或间接带来经济效益和社会效益。《数据资产评估指导意见（征求意见稿）》中的数据资产，指特定主体合法拥有或者控制的、能进行货币计量的、且能带来直接或者间接经济利益的数据资源。

美国国家安全系统委员会（Committee on National Security Systems，简称 CNSS）对数据资产的定义是：一种基于信息的资源，任何由数据组成的实体。例如，数据库是由数据记录组成的数据资产，数据资产可以是系统或应用程序输出文件、数据库、文档或网页，数据资产还包括可用于从应用程序访问数据的服务。例如，从数据库返回个人记录的服务就是数据资产。类似地，为响应特定查询而返回数据的网站将是数据资产[1]。基于上述对数据资产的定义，数据资产应当具备如下特征：

1. 是一种信息资源；

2. 以电子形式或者其他方式记录，诸如文本、图像、语音、视频、网页、数据库、传感信号；

3. 能够直接或者间接带来经济效益或者社会效益；

4. 可进行货币计量、可控制、可交换；

5. 权属清晰；

6. 可以是数据产品，也可以是数据服务；

7. 可以是结构化或者非结构化的数据。

---

〔1〕 Committee on National Security Systems（CNSS）Glossary，CNSSI 4009-2022.

【思考题】

1. 名词解释

（1）公共数据

（2）数据共享

2. 简答题

简述目的限制原则。

3. 论述题

分析数据保护权益现有制度中各类保护模式的利弊。

第二编

总　论

第三章　中国数据合规的监管框架与体系

【本章概述】随着人工智能与大数据技术的快速发展与迭代，数据作为人工智能时代最为核心的资产被广泛应用于政治、经济与文化的各个领域。大数据的渗透与滥用损害了消费者的利益，同时可能对公平竞争、数据隐私保护等带来负面影响。如何保障数据的合规使用是所有国家发展数字经济的先决问题。本章主要学习中国数据合规监管的体系框架，包括数据合规的监管主体、监管依据的法律法规、所监管的对象、对数据处理行为的监管以及组织合规五部分内容。

【学习目标】掌握我国数据合规监管体系中的部门分工及对数据处理各阶段行为的监管流程。

中国早期的互联网监管以互联网安全为主要目标。随着大数据等技术的成熟与运用，中国互联网监管逐渐从以安全为核心转向数据合规管理。经过数十年的努力，中国现今基本建成了较为完整的数据合规监管体系。这一监管体系的特征是：既有跨领域的普遍规制，也有针对具体领域的特别规制；既有针对国内数据应用的监管体系，也有针对跨境流转的监管体系。总体而言，中国基本建立了一个以国家互联网信息办公室为主体，多部门协调的数据合规监管体系。

第一节　数据合规监管主体

一、中央网络安全和信息化委员会

中国数据合规监管的总体协调机构为 2014 年 2 月 27 日成立的中央网络安

全和信息化领导小组。该小组着眼于国家安全和长远发展，统筹协调涉及经济、政治、文化、社会及军事等各个领域的网络安全和信息化重大问题，研究制定网络安全和信息化发展战略、宏观规划和重大政策，推动国家网络安全和信息化法治建设，不断增强安全保障能力。

中央网络安全和信息化领导小组后更名为中央网络安全和信息化委员会。该委员会继续承担中共中央决策和议事协调，负责领导中华人民共和国网络安全和信息化工作的职责。

二、国家互联网信息办公室

国家互联网信息办公室是中国数据合规的主要监管机构。2011 年 5 月 4 日，国务院办公厅发出通知，设立国家互联网信息办公室。国家互联网信息办公室的主要职责包括落实互联网信息传播方针政策和推动互联网信息传播法制建设，指导、协调、督促有关部门加强互联网信息内容管理，依法查处违法违规网站等。2014 年 8 月，国务院发布国发〔2014〕33 号文，授权重新组建的国家互联网信息办公室负责全国互联网信息内容管理工作，并负责监督管理执法。重组后的国家互联网信息办公室增加了互联网内容的监督管理执法权。2015 年，中编办印发《中央编办关于工业和信息化部有关职责和机构调整的通知》，将信息化推进、网络信息安全协调等职责划给中央网络安全和信息化领导小组办公室（国家互联网信息办公室）。2018 年 3 月，中共中央印发了《深化党和国家机构改革方案》，将中央全面深化改革领导小组、中央网络安全和信息化领导小组、中央财经领导小组、中央外事工作领导小组改为委员会，优化中央网络安全和信息化委员会办公室职责。为维护国家网络空间安全和利益，将国家计算机网络与信息安全管理中心由工业和信息化部管理调整为由中央网络安全和信息化委员会办公室管理。

中央网信办和国家互联网信息办公室是"两块牌子，一套班子"。从数据合规监管角度看，国家互联网信息办公室是中国数据合规监管的主要机构。从其具体工作职责看，其既是数据合规相关具体规则的制定机构，也是相关数据违法行为的处罚机构。综上，国家互联网信息办公室的职责包括：统筹协调网络安全、网络数据安全、个人信息保护工作；网络信息安全监督管理；网络安全审查；组织数据出境安全评估、规定个人信息保护认证、制定个人信息出境标准合同等。

三、国家数据局

国家现有数据治理框架已形成，亟需相应机构进行统一管理，2023 年 3 月 7 日，在新一轮国务院机构改革过程中组建了国家数据局，顺应了数据发展的趋势。国家数据局作为副局级单位，由国家发展和改革委员会进行管理。新组建的国家数据局承接了中央网络安全和信息化委员会办公室承担的研究拟订数字中国建设方案、协调推动公共服务和社会治理信息化、协调促进智慧城市建设、协调国家重要信息资源开发利用与共享、推动信息资源跨行业部门互联互通等职责，同时还承接了国家发展和改革委员会承担的统筹推进数字经济发展、组织实施国家大数据战略、推进数据要素基础制度建设、推进数字基础设施布局建设等职责。

尽管国家数据局的成立会对相关部门的权责产生一定的影响，但现有数据治理格局不会改变。国家数据局的核心任务在于完成"数据二十条"规定的数据三权分置制度、收益分配制度、基础设施建设、安全治理制度，以促进数据流通。网信办仍然会保留个人信息保护和数据安全监管两项基本职能。简言之，国家网信办的作用在于守住数据经济发展的底线，国家数据局的作用在于不断突破数据经济发展的上限。

四、公安部

公安部负责其职责范围内的数据合规工作，包括：负责监管危害网络安全活动，网络违法犯罪活动，非法获取、提供个人信息等行为；开展职责范围内的数据安全监管工作，以及监管恶意程序设置、违法信息处置行为等。

在数据安全保障方面，公安相关部门承担的职责主要包括：

一是在有关部门的统筹协调下，建立完善数据安全工作机制、政策和基础制度，为贯彻落实《数据安全法》提供各项保障。

二是深入推进关键信息基础设施安全保护和网络安全等级保护工作，制定出台数据安全保护技术标准，督促、指导数据处理者采取相应的技术措施和必要的其他措施，保障数据安全。

三是加强数据安全监督管理，组织开展数据安全监督检查、检测评估等工作，督促数据处理者依法履行安全保护责任和义务，整改网络安全、数据安全风险、隐患、漏洞和突出问题，提高安全保护能力。

四是依托国家网络与信息安全信息通报机制，加强数据安全监测、通报、预警和应急处置工作，防范数据安全事件和威胁风险。

五是加强数据安全相关事件的调查处置和案件侦办，严厉打击危害数据安全的各类违法犯罪活动。

五、工业和信息化部

工业和信息化部拟定电信网、互联网及工业控制系统网络与信息安全规划、政策、标准并组织实施，加强电信网、互联网及工业控制系统网络安全审查；拟订电信网、互联网数据安全管理政策、规范、标准并组织实施；负责网络安全防护、应急管理和处置。

六、国家市场监督管理总局

市场监督管理总局监督和管理 APP 个人信息处理活动、数据安全管理认证工作等。

七、国家金融监督管理总局

国家金融监督管理总局负责监管金融数据安全工作，组织实施监管金融数据安全评估和监督检查；监督金融机构的数据治理工作等。

八、国家卫生健康委员会

国家卫生健康委员会负责开展健康医疗数据、人口健康信息等安全和服务管理规范的制定与监督工作。

九、科学技术部

科学技术部负责人类遗传资源采集、存储、国际合作科学研究、材料出境等审批工作；人类遗传资源国际合作临床试验、对外提供或开放使用等备案工作等。

此外，一些行业组织与消费者保护协会也在某种程度上承担了数据合规的规则、标准制定与监督工作。

第二节　数据合规监管依据

《数据安全法》、《网络安全法》与《个人信息保护法》共同构建了我国的数据治理与监管框架。

一、《数据安全法》

《数据安全法》作为我国第一部专门规定数据安全的法律，明确规定了数据的规制原则。《数据安全法》从数据全场景应用出发，构建数据安全监管体系；明确中央国家安全领导机构负责国家数据安全工作的决策和议事协调，研究制定、指导实施国家数据安全战略和有关重大方针政策，统筹协调国家数据安全的重大事项和重要工作，建立国家数据安全工作协调机制；明确国家互联网信息办公室负责统筹协调网络数据安全和相关监管工作，各地区、各部门对本地区、本部门工作中收集和产生的数据及数据安全负责，工业、电信、交通、金融、自然资源、卫生健康、教育、科技等主管部门承担本行业、本领域数据安全监管职责。公安机关、国家安全机关等依照本法和有关法律、行政法规的规定，在各自职责范围内承担数据安全监管职责。

《数据安全法》规定了建立国家安全审查和监管的制度和机制，对影响国家安全的关键技术、网络信息技术产品和服务等进行国家安全审查，补充和完善了数据出境管理要求，强化境内数据出境风险控制。它还从多个方面规定了相关企业的数据安全义务，包括制度管理、风险监测、风险评估、数据收集、数据交易、经营备案和配合调查等多个方面。

此外《数据安全法》明确，相关企业应在网络安全等级保护制度的基础上，建立健全全流程数据安全管理制度，组织开展教育培训。

二、《网络安全法》

《网络安全法》是我国第一部全面规范网络空间安全管理方面问题的基础性法律，是我国网络空间法治建设的重要里程碑，是让互联网在法治轨道上健康运行的重要保障。《网络安全法》规定了网络空间主权、网络安全与信息化发展并重、共同治理等原则。《网络安全法》明确我国致力于"推动构建和平、安全、开放、合作的网络空间，建立多边、民主、透明的网络治理体系。"

《网络安全法》规定，国家互联网信息办公室负责统筹协调网络安全工作和相关监督管理工作。国务院电信主管部门、公安部门和其他有关机关依照本法和有关法律、行政法规的规定，在各自职责范围内负责网络安全保护和监督管理工作。县级以上地方人民政府有关部门的网络安全保护和监督管理职责，按照国家有关规定确定。

三、《个人信息保护法》

《个人信息保护法》不仅厘清了个人信息、敏感个人信息、个人信息处理者、自动化决策、去标识化、匿名化等基本概念，而且从适用范围、个人信息处理的基本原则、个人信息及敏感个人信息处理规则、个人信息跨境传输规则、个人信息保护领域各参与主体的职责与权利以及法律责任等方面对个人信息保护进行了全面规定，建立起个人信息保护领域的基本制度体系。

《个人信息保护法》规定，国家互联网信息办公室统筹协调个人信息保护工作和相关监督管理工作。国务院有关部门在各自职责范围内负责个人信息保护和监督管理工作。县级以上地方人民政府有关部门的个人信息保护和监督管理职责，按照国家有关规定确定。

负有个人信息保护职责的部门应当履行下列个人信息保护职责：

1. 开展个人信息保护宣传教育工作，指导、监督个人信息处理者开展个人信息保护工作；

2. 接受、处理与个人信息保护有关的投诉、举报；

3. 组织对应用程序等个人信息保护情况进行测评，并公布测评结果；

4. 调查、处理违法个人信息处理活动；

5. 法律、行政法规规定的其他职责。

四、相关部门规章与指导性规则

（一）《网络安全审查办法》

2021年9月1日，《数据安全法》正式施行，明确规定国家建立数据安全审查制度。相关部门据此对《网络安全审查办法》进行了修订，将网络平台运营者开展数据处理活动影响或者可能影响国家安全等情形纳入网络安全审查范围，并明确要求掌握超过100万用户个人信息的网络平台运营者赴国外上市必须申报网络安全审查，主要目的是进一步保障网络安全和数据安全，维护国家安全。

（二）《网络数据安全管理条例（征求意见稿）》

《网络数据安全管理条例（征求意见稿）》从一般规定、个人信息保护、重要数据安全、数据跨境安全管理、互联网平台运营者义务等方面对网络数据安全参与者进行规范。

《网络数据安全管理条例（征求意见稿）》规定，国家网信部门负责统筹协调数据安全和相关监督管理工作。公安机关、国家安全机关等在各自职责范围内承担数据安全监管职责。工业、电信、交通、金融、自然资源、卫生健康、教育、科技等主管部门承担本行业、本领域数据安全监管职责。主管部门应当明确本行业、本领域数据安全保护工作机构和人员，编制并组织实施本行业、本领域的数据安全规划和数据安全事件应急预案。主管部门应当定期组织开展本行业、本领域的数据安全风险评估，对数据处理者履行数据安全保护义务情况进行监督检查，指导督促数据处理者及时对存在的风险隐患进行整改。

《网络数据安全管理条例（征求意见稿）》明确，国家建立数据安全审计制度。数据处理者应当委托数据安全审计专业机构定期对其处理个人信息遵守法律、行政法规的情况进行合规审计。

（三）《数据出境安全评估办法》

《数据出境安全评估办法》要求数据处理者向境外提供在中华人民共和国境内运营中收集和产生的重要数据和个人信息进行安全评估并规定了评估的内容、程序等。依据该办法，数据处理者向境外提供数据，有下列情形之一的，应当通过所在地省级网信部门向国家网信部门申报数据出境安全评估：（1）数据处理者向境外提供重要数据；（2）关键信息基础设施运营者和处理100万人以上个人信息的数据处理者向境外提供个人信息；（3）自上年1月1日起累计向境外提供10万人个人信息或者1万人敏感个人信息的数据处理者向境外提供个人信息；（4）国家网信部门规定的其他需要申报数据出境安全评估的情形。

（四）《互联网信息服务算法推荐管理规定》

《互联网信息服务算法推荐管理规定》要求在中华人民共和国境内应用算法推荐技术提供互联网信息服务的主体遵守该规定。依据该规定，国家互联网信息办公室负责统筹协调全国算法推荐服务治理和相关监督管理工作。国务院电信、公安、市场监管等有关部门依据各自职责负责算法推荐服务监督管理工作。地方网信部门负责统筹协调本行政区域内的算法推荐服务治理和相关监督管理工作。地方电信、公安、市场监管等有关部门依据各自职责负责本行政区域内的算法推荐服务监督管理工作。

国家互联网信息办公室会同电信、公安、市场监管等有关部门建立算法分类分级安全管理制度，根据算法推荐服务的舆论属性或者社会动员能力、内容类别、用户规模、算法推荐技术处理的数据重要程度、对用户行为的干预程度等对算法推荐服务提供者实施分类分级管理。具有舆论属性或者社会动员能力的算法推荐服务提供者应当在提供服务之日起十个工作日内通过互联网信息服务算法备案系统填报服务提供者的名称、服务形式、应用领域、算法类型、算法自评估报告、拟公示内容等信息，履行备案手续。具有舆论属性或者社会动员能力的算法推荐服务提供者应当按照国家有关规定开展安全评估。

（五）《生成式人工智能服务管理暂行办法》

《生成式人工智能服务管理暂行办法》对生成式人工智能服务实行包容审慎和分类分级监管，明确了训练数据处理活动和数据标注等要求，规定了生成式人工智能服务规范。

（六）《互联网信息服务深度合成管理规定》

《互联网信息服务深度合成管理规定》对深度合成服务提供者主体责任进行了规定，明确了深度合成服务提供者和技术支持者应遵守的数据和技术管理规范，明确了深度合成服务提供者和技术支持者备案义务等。

（七）《汽车数据安全管理若干规定（试行）》

《汽车数据安全管理若干规定（试行）》的目的是规范汽车数据处理活动，保护个人、组织的合法权益，维护国家安全和社会公共利益，促进汽车数据合理开发利用。

国家互联网信息办公室和国务院发展改革、工业和信息化、公安、交通运输等有关部门依据职责，根据数据处理情况对汽车数据处理者进行数据安全评估，汽车数据处理者应当予以配合。

汽车数据处理者开展重要数据处理活动，应当按照规定开展风险评估，并向省、自治区、直辖市网信部门和有关部门报送风险评估报告。汽车数据处理者开展重要数据处理活动，应当在每年十二月十五日前向省、自治区、直辖市网信部门和有关部门报送以下年度汽车数据安全管理情况：（1）汽车数据安全管理负责人、用户权益事务联系人的姓名和联系方式；（2）处理汽车数据的种类、规模、目的和必要性；（3）汽车数据的安全防护和管理措施，包括保存地点、期限等；（4）向境内第三方提供汽车数据情况；（5）汽车数据安全事件和处置情况；（6）汽车数据相关的用户投诉和处理情况；（7）国家网信部门会同国务院工业和信息化、公安、交通运输等有关部门明确的其他汽车数据安全管理情况。

（八）《网络信息内容生态治理规定》

国家网信部门负责统筹协调全国网络信息内容生态治理和相关监督管理工作，各有关主管部门依据各自职责做好网络信息内容生态治理工作。地方网信部门负责统筹协调本行政区域内网络信息内容生态治理和相关监督管理工作，地方各有关主管部门依据各自职责做好本行政区域内网络信息内容生态治理工作。各级网信部门会同有关主管部门，建立健全信息共享、会商通报、联合执法、案件督办、信息公开等工作机制，协同开展网络信息内容生态治理工作。各级网信部门对网络信息内容服务平台履行信息内容管理主体责任情况开展监督检查，对存在问题的平台开展专项督查。网络信息内容服务平台对网信部门和有关主管部门依法实施的监督检查，应当予以配合。各级网信部门建立网络信息内容服务平台违法违规行为台账管理制度，并依法依规进行相应处理。各级网信部门建立政府、企业、社会、网民等主体共同参与的监督评价机制，定期对本行政区域内网络信息内容服务平台生态治理情况进行评估。

（九）《儿童个人信息网络保护规定》

网络运营者落实儿童个人信息安全管理责任不到位，存在较大安全风险或者发生安全事件的，由网信部门依据职责进行约谈，网络运营者应当及时采取措施进行整改，消除隐患。网络运营者应当对网信部门和其他有关部门依法开展的监督检查予以配合。

（十）《外国机构在中国境内提供金融信息服务管理规定》

国家互联网信息办公室为外国机构在中国境内提供金融信息服务的监督管理机关。外国机构在中国境内提供金融信息服务，必须经国家互联网信息办公室批准。

（十一）《工业和信息化领域数据安全管理办法（试行）》

《工业和信息化领域数据安全管理办法（试行）》对数据分类分级管理，数据全生命周期安全管理，数据安全监测预警与应急管理，数据安全检测、评估与认证管理，数据安全审查等进行了细化规定。工业和信息化领域数据包括工业数据、电信数据和无线电数据。

在国家数据安全工作协调机制统筹协调下，工业和信息化部负责督促指导各省、自治区、直辖市及计划单列市、新疆生产建设兵团工业和信息化主管部门，各省、自治区、直辖市通信管理局和无线电管理机构开展数据安全监管，对工业和信息化领域数据处理者的数据处理活动和安全保护进行监督管理。

地方工业和信息化主管部门负责对本地区工业数据处理者的数据处理活动和安全保护进行监督管理。地方通信管理局负责对本地区电信数据处理者的数据处理活动和安全保护进行监督管理。地方无线电管理机构负责对本地区无线电数据处理者的数据处理活动和安全保护进行监督管理。

工业和信息化部及地方工业和信息化主管部门、通信管理局、无线电管理机构统称为行业（领域）监管部门。

行业（领域）监管部门依照有关法律、行政法规的规定，依法配合有关部门开展数据安全监管相关工作。

（十二）《移动互联网应用程序信息服务管理规定》

《移动互联网应用程序信息服务管理规定》旨在依法监管移动互联网应用程序，促进应用程序信息服务健康有序发展。《移动互联网应用程序信息服务管理规定》要求应用程序提供者和应用程序分发平台履行信息内容管理主体责任，建立健全信息内容安全管理、信息内容生态治理、数据安全和个人信息保护、未成年人保护等管理制度，确保网络安全，维护良好网络生态。

（十三）《移动互联网应用程序个人信息保护管理暂行规定（征求意见稿）》

《移动互联网应用程序个人信息保护管理暂行规定（征求意见稿）》分别界定了适用范围和监管主体；确立了"知情同意""最小必要"等重要原则；细化了 App 开发运营者、分发平台、第三方服务提供者、终端生产企业、网络接入服务提供者等五类主体责任义务；提出了投诉举报、监督检查、处置措施、风险提示等四方面规范要求。

该征求意见稿明确了各部门对 App 个人信息保护的监管职责。具体而言，在国家网信办负责统筹协调下，工业和信息化部、公安部、市场监管总局以及国家网信办建立健全 App 个人信息保护监督管理联合工作机制，在各自职责范围内负责 App 个人信息保护和监督管理工作。该规定明确了各部门的职责分工，有利于降低因监管部门职责不明而产生的行政监管及企业合规成本，在厘清职责分工的基础上也有利于四部委就重大问题积极开展联合整治活动。相关行业组织和专业机构按照有关法律法规、标准及本规定，开展 App 个人信息保护能力评估、认证。

（十四）《中国银保监会监管数据安全管理办法（试行）》《个人金融信息（数据）保护试行办法（征求意见稿）》

本办法所称监管数据是指国家金融监督管理总局在履行监管职责过程中，依法定期采集，经监管信息系统记录、生成和存储的，或经国家金融监督管理总局各业务部门认定的数字、指标、报表、文字等各类信息。国家金融监督管理总局建立健全监管数据安全协同管理体系，推动国家金融监督管理总局有关业务部门、各级派出机构、受托机构等共同参与监管数据安全保护工作，加强培训教育，形成共同维护监管数据安全的良好环境。

央行自 2007 年开始，先后通过了《金融机构客户身份识别和客户身份资料及交易记录保存管理办法》《关于银行业金融机构做好个人金融信息保护工作的通知》《关于金融机构进一步做好客户个人金融信息保护工作的通知》等文件。《中国人民银行金融消费者权益保护实施办法》对个人金融信息保护作了较为全面的规定。2019 年年底，央行又拟对该办法进行修订并将其升格为部门规章。2018 年，原银保监会发布《银行业金融机构数据治理指引》。2019 年 10 月，央行又起草了《个人金融信息（数据）保护试行办法（征求意见稿）》。

（十五）《医疗卫生机构网络安全管理办法》

本办法所称的数据为网络数据，是指医疗卫生机构通过网络收集、存储、传输、处理和产生的各种电子数据，包括但不限于各类临床、科研、管理等业务数据、医疗设备产生的数据、个人信息以及数据衍生物。各医疗卫生机构应积极配合有关主管监管机构监督管理，接受网络安全管理日常检查，做好网络安全防护等工作。各医疗卫生机构应及时整改有关主管监管机构检查过程中发现的漏洞和隐患等问题，杜绝重大网络安全事件发生。2016 年 6 月，国务院办公厅发布《关于促进和规范健康医疗大数据应用发展的指导意见》，明确指出："到 2020 年……健康医疗大数据相关政策法规、安全防护、应用标准体系不断完善，适应国情的健康医疗大数据应用发展模式基本建立。"

国家卫生健康委员会于 2018 年 7 月 12 日颁布《国家健康医疗大数据标准、安全和服务管理办法（试行）》，对健康医疗大数据标准管理、安全管理、服务管理等做出了明确规定。

（十六）行业标准

在数据合规领域，我国已经制订了大量的国家标准与行业标准。这些国家标准与行业标准中有些是强制性标准，有些是推荐性标准。强制性标准是企业必须遵从的标准，而推荐性标准为数据合规管理提供了指引和参考，企业可以选择性适用。以下为近年来颁布的一些重要的涉及数据合规的国家标准与行业标准。

2021 年 2 月 1 日，原银保监会制定的《保险中介机构信息化工作监管办法》正式施行。近两年来，国家市场监督管理总局、国家标准化管理委员会正式发布以下规范性文件。

表 3-1

名称	发布日期	编号
信息安全技术 个人信息安全工程指南	2022-10-12	GB/T 41817-2022
信息安全技术 个人信息去标识化指南	2019-08-30	GB/T 37964-2019
信息安全技术 个人信息安全规范	2020-03-06	GB/T 35273-2020
信息安全技术 个人信息安全影响评估指南	2020-11-19	GB/T 39335-2020
信息安全技术 人脸识别数据安全要求	2022-10-12	GB/T 41819-2022
信息安全技术 声纹识别数据安全要求	2022-10-12	GB/T 41807-2022
信息安全技术 基因识别数据安全要求	2022-10-12	GB/T 41806-2022
信息安全技术 步态识别数据安全要求	2022-10-12	GB/T 41773-2022
信息安全技术 汽车数据处理安全要求	2022-10-12	GB/T 41871-2022
信息安全技术 快递物流服务处理安全要求	2022-10-12	GB/T 42013-2022
信息安全技术 网上购物服务数据处理安全要求	2022-10-12	GB/T 42014-2022
信息安全技术 网络音视频服务数据处理安全要求	2022-10-12	GB/T 42016-2022
信息安全技术 网络预约汽车服务数据安全要求	2022-10-12	GB/T 42017-2022

续表

名称	发布日期	编号
信息安全技术 汽车数据处理安全要求	2022-10-12	GB/T 41871-2022
信息安全技术 网络安全审计产品技术规范	2023-05-23	GB/T 20945-2023
信息安全技术 网络安全事件分类分级指南	2023-05-23	GB/T 20986-2023
信息安全技术 信息安全风险管理实施指南	2023-05-23	GB/T 24364-2023
信息安全技术 网络入侵防御产品技术规范	2023-05-23	GB/T 28451-2023
信息安全技术 反垃圾邮件产品技术规范	2023-05-23	GB/T 30282-2023
信息安全技术 云计算服务安全指南	2023-05-23	GB/T 31167-2023
信息安全技术 云计算服务安全能力要求	2023-05-23	GB/T 31168-2023
信息技术 安全技术 信息安全管理体系 指南	2023-05-23	GB/T 31496-2023
信息安全技术 行业间和组织间通信的信息安全管理	2023-05-23	GB/T 32920-2023
信息安全技术 电子政务移动办公系统安全技术规范	2023-05-23	GB/T 35282-2023
信息安全技术 边缘计算安全技术要求	2023-05-23	GB/T 42564-2023
信息安全技术 区块链技术安全框架	2023-05-23	GB/T 42570-2023
信息安全技术 区块链信息服务安全规范	2023-05-23	GB/T 42571-2023
信息安全技术 可信执行环境服务规范	2023-05-23	GB/T 42572-2023
信息安全技术 网络身份服务安全技术要求	2023-05-23	GB/T 42573-2023
信息安全技术 个人信息处理中告知和同意的实施指南	2023-05-23	GB/T 42574-2023
信息安全技术 移动互联网应用程序（App）个人信息安全测评规范	2023-05-23	GB/T 42582-2023
信息安全技术 政务网络安全监测平台技术规范	2023-05-23	GB/T 42583-2023
信息安全技术 电子凭据服务安全规范	2023-05-23	GB/T 42589-2023
基础电信企业数据分类分级办法	2020-12-09	YD/T 3813-2020
基础电信企业重要数据识别指南	2021-05-17	YD/T 3867-2021
金融数据安全 数据安全分级指南	2020-09-23	JR/T 0197-2020
信息安全技术 健康医疗数据安全指南	2020-12-14	GB/T 39725-2020
信息安全技术 重要数据识别指南（征求意见稿）	2021-04-30	20210995-T-469（计划号）

续表

名称	发布日期	编号
网络安全标准实践指南 个人信息跨境处理活动安全认证	2022-12-16	TC260-PG-20222A
个人信息处理 法律合规性评估指引	2021-04-28	T/CLAST 001
个人信息出境标准合同办法	2023-02-24	
工业数据分类分级指南（试行）	2020-02-27	

表 3-2

行业	标准/指引/规范	生效日期（年/月/日）	签发监管机构
工业	《工业数据分类分级指南（试行）》	2020/02/27	工业和信息化部
金融	JR/T 0197-2020《金融数据安全 数据安全分级指南》	2020/09/23	中国人民银行
	JR/T 0171-2020《个人金融信息保护技术规范》	2020/02/13	中国人民银行
	JR/T 0158-2018《证券期货业数据分类分级指引》	2018/09/27	中国证券监督管理委员会
电信	YD/T 3813-2020《基础电信企业数据分类分级方法》	2020/12/09	工业和信息化部
	YD/T 3867-2021《基础电信企业重要数据识别指南》	2021/07/01	工业和信息化部
健康	GB/T 39725-2020《信息安全技术 健康医疗数据安全指南》	2021/07/01	国家标准化管理委员会、国家市场监督管理总局
汽车	《汽车数据安全管理的若干规定（试行）》	2021-10-01	工业和信息化部、国家互联网信息办公室、交通运输部等

第三节 数据合规监管的对象

一、数据安全与个人隐私

数据合规监管的对象，从宏观上来说是整体的数据安全，从微观上来说主要具体到个人隐私。

　　数据安全，是指通过采取必要措施，确保数据处于有效保护和合法利用的状态，以及具备保障持续安全状态的能力。数据安全是数据合规监管的重点领域。数据安全是数据利用的前提，没有有效的数据安全就不可能有数字经济的健康发展。中国现今制定了大量涉及数据安全的法律、法规与标准。《网络安全法》《数据安全法》是规制数据安全的权威性法律，其次各个部门规章也就数据安全问题做出了特别规定。此外，我国还订立了大量涉及数据安全的国家强制性标准与指导性标准，这些都是数据利用者必须遵循的规范。

　　网络安全监管的重点是网络运行安全与网络信息安全。网络运行安全要求网络运营者按照网络安全等级保护制度的要求，履行安全保护义务，保障网络免受干扰、破坏或者未经授权的访问，防止网络数据泄露或者被窃取、篡改。网络信息安全要求网络运营者对其收集的用户信息严格保密，并建立健全用户信息保护制度。

　　开展数据处理活动应当依照法律、法规的规定，建立健全全流程数据安全管理制度，组织开展数据安全教育培训，采取相应的技术措施和其他必要措施，保障数据安全。利用互联网等信息网络开展数据处理活动，应当在网络安全等级保护制度的基础上，履行上述数据安全保护义务。重要数据的处理者应当明确数据安全负责人和管理机构，落实数据安全保护责任。

　　就数据处理者而言，除必须履行各相关法律规定的数据安全保障义务外，还必须遵守相关的国家数据安全标准。

　　《民法典》《数据安全法》《个人信息保护法》《网络安全法》《消费者权益保护法》《中华人民共和国电信条例》《通信短信息服务管理规定》《电信和互联网用户个人信息保护规定》等法律法规都规定了数据处理者严格的隐私保护义务，对违反隐私保护的行为实施严格的监管。

　　数据合规的隐私保护涉及私密信息的收集合规、私密信息的处理合规，不得非法交易个人隐私信息。

二、个人信息

　　个人信息是以电子或者其他方式记录的能够单独或者与其他信息结合识别特定自然人的各种信息，包括自然人的姓名、出生日期、身份证件号码、生物识别信息、住址、电话号码、电子邮箱、健康信息、行踪信息等。个人信息中的私密信息，适用有关隐私权的规定；没有规定的，适用有关个人信

息保护的规定。

数据合规的个人信息保护要求数据处理者既要承担实体性的个人信息数据保护义务，同时也要承担程序性的个人信息数据保护义务。实体性的个人信息数据保护义务要求处理个人信息应当遵循合法、正当、必要和诚信原则，不得通过误导、欺诈、胁迫等方式处理个人信息。实体性的个人信息数据保护义务包括个人信息处理者应当根据个人信息的处理目的、处理方式、个人信息的种类以及对个人权益的影响、可能存在的安全风险等，采取制定内部管理制度和操作规程、对个人信息实行分类管理、采取相应的加密、去标识化等安全技术措施、合理确定个人信息处理的操作权限，并定期对从业人员进行安全教育和培训、制定并组织实施个人信息安全事件应急预案等措施确保个人信息处理活动符合法律、行政法规的规定，并防止未经授权的访问以及个人信息泄露、篡改、丢失等。程序性的个人信息数据保护义务包括处理个人信息达到国家网信部门规定数量的个人信息处理者应当指定个人信息保护负责人，负责对个人信息处理活动以及采取的保护措施等进行监督。

三、敏感个人信息

敏感个人信息是一旦泄露或者非法使用，容易导致自然人的人格尊严受到侵害或者人身、财产安全受到危害的个人信息，包括生物识别、宗教信仰、特定身份、医疗健康、金融账户、行踪轨迹等信息，以及不满十四周岁未成年人的个人信息。只有在具有特定的目的和充分的必要性，并采取严格保护措施的情形下，个人信息处理者方可处理敏感个人信息。

《信息安全技术 个人信息安全规范》要求个人信息控制者对个人敏感信息的传输和存储采用加密等安全措施，存储个人生物识别信息时，应采用技术措施处理后再进行存储，例如仅存储个人生物识别信息的摘要等。

涉及一万人及以上的敏感个人信息处理时，数据处理者向境外提供个人信息需通过所在地省级网信部门向国家网信部门申报数据出境安全评估。

四、核心数据

国家建立数据分类分级保护制度，根据数据在经济社会发展中的重要程度，以及一旦遭到篡改、破坏、泄露或者非法获取、非法利用，对国家安全、公共利益或者个人、组织合法权益造成的危害程度，将数据分为一般数据、重要数据、核心数据，不同级别的数据采取不同的保护措施。

关系国家安全、国民经济命脉、重要民生、重大公共利益等数据属于国家核心数据，国家对其实行更加严格的管理制度。

从数据合规角度看，数据处理者对核心数据的处理必须遵从更为严格的规范，核心数据一般情况下不得出境。由于现今我国并无核心数据的认定标准与指南，在数据合规实践中会引发诸多的困惑与问题。某些数据看似并非涉及国家安全，但如果这些数据与其他数据整合、加工后就可能涉及国家安全。那么这些数据是否属于核心数据呢？如果以这种方式认定核心数据，那几乎所有的数据都可能构成核心数据。因而，我国亟需建立关于核心数据的认定标准与指南。

五、重要数据

重要数据，是指一旦遭到篡改、破坏、泄露或者非法获取、非法利用等，可能危害国家安全、经济运行、社会稳定、公共健康和安全等的数据。全国信息安全标准化技术委员会发布《信息安全技术　重要数据识别指南（征求意见稿）》。该征求意见稿给出了识别重要数据的基本原则、考虑因素以及重要数据描述格式。它提出重要数据的十四项识别因素，包括可能被其他国家或组织利用，发起军事打击的数据，如满足一定精度要求的地理信息；可能被利用实施对关键设备、系统组件供应链的破坏，以发起高级持续性威胁等网络攻击的数据，如未公开的重大漏洞；关系到敏感物项生产交易以及重要装备配备、使用，可能被外国政府利用而对我国实施制裁的数据，如重点企业金融交易数据等。

依据相关规定，各地区、各部门应按照国家有关要求和标准，组织本地区、本部门以及相关行业、领域的数据处理者识别重要数据和核心数据，组织制定本地区、本部门以及相关行业、领域重要数据和核心数据目录，并报国家网信部门。

重要数据的合规必须遵守我国相关法律对于重要数据的特别规制。重要数据的处理者应当明确数据安全负责人和管理机构，落实数据安全保护责任。重要数据的处理者应当按照规定对其数据处理活动定期开展风险评估，并向有关主管部门报送风险评估报告。风险评估报告应当包括处理的重要数据的种类、数量，开展数据处理活动的情况，面临的数据安全风险及其应对措施等。关键信息基础设施的运营者在中华人民共和国境内运营中收集和产生的重要数据的出境安全管理，适用《网络安全法》的规定；其他数据处理者在中华人民共和国境内运营中收集和产生的重要数据的出境安全管理办法，由国家网信部门会同国务院有关部门制定。

网络运营者应当按照网络安全等级保护制度的要求，履行重要数据备份和加密等措施，保障网络免受干扰、破坏或者未经授权的访问，防止网络数据泄露或者被窃取、篡改。关键信息基础设施的运营者在中华人民共和国境内运营中收集和产生的个人信息和重要数据应当在境内存储。因业务需要，确需向境外提供的，应当按照国家网信部门会同国务院有关部门制定的办法进行安全评估；法律、行政法规另有规定的，依照其规定。数据处理者向境外提供重要数据，应当通过所在地省级网信部门向国家网信部门申报数据出境安全评估。

第四节　数据合规监管中的数据处理行为监管

数据合规涉及数据处理行为的全生命周期合规管理。这一全生命周期数据合规管理涉及数据收集、存储、使用、加工、传输、提供、公开、删除等数据流转的全过程。数据的全生命周期处理行为必须符合法律的相关规定，必须符合相关的数据处理伦理。

一、数据收集合规

现今，我国数据收集合规方面的规范主要集中于个人数据收集的规制。个人数据收集必须符合《个人信息保护法》的相关规定，必须遵循知情同意、正当、必要、最小化等原则。

对于非个人数据的收集行为，现行规则主要通过《反不正当竞争法》进行规制。这意味着非个人信息的收集必须符合诚实信用、商业道德、伦理要求，不得非法获取其他经营者的数据。

数据的收集是数据合规风险评估过程中最重要的阶段，收集过程对用户的感知较为显性，最容易引发用户的投诉与监管的处罚。在该阶段，数据安全工作除了保障数据源的合规性外，还包含了确保数据源的可靠及稳定性，以及如何确保数据采集质量的准确性、一致性及完整性问题。数据采集最基本的原则为遵循最小必要原则，尽可能缩小"风险数据资产"的范围。对于一些特定业务，还需关注特定的法律法规。如智能驾驶业务涉及车外数据的收集情况，将受《中华人民共和国测绘法》的管辖，而对于一些高科技研发企业，还需关注海外相关技术出口管制的措施。

在隐私数据采集过程中对用户的声明与披露不够充分，数据处理过程不够透明也成为近期监管措施较为频繁的风险点。对于声明的诸多实践目前已有越来越细致的要求，包括对声明的展现形式、获得授权的操作方法、授权记录的归档、对重要的声明内容的明显标记、授权操作后续的动作等。鉴于先授权后使用的原则，需要在采集范围发生变化前制定一系列的流程，包括对隐私合规性的重新评估、向用户通知新的隐私协议、重新获得授权等。这类的变更发起不仅仅是来源于系统的功能，还包括所有业务流程中的数据采集。在与第三方发生数据服务合作的过程中，如涉及引入外部数据的情况，企业还需要对第三方所提供的数据源的合规性进行关注。除了要确保第三方所获取数据的渠道是合法合规的途径，在涉及个人信息时还需要确保获得了数据主体对数据流转行为的授权。就数据源合规性判定上仍存在一定的难度，在司法解释中也有部分未明确的地方。就此需要关注相关的解读、案例以作补充，并在双方合同中明确各自的权利与义务。

二、数据存储合规

数据存储合规涉及数据存储时间、地域与安全等问题。不同的法律对于数据存储具有不同的要求，各个数据处理者应根据数据不同的样态、等级等建立不同的数据存储规范。

《个人信息保护法》规定，国家机关、法律、法规授权的具有管理公共事务职能的组织、关键信息基础设施运营者和处理个人信息达到国家网信部门规定数量的个人信息处理者，应当将在中华人民共和国境内收集和产生的个人信息存储在境内。《网络安全法》第 37 条中规定，关键信息基础设施的运营者在中华人民共和国境内运营中收集和产生的个人信息和重要数据应当在境内存储。

另外，数据存储合规还涉及存储期限管理。中国一些部门法与规章规定了数据存储的最短期限，数据处理者有义务在规定的期限内存储、不得删除相关数据。我国《个人信息保护法》规定，除法律、行政法规另有规定外，个人信息的保存期限应当为实现处理目的所必要的最短时间。

此外，数据存储的安全保障义务也是数据处理者必须关注的问题。开展数据合规风险评估过程的第一步是识别业务的数据流，而能够完整识别整个数据流的所有存储点是非常有挑战的。特别是一些数据的备份、副本、日志等比较隐性的存储位置，经常会被忽略掉，但这些数据所面临的数据合规风险跟主数据是一致的。而分散的存储位置，也会对相应数据主体的权益（特别是修订权、撤销权及删除权）的流程产生较大影响。在个人信息的存储策略的制定过程中，需要综合评估监管最低存储要求以及合理的业务处理诉求后确定最短时间。

三、数据使用合规

数据使用合规要求数据处理者依法使用数据，不得超范围、超目的使用数据。对于个人数据而言，数据处理者的使用行为一般需获得数据主体的知情同意，必须在收集目的范围内使用数据，在超目的范围外使用数据必须另外获得数据主体的同意。

其他非个人信息相关数据的使用也必须在收集目的范围内使用，不得超范围使用。

四、数据加工合规

数据加工合规主要涉及通过算法对数据处理行为的合规。数据加工合规必须符合我国算法规制的相关规范。数据加工过程必须符合数据处理伦理、不得带来不公正、具有偏见的结果、不得损害消费者利益、不得违反公平竞争等原则。

数据处理过程中的脱敏策略也是值得关注的话题。在对个人信息的脱敏过程中，对去标识化的定义理解不清晰会导致错误的脱敏操作，使敏感信息暴露在管控措施相对薄弱的环境。比如对敏感字段进行编码转换后数据本身可能不代表具体内容，但数据仍保持着对特定数据主体的识别关联性。另外，即使对数据的部分字段进行了脱敏处理，但通过关联组合或外部补充数据的关联分析后，仍可识别出特定数据主体，这类数据组合的识别难度比较大，但仍会引发敏感信息的泄露及合规的问题。

五、数据跨境传输合规

目前法规上会对传输过程的加密与否制定要求，鲜有对传输方式严格限制的。只在一些特定传输场景上对加密算法的运用需要加以关注。跨境传输是在传输场景里合规风险较大的场景，各主要经济体均出台了各自的数据出境的管控相关的法规条款。数据出境策略仍是以保障国家安全为出发点，但过于严格的限制条件又会制约国家间合作及国际业务往来。数据出境策略是影响各大跨国企业海外战略最主要的因素。从企业的数据流转诉求及合规成本考虑，可以合理设计数据跨境传输的流转路径，或者在设计数据中心的节点时考虑享受数据入境策略较为有利的国家。但同时也需评估目标国家的政策稳定性，是否为稳定的法律环境，是否会在近期出台数据安全国家战略等。

数据跨境合规的核心是数据出境是否会影响我国的国家安全。按照《数据出境安全评估办法》规定，数据处理者向境外提供数据，有下列情形之一的，应当通过所在地省级网信部门向国家网信部门申报数据出境安全评估：（1）数据处理者向境外提供重要数据；（2）关键信息基础设施运营者和处理100万人以上个人信息的数据处理者向境外提供个人信息；（3）自上年1月1日起累计向境外提供10万人个人信息或者1万人敏感个人信息的数据处理者向境外提供个人信息；（4）国家网信部门规定的其他需要申报数据出境安全评估的情形。

《个人信息保护法》要求，个人信息处理者因业务等需要，确需向中华人民共和国境外提供个人信息的，应当具备下列条件之一：（1）依照本法第四十条的规定通过国家网信部门组织的安全评估；（2）按照国家网信部门的规定经专业机构进行个人信息保护认证；（3）按照国家网信部门制定的标准合同与境外接收方订立合同，约定双方的权利和义务；（4）法律、行政法规或者国家网信部门规定的其他条件。中华人民共和国缔结或者参加的国际条约、协定对向中华人民共和国境外提供个人信息的条件等有规定的，可以按照其规定执行。个人信息处理者应当采取必要措施，保障境外接收方处理个人信息的活动达到本法规定的个人信息保护标准。

从数据合规角度看，我国现今数据跨境流动合规主要针对的是个人数据与重要数据。个人数据的跨境满足一定条件需进行安全评估。如果未达到必须进行安全评估的标准，数据处理者可通过认证或标准合同方式出境。《个人信息出境标准合同规定（征求意见稿）》要求，依据标准合同开展个人信息出境活动，应坚持自主缔约与备案管理相结合，防范个人信息出境安全风险，保障个人信息依法有序自由流动，并提出，个人信息处理者向境外提供个人信息前，应当事前开展个人信息保护影响评估，重点评估以下六项内容：（1）个人信息处理者和境外接收方处理个人信息的目的、范围、方式等的合法性、正当性、必要性；（2）出境个人信息的数量、范围、类型、敏感程度，个人信息出境可能对个人信息权益带来的风险；（3）境外接收方承诺承担的责任义务，以及履行责任义务的管理和技术措施、能力等能否保障出境个人信息的安全；（4）个人信息出境后泄露、损毁、篡改、滥用等的风险，个人维护个人信息权益的渠道是否通畅等；（5）境外接收方所在国家或者地区的个人信息保护政策法规对标准合同履行的影响；（6）其他可能影响个人信息出境安全的事项。

六、数据交易合规

数据交易是指数据供方和需方之间以数据商品作为交易对象，进行的以货币或货币等价物交换数据商品的行为。禁止交易法律法规或基于协议约定禁止交易的数据。供需双方的网络和数据安全能力，应当能够保证数据商品的交付、存储和使用安全。数据交易时要审查数据来源、内容与用途是否合法合规。数据交易涉及数据出境的，要遵守数据跨境的监管规定。数据交易不得损害个人的权利。

七、数据公开合规

数据公开合规涉及个人信息数据不得非法公开以及其他商业数据应当完整、合法公开。

就个人数据而言，个人隐私信息显然不能公开。其他个人信息数据的公开必须获得个人的同意，且不得故意对个人信息进行歪曲、篡改。

其他数据的公开必须依照法律规定处理，法律规定不得公开的禁止公开。对于法律允许公开的数据，数据处理者必须公开准确、完整的数据，不得故意公开存在偏见或不完整的数据误导公众，损害企业与社会公众的利益。

八、数据销毁合规

数据销毁从经济利益角度出发节省的是空间成本，但当前企业普遍会认为数据本身价值更高，鲜有主动开展数据销毁操作的情况。数据存储策略中仍需依据必要性原则制定销毁策略，而且销毁操作也是需要留存过程文档证据的。除了对所存储的静态数据进行销毁外，还需要对在各系统功能设计时产生的临时性缓存数据进行及时销毁。与数据销毁相关性较强且难度较大的数据合规动作是个人信息主体撤销权与删除权的响应。这项工作的核心仍然是数据流识别的完整性，这也是面临较大困难的。除了因企业自身复杂的管理问题以及频繁的业务变更导致的数据资产梳理的困难外，还有因数据与外界发生交换而导致的数据链路变长问题。加上对第三方企业的不可控，使得数据撤销与删除的操作存在较多不确定性。另外，数据间的耦合度增加，数据主体行使撤销权与删除权的数据范围，与企业持有数据或加工后的数据间的边界也变得较为模糊。除此之外，对现有系统开展数据撤销与删除权益响应的功能或流程的改造，也会有较大挑战。

九、数据滥用问题

数据滥用是数据合规监管的重点问题。国家发展改革委等部门《关于推动平台经济规范健康持续发展的若干意见》明确指出，切实贯彻收集、使用个人信息的合法、正当、必要原则，严厉打击平台企业超范围收集个人信息、超权限调用个人信息等违法行为。从严管控非必要采集数据行为，依法依规打击黑市数据交易、大数据杀熟等数据滥用行为。在严格保护算法等商业秘密的前提下，支持第三方机构开展算法评估，引导平台企业提升算法透明度与可解释性，促进算法公平。严肃查处利用算法进行信息内容造假、传播负面有害信息和低俗劣质内容、流量劫持以及虚假注册账号等违法违规行为。推动平台企业深入落实网络安全等级保护制度，探索开展数据安全风险态势监测通报，建立应急处置机制。国家机关在执法活动中应依法调取、使用个人信息，保护数据安全。

《互联网信息服务算法推荐管理规定》要求算法推荐服务提供者应当坚持主流价值导向，优化算法推荐服务机制，积极传播正能量，促进算法应用向上向善；算法推荐服务提供者不得利用算法对其他互联网信息服务提供者进行不合理限制，或者妨碍、破坏其合法提供的互联网信息服务正常运行，实施垄断和不正当竞争行为。

数据滥用对互联网健康生态的形成带来了巨大的负面影响。算法推荐服务提供者利用算法虚假注册账号、非法交易账号、操纵用户账号或者虚假点赞、评论、转发，利用算法屏蔽信息、过度推荐、操纵榜单或者检索结果排序、控制热搜或者精选等行为干预信息呈现，实施影响网络舆论或者规避监督管理等行为严重破坏了互联网生态，数据滥用不仅对用户造成巨大的伤害，也为竞争者带来不利影响，甚至还会对我国的政治、经济与文化安全环境造成破坏。

数据滥用合规的核心是数据处理者处理数据的行为是否符合法律法规的基本要求，是否符合数据处理伦理要求，是否符合公平、公正、向上与向善的价值要求。

总之，数据合规的运营目标与数据安全的运营一样，需要建立完整的治理运营架构，使数据合规工作能够有效运转并持续优化。数据合规运营的工作方法论仍可以参考 PDCA 戴明环，[1] 通过检查监督推动整改。内控、风控、内审都可以成为推进数据合规优化的有效方法。在推进这三项工作时可与企业现有的治理体系相结合，提高相关团队的数据合规能力或为其提供专业的支持协作。除了避免重复性的治理框架的建设外，也可将数据合规纳入公司整体的治理范畴内实现统一管理。意识的宣贯与培养对于数据安全与数据合规而言，都是非常核心的工作。意识的提高需要覆盖到所有层级的各领域人员，需要能够渗透到各业务领域，使各部门能够具备一定的自主性与能动性。对一些关键岗位人员需要持续提升数据合规的专业技能，使之能够对本领域的数据合规工作自主开展评估。建立全员的数据合规意识及提升相关能力，才能弥补各项流程上的缺失，也能使现有的管理体系实现应有的管理目标。不论是从数据安全或者数据合规的角度来看，宣贯工作的投入产出比是最高的。数据合规与数据安全有大量的重叠与交集，但仍然需要有较为完整的机制与体系，并持续进行运营。数据合规体系与信息安全体系的建设过程有诸多相似之处，同样需要从组织、流程、技术维度同步规划能力建设。作为一个非常庞大且复杂的工程，要充分考虑企业现有的能力、流程、业务现状、

---

[1] PDCA 循环详见第五章。

工作模式、文化氛围，再结合各种实践的情况，设计最符合企业自身状况的落地方案，才能达到最佳的效果。

第五节　数据合规的组织合规

《网络安全法》《关键信息基础设施安全保护条例》《网络安全等级保护条例（征求意见稿）》《数据安全法》《数据安全管理办法（征求意见稿）》《网络数据安全管理条例（征求意见稿）》《个人信息保护法》《信息安全技术 个人信息安全规范》等法律法规、标准中均有明确企业应当设置专门机构、职位处理数据安全与合规问题。相关规则要求企业设立的数据合规专门机构和专职人员的名称与要求均有所差异，但总结起来主要包括网络安全、数据和个人信息保护三个方面的专门管理机构及负责人。

开展数据处理活动应当依照法律、法规的规定，建立健全全流程数据安全管理制度，组织开展数据安全教育培训，采取相应的技术措施和其他必要措施，保障数据安全。利用互联网等信息网络开展数据处理活动，应当在网络安全等级保护制度的基础上，履行上述数据安全保护义务。重要数据的处理者应当明确数据安全负责人和管理机构，落实数据安全保护责任。处理个人信息达到国家网信部门规定数量的个人信息处理者应当指定个人信息保护负责人，负责对个人信息处理活动以及采取的保护措施等进行监督。个人信息处理者应当公开个人信息保护负责人的联系方式，并将个人信息保护负责人的姓名、联系方式等报送履行个人信息保护职责的部门。

网络运营者应当设立网络安全负责人。对于网络安全负责人的具体职责，《网络安全法》并未明确规定。《网络安全等级保护条例（征求意见稿）》第20条规定了网络运营者应当设置类似的职位——"网络安全等级保护工作责任人"，并明确对于第三级以上网络运营者，包括关键信息基础设施运营者，其网络安全负责人应当履行以下职责：对网络安全保护负总责，领导安全保护和重大网络安全事件处置工作，组织研究解决重大网络安全问题。并需对该负责人和关键岗位的人员进行安全背景审查，落实持证上岗。与网络安全负责人适用于所有网络运营者不同，网络安全管理机构只适用于第三级以上网络运营者和关键信息基础设施运营者。其职责包括：（1）建立网络安全管理、评价考核制度，拟订安全保护计划；（2）建设网络安全防护能力，开展网络安全监测、检测和风险评估；（3）制定本单位应急预案，定期开展应急演练，处置网络安全事件；（4）认定网络安全关键岗位，组织考核，提出奖励和惩处建议；（5）组织网络安全教育、培训；（6）履行个人信息和数据安全保护责任，建立相应保护制度；（7）对关键信息基础设施设计、建设、运行、维护等服务实施安全管理；（8）按照规定报告网络安全事件和重要事项。

数据安全负责人并非所有网络运营者都必须设置，而仅适用于以经营为目的收集重要数据或个人敏感信息的网络运营者。数据安全负责人应当具备数据安全专业知识和相关管理工作经历，由数据处理者决策层成员承担，并且有权直接向网信部门和主管、监管部门反映数据安全情况。其具体职责包括：（1）组织制定数据保护计划并督促落实；（2）组织开展数据安全风险评估，督促整改安全隐患；（3）按要求向有关部门和网信部门报告数据安全保护和事件处置情况；（4）受理并处理用户投诉和举报。数据安全责任人由具有相关管理工作经历和数据安全专业知识的人员担任，参与有关数据活动的重要决策，直接向网络运营者的主要负责人报告工作。重要数据处理者需建立数据安全管理机构，其职责主要包括：（1）研究提出数据安全相关重大决策建议；（2）制定实施数据安全保护计划和数据安全事件应急预案；（3）开展数据安全风险监测，及时处置数据安全风险和事件；（4）定期组织开展数据安全宣传教育培训、风险评估、应急演练等活动；（5）受理、处置数据安全投诉、举报；（6）按照要求及时向网信部门和主管、监管部门报告数据安全情况。

处理个人信息达到国家网信部门规定数量的个人信息处理者应当设立个人信息保护负责人。个人信息保护负责人的职责包括：（1）研究提出数据安全相关重大决策建议；（2）制定实施数据安全保护计划和数据安全事件应急预案；（3）开展数据安全风险监测，及时处置数据安全风险和事件；（4）定期组织开展数据安全宣传教育培训、风险评估、应急演练等活动；（5）受理、处置数据安全投诉、举报；（6）按照要求及时向网信部门和主管、监管部门报告数据安全情况。关于个人信息保护的专门机构，《个人信息保护法》明确要求提供重要互联网平台服务、用户数量巨大、业务类型复杂的个人信息处理者（也就是大型互联网平台企业）应当成立主要由外部成员组成的独立机构，负责对其个人信息保护情况进行监督。这一要求显然是有别于上文提到的企业网络安全管理机构和数据安全管理机构的设置要求。此外，对于境外的个人信息处理者则要求在中国国内设立专门机构或者指定代表，这里的专门机构可以是境外个人信息处理者的关联公司或者代表处，目的是代表其处理在国内的个人信息保护相关事务。

现行法律、法规与规章从不同角度对数据合规的组织架构提出了具体要求。企业应根据具体的业务形态、数据类型、等级以及数据的敏感度等因素建立相应的机构。从企业合规角度看，企业可根据自身具体状况建立专门的数据合规管理部门，也可在法务、合规等部门中建立数据合规机构。但值得注意的是，不管何种形式的数据合规机构和企业都需建立基于全员参与的数据合规组织体系。数据合规问题并非仅仅是合规部门的问题，企业领导层、普通员工都必须参与数据合规，知晓数据合规的相关制度与流程。

【思考题】

1. 名词解释
（1）数据安全
（2）重要数据
2. 简答题
（1）简述数据处理者的义务。
（2）简述数据合规监管的监管对象。
3. 论述题
什么是数据的全生命周期合规？

第四章　数据合规国外主要立法

【本章概述】本章主要讲述国外对数据合规的主要立法规定，包括欧洲、美国、日本、新加坡四个典型国家和地区。通过讲解将上述国家的立法历史沿革及不同的保护模式进行比对，使读者深入了解各国对数据合规规定的差异与相同点。

【学习目标】掌握我国与其他典型国家对数据合规保护的异同。

第一节　欧洲数据合规相关立法

一、数据立法历史沿革

目前在全球范围内的个人信息保护领域，影响最为深入的当属欧盟于2016年通过并于2018年正式实施的《通用数据保护条例》，该条例被称为当时最为完善且严格的个人信息保护立法。GDPR 的发布并非一蹴而就，其本源可追溯至欧洲国家将个人信息主体的权益纳入人权范围内。1948年《世界人权宣言》（Universal Declaration of Human Rights）第12条和1966年《公民权利和政治权利国际公约》（International Covenant on Civil and Political Rights）第17条均规定，任何人的私生活（privacy）、[1]家庭、住宅和通信不得干涉或侵扰，人人享有法律保护之权利。1950年《欧洲人权公约》（European Convention on Human Rights）第8条作出类似规定，后续的个人信息保护法便将此公约作为立法依据之一。

由于信息技术的不断发展，为了进一步规范数据处理和保护行为，欧洲

---

〔1〕　当时数据保护被认为是个人隐私的一种表现形式，因此被纳入个人的私生活中予以保护。

理事会在 1973 年和 1974 年分别出台《第（73）22 号私人领域电子数据库中的个人隐私保护》（Resolution（73）22 on the protection of privacy of individuals vis-à-vis electronic data banks in the private sector）和《第（74）29 号公共领域电子数据库中的个人隐私保护》（Resolution（74）29 on the protection of individuals vis-à-vis electronic data banks in the public sector）两份决议。两份决议中均提出多个数据处理原则，例如限制收集原则、质量原则、知情原则等。1980 年经济合作与发展组织（Organization for Economic Co-operation and Development，以下简称 OECD）颁布了《关于隐私保护和个人数据跨境流动指南》（Guidelines on the Protection of Privacy and Transborder Flows of Personal Data，以下简称《隐私保护指南》）进一步归纳和总结数据处理中的原则。然而，以决议形式（resolution）和指南形式发布的规范不具有法律约束力，仅建议（recommend）成员国适用，这意味着，两份决议和指南并不足以建立欧盟范围内有效且一致的数据保护体系。因而，1981 年欧洲理事会签订《关于自动化处理的个人数据保护公约》（Convention for the Protection of Individuals with regard to Automatic Processing of Personal Data，以下简称 108 公约），该公约成为第一部具有法律约束力的国际性条约。

108 公约建立起欧洲范围内数据保护的统一框架，但是实施效果并不尽如人意，其原因在于批准加入该公约的成员国数量有限，而且仅以原则指引的方式导致各国实践仍有差异性，间接导致数据保护制度的差异化。基于此，欧盟委员会在 1990 年提交了一份数据保护法并于 1995 年正式颁布，即《第 95/46/EC 号关于保护个人数据处理中的个人权利以及个人数据自由流动的指令》（Directive 95/46/EC on the protection of individuals with regard to the processing of personal data and on the free movement of such data，以下简称 "95 指令"）。以 "指令" 形式发布的规范对成员国有法律约束力，同时成员国需要将其融入（harmonization）本国法律体系之中后才可适用。95 指令以 108 公约中提出的原则为依据，第一次形成了一份具体的个人数据保护标准，但随着技术的更新以及各国在颁布其国内法时采取的不同措施，导致 95 指令所期待的欧盟一致数据保护力度落空，因此 2012 年欧盟委员会提交 GDPR 草案，2016 年正式通过并取代 95 指令。GDPR 以条例（regulation）的形式成为欧盟成员国可以直接适用的法律，由此开启了欧盟范围内统一的数据保护实践。

二、主要立法评述

（一）《隐私保护指南》

OECD 最初指定此项指南的原因主要是各国在个人数据保护立法上存在较大差异，进而会导致个人数据的跨境受阻，因此指南旨在帮助协调成员国对于隐私的立法，在维护人权的同时减少数据流动的阻碍，其中分为两大部分内容，一为数据处理的基本原则，二为促进数据的自由流动。

《隐私保护指南》提出数据处理中的八大原则。

第一，限制收集原则（Collection Limitation Principle）。对个人数据的收集应有所限制，任何个人数据应通过合法和公平的手段，并在数据主体知情或同意的情况下获得。

第二，数据质量原则（Data Quality Principle）。个人数据应与使用目的相关，并在这些目的的必要范围内应保障准确、完整并保持最新。

第三，目的明确原则（Purpose Specification Principle）。收集个人数据应最迟在收集数据时说明目的，之后的使用数据应限于实现这些目的或与这些目的不相抵触的其他目的，并在每次目的改变时予以说明。

第四，使用限制原则（Use Limitation Principle）。数据的使用应严格限制在其处理目的之内，不应披露、提供或以其他方式使用个人数据，但以下情况除外：（1）经数据主体同意；（2）根据法律授权。

第五，安全保障原则（Security Safeguards Principle）。个人数据应受到合理的安全保障措施的保护，以避免数据的丢失或未经授权的访问、破坏、使用、修改或披露。

第六，开放性原则（Openness Principle）。个人数据的处理、实践和政策需设置一份普遍公开的文件，在该文件中应确定个人数据的存在、性质、使用的主要目的以及数据控制者的身份和居住地。

第七，个人参与原则（Individual Participation Principle）。个人应有如下权利：（1）从数据控制者处获得或以其他方式确认数据控制者处是否有与其相关的数据；（2）在合理时间内，以合理并易于理解的形式向其传递与其相关的数据，如果有相关收费也不应过度；（3）如果前述两项请求被拒绝，应被告知理由并有权对拒绝行为提出质疑；（4）对与其有关的数据提出质疑，如果质疑成功，可以要求删除、更正或完善这些数据。

第八，问责制原则（Accountability Principle）。数据控制者应采取使得上述原则生效的措施。

OECD 在《隐私保护指南》中强调，由于保护个人隐私中可以确定某些基本利益或价值，因此各国在保护个人数据上具有共同的特点，例如对于个人信息的收集需要根据使用目的而有所限制，应限制数据的使用，为个人了解数据的处理情况创造便利条件，确定负有相关数据保护义务的各方。一般而言，个人数据的保护应是连续的，即从数据的收集、处理到删除的各个环节皆予以保护，并且尽可能确保个人知情、参与并控制的权利。以上八项原则的确定，不仅对欧盟也对全球数据保护立法有着深远影响，例如我国《个人信息保护法》第 6 条中体现出的目的明确原则，第 7 条与开放性原则对应，第 8 条体现出的信息质量原则，第 9 条的问责制原则等。

除上述原则外，《隐私保护指南》中的另一主要内容就是对于数据跨境流动自由的规定。OECD 认为应减少对于数据跨境的限制，仅可以以国家主权、国家安全和公共政策或公共秩序为由设定自由流动之例外，并应就例外情况向社会公开。另外指南在第三部分规定，各国应考虑到个人数据在境内处理时对其他国家的影响，并且保证采取一切合理和适当的手段以确保个人数据的跨境流动不间断并且是安全的。在跨境流动当中，原则上应避免限制个人数据在成员国之间的流动，除非成员国未能实质性遵守本指南中的规定或者数据再出口后将不能遵守本国法规定；或者针对某类数据未能提供同等保护时，也可就某类数据的跨境加以限制。

（二）GDPR

2018 年 5 月 25 日正式生效的 GDPR 之所以被称为"史上最严数据保护条例"，不仅是从数据处理者负有更为严格的义务而言，更是从其处罚力度的不断加强中有所体现。GDPR 延续了 108 公约和 95 指令相关规定，以自然人的个人数据为保护中心，既寻求维护个人数据自由流动，又以保障自然人的基本权利与自由为目的，强调自然人享有数据保护的权利。

1. 适用范围

GDPR 在适用范围上做出极大扩张，以地理位置为限的同时又以效果原则要求数据控制者适用 GDPR。其适用范围包括：（1）欧盟内部设立的数据控制者或处理者对个人数据的处理，不论其实际数据处理行为是否在欧盟内进行；（2）数据控制者或处理者不在欧盟设立，但发生如下相关活动中的个人数据处理：（a）为欧盟内的数据主体提供商品或服务——不论此项商品或服务是否要求数据主体支付对价，或（b）对发生在欧洲范围内的数据主体的活动进行监控；（3）在欧盟之外设立，但基于国际公法成员国的法律对其有管辖权的数据控制者的个人数据处理。

若数据控制者或处理者不在欧盟境内，应以书面形式在欧盟境内委托一名代表，[1]代表应被设置在数据主体所在国之一，无论是为其提供商品或服务，还是监控其行为。

2. 数据处理的原则

GDPR 第 5 条规定个人数据的处理应遵循如下原则：

（1）合法性、合理性和透明性原则。对涉及数据主体的个人数据，应当以合法的、合理的和透明的方式来进行处理。

对于处理的合法性，GDPR 规定了 6 项合法性依据：（a）数据主体已经同意基于一项或多项目的而对其个人数据进行处理；（b）处理对于完成某项数据主体所参与的合同是必要的，或者在签订合同前基于数据主体的请求而进行的处理；（c）处理是控制者履行其法定义务所必需的；（d）处理对于保护数据主体或另一个自然人的核心利益是必要的；（e）处理是数据控制者为了公共利益或基于官方权威而履行某项任务而进行的；（f）处理是基于控制者或第三方的正当利益所必需，不包括需要通过个人数据保护以实现数据主体的优先性利益或基本权利与自由，特别是儿童的优先性利益或基本权利与自由。

其中基于同意或者基于合同是应用最为广泛，也是为大多数企业所采用的两种方式。对于同意，GDPR 给出严格的限制。第一，征求个人数据处理的同意时若同时涉及征求其他事项的同意，两者应作清晰的区分，并且应当以一种容易理解的形式，使用清晰和平白的语言作出关于数据处理的说明，该说明必须符合 GDPR 规定，否则说明不具有法律效力，相应的同意也无效。第二，数据主体应当有权随时撤回其同意，撤回同意应当和表达同意一样简单。撤回前已经同意进行的数据处理活动的合法性不受影响。第三，同意应当是自由做出的。第四，对于不满 16 周岁的未成年人，须由负有监护责任的

---

[1]　公共机构或实体，或者涉及偶然性的且考虑到处理的数据性质、情景、范围和目的而不会对自然人的权利和自由产生风险的情况，均不需要在欧盟境内委托代表。

父母同意或者授权同意。第五，如果需要处理特殊类型个人数据，例如种族、政治、宗教、基因、性取向、个人生物识别数据等，个人数据主体需要给出"明确同意"（explicit consent）。

（2）目的限制原则。个人数据的收集应当具有具体的、清晰的和正当的目的，对个人数据的处理不应当违反初始目的。基于公共利益、科学或历史研究或统计目的而进一步处理数据，不视为违反初始目的。

（3）数据最小化原则。个人数据的处理应当以实现数据处理目的为限，其实施的措施应是适当的、相关的和必要的。

（4）准确性原则。个人数据应当是准确的，如有必要，必须及时更新；必须采取合理措施确保违反初始目的的个人数据及时得到擦除或更正。

（5）限期存储原则。对于能够识别数据主体的个人数据，其存储时间不得超过实现其处理目的所必需的时间；超过此期限的数据处理只有在如下情况才能被允许：为了实现公共利益、科学或历史研究目的或统计目的，为了保障数据主体的权利和自由，并采取了合理的技术手段与组织措施。

（6）数据的完整性与保密性原则。处理过程中应确保个人数据的安全，采取合理的技术手段、组织措施，避免数据未经授权即被处理或遭到非法处理，避免数据发生意外毁损或灭失。

（7）问责制原则。控制者有责任遵守以上原则，并且有责任对此提供证明。

在数据处理者方面，GDPR 与 95 指令一致，将个人信息处理者区分为数据控制者与数据处理者。由于严格区分数据控制者与处理者，GDPR 第四章也对其责任和义务做出区分。

3. 个人数据主体权利

GDPR 在第三章中明确指出个人数据主体拥有的七项权利。

（1）知情权。由于 GDPR 针对数据处理设立的总体原则为"知情-同意"，因此知情成为个人数据主体最主要的权利。GDPR 第 12 至 14 条从形式和内容两个层面上确保数据主体的知情权。

从形式上，控制者应当以一种简洁、透明、易懂和容易获取的形式，以清晰和平白的语言来描述所有信息，并且应以书面或电子方式提供相关信息，或在可确认数据主体身份之时依数据主体申请以口头方式提供。控制者提供相关信息应当是免费的，除非超过必要限度或缺乏正当理由。提供给数据主体的信息可以和标准化的图标一起提供，以便于数据主体能够以易懂、清晰的方式对数据处理有全面的理解。当图标以电子化的方式提供，它们必须是机器可读的。

从内容上，数据控制者需要向个人数据主体提供如下信息：（a）控制者的身份与详细联系方式，或者控制者的代表；（b）如果存在数据保护官，还需要提供数据保护官的详细联系方式；（c）处理将要涉及的个人数据的目的，以及处理的法律基础；（d）当处理是基于控制者或第三方的正当利益，则需说明控制者或第三方的正当利益；（e）若存在接收者，需告知个人数据的接收者及其类型；（f）若数据将进行跨境转移，应告知数据主体所采取的适当保障性措施及相关信息。控制者在获取个人数据时，还需告知（a）个人数据将被存储的期限，以及确定此期限的标准；（b）数据主体所拥有的权利；（c）当数据处理基于同意而进行时，数据主体拥有撤回同意的权利；（d）向监管机构进行申诉的权利；（e）提供个人数据的法律依据，例如是基于法律还是合同的要求，是否对于缔结一项合同是必要的，数据主体是否有责任提供个人数据，以及没有提供此类数据会造成的可能后果；（f）是否存在自动化决策，包括进行用户画像，以及在此类情形下，对于相关逻辑、包括此类处理对于数据主体的预期后果。若控制者从数据主体外的地方获得个人数据，除以上信息外，一般还需告知个人数据来源或者是否来源于公开信息。

（2）访问权。数据主体应当有权从控制者处得知，其个人数据是否正在被处理，如果正在被处理的话，有权访问个人数据和获知如下信息：（a）处理的目的；（b）相关个人数据的类型；（c）个人数据已经被或将被披露给何接收者以及接收者的类型，特别是当接收者属于第三国或国际组织时；（d）在可能的情形下，个人数据将被存储的预期期限，或者如果不可能的话，确定此期限的标准；（e）数据主体要求控制者纠正或擦除个人数据、限制或反对对数据主体相关的个人数据进行处理的权利；（f）向监管机构进行申诉的权利；（g）当个人数据不是从数据主体那里收集的，关于来源的任何信息；（h）自动化的决策或数据分析的存在，以及在此类情形下，对于相关算法逻辑、包括此类处理对于数据主体的预期后果的信息；（i）若个人数据被转移到第三国或一个国际组织，数据主体应当有权获知数据控制者采取的保障措施。

（3）更正权。数据主体应当有权从控制者处及时得知并可对与其相关的不正确信息进行更正。在考虑处理目的的前提下，数据主体应当有权完善不充分的个人数据，包括通过提供额外声明的方式来进行完善。

（4）擦除权（被遗忘权）。数据主体在特定情况下有权要求控制者擦除其个人信息，包括（a）个人数据对于实现其被收集或处理的相关目的不再必要的；（b）基于同意而进行的数据处理行为，个人数据主体撤回同意的；（c）个人数据主体反对以公共利益或第三方利益处理数据或以直接营销为目的进行数据处理的；（d）非法个人数据处理的；（e）为了履行欧盟或成员国法律为控制者所设定的法律责任，个人数据需要被擦除的；（f）收集未满16周岁未成年人个人信息的。但被遗忘权也有其适用的局限性，在为了言论自由、公共利益和法律要求、公共健康、行使法律权利、进行辩护，或擦除权的行使会影响科学、历史研究目的或统计目的的情形下，个人数据主体将无法行使被遗忘权。

（5）限制处理权。当存在以下情形之一，个人数据主体有权要求控制者对其处理进行限制：（a）数据主体对个人数据的准确性有争议，控制者在一定的期限核实个人数据的准确性；（b）非法的数据处理，但数据主体反对擦除个人数据，要求对使用其个人数据进行限制；（c）控制者不再需要个人数据以实现其处理的目的，但数据主体为了行使法律权利或进行辩护而需要该个人数据；（d）个人数据主体反对以公共利益或第三方利益处理数据，但仍需要对控制者的正当理由是否优先于数据主体的正当理由进行确定。

（6）数据可携权。如果数据的收集是基于同意或合同，并且处理为自动化时，数据主体有权获得其提供给控制者的相关个人数据。个人数据主体获得的数据应当是经过整理的、普遍使用的和机器可读的，并且数据主体有权无障碍地将此类数据从此控制者处传输给另一个控制者。

（7）反对权。个人数据主体有权反对以公共利益或第三方利益为由，或以直接营销为目的进行数据处理，或完全依靠自动化处理的决策，如用户画像。在特定情况下，数据主体有权反对以科学目的、历史研究目的、统计目的进行个人数据处理。

4. 数据控制者和处理者的义务

与《隐私保护指南》不同，GDPR延续了95指令的方式，将个人数据相关处理方区分为"数据控制者"（Data Controller）与"数据处理者"（Data Processor）。数据控制者是指可以单独或者共同决定个人数据处理目的与处理方式的自然人、法人、公共机构或其他实体；数据处理者是指为数据控制者处理个人数据的自然人、法人、公共机构或其他实体。简单而言，数据处理者和控制者最大的区别在于是否能够决定数据处理目的和处理方式，如果能决定则为控制者，如果不能则为处理者。对比我国相关规定，数据处理者实际上为我国规定之"受托者"，即受委托处理数据一方，但 GDPR 细化了数据处理者的义务和责任。

数据控制者作为数据处理中最重要的主体，应采取恰当的技术和组织形式，保证数据处理符合相关法律法规的要求。GDPR 要求数据控制者采取设计和默认的数据保护措施（Data protection by design and by default），即数据的保护不仅应遵守法律监管的要求，还应当成为一种默认的经营方式，从产品的设计开始贯穿整个个人数据处理活动全生命周期进行数据保护。举例而言，数据控制者应设计（by design）实施适宜的技术和组织措施以便符合数据保护的原则性要求，此外数据控制者还应默认（by default）只有出于特定目的且必要的情况下才处理个人数据，在默认情况下个人数据无法被不特定数量的自然人所访问。

GDPR 对于处理者的选用及其承担的义务和责任上有细致的规定。在选用上，控制者必须选用能够提供合适技术手段与组织措施、能够充分保证符合 GDPR 要求并能保障数据主体权利的处理者。处理者受到再委托限制，即非经控制者同意，处理者不能委托其他处理者。在进行数据处理时，控制者和处理者应就处理期限、处理性质和目的、个人数据的种类和类别等签订书面或电子合同，抑或是遵守其他有约束力的成员国法律。处理者具体应承担的义务包括：（a）只有在收到控制者的书面指示时才可以处理个人数据，尤其在涉及个人数据跨境活动时；（b）对于被授权处理个人数据的人，确保其履行保密义务或法律上的适当保密责任；（c）采取必要的安全措施；（d）再委托时需要保证另一处理者完成数据保护义务；（e）结合处理的性质，在可能的情形下通过合适的技术手段与组织措施帮助控制者履行其责任，以便使得数据主体能够行使其权利；（f）结合处理的性质和处理者所能得到的信息，帮助控制者履行数据安全义务、向监管机构报告个人数据泄露义务、向数据主体报告个人数据泄露义务、进行数据保护影响评估义务等；（g）在处理活动结束后，将个人数据删除或返还给控制者，并且删除已有备份，除非按照法律要求存储个人数据；（h）给控制者提供所有能够证明其已经遵循本条款规定责任的信息，以及有利于控制者或控制者委任的审计员进行审计和核查的信息。

就具体义务而言，控制者和处理者首先应充分配合个人数据主体行使其权利，例如为满足知情权，控制者应承担提供相关信息的义务，为满足擦除权而承担删除有关个人数据或链接的义务等。除此之外，控制者还需承担如下义务：

第一，通知义务。数据控制者在发生更正、擦除或限制处理个人数据的情况时，除非不可能告知或告知成本过高，应将此情况及时告知每一位已经接收到该个人数据的接收者。如果数据主体要求，也应该告知个人数据主体所有数据接收者的情况。

第二，记录义务。数据控制者和处理者均应以书面方式记录其处理活动。控制者主要需记录控制者、控制者代表及共同控制者、数据保护官的姓名和详细联系方式，处理的目的，数据主体类型以及个人数据类型，个人数据披露时的接收者类型，个人数据跨境情况及相关保障措施，删除不同种类数据的预计期限，技术及组织性安全措施的描述，以及个人数据泄露事件相关信息等。处理者需要记录相关处理者和控制者的信息，处理活动的类型，个人数据跨境情况及相关保障措施以及对技术和组织性安全措施的描述等。

第三，安全保障义务。控制者和处理者应采取如下技术和组织措施，以保证安全措施与数据处理的风险相当：（a）个人数据的匿名化和加密；（b）保持处理系统与服务的保密性、公正性、有效性以及重新恢复的能力；（c）在遭受物理性或技术性事件的情形中，有能力恢复对个人数据的获取与访问；（d）具有常规性测试与评估技术性与组织性手段有效性的方案，以保证数据处理的安全。

第四，数据泄露的报告和通知义务。若发生个人数据泄露事故，控制者应当在72小时内将个人数据泄露情况告知有关监管机构，处理者也应及时告知控制者。报告内容包括：描述个人数据泄露的性质，描述包括相关数据主体的类型和大致数量，以及涉及个人数据的类型与大致数量；告知数据保护官的姓名与详细联系方式，或者可以获取更多信息的其他联系方式；描述个人数据泄露的可能后果；描述控制者应对个人数据泄露已经采用或计划采用的措施，例如减少负面影响的措施。除向监管机构的报告义务外，控制者应及时告知数据主体其个人数据泄露情况，除非控制者已经采取相关措施以致数据无法识别，或是泄露事件不会对个人数据主体造成风险，又或者告知义务的成本过高。

第五，数据保护评估义务。当数据处理可能对自然人的权利和自由产生高风险时，控制者应在数据处理前进行数据保护影响评估，特别是自动化决策时会对自然人产生较大影响，大规模处理敏感特殊数据或刑事违法相关数据，大规模系统性监控某个公众可访问的空间。评估内容包括：（a）描述计划的数据处理和处理目的，以及控制者数据处理的合法利益；[1]（b）分析处理目的和处理方式的必要性和适配性；（c）评估对数据主体权利与自由带来的风险；（d）分析采取的风险应对措施，包括相关安全保障措施与机制。若数据保护影响评估结果显示数据处理可能带来高风险，则应在数据处理前提前咨询监管机构。

第六，委任数据保护官（Data Protection Officer）。并非所有的数据控制者和处理者都要聘请数据保护官，只有在公共机构或实体进行数据处理、数据处理核心活动是大规模或者其目的是针对数据主体进行常规和系统性监控、数据处理核心活动包含对敏感特殊类型数据的大规模处理或对刑事违法个人数据进行处理的情形下，才需聘请数据保护官。数据保护官必须专业，既需拥有数据保护专业知识也需有相关实践经验。

第七，合作义务。数据控制者和处理者应配合监管机构的工作。

5. 数据处理中的责任

根据 GDPR 第 82 条的规定，数据主体有权就因违反 GDPR 规定而造成的物质和非物质性损害请求赔偿。由于数据控制者和处理者在数据处理活动中的地位不同，责任承担上有些许差异：数据控制者应就处理中因违反 GDPR 造成的损失承担责任，而处理者仅在未履行 GDPR 或控制者规定的义务时才需承担责任。此外，若数据处理中存在多个控制者或处理者，则都需承担连带责任，但可就其余部分向其他控制者或处理者追偿。

行政责任方面，监管机构可就违反 GDPR 的行为处以罚款，最高可达 2000 万欧元罚款或是上一年全球总营业额 4%的金额，两者取高者。在决定罚

---

〔1〕 根据 GDPR 引言第 47 段，控制者的合法性利益可以为数据的处理提供相应的法律依据，但条件是不能凌驾于数据主体的利益、基本权利和自由之上，同时需要考虑数据主体的合理期望，例如数据主体是控制者的客户，则存在合法性利益。

款力度时，监管机构会考虑数据处理的性质、范围或目的，受损严重程度，违法性质为故意或过失，违法后的补救措施等。

6. 数据跨境中的特殊规定

GDPR 建立一致性数据保护体系的初衷在于数据能在欧盟成员国之间自由流动，保证数据的流通价值得以实现。若数据将流出欧盟，则应以数据主体保护程度不被削弱为原则，要求境内外数据处理者达到 GDPR 规定的条件后才可进行数据转移活动。

从大类而言，GDPR 将数据可转移的情况分为两类，一类是基于认定有充足保护的转移，又称白名单制度；而另一类是提供适当安全保障的转移。

充足保护是欧盟委员会认定第三国、第三国中的某区域或一个或多个特定部门或国际组织具有充足保护之后，相关区域或领域内的控制者和处理者之间可以进行自由的数据跨境活动。但是在做出充足性认定之前，欧盟委员会将考察包括第三国法治、人权与基本自由的规定、关于公共安全、国家安全、刑法和公共机构访问个人数据的一般性与部门性立法，以及此类立法的实施、数据保护规则和安全措施等相关因素。只有在评估完成后，欧盟委员会才出具充分性决定（Adequacy Decision）并列出名单进行公示，之后也会对其进行持续性监管以保证评估事项仍满足要求。就此而言，充分保护的认定过程相对复杂，截至 2023 年 7 月，仅有安道尔、阿根廷、日本、韩国等 12 个国家以及加拿大、英国和美国部分区域和领域获得充分性认定。

适当安全保障（Appropriate Safeguards）相较于充分性决定，面向的主体为数据控制者与处理者，即控制者或处理者只有在提供适当的保障措施，以及为数据主体提供可执行的权利与有效的法律救济措施之时，才能将个人数据转移到境外。其中保障措施包括公共机构或实体之间签订具有法律约束力和可执行性的文件、制定符合要求的公司规则（binding corporate rules）、使用欧盟委员会或监管机构通过的数据保护标准条款（standard data protection clauses）、制定符合要求的行为准则（code of conduct），或是通过相关认证（certification）后才可进行数据跨境活动。

第二节　美国数据合规相关立法

一、数据立法历史沿革

在数据保护的基础上，欧盟和美国的观点截然不同。欧盟将个人数据置于自然人的人权和自由之中，而美国至今仍将数据权益置于隐私权项下[1]，因此在美国相关文件中，数据保护经常见于隐私法（privacy law）中。相较于欧盟 GDPR 对于个人数据的严格保护，2019 年美国参议院连续提出《数据隐私法案》（Data Privacy Act）、《隐私权利法案》（Privacy Bill of Rights Act）试图建立全面的联邦层面数据保护法，但至今仍未达成此目标。目前美国数据保护体系由联邦和州法对特定部门或特定数据的规范构成，例如在联邦层面1996 年颁布的《健康保险便利和责任法案》（Health Insurance Portability and Accountability Act，简称 HIPAA）旨在对医疗和健康信息的保护提供标准，在州一级《加利福尼亚消费者隐私法》（California Consumer Privacy Act of 2018，简称 CCPA）、《纽约州金融服务公司网络安全要求》（Cybersecurity Requirements for Financial Services Companies，23 NYCRR part 500），《华盛顿数据泄露通知法》（Washington Data Breach Notification Law，HB 1071）等仅在州范围内生效。

美国对于隐私的保护最早可追溯到 17 世纪 Benjamin Franklin 在邮政服务中寻求保护邮寄物品的隐私，之后宪法第四修正案（U. S. Constitution，Amendment IV）中首次提出个人有权对抗政府"无理由的搜查与扣押"并界定了隐私权的范围。举例而言，如果地方和联邦政府参与数据收集和使用，第四修正案便可适用。此时已经可以发现隐私对抗的主体为政府，因而美国对于数据保护的核心观点之一便是使得数据免受政府侵扰。第四修正案的推出引发了关于合理性标准（expectation reasonableness standard）和隐私期望测试（expectation of privacy test）的隐私权诉讼[2]。

---

　　〔1〕　隐私权（Right to privacy）在美国是一个非常宽泛的概念，生育权、同性关系、堕胎等也被认为是宪法中"隐含"（*penumbra*）的权利，蕴含在隐私权之中。参见 Griswold v. Connecticut 案。

　　〔2〕　参见 Katz v United States 案，联邦最高法院在该案中认为，政府无证监听个人在电话亭打电话的行为超出了个人的主观期望。在 2018 年 Carpenter v United States 一案中，警察在未获得搜查令的情况下查阅手机中个人位置的历史记录，联邦最高法院认定此行为违反了第四修正案。

联邦层面，美国不同部门针对不同隐私保护需求颁布了一系列要求。1973 年美国卫生、教育和福利部（HEW）出具了一份基于自动化个人数据系统（Automated Personal Data Systems）的报告，其中提出一系列隐私原则，例如第四部分提出行政机关对于个人信息系统的安全保障要求，行政机关需要委派专人负责该系统并且在未经数据主体的同意前不能将数据传输给他人，又如在第八章中赋予个人拒绝权，个人可以拒绝公开社会保险号码等。随后各部门便以行业或特定群体为主进行立法，在教育领域 1974 年《家庭教育权利和隐私法案》（Family Educational Rights and Privacy Act）将学生教育记录视为隐私保护的一部分，赋予家长和学生查阅、修正和公开其信息的权利；金融领域中 1978 年《金融隐私权利法案》（Right to Financial Privacy Act）要求联邦政府从金融机构调取用户金融信息时必须遵循一系列要求；通信领域有 1986 年《电子通信隐私法案》（Electronic Communications Privacy Act）用以防止政府未经允许监听私人的电子通信，1991 年《电话消费者保护法》（Telephone Consumer Protection Act）用以保护消费者免受自动电话拨打系统的骚扰；医疗领域中，1996 年 HIPPA 的颁布在联邦层面建立了敏感健康数据保护的国家统一标准，也是目前仍在应用并且最受关注的数据隐私法之一；此外，在儿童信息保护上，2000 年生效的《儿童在线隐私保护法案》（Children's Online Privacy Protection Act）旨在规制在线收集不满 13 周岁儿童隐私的行为。

在州层面，各州立法实践并不相同，加利福尼亚州最早在 2003 年就发布了《在线隐私保护法案》（California Online Privacy Protection Act，简称 CalOPPA），其中要求在商业网站和在线服务中需要公布隐私政策（Privacy Policy）。特拉华州在 2016 年成为第二个颁布《在线隐私和保护法案》（Delaware Online Privacy and Protection Act）的州，内容上与 CalOPPA 大致相同，2023 年科罗拉多州、康涅狄格州、弗吉尼亚州和犹他州的数据隐私相关法案即将生效，可以预见到的是未来各州将逐步对隐私保护进行统一立法。

二、主要立法评述

（一）HIPAA

HIPAA 是美国在健康信息方面第一部联邦法律，要求一系列健康服务提供者，即"涵盖实体"（covered entities），在保证个人健康信息（protected health information，简称 PHI）受到合理保护的同时，允许以提供或提高健康服务水平为目的流转健康信息。HIPAA 要求联邦卫生与公共服务部（Department of Health and Human Services，简称 HHS）发布具体规则，因此 2003 年 HHS 发布《隐私规则》[1]（Privacy Rule）和《安全规则》[2]（Security Rule）细化 HIPAA 相关要求。两项规则近年来根据技术发展和现实需求，不断修订其文本，例如 2009 年根据《经济和临床健康中的健康信息技术法案》（Health Information Technology for Economic and Clinical Health Act）中对于隐私和健康信息的安全保护要求，扩大信息主体访问权、允许向学校公开疫苗注射信息、要求服务提供者在营销推广中提供选择退出（opt-out）选项等。

1. 适用范围

HIPAA 的适用主体仅限"涵盖实体"，主要分为四类，第一类是医疗提供者（healthcare provider），指任何医疗或健康服务提供方，健康服务包括预防、诊断、治疗、康复、姑息治疗以及咨询、服务或评估等。无论其规模大小，只要是在特定交易中将 PHI 以电子方式进行传输，则需遵守 HIPAA 相关规定。第二类是医疗信息处理机构（healthcare clearinghouses），即将另一机构收集来的非标准格式的信息处理成标准信息，或将标准信息处理成非标准信息，以及进行数据传输的机构，例如负责社区健康管理信息系统的机构等。第三类为健康计划（health plans）或健康保险，指提供医疗健康服务或支付医疗保险费用的组织，但如果健康计划中的参与者少于 50 人且仅由建立和维持该计划的主管者管理，则不属于 HIPAA 适用范围内。第四类为商业关联方，即代表或为"涵盖实体"执行某些活动、提供服务，对 PHI 进行使用和公开的自然人或组织，但不包括"涵盖实体"中的成员或工作人员。

HIPAA 的保护客体为 PHI，是以电子、纸质或口头方式记录的个人可识别的健康信息。个人可识别的健康信息指关于（1）与个人过去、现在或将来生理或心理健康状况相关的信息；（2）向个人提供的健康服务信息；或者（3）与过去、现在或将来个人健康服务相关的支付信息，并且该等信息已识别到个人或可识别到个人，例如个人姓名、出生日期、社会保障号码、医疗记录编号、保险信息、生物识别信息等。需要注意的是，单纯个人信息如姓名或电话并不在 HIPAA 规制范围内，有且仅有该信息与医疗信息相关时才受

---

[1] 全称为"Standards for Privacy of Individually Identifiable Health Information"．
[2] 全称为"Security Standards for the Protection of Electronic Protected Health Information"．

HIPAA 保护。

2. 隐私保护规则

第一，HIPAA 总体以授权和法律规定才可使用和披露为原则，其中授权应以书面授权为主。若未取得授权，那么仅在 6 个场景中才可使用或披露 PHI：（1）向 PHI 信息主体披露；（2）对 PHI 主体实施治疗、费用支付或者进行医疗服务活动；（3）数据主体给予非正式性同意，即 PHI 主体具有同意或反对信息使用和披露的权利。相较于主动书面授权，实际上此时相当于默示同意但给予信息主体反对权。HIPAA 提出此种场景的应用主要在医院名录（Facility Directories）的制作[1]和信息告知之时[2]。此外，若数据主体丧失生活自理能力，如遇紧急情况或难以获得同意，经医护人员专业判断，使用和披露数据主体的 PHI 能够实现数据主体的最大利益，则可以在未经同意的情况下使用和披露 PHI；（4）偶然的使用和披露。只要"涵盖实体"为数据的使用和披露提供了合理的安全保障措施，并将使用的数据控制在最小必要范围内，那么偶然使用和披露该等信息并不被 HIPAA 绝对禁止；（5）公共利益和有益活动。HIPAA 规定了 12 项国家优先目的，基于这 12 种目的，未经授权或许可地使用和披露 PHI 是被允许的。这 12 种目的包括法律规定，公共健康活动，向政府权力机关披露虐待、疏于照顾、家庭暴力受害者的信息，健康医疗系统的监督活动，司法和行政程序，执法目的，为验尸或安葬等目的披露死者信息，遗体器官、眼睛和身体组织捐赠，研究，用于避免或减轻对个人或公共健康安全的严重威胁，出于履行政府核心职能的目的以及出于对工作者补偿的目的；（6）有限数据集（limited data set）。当"涵盖实体"和数据接收方签订数据使用协议并为数据的使用和披露提供安全保障时，出于研究、医疗服务活动或公共健康的目的，"涵盖实体"可以有限数据集的形式向接收方披露 PHI，但此时 PHI 指数据主体、其家庭成员和雇主的直接识别号被移除的信息。

除上述 6 种场景外，"涵盖实体"在获得信息主体的授权后也可以使用和披露 PHI。HIPAA 要求"涵盖实体"履行告知义务，即在征求授权时应通过

---

〔1〕　在美国，医疗服务提供者一般会将患者的联系信息记录在医疗名录之上，以便向来访者或向神职人员披露信仰。

〔2〕　医疗服务提供者出于告知病情或医疗费用支付的目的，也可以将数据主体的健康医疗数据告知其家人、亲戚、朋友或其他由数据主体指定的个人。

通俗易懂的语言向数据主体告知包括使用的信息内容、接收方、授权到期时间、数据主体拥有的反对权等一系列信息。

第二，HIPAA以"最小必要"为使用和披露基本原则，"涵盖实体"应制定相应隐私政策，只使用、披露和请求使用最低限度的PHI，例如在需提供整个医疗记录时，需要具体证明整个记录是否为合理需要数据量；根据工作内容设置有限的访问和使用权限；对例行和经常性的披露不需要进行单独审查，但需限制在实现数据处理目的的最小数量范围内，而非例行和非经常性的披露需要进行单独审查。

第三，通知义务的履行。与其他数据保护规则一致，HIPAA同样要求"涵盖实体"提供有关隐私政策的通知，不仅需以电子方式提供，还需将通知张贴在明确和显眼位置以便寻求健康服务的人能及时阅读获知相关信息。此外，每三年应向每个加入健康计划的信息主体发出提醒，告知其可以根据要求获取隐私政策的通知。如果是与个人有直接治疗关系的医疗服务提供者，需尽其最大的努力获得信息主体对于隐私政策的书面确认。

第四，数据主体享有获取、修改、披露说明、限制性请求、机密通信请求等权利。获取信息时，HIPAA有特殊规定：心理治疗记录、实验室结果或信息排除在获取权之外；要求披露说明的PHI范围仅限于请求提出之时6年之内的信息；在机密通信中，个人有权要求"涵盖实体"采取特定方式传输PHI。

第五，组织要求。HIPAA要求"涵盖实体"指定一名隐私官员以及一名专门负责接收投诉和向个人提供信息的联系人或联络办公室，而且需要对其员工、志愿者等相关人员进行隐私政策和程序的培训并制定处罚措施。

（二）CCPA

加利福尼亚州是美国最先颁布数据保护专门规定的州，早在2003年就发布了《在线隐私保护法案》，并在2013年进行了修订。随着信息技术的发展，企业对信息的收集量以及用途越来越广泛，因此更为全面的CCPA应运而生。2018年6月28日CCPA（AB-375）颁布后，2019年10月便批准了5份针对CCPA的修正案，包括议案AB-1355个人信息（2019-2020）、议案AB-25 2018年加州消费者隐私法案（2019-2020）、议案AB-1564消费者隐私：消费者提交披露信息请求的方法（2019-2020）、议案AB-1146豁免：车辆信息（2019-2020）以及议案AB-874 2018加州消费者隐私法案（2019-2020），自此，2020 年 1 月 1 日 CCPA 正式生效。

1. 适用范围

CCPA 的管辖范围相较于 GDPR 而言较为局限，因为适用的企业需要满足营业收入、信息规模、信息收入三个条件之一才需适用 CCPA，具体而言，如果企业（1）年度总收入超过 2500 万美元；（2）基于商业目的，每年购买、收集、出售、分享至少 50 000 名加州消费者、家庭或设备的信息；（3）每年收入的 50% 及以上是来自于销售加州消费者的信息。如果属于以上企业的关联企业[1]也会受 CCPA 管辖。

在地理范围上，CCPA 依据长臂管辖和效果原则，不论该企业是否在州内注册或经营，只要向加州居民出售商品或提供服务，该类企业均需遵守 CC-PA。

2. 信息主体权利

CCPA 中个人信息的范围不仅包括直接或间接识别到特定消费者，还包括识别至家庭的相关信息，以及特定电子设备信息，但是信息主体限定为消费者。从权利的具体内容而言，CCPA 旨在提高消费者对个人信息的控制能力，所以从收集到删除的全流程信息处理中均赋予消费者一定的控制权利。较为特殊的几项权利如下：

（1）知情权[2]。消费者有权知道企业收集的个人信息来源、目的、共享情况等，此处知情权的内容与其他国家和地区规制内容差异不大。但是知情权行使方式与其他国家有所不同。第一，存在知情权的行使限制。CCPA 规定有且仅在收到消费者可经证实的请求后才会向消费者免费提供其个人信息，但提供信息的频率在 12 个月内不超过 2 次[3]。第二，知情-同意原则的差异。与我国和 GDPR 的规定不同，CCPA 并不要求在告知相关信息后获得消费者授权同意，也就是说，知情即可，此种方式更加便利相关企业收集数据。

（2）删除权[4]。虽然 CCPA 限缩了消费者知情同意权，但是同时强调了数据主体的删除权、选择退出权等，以完善数据保护体系。CCPA 规定，消费

---

〔1〕 关联企业是指：（1）控制、或者企业所控制的企业；或者（2）与企业共享商业品牌的企业。

〔2〕 参见 CCPA 1798. 110, 1798. 115.

〔3〕 参见 CCPA 1798. 100.

〔4〕 参见 CCPA 1798. 105.

者原则上拥有删除权，无论其收集或处理中是否存在违法行为，仅在法律规定的情形下，企业才有权拒绝消费者提出的删除权。法律规定的情形包括：（a）旨在履行企业与消费者之间的合同，提供商品或提供服务；（b）检测安全事件，防止恶意、欺诈性或是非法活动，或起诉相关负责人员；（c）确认和修复错误；（d）行使言论自由，确保另一消费者行使该权利或法律规定的其他权利；（e）符合《刑法》和《加州电子通讯隐私法》的相关情形；（f）从事公共或同行评议的科学、历史或统计研究并且遵守相关道德和隐私保护规定，企业删除信息后可能导致上述研究目的无法实现；（g）仅用于符合消费者合理预期的企业内部使用；（h）遵守其他法律义务；（i）其他合法使用消费者个人信息情形。

（3）选择退出（opt-out）权[1]。CCPA 给予消费者以选择退出权，即消费者有权要求不出售其数据至第三方，在企业出售数据时应通知消费者并说明信息的预期出售情况以及消费者拥有选择退出权。企业在收到消费者不同意出售其个人信息的指示后，不得出售消费者个人信息，除非后续获得明确同意。

（4）公平交易权[2]。企业不得因为消费者履行其权利而歧视消费者，包括但不限于拒绝向消费者提供商品或服务，收取或暗示将收取不同价格，提供或暗示将提供不同水平或质量的商品或服务。与此同时，CCPA 允许企业可以为收集、出售或删除个人信息设置一定激励措施，包括向消费者支付一定费用，提供不同价格、水平或质量的商品，但必须获得消费者同意。

3. 数据处理中的责任

民事责任方面，消费者可以就每次企业违反 CCPA 相关规定而个人信息受到未经授权的访问、泄露、窃取或披露行为，申请不低于 100 美元且不高于 750 美元的赔偿金或以其实际损失，取较高者为准。此外，消费者还可以申请强制令（injunctive relief）或宣告性救济（declaratory relief）。

行政责任方面，司法部长（Attorney General）可以加州人民的名义提起有关民事诉讼，要求企业对每次违规行为承担不超过 2500 美元或者对故意违规行为处以 7500 美元的民事罚款。然而，以上罚款均建立在企业被告知不遵

---

〔1〕 参见 CCPA 1798.120.
〔2〕 参见 CCPA 1798.125.

守规定 30 天后依然没有纠正违规行为的基础上。[1]

若企业被处以民事或刑事罚款，其罚款将被存入消费者隐私基金（consumer privacy fund），以作为州法院和司法部长进行相关诉讼的经费。

第三节　日本数据合规相关立法

一、数据立法历史沿革

相较于欧美国家对于隐私或者人权的保护，日本在隐私保护上略显滞后，因为其文化促使个人以牺牲自己的私人领域（messhi-hoko）的方式来献身于公众。[2] 1964 年在"宴会之后"（Utage no Ato）案中，日本法院首次认可隐私权，并将其定义为个人拥有私人生活不被披露并受到法律保护的权利。20 世纪 70 年代之后，日本在地方政府、公共数据、金融等领域出台数据保护相关法律法规，例如在 1988 年 12 月出台《有关行政机关电子计算机自动化处理个人信息保护法》（Protection of Computer Processed Personal Information Retained by Administrative Organs）。

2003 年，日本颁布《个人信息保护法》（Act on the Protection of Personal Information，Act No. 57 of 2003，简称 APPI）并于两年后全面实施。2004 年 4 月 2 日内阁（cabinet）批准了《个人信息保护基本政策》（Basic Policy Concerning the Protection of Personal Information）通过时发布了相关准则。信息技术的发展以及数据泄露事件频发促使 APPI 分别在 2015 年、2020 年和 2023 年进行了修正。个人信息保护委员会（Personal Information Protection Commission，简称 PCC）发布一系列关于 APPI 的准则，包括《关于 APPI 的一般准则》（General Guidelines on the APPI）、《关于 APPI（向外国第三方转让）的指南》（Guidelines on the APPI（for Transfers to Third Parties in Foreign Countries））、《APPI 指南（关于假名/匿名信息）》（Guidelines on the APPI（for Pseudonymously/Anonymised Information）） 等对 APPI 进行补充。此外，各地方政府也分别发布个人信息保护条例。

除统一的数据立法，日本各部门也发布了针对特殊产业的数据保护规定。

---

[1]　参见 CCPA 1798. 155.

[2]　See Hiroshi Miyashita, "The Evolving Concept of Data Privacy in Japanese Law", *International Data Privacy Law*, Vol. 1, No. 4., 2011.

在金融业中，经济产业省（Ministry of Economy, Trade and Industry）发布《信贷业个人信息保护指南》（Guidelines for Personal Information Protection in the Credit Industry），金融服务局（Financial Services Agency）发布《金融业个人信息保护指南》（Guidelines for Personal Information Protection in the Financial Industries）及《金融业个人信息保护安全政策实用指南》（Practical Guidelines for Security Policies regarding Personal Information Protection in the Financial Industry）。医疗、劳动和福利方面，厚生劳动省（Ministry of Health, Labour and Welfare）发布《关于医疗或护理相关服务提供者适当处理个人信息的指南》（Guidance for the Appropriate Handling of Personal Information by Medical or Care-related Service Providers）、《关于医疗信息系统安全管理的指导意见》（Guidance concerning Safety Management of Medical Information Systems）、《关于私人养老金领域的个人信息的技术安全措施》（Technical Security Measures regarding Personal Information in the Private Pension Area）、《关于要求就业安置服务提供者采取的措施的准则》（Guidelines concerning Measures which Staffing Service Providers are Required to Take）等一系列文件。电信领域内，日本总务省（Ministry of Internal Affairs and Comminutions）发布了《关于电信业务中个人信息保护的指导方针》（Guidelines concerning the Protection of Personal Information in Telecommunication Businesses）、《关于邮政业务领域的个人信息保护指南》（Guidelines concerning the Protection of Personal Information in the Area of Postal Business）、《关于信件投递业务领域的个人信息保护指南》（Guidelines concerning the Protection of Personal Information in the Area of Correspondence Delivery Business）等文件。

总体而言，目前日本已基于 APPI 及相关施行令和施行规则构建了个人信息保护规则，通过关于隐私权保护的判例规范个人信息处理活动，并以各部门发布准则、指南和意见的方式落实具体的数据保护制度。

二、主要立法评述

2023 年 4 月 1 日最新 APPI 由八个部分组成，从其立法目的而言，除以尊重个人人格（personality）为原则保护个人权益以及个人信息的合理利用外，APPI 也着眼于厘清国家与政府部门的责任，以确保个人信息被合理处理。因此在一般个人信息保护政策、个人信息处理者义务之外，APPI 另设有国家和地方政府职责一章。

（一）适用范围

其一，从个人信息的定义而言，个人信息是指可被识别为特定活着的人（living individual）的信息，或者是易于与其他信息结合而识别至特定人的信息。APPI 指南显示，个人信息可能包括通过 cookie 协议收集的信息，例如网页浏览记录、位置数据等。

其二，行政机关、政府部门及其下属委托机构等公共单位的数据处理活动不适用于 APPI[1]，而应适用《行政机关持有个人信息保护法》（Act on the Protection of Personal Information Held by Incorporated Administrative Agencies）等相关法律法规。

（二）国家和地方政府职责

国家应负责全面制定和实施必要措施，以保证 APPI 实现其立法目的，地方政府则应负责制定和实施必要措施，例如在立法措施层面，政府应采取必要的立法和其他措施以确保个人信息的保护，并且根据个人信息的性质和使用途径，采取适当的数据处理措施。

在第三章第 7 至 14 条中，APPI 明确政府部门应采取的措施。第一，从基本原则（Basic Policy）上，政府应当确定促进个人信息保护措施的基本方向，确定政府、行政机关、独立行政机关以及其他授权组织所负责的基本事项，确定如何处理有关个人信息投诉等重要事项。第二，国家应对地方政府和其他机构提供支持，例如提供相关信息、制定指导方针等。第三，地方政府和相关机构应确保个人信息得到妥善处理，确保信息主体的投诉得到适当和及时的处理。

（三）数据主体权利

相较于其他国家，APPI 中对于数据主体权利并未过多着墨，主要内容集中在第 33~35 条，第 33 条披露权（disclose），即有权请求数据处理者公开其所持有的可识别至本人的个人数据，数据处理者有权就公开措施收取适当的手续费；第 34 条修正权，即数据主体若认为本人数据不真实，可以请求对个人数据进行修正；第 35 条删除权，如果数据处理者违法收集数据，数据主体有权请求数据处理者停止利用或销毁本人的相关数据。数据处理者在接到请

---

[1]　此处不适用代指其数据处理活动不适用，但政府机关仍应遵守 APPI 第一至三章的内容。

求后，应及时调查，若数据主体理由合法，则应主动停止利用或销毁数据并将其处理情况告知数据主体。

（四）企业经营者义务

APPI 以企业经营者（business handling personal information）指代个人信息处理者，并未严格区分控制者与处理者，仅规定企业经营者应监督受托者（entrusted person）的数据处理活动，因此在 APPI 提及的数据保护义务中，均以企业经营者为主。

第一，目的明确。在处理个人信息时，企业经营者应尽可能（as much as possible）明确个人信息的用途，并且之后不应改变处理用途。

第二，数据处理应获得同意。企业经营者应在事前获得信息主体同意后（prior consent）才可在使用目的范围内处理数据，即便企业是以合并或其他方式获得数据，也应获取相应同意，除非是法律法规要求或是难以获得同意的特定场景[1]。

第三，数据获取的手段应适当（proper）。企业经营者不应以欺诈或其他错误手段获得个人信息。

第四，通知义务。除收集公开个人信息外，企业经营者应在处理信息时告知信息主体或以公开方式发布其数据处理目的。若是以订立合同或者其他文件的方式获得个人信息，企业经营者同样应明确（expressly）告知其数据处理目的。在处理目的发生变化时，企业经营者应再次告知或以公开方式发布。但以下情况下企业经营者无需履行其通知义务：通知义务的履行可能会损害当事人的生命、身体、财产或其他权利；通知义务的履行可能损害企业经营者的权利或合法利益；为配合国家机关或地方政府履行法律法规规定的事项；或者是在获取个人信息时使用目的已经相对明确。若企业经营者还需向第三方提供个人数据，则需将以下事项告知信息主体或将其置于可随时查阅的状态，包括数据使用目的、数据的类目、向第三方提供数据的方法或手段，以及信息主体拥有要求停止向第三方提供数据的权利。

第五，准确性义务。企业经营者应在使用个人信息期间努力保证个人数

---

[1]　难以获得信息主体同意的场景包括：为保障个人生命、身体或财产而难以获得同意；为保障公共健康、儿童成长而难以获得同意；为配合国家机关、政府部门或相关人员执行法律法规规定的事务，而获得信息主体同意可能会妨碍有关事务执行的情况。

据的准确性。

第六，数据安全保障义务。处理个人信息的企业经营者应采取必要和适当的措施，以防止个人信息的泄露、丢失或损坏。

第七，针对员工的监督义务。若企业经营者员工负责处理个人信息，那么应该对员工加以必要和适当（necessary and appropriate）的监管措施以保证个人数据的安全。

第八，针对受托者的监督义务。若企业经营者委托个人或其他企业经营者全部或部分处理个人数据，应对受托人进行必要和适当的监督，以确保对受托的个人数据进行安全控制。

第九，限制向第三方提供信息。企业经营者原则上应在取得当事人同意的情况下才可向第三方提供个人信息，除非是根据法律法规必须提供，为保护生命、身体或财产而必须提供，为公共卫生或儿童成长而特别需要提供，为配合国家机关、地方政府执行法律法规规定的事务而必须提供个人数据的情况。至于何为第三方，APPI 规定若是在处理目的范围内进行委托处理、由于企业合并或其他情况继承数据、数据被特定个人或实体之间共同使用的情况〔1〕，均不属于转移至第三方。除征求事前同意之外，企业经营者还应记录转移的日期、接收方的名称和地址以及提供的信息内容。

由于日本与欧盟达成了关于数据跨境的充分性认定，2016 年修订版 APPI 依据 GDPR 作出相应修改，尤其体现在数据向第三方披露中。APPI 要求在获取信息主体同意前，事先披露信息接收方所在国家、该国的个人信息保护体系以及信息接收方采取的个人信息保护措施。此外，APPI 增加标准合同条款、认证和充分性认定为其数据跨境免于同意的几种情况。PPC 在其网站上〔2〕发布了 32 个国家和地区的数据保护体系报告，供企业经营者参考。

第十，及时处理数据主体的请求与投诉。APPI 第 29 至 31 条要求企业经营者应配合数据主体对其披露、修正和删除权的行使，制定相应的、合适的（appropriate）处理程序，避免给信息主体造成过重负担。在处理数据主体的投诉时，企业经营者应建立一套必要的体系，努力及时并恰当（appropriately

---

〔1〕 若为共同使用情况，则应将共享情况、数据类目、共享主体情况、数据处理目的、数据处理负责人提前告知信息主体或是置于信息主体可随时查阅的状态。

〔2〕 参见 https://www.ppc.go.jp/personalinfo/legal/kaiseihogohou/#gaikoku.

and promptly) 地处理投诉。

第十一，接受主管机关监管。主管机关在一定情形下会收集企业经营者数据处理报告、提出意见。若发生数据安全泄露事故，应及时（通常为 3~5 天）报告给 PPC，并在 30 天或 60 天内提交详细报告。在违反 APPI 规定时主管机关会提出处理建议，企业经营者应配合主管机关工作。

在 2023 年最新修订的 APPI 中引入了独立的个人信息保护委员会（Personal Information Protection Commission，简称 PPC）对个人信息的保护进行监督。

（五）数据处理责任

APPI 规定企业经营者应接受主管机关的监督，主管机关有权指导企业经营者的业务，有权要求企业经营者和授权团体提交关于数据处理的情况和认定报告。当存在违法行为，主管机关有权要求企业经营者采取必要措施终止或纠正违法行为，有权撤销授权团体的认定资格。如果企业经营者仍未停止其违法行为，主管机关此时可根据违法行为对经营者处以最高 1 亿日元的罚金，[1] 其中自由刑或罚金刑可适用于法人或非法人的代理人、雇员或其他实施违法行为的工作人员，工作人员面临最高 1 年监禁或者最高 100 万日元的罚金。

第四节　新加坡数据合规相关立法

一、数据立法历史沿革

新加坡于 2012 年 10 月 15 日通过《2012 年个人数据保护法案》（The Personal Data Protection Act 2012，简称 PDPA），该法案成为新加坡第一部全面的个人数据保护法。PDPA 按阶段生效以便相关企业能够及时展开合规方案，例如谢绝来电（Do Not Call）条款于 2014 年 2 月 2 日生效，其他数据保护主要条款于 2014 年 7 月 2 日生效。PDPA 设立了个人数据保护委员会（Personal Data Protection Commission，简称 PDPC）作为其法案的执行机构和监管部门，同时授权 PDPC 发布一般或特定部门的行业准则，虽然这些准则并不具有法律约束力，但可作为解释 PDPA 的咨询类文件，供数据处理者参考适用。

---

〔1〕 参见 APPI 第 184 条。

PDPC 发布的指引包括《ICT 系统数据保护设计指南》（The Guide to Data Protection by Design for ICT Systems）、《关于〈个人数据保护法〉几个问题的咨询指南》（The Advisory Guidelines on the Personal Data Protection Act for Selected Topics）、《关于〈个人数据保护法〉关键概念的咨询指南》（The Advisory Guidelines on Key Concepts in the Personal Data Protection Act）、《关于执行数据保护条款的咨询指南》（The Advisory Guidelines on Enforcement of Data Protection Provisions）等。

PDPA 发布之前，新加坡在数据合规方面以保密和防止信息泄露为主。据 2002 年国家互联网咨询委员会法律组委员会（以下简称"法律委员会"）统计，共有 161 项法律法规涉及个人数据保密规定，[1]例如《统计法案》（Statistic Act）、《官方保密法案》（Official Secrets Act）、《电子交换法案》（Electronic Transactions Act）等涉及政府数据管理的规范，又如《银行法案》（Banking Act）和《通信法案》（Telecommunications Act）等行业法律。在专门的数据法领域，2007 年修改之前的《计算机滥用和网络安全法》（Computer Misuse and Cybersecurity Act）旨在禁止未经授权的数据访问行为。新加坡普通法同样为数据保护提供了依据，例如在 Motherwell v Motherwell（1976）一案中法院认为拨打电话和发送邮件的方式构成对隐私的侵犯并认定为私人妨害（private nuisance）侵权。类似地，Malcomson Nicholas Hugh Bertram v Mehta Naresh Kumar（2001）一案中法院认为获取他人电话号码并进行电话骚扰的行为亦构成对隐私的侵犯，属于侵权骚扰（tort of harassment）。

2020 年 11 月，新加坡议会通过了《个人数据保护（修正）法案》，也是自 2012 年 PDPA 颁布以来首次全面修订。除 PDPA 外，新加坡还公布了一系列附属立法，例如《2021 年个人数据保护条例》（Personal Data Protection Regulations 2021）、《2013 个人数据保护条例（谢绝来电登记）》（Personal Data Protection（Do Not Call Registry）Regulations 2013）以及《2021 个人数据保护条例（数据泄露通知）》（Personal Data Protection（Notification of Data Breaches）Regulations 2021）。

---

〔1〕 See National Internet Advisory Committee Legal Subcommittee, Report Model Data Protection Code for the Private Sector（February 2002）Annex 2.

二、主要立法评述

（一）《示范规则》

2002 年 2 月法律委员会依据 OECD《隐私保护指南》起草了一份私营部门的数据保护示范规则（Model Data Protection Code for the Private Sector，简称《示范规则》）。其一，《示范规则》被认为是"TrustSg"[1]计划的基础，其内容被纳入企业数据保护认证。其二，《示范规则》为数据处理者制定和处理个人数据的操作与程序提供指引。结合以上两点，《示范规则》仅为企业提供一套可供操作的规则，并非具有法律约束力和强制性。

1. 适用范围

《示范规则》以属人管辖为主，只要在新加坡境内的自然人，其个人数据均可受到本规则的保护，不论是否以电子方式处理，都应符合《示范规则》中的要求。

但是《示范规则》提出了几类数据处理活动的例外，如按照法律要求、纯粹为个人家庭或个人事务、保障国家和公共安全、为新闻目的的数据处理活动等。其中较为特殊的是并未将有关劳动关系的数据处理活动纳入例外。

2. 数据合规义务

《示范规则》结合加拿大和 OECD 相关信息数据处理规定，建立了 10 条基本原则，并就每条原则的具体实施提出最低要求（minimum requirement）：

（1）问责制原则，即数据处理者需要为其使用数据的行为负责。首先《示范规则》要求设置负责人或团队，对数据处理者的合规承担相应责任，同时根据需求公开负责人身份。其次，数据处理者需保证数据传输后的处理依然符合《示范规则》的规定。最后，数据处理者应制定保护个人数据的程序，建立投诉反馈机制，满足用户的查阅需求，组织员工进行培训，并对上述相关责任进行解释。

（2）目的明确原则，收集数据前必须明确收集目的，并将数据处理目的存档记录。就履行该项义务的形式而言，数据处理者可以以口头或书面的形式进行，但应在收集数据时或之前清晰说明收集数据的理由以及如何使用或

---

〔1〕 "TrustSg"计划是新加坡全国信誉理事会（National Trust Council）管理，其目的是在电子商务领域建立互信。信誉标识可以视为自律的证明。

披露收集的数据。

（3）同意原则，即通常情况下应获得同意才可以收集、使用或公开个人数据，仅在特殊情形下可以未经同意进行数据处理，例如公开数据的收集、紧急情况下为了生命或安全、符合法律规定的调查等。在如何寻求同意时，《示范规则》允许在收集一般数据时适用默示同意，但在收集敏感数据时应获取明示同意（express consent）。个人可以撤回同意，但会受限于法律或合同要求以及需要合理通知（reasonable notice）的情况，同时个人需要承担撤回同意的后果。

（4）限制收集原则，数据应在必要的情况下，为明确的目的而进行收集，除非数据是公开的、经个人同意的、为生命或安全等特殊情况之下进行的收集。

（5）必要性原则，数据的使用、披露和留存应限制在必要范围内。除数据用途显然符合数据主体利益、难以获得同意、违反法律、涉及人身安全等紧急情况，或是公开数据的情况外，《示范规则》要求个人数据不得为收集目的以外的其他目的而使用或披露，以及仅能在实现目的所需的时间内被保留。此外，数据处理者应制定保留和销毁个人数据的准则和实施程序，其中用于对个人进行数据决策的数据应保留足够长的时间，以便在做出决策后仍允许个人访问这些数据。

（6）准确性原则，数据应在使用目的所需范围内保持准确、完整和最新状态。《示范规则》提出个人数据应在可行的情况下直接从信息主体处收集，并且在实现数据收集目的时可要求个人更新其数据。

（7）安全保障原则，数据应受到适当保障措施的保护。应根据收集数据的敏感性、数据的体量、分布和格式、存储的方法、技术发展以及实施成本和合理性来确定安全保障措施的类型和程度。《示范规则》列举了以下措施，物理层面可使用安全柜或限制进入办公室，组织层面可进行安全审查或在"需要了解"（Need-to-know）基础上限制访问，技术层面可使用密码和加密。不论何种方式，安全措施应保护个人数据免受意外、非法侵害、未经授权的访问、披露、复制、使用或修改。因此，《示范规则》要求数据处理者应秉持"合理谨慎"（reasonable care）原则，增强其员工对个人数据保密的意识。

（8）公开性原则，数据处理者应公开其数据处理规则，并且以普遍可理解的形式提供相关信息，包括数据处理方式、负责人姓名和地址、投诉和查阅方法、采集个人数据的方式、数据使用的目的及数据传输的情况等。

（9）访问与更正权，个人应能够查阅并更正其个人数据，但提供查阅服务可能会泄露他人数据，因公共利益、法律要求、商业秘密等原因，查阅成本过高或者请求无意义的情况除外。《示范规则》鼓励数据处理者向信息主体告知其是否持有数据、数据来源、数据处理目的。若需对数据进行更正，则数据主体需证明个人数据的不准确或不完整，数据处理者应在合理时间内更正数据并将更正情况告知其他数据处理者。

（10）投诉合规，即应设置机制响应有关个人数据处理的投诉。数据处理者应建立简易的机制处理相关投诉，并将处理情况告知数据主体。数据处理者应审查所有投诉并在投诉合理时采取相应措施。

（二）PDPA

经过两轮磋商和草案征询建议，PDPA 终于在 2012 年正式出台。总体而言，PDPA 吸收部分国家和地区采取的数据保护措施，在 2020 年修订中进一步强调数据使用的必要性，以更严厉的数据违规处罚措施促使相关主体履行信息保护义务。

1. 适用范围

首先对于数据的含义，PDPA 以能否识别（identified）个人为标准确定受保护的数据范围，即是否能通过数据本身或者通过其他相关数据确定至个人。在对个人的定义中，不仅仅是生存者，同样也包含死者，但对死者的信息保护存在一定的限制。第一，对于数据存储超过 100 年或者数据主体死后超过 10 年的，并不适用 PDPA。第二，死者信息未超过 10 年时，只有关于数据公开和保护相关的条款才可适用。此外，商业联系信息同样不适用 PDPA[1]，包括个人的姓名、职位、商业联系电话、商业地址和邮箱等，因为他们属于"公开可获得（publicly available）"的数据。

从管辖范围而言，PDPA 以属地管辖为主，适用于根据新加坡法律成立的组织（organization）或者在新加坡设有办事处或办公地点的组织，但是不包括公共机构。政府数据处理应适用《公共部门（治理）法》［Public Sector（Governance）Act］和《政府信息通信技术与智能系统管理指导手册》（Gov-

---

〔1〕 参见 PDPA S 4 (5).

ernment Instruction Manual on Infocomm Technology & Smart Systems Management）。

2. 数据处理义务

PDPA 中提出"数据处理中介"（data intermediary）这一概念，实际上与GDPR 中的数据处理者或我国的受托处理者概念类似，即为另一组织处理个人数据但不是另一组织的员工[1]，不能直接决定数据处理目的和范围。与GDPR 中对控制者和处理者采取类似法定义务不同，PDPA 仅要求数据处理中介承担合理的数据保护义务[2]和数据留存限制义务[3]。

除数据处理中介以外的其他主体，需承担如下十项义务：

第一，同意义务。企业在收集、使用或披露个人数据时需征得信息主体的同意，并允许个人在合理通知下（reasonable notice）撤销同意，撤销同意时应停止收集、使用和/或披露相关个人数据，但这不代表数据主体拥有被遗忘权。同意的形式可以是书面或是口头同意，新加坡个人数据保护委员会（Personal Data Protection Commission，简称"PDPC"）建议采取积极的方式获得同意。对于谢绝来电条款的同意，PDPA 要求获得明确的同意，不能采取口头方式或选择退出（opt-out）方式。除此之外，PDPA 提出两种视为同意的情形，分别是信息主体通过某种合理行为自愿提供自己的个人数据[4]，或者是个人同意将其信息传输至另一组织。

第二，目的限制义务。企业只能在个人同意的数据处理目的范围内收集、使用或披露数据。

第三，通知义务。企业需在收集、使用或披露个人数据之前说明个人数据收集原因、使用目的和范围。

第四，获取及修正义务。经个人申请，企业应在尽可能的情况下向个人提供所拥有或控制的个人数据详情，以及在提出请求后告知个人一年内将如何使用或披露这些数据。若个人要求纠正个人数据中的错误或遗漏，企业应在切实可行范围内尽快接受该请求。

第五，准确性义务。企业应尽合理的努力，确保个人数据的准确性和完

---

[1]　参见 PDPA S 2 (1).
[2]　参见 PDPA S 24.
[3]　参见 PDPA S 25 (b).
[4]　参见 PDPA S 15 (1).

整性，尤其是该数据可能被用于作出影响信息主体的决策或者该数据将与其他机构共享。

第六，保护义务。企业应制定必要的安全措施保护其所拥有或控制的个人信息，阻止任何可能导致个人数据被收集、使用或公开的未经授权的访问。

第七，数据存储限制。企业仅可在法律或业务目的需求下才可保留个人数据，除此之外，应立刻停止存储个人数据或者应抹除个人数据的识别性特点。

第八，转让限制。若企业需将个人数据转移至境外，则需确保接收国家可提供与 PDPA 同等级别的数据保护。在具体的措施方面，PDPA 借鉴 GDPR 相关规定，允许以合同、符合要求的方式进行数据跨境活动。

第九，公开义务。企业应公开说明数据保护方法、数据处理方式和投诉流程。企业应至少设定一位数据保护专员，并公开该专员的联系方式以便个人信息主体与其进行联系。

第十，资料泄露通知义务。若个人数据泄露，造成或者可能造成重大损害，或至少影响 500 人，则需通知 PDPC 及受该事件影响的信息主体。

3. 谢绝来电条款[1]

2014 年新加坡设立了谢绝来电登记处，公众只要向谢绝来电登记处注册登记自己的电话号码，便可免受促销电话、短信等骚扰。商家不能拨打电话、发送短信、多媒体信息或传真以用于推销其商品或发送广告。该条款实际上为《垃圾邮件控制法》（Spam Control Act）的补充，谢绝来电登记处可以决定是否可以将特定的信息传递给特定的电话号码、地址等。

该条款的管辖范围仅限于位于新加坡境内的信息发送者或接收者，要求信息发送者有义务在一定期限内检查谢绝来电登记处中的登记表。若违反本条款，则可能面临最高 10 000 加币的罚款。

4. 个人数据保护委员会（PDPC）

新加坡成立了 PDPC 用来承担 PDPA 的制定和实施工作，主要职能还包括提高数据保护意识，开展研究以及为政府提供数据保护的意见和建议。虽然 PDPC 发布的指南并无法律约束力，但可为 PDPA 的有效实施提供可靠路径。

---

［1］ 参见 PDPA part 9.

在执法中，PDPC 以投诉为导向（complaint-based）[1]而非主动审计（audit-based）。信息主体投诉后，PDPC 可以通过协商方式解决。若 PDPC 审查确认违反 PDPA 后，PDPC 可以要求企业停止收集、使用或披露个人数据、销毁个人数据以及支付最高 100 万加币的罚款。[2]罚款将被纳入数据保护基金，用于支付与 PDPA 实施有关的费用。

【思考题】

1. 简答题

（1）简述 GDPR 中数据处理的原则。

（2）简述 GDPR 个人数据主体的权利。

2. 论述题

分析欧洲与美国对数据合规立法的不同。

---

〔1〕　参见 PDPA S 48G.

〔2〕　参见 PDPA S 48J.

第五章　数据合规管理

【本章概述】目前企业数据合规实践中存在一些突出的问题和短板，需通过数据合规管理的途径加以解决。那么数据合规管理的关键内容有哪些？遵循什么样的标准？要达到什么样的目标？亟待厘清。本章将结合有关案例就这些重要问题进行简要的阐述。

【学习目标】掌握数据合规管理的全流程和合规管理的意义。

第一节　数据合规管理概述

数据合规管理是对数据相关的业务和行为是否遵循法律、监管规定、规则、自律性组织制定的有关准则等进行风险识别、评估、检查、通报、预警、处置的一系列管理活动。围绕数据标准、数据分类、数据收集、数据加工、数据存储、数据交易、数据使用、数据安全、数据文化等方面开展合规管理活动，建立有效的数据合规管理体系，在动态运行中循环优化和持续改进合规管理制度，既有助于维护国家安全、网络安全与数据安全，也有利于保护个人信息及隐私；既能有效防范和降低企业的数据合规风险，也有利于企业数据资产的增值、流动和变现。

一、数据合规管理的四大难点

管理行为的本质就在于引导、影响和干预员工的认知、心理预期、动机与行为，数据合规管理也不例外。因此，首先要解决员工的认知与激励问题——知道该做什么并理解为什么要做？知道不能做什么并理解为什么不能做？然后才是如何做、如何执行、如何反馈的问题。数据合规管理的成效取决于合规管理体系中的资源（如培训经费）、制度（设立首席数据官或数据保护官）

与运行机制（如风险识别机制、举报机制），也有赖于外部的支持与保障（如第三方监督评估）。

当前，从企业和组织的角度来分析，数据合规管理面临的现实难点主要体现在四个方面：

（一）数据合规意识尚淡薄，员工认知模糊

根据目标管理原则，数据合规制度能否真正实施和发挥效用，最终需要落实到每一个执行层的部门和员工身上，需要让执行层的部门领导和员工们认同企业的合规文化，树立数据合规的意识，积极参与到企业数据合规管理体系中来。

现实情况中，除了那些明知故犯或抱有侥幸心理的冒险行为，经常发生由于员工无知或认知不清导致的违规行为，员工都不知道自己的某些行为是否违法，更不知道违反了哪项具体规定。究其原因，是员工对于数据合规的重要性以及违规后果的认知模糊。

【参考案例】科比坠机遗体照遭泄露案

2020年1月26日，一架直升机在美国加利福尼亚州洛杉矶县卡拉巴萨斯市坠毁，造成9人死亡，前NBA球员科比·布莱恩特是坠机的遇难者之一。

据报道，科比坠机事故发生几天后，加利福尼亚州的一名调酒师无意中听到洛杉矶县实习警员向她"吹嘘坠机现场的情况"，这名实习警员还拿出手机，分享了坠机的现场照片给她看。2020年3月2日，洛杉矶县警长亚历克斯承认，至少有8名警员拍摄或分享了坠机现场的照片，他已下令让警员们将这些照片删除。

2022年8月24日（美国当地时间），美国一联邦陪审团对科比坠机遗体照片泄露一案做出判决，裁定洛杉矶县对侵犯科比妻子瓦妮莎和共同原告——另一名坠机遇难者家属的宪法权利负有责任，并裁定赔偿3100万美元。其中，洛杉矶县需向瓦妮莎赔付1600万美元，向另一名原告克里斯托弗·切斯特赔偿1500万美元。

讨论题：

1. 洛杉矶县的警员们分享科比坠机现场尸体的照片为什么是非法的？

2. 洛杉矶县的警员们为什么会发生违法行为？对数据合规管理有何启示？

数据合规管理的是与用户相关的数据。但对很多员工来说，区分其属性、明确其边界并不是一件容易的事情。不同企业的用语也有所不同，有的称之为用户数据，有的称之为个人信息，有的称之为隐私。此外，数据信息来源分散，处理口径标准不统一，企业内部的传递交流壁垒高筑，导致数据信息可利用程度低，数据合规管理和相关决策缺乏足够、及时、有效的信息支撑。这种情形下，企业如何能有效识别数据合规风险？

（二）合规机构残缺或虚设，岗位职责不清

缺少科学合理规划，数据合规组织功能不全或缺失，职能设置不合理，人员配备不到位，导致数据合规管理形同虚设，业务风险难以控制。

【参考案例】因为合规机构残缺与监管缺失，西门子付出了惨痛的代价[1]

2008年，德国西门子公司因涉嫌违反美国《反海外腐败法》（Foreign Corrupt Practices Act，简称FCPA）而遭到美国司法部和美国证交会（SEC）的双重执法调查。调查发现，德国西门子公司从2001年3月至2007年9月，向外国政府官员进行了广泛而系统的行贿以获取业务。期间，西门子向第三方提供了至少4283次、总计约14亿美元的资金，用于行贿全球多个国家的政府官员。通过行贿，西门子获得了332个项目，获取的利润额超过11亿美元。自1998年以来的十年时间里，西门子曾向中国官员及相关人员行贿7000多万美元，并由此获取了金额高达23亿美元的订单，涵盖医疗设备、高压输电线路、地铁列车和信号系统等多个领域。

为避免造成更为惨重的损失，德国西门子公司最终与美国司法部和美国证交会达成了和解协议。美国司法部放弃对西门子提起刑事指控，但对西门子公司处以4亿4850万美元的罚款；并对西门子的阿根廷分公司、委内瑞拉分公司和孟加拉分公司各处以50万美元的罚款。此外，德国西门子公司同意向美国证交会退还3.5亿美元的不正当利益。同时，西门子公司在德国境内也与慕尼黑检察机关达成协议，退还行贿行为至少获取的3亿9475万欧元的经济利益，因为该公司董事会存在疏于监督，故被罚款3亿9500万欧元。

行贿事件发生后，西门子聘请独立的会计师事务所和律师事务所等外部专业机构进驻，开启了德国历史上的首次公司独立调查。这项调查活动评估

---

〔1〕 参见陈瑞华：《西门子的合规体系》，载《中国律师》2019年第6期。

了 5000 多个咨询协议，检查了 4000 万个银行账户报表、1 亿份文件以及 1.27 亿次交易，进行了无数次内部谈话。为此支付的调查费用另外高达数亿欧元。值得一提的是，西门子公司被处罚时，40 多万员工仅有 6 名合规监管人员。

（三）法规遵循与运营脱钩，制度执行不力

在数据合规的实践中，很多企业存在一些共性的问题，如董事会决策层、管理层和监督层积极搭建数据合规管理体系，但向各执行部门和具体员工推进时遭遇阻力，陷入被动，一些执行部门和员工积极性不足，往往应付了事。他们内心认为，数据合规带来的更多是麻烦和约束，有的纯属小题大做。因而，对其重要性认知不足，导致企业的数据合规管理制度难以真正落实。

因此，企业在构建和运行数据合规管理体系时，有必要通过持续培训和滚动循环的方式，明确相关员工尤其是直接负责的主管人员和其他直接责任人员的合规义务和责任感，使他们真正形成数据合规不仅事关公司，且事关其个人的强烈意识，降低其消极、退避甚至抵触情绪，充分发动他们的骨干引领作用和示范效应，从而促使执行层业务部门自发、主动在本部门内推动遵守数据合规管理制度。

一旦发生数据合规风险事件，就要启动合规问责和惩戒机制。我国《个人信息保护法》第 66 条规定："……对直接负责的主管人员和其他直接责任人员处十万元以上一百万元以下罚款，并可以决定禁止其在一定期限内担任相关企业的董事、监事、高级管理人员和个人信息保护负责人。"这表明，当企业发生数据合规风险时，通常执行"双罚制"——既罚违规企业，也罚直接负责的主管人员和其他直接责任人员，其目的就在于强化数据合规意识、明确数据合规的领导责任。

此外，监管政策法规密集发布，不时有更新，有的企业业务运营系统无法快速对接和适应数据合规监管的变化和新要求，导致企业内部管理应接不暇，增加企业运营合规风险。

（四）外部监管日趋严厉，企业合规成本高昂

在数据合规事件频发、数据合规监管趋严的背景下，如何满足数据合规相关的法规、标准与政策的要求，防范数据合规风险，避免因数据不合规导致的巨额损失，成为数据合规管理的首要目标。因此，数据合规的重要性和紧迫性更加凸显。

但是，也会导致企业的合规成本大幅上升，企业面临着不小的生存压力。美国网络安全服务商 Telos（股票代码 TLS）在 2020 年 7 月至 8 月期间，对 300 名 IT 安全专业人员开展了一项企业合规成本调查，结果显示，平均每家企业必须遵守 13 个不同的 IT 安全和/或隐私法规，并且每年在合规性活动上花费高达 350 万美元，同时合规性审核每季度需要 58 个工作日〔1〕。此外，根据 TAG Cyber 的首席执行官 Ed Amoroso 博士的说法，除了花费数百万美元用于合规活动和罚款外，合规团队每年还要花 232 个工作日来回应审计要求，合规团队不堪重负，合规的财务成本和时间成本从长远来看是不可持续的。

此外，企业引入第三方数据合规服务时，往往担心合规成本过高。尤其对中小企业而言，高昂的合规成本使之望而却步，如果数据合规总体或更多被视为一种负担和成本增加（净收益为负），那么数据合规管理就有可能陷入被动和应付的状态。因此，一些企业存在侥幸心理和冒险行为。

运用经济学的边际分析方法，基于数据合规风险评估，如何平衡数据合规成本上升（增量）与规避掉的损失（减量）或创造的价值（增量），是解决第四个难题（合规成本高昂）的关键。关于如何以最小化的成本解决数据合规问题，目前没有统一的认识和权威的实施指导。

自 2021 年 6 月开始试点以来，第三方监督评估作为针对违规涉案企业的一种合规激励机制，取得了不错的效果，试点范围正逐步扩大，目前已发布四批企业合规改革试点典型案例。第三方监督评估一定程度上能够帮助企业降低合规成本。

二、数据合规管理的关键内容

基于数据合规实践中存在的四个突出问题，数据合规管理需要对症下药。具体来说，需要明确解决以下几个关键问题：

（一）数据合规的依据和范围

为解决无知或认知不足的问题，需要让企业员工和管理者清楚地知道：关于数据合规，合什么规？合哪些规？通俗地说，为数据有关的行为设置警戒线、标识禁止线，防止突破底线或触碰红线。这既需要宣传和培训工作的

---

〔1〕 参见《不堪重负：企业安全合规成本平均高达 350 万美元》，载 http://www.wfnetworks.cn/news/shownews.php? id=649，最后访问日期：2023 年 7 月 28 日。

大力支持，也有赖于数据合规尽职调查、数据合规义务识别、数据合规风险提示等机制的有效运行。

"合什么规？合哪些规？数据合规的范围如何界定？"这个问题不仅决定数据合规的内容和结构，也关系到数据合规管理体系及其运行，进而影响数据合规管理目标的设定和实现。具体来说，需要回答以下几个问题：

数据来源是否合规？如何获取数据？如何得到数据？如果数据来源不合规，那么后续的一系列操作都将涉嫌违规。例如，以金融场景下的个人资产认证为例，在判断借贷人的借贷资质时，需要保护借贷人的隐私安全，可以使用匿踪私密查询技术，用户同意与否非常关键。

数据内容是否合规？从数据的性质和类型的角度出发，判断数据是否涉及个人信息、重要数据、商业秘密及其他非公开信息等，是否为公开数据，数据内容是否为法律法规允许采集的等；根据数据等级的重要程度，判断是否涉及重要数据、核心数据、个人信息数据。基于分类分级结果、对敏感数据和重要数据的流转及使用情况，结合企业场景化的数据安全风险分析及数据安全能力需求分析，制定相应的数据合规管理的运行机制和保障措施。

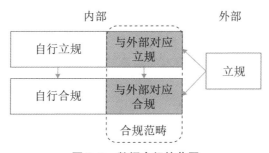

图5-1 数据合规的范围

数据处理是否合规？数据的存储、处理、共享需要征得用户的同意，或者告知用户，这对服务商的产品竞争力有较大影响。

业界多数观点认为，组织的数据合规要求，应该是以外部监管要求的规章制度为重点，而不建议将所有的企业规章制度都纳入数据合规的范畴，如图5-1所示。

目前，我们数据相关立法也日趋完善，《个人信息保护法》、《数据安全法》与《网络安全法》等构成了我国网络安全与数据保护领域的基本法律框架。

（二）数据合规管理的组织与职责

数据合规管理需要一系列的管理制度，并借助于有效运行的组织体系加以贯彻实施。组织架构设计的核心要求是划分决策层、执行层与管理层，并明确相关人员的职责。

组织架构——从纵向的管理层级来看，数据合规管理机构一般包含合规管理委员会、合规管理负责人、合规管理部门、合规管理的协调机构等。其中，数据合规管理的机构和领导者（或负责人）的设立至关重要。

企业合规管理涉及组织、制度、流程和合规技术等多方面的内容。企业合规从实施的内容和范围可以分为三个层次：（1）专项合规；（2）全面合规（包括所有专项合规）；（3）多位一体的大合规。应当根据企业的实际情况来决定，没有统一的模式。很多企业是在合规委员会下设立数据合规分委员会，或者设立数据合规专项工作组。数据合规工作组分为领导小组、协调小组、实施小组。领导小组主要由直接相关的职能部门负责人组成；协调小组主要由相关职能体系、部门和合规职能部门的具体员工负责，负责跨部门统筹协调；实施小组主要由各业务单元（Business Unit）或事业群（Business Group）的经理等人组成，负责数据合规制度的具体落实和执行。

如何设立数据合规师，现实中企业的做法也不尽相同，充分考虑各公司的业务实际情况，需要因地制宜，追求有理有利、定位清晰、职责明确。具体讨论详见第二节"数据合规管理的领导者"的内容。

管理职责——根据数据合规管理的 SMART 原则，需要清晰界定各部门和主要负责人的职责和任务。比如，数据合规委员会负责数据合规的组织、领导、统筹与协调等工作，云平台需要负责云端数据的存储、访问、传输等合规要求，客服部门需要负责个人信息权利行权事项，HR 部门需要负责员工个人信息的保护工作等。关于管理职责的划分及其明细，详见本章表 5-3《数据合规职责分配一览表》。

（三）数据合规管理的制度与机制

管理制度——数据合规管理的一系列规范、规则、规章。数据合规管理的各项工作都需要基于一定的制度和规则才能展开。

除了像《数据合规管理制度》这样的纲领性文件，企业还需要为合规工作各环节（如数据合规培训、合规义务告知、风险评估、产品研发与设计合规、第三方管理、数据跨境管理、个人信息行权、应急响应、合规档案管理等）制定一系列具体的规则、程序、流程、指南、模板、技术和方法等众多制度文件。例如《数据合规培训手册》《数据合规尽职调查表》《App 的研发合规指南》《隐私政策撰写规范与模板》《数据跨境管理办法》《SK 合规指南》《个人信息应急预案》等。

制定数据合规制度的要点在于"文件易得、条文易懂、主体明晰、内容确定"。

第一，"文件易得"是指企业要确保合规文件对员工具有可获得性。比如，当数据法规或政策（如解除管制）发生改变，企业在更新合规制度后，必须采取合理措施及时通知其员工。同时，要求被通知的员工签署一份说明他已经阅读并且知悉该合规制度变动的书面证明。

第二，"条文易懂"是指合规制度的行文必须通俗、易懂。有些执法机构还明确规定，合规制度应该提供适当的案例，以确保那些没有法律专业背景的员工也能够清晰明白自己的职责及相应的法律后果。

第三，"主体明晰"是指合规制度的适用范围和适用对象须明确具体。适用范围主要涉及合规制度是适用于整个企业还是仅适用于集团内的部分企业或某个部门。适用对象问题主要涉及合规制度是必须为企业的所有员工和高管共同遵守，还是仅为部分员工和高管遵守。

第四，"内容确定"是指企业及员工可为（DOs）与不可为（DON'Ts）的事项须列举详尽。这样，只要对照合规条款，员工就能够自行判断哪些该做、哪些不能做，从而消除无知和模糊。

工作机制——数据合规管理依赖于一系列制度、规则、程序、流程、指南的有效运转。如数据合规的宣传与培训机制、合规义务提示与行为承诺机制、风险警示与评估机制、审计与监督机制、沟通与反馈机制（如月度或季度会议机制）、危机处理机制、考核监督机制等。

以考核监督机制为例，依据合规审查的相关制度和流程，合规部门定期对各部门和各责任人进行合规审查。一旦出现合规风险事件，需要对有关责任人进行追责和处罚，并把各部门和各责任人合规履职情况作为绩效考核的参考因素之一。对某些企业或某个关键的合规部门和合规责任人，甚至可以考虑采取一票否决制。

制度执行的关键，就是将数据合规要求嵌入到公司业务流程当中。比如，App 上线需要合规部门的合规审查方可上线、调用公司数据库里的数据需要合规部门进行评估、公司 App 隐私政策由公司合规部门统一负责撰写等。

组织设计、制度执行是两个最关键的合规动作。此外，数据合规培训、相关资质的认证、合规文化的培养、必要的审计与监督、第三方监督评估等也是数据合规管理体系的重要组成部分，需提供必要而足够的支持和保障。

三、数据合规管理的国际标准

2021 年 4 月 13 日，ISO 37301：2021《合规管理体系 要求及使用指南》（Compliance management systems — Requirements with guidance for use）作为合规管理的新国际标准正式发布实施。ISO 37301 是 ISO 19600 的替代版，两个标准都适用于任何规模和类型的组织，为其提供建立、运行、维护和改进合规管理的标准化框架。

相对而言，ISO 37301 作为 ISO 37000 标准族的新成员，为企业规范和强化合规管理、加强合规文化建设提供了更具先进性、权威性、普适性和战略性的工具和方法论，也为企业和其他组织提供了通过第三方认证获得全球广泛认可的机会和途径。

表 5-1　ISO 37301 与 ISO 19600 内容对照表〔1〕

模块	主要内容
1. 范围	
2. 规范性引用文件	
3. 术语和定义	术语的数量及个别术语的定义有所调整★
4. 组织环境	4.1 理解组织及其环境 4.2 理解利益相关方的需求和期望 4.3 确定合规管理体系的范围 4.4 合规管理体系 4.5 合规义务 4.6 合规风险评估（原8.3外包过程并入）★
5. 领导作用	5.1 领导作用和承诺 5.2 合规方针 5.3 岗位、职责和权限

---

〔1〕　参见李素鹏等编著：《合规管理体系标准解读及建设指南》，人民邮电出版社 2021 年版。

续表

模块	主要内容
6. 策划	6.1 风险和机遇的应对措施 6.2 合规目标和实现目标的策划 6.3 针对变更的策划（新增）★
7. 支持	7.1 资源 7.2 能力 7.3 意识 7.4 沟通 7.5 文件化信息
8. 运行	8.1 运行的策划和控制 8.2 建立控制和程序 8.3 提出关切（合规疑虑）（新增）★ 8.4 调查过程（合规调查）（新增）★
9. 绩效评价	9.1 监视、测量、分析和评价 9.2 内部审核（审核改为内部审核）★ 9.3 管理评审
10. 改进	10.1 持续改进 10.2 不合格和纠正措施
附录A（新增）★	

ISO 37301 的内容框架与 ISO 19600 完全一致，只是在各要素的规定方面略有差异，主要是 6.3、8.3、8.4 节和 9.2 节，并新增了附录 A，变动部分详见表中标★的地方。

数据合规是组织合规管理体系的一个组成部分，因此合规管理的国际标准和框架体系也适用于组织的数据合规管理。本章关于数据合规管理的框架和逻辑，基本参照 ISO 37301 合规管理体系。不过，数据合规有其特殊性，具有专业性、技术性及多学科融合的特点，在具体管理过程中，需要在符合国际标准的合规管理体系的架构基础上，结合数据产业、数据业务及企业自身的特点，加强与产品和业务的关联性，在不同模块上，可能需要设计针对数据合规的专项调整和专项制度，从而促进一般理论与具体实践相结合，实现管理行为的原则性和灵活性的统一。

四、数据合规管理的本质与目标

建立和健全组织数据合规管理体系，优化并不断改进数据合规管理流程和工作机制，实现对数据合规风险的有效识别、评估和预防，避免组织违反需要遵守的国内外法律、行业监管指引、制度与规范，从而防范和避免因不合规导致的风险。因此，数据合规管理本质上是一种风险管理。

从管理学的视角来分析，数据合规风险意识的提高，数据合规管理实践的改进和动态优化，不仅能帮助企业避免不必要的违规成本或处罚（做减法），也能促进其组织体系和制度建设的完善，激发组织运行机制的活力和应变能力，从而提升运行的绩效，最终提高组织的竞争力（做加法），利用数据要素和数据资产为企业创造更多的价值。

从宏观角度（监管层）来说，数据合规管理的目标追求主要有——维护国家安全、网络安全、数据安全和保护个人信息；从微观角度（组织）来看，数据合规管理的目标是既要发挥数据要素巨大的潜在价值，促进数据资产的价值变现和流通，又要降低数据合规风险。

组织的生存之道是切实加强自身数据合规建设，在合法合规的前提下充分利用数据，发挥数据的最大价值。对于组织来说，数据合规的关键在于：一是要求数据应用合乎法律规定（包括数据的收集、利用、处理、使用等行为合乎法律规定，不得违反国家强制性法律规定），二是数据应用不得侵犯他人的正当合法权益，这也是数据合规审查的两条红线。

第二节　数据合规管理体系

企业合规管理体系建设，主要包括组织体系、制度体系和保障体系等内容。

数据合规管理体系的设计，主要解决三个问题：纵向的管理层级安排与各自职责界定（设计有效的组织架构，落实并贯彻目标管理的 SMART 原则）；横向的业务单元（Business Unit）或职能模块（Function Module）之间的流转与衔接、协作与整合，使之形成一个循环运行并不断改进的动态结构（数据合规管理体系的要素及其结构）；构建事前参与、事中控制、事后救济的多维度层级式的数据合规风险防御体系（数据合规管理的三道防线）。

在实践中，企业合规管理牵涉面广，参与者众，涉及多业务、多部门、跨地区甚至跨国界，如反腐败、反贿赂、反洗钱、反垄断、反不当竞争、知识产权保护、安全生产、人力资源管理、环境保护、质量管理、食品安全、数据安全、个人信息保护、出口管制等，不同业务和部门之间也存在一定的交叉和联动关系。因此，有效的合规管理体系（包含数据合规）设计考验着管理者的智慧，也直接影响数据合规管理体系运行的成本和绩效。

一、合规管理体系设计的变量

从实施的内容和范围来看，企业合规可以分为三个层次：

专项合规：是指针对特定领域的合规风险。对于那些从事国际贸易或进出口业务的企业而言，常见的专项合规有：反商业贿赂合规、诚信合规、出口管制合规、反洗钱合规、数据保护合规等。对于那些单纯从事国内业务的企业而言，常见的专项合规有：反商业贿赂合规、反洗钱合规、反垄断合规、反不正当竞争合规、知识产权保护合规、个人信息保护合规、数据安全合规、税收合规、消费者权益保护合规、环境保护合规等。

全面合规（包括所有专项）：是指合规管理覆盖企业各业务领域、各部门、各级子企业和全体员工，贯穿决策、执行、监督各环节。

大合规：是指整合企业法务、数据合规、风险管理、内部控制的大合规管理体系或大风险管理体系。近二十年来，无论是西方国家的法律，还是一些国际组织通过的公约，都开始将公司治理扩大到更为广泛的领域。以在美国为例，外国公司在美国所面临的行政监管和刑事法律风险，通常包含几个方面：一是违反美国证券法规的反欺诈条款的行为；二是违反美国《反海外腐败法》所确立的反贿赂条款和会计条款的行为；三是违反美国出口管制法规的行为；四是违反美国《商业秘密保护法》、侵犯商业秘密的行为；五是违反美国版权法律的行为；六是违反美国有关跨国投资并购法规的行为等。对于这种适用范围更为广泛的企业合规管理体系，通常称之为"大合规"，或者"广义的合规"。

数据合规管理体系如何设计？究竟是合还是分？是繁还是简？是兼还是专？应当根据企业的实际情况来决定，没有统一的模式和标准，归纳起来，需要考虑的因素主要有四个：

（一）企业的规模大小

讨论企业合规管理体系，首先需要考虑企业的规模。因为，不同规模的公司所涉及的业务领域的多样性和复杂性不同，其组织结构和运行机制不同，面临的合规风险种类和等级也不同。再者，企业的合规是有成本的，不同规模的企业经济承受能力不同，也并非所有的企业都要进行合规。比如在美国，并不要求小公司进行合规，但符合一定条件的公司必须合规，但在纽约证券交易所和纳斯达克上市的公司必须进行合规。

除了组织规模和营业规模，企业的规模其实还包含了数据处理的规模。《美国数据隐私和保护法》（American Data Privacy and Protection Act，简称ADPPA）对大型数据持有者定义如下：（1）在最近一个日历年的年度总收入达到或超过 2.5 亿美元；或（2）收集、处理或传输超过 500 万个人或链接/可链接设备的被涵盖数据；或（3）超过 20 万个人或链接/可链接设备的敏感被涵盖数据，但也有一些例外。

对大型企业来说，公司的治理结构较为复杂，往往涉及多项业务领域和全产业链的合规管控，以及对国内外员工、业务部门、第三方商业伙伴、子公司、分公司的合规管理，还要协调公司股东会、监事会、董事会及其下设各专业委员会、法务部门、财务部门、人事部门的管理职能。因此，按照程序对等原则，必须建立完备的数据合规管理体系。例如，组建贯穿公司各级组织机构的合规监管体系，聘任专职的首席合规官或数据合规师，成立专门的合规委员会和合规管理部，才能实现合规风险的有效预防、识别、监督和应对。但是对于中小微企业而言，公司组织结构简单、合规风险单一、业务领域固定，建立对标大型企业的复杂合规管理体系既无可能也无必要，应当为其设立有效合规管理的最基本要素作为最低限度标准。

有学者研究了 497 家标准普尔 500 公司和 100 家小型公司公开发布的道德守则，发现标准普尔 500 指数公司的道德规范通常更长一些，平均为 226.7句，而小公司的标准为 117.2 句。[1]

（二）企业所在的行业领域

不同领域的有效合规标准，应当符合该领域的行政监管和相关要求。通常情况下，每个领域企业的性质、产品、业务流程和合规风险都不相同，基于企业所涉的数据分类分级的结果，执法部门的监管要求也不同。

2022 年 11 月 1 日，旨在规范大型互联网平台公司运营的欧盟《数字市场

---

[1] 参见李玉华：《有效刑事合规的基本标准》，载《中国刑事法杂志》2021 年第 1 期。

法》开始生效。《数字市场法》涵盖网络中介服务、社交网络、搜索引擎、操作系统、在线广告服务、云计算、视频共享服务、网页浏览器和虚拟助理等方面，适用于市值达到 750 亿欧元、年营业额达 75 亿欧元、每月至少 4500 万用户的公司，如 Alphabet、亚马逊、苹果、Meta 和微软等领头羊都在监管的范围内。《数字市场法》明文规定，大型科技公司只有在获得用户明确同意的情况下，才可将个人数据用于有针对性的广告。要能允许用户自由选择浏览器、虚拟助手或搜索引擎等。违反规定的公司将面临全球年营业额 10% 的罚款，多次违规的累计罚款上限可达 20%。

为了促进企业的健康发展，监管部门的有效监管应当根据该领域的特点，按照企业的业务、流程、规模以及特有的合规风险，制定有效合规的标准指引。

（三）企业经营的国别区域

企业跨境经营的主要目的在于参与国际竞争、开拓国际市场，境外经营企业的合规不仅应当遵从国内的标准，还应当遵从国际标准和经营国的标准；不仅要遵守全面合规的标准，还要遵循诚信合规和专项合规（含数据合规）的标准。跨境合规风险是指企业或其员工因违规行为遭受国外的法律制裁、监管处罚、重大财产损失或声誉损失以及其他负面影响的可能性（或不确定性）。

2018 年 6 月，美国商务部与我国中兴通讯股份有限公司达成解除制裁、恢复运营的协议；中兴公司支付 10 亿美元罚款，另外准备 4 亿美元交由第三方保管；并且更换管理团队，同时聘请美方认可的合规官。这一事件极大地促动了我国境外经营企业开始重视合规问题。为应对欧美国家越来越严格的企业监管，尤其是规避那些针对中国企业的反腐败、反垄断、反洗钱、反金融欺诈、数据隐私保护等领域的调查和惩罚，2018 年 12 月，国家发改委、外交部、商务部等七部门联合发布《企业境外经营合规管理指引》。2018 年也被称为中国企业合规元年。

跨境企业合规，除了有明文立法和规定"硬合规"之外，其实，还有各种风俗习惯和地域文化等"软合规"的内容，尤其是要注意一些国家和区域的各类禁忌事宜，虽然没有明确的法律法规列明，但是如果行为举止冒犯了当地合作方或居民，跨境企业也可能因此承担巨大的风险。

（四）企业类型及其他需要特别考虑的因素

我国企业大体分为中央企业、大型企业、中小微企业。中央企业担负着经济发展的重任，也担负着走出去的使命，其合规建设的任务最重、合规标准最高。中小微企业，特别是民营企业，对"六稳""六保"发挥着重要的作用，鼓励其积极主动开展合规，通过合规管理促进企业健康发展，坚持适宜的合规标准，进行比例性合规。

比如，《中央企业合规管理办法》（2022 年 10 月 1 日起施行）第 12 条规定："中央企业应当结合实际设立首席合规官，不新增领导岗位和职数，由总法律顾问兼任，对企业主要负责人负责，领导合规管理部门组织开展相关工作，指导所属单位加强合规管理。"

表 5-2　我国企业的类型划分及其合规标准[1]

我国企业类型		有效合规标准
境外经营企业		国内标准+经营所在国标准
境内经营企业	中央企业	国内最高标准
	其他大型企业	接近国内最高标准
	中小微企业	基本标准、适当标准

有学者认为对于境外经营型企业和境内经营型企业在建立合规标准和评估其合规有效性时要区别对待。要考虑实际情况，贯彻比例原则，鼓励更多的企业接受合规的理念，积极进行合规建设。因而，在刑事合规的初期，对于中小微企业和境内经营型企业，要适当降低合规标准。否则，按照国际标准来要求其都达不到，在刑事诉讼中也就失去了意义。随着合规的普及与不断成熟，将来再提高其有效刑事合规的标准。

二、数据合规管理的组织架构

有效的组织体系是数据合规管理运行机制的载体。一般而言，合规管理组织体系由合规管理委员会、合规管理负责人、合规管理部门、合规管理工作的协调等几个部分内容组成。其中，合规管理委员会主要发挥组织领导、统筹协调作用，指导、监督、评价企业的合规管理工作。

《中央企业合规管理办法》第 14 条规定："中央企业合规管理部门牵头负责本企业合规管理工作，主要履行以下职责：（一）组织起草合规管理基本制

---

[1]　参见李玉华：《有效刑事合规的基本标准》，载《中国刑事法杂志》2021 年第 1 期。

度、具体制度、年度计划和工作报告等。（二）负责规章制度、经济合同、重大决策合规审查。（三）组织开展合规风险识别、预警和应对处置，根据董事会授权开展合规管理体系有效性评价。（四）受理职责范围内的违规举报，提出分类处置意见，组织或者参与对违规行为的调查。（五）组织或者协助业务及职能部门开展合规培训，受理合规咨询，推进合规管理信息化建设。"

　　设计合理的合规组织体系，目的在于发挥战略规划和统筹贯通功能、理顺分工协作的结构、明确责任主体的职责要点。组织结构中各个责任主体对应的职责和管理要点如表5-3所示。

表5-3　数据合规职责分配一览表

角色	合规管理职责要点	对应的数据合规管理要点或关键词
董事会	（1）批准企业合规管理战略规划、基本制度和年度报告	★战略规划、基本制度、年度报告的审定
	（2）推动完善合规管理体系	★数据合规管理体系的审定
	（3）决定合规管理负责人的任免	★首席数据合规师的任免
	（4）决定合规管理牵头部门的设置和职能	★数据合规管理部门的设置
	（5）研究决定合规管理有关重大事项	★数据合规管理有关重大事项的决议
监事会	（1）监督董事会的决策与流程是否合规	★数据合规决策是否合规
	（2）监督董事和高级管理人员合规管理职责履行情况	★数据合规管理职责履行情况
	（3）向董事会提出撤换公司合规管理负责人的建议	★数据合规管理负责人撤换的建议
经理层	（1）根据董事会决定，建立健全合规管理组织架构	★组织架构
	（2）批准合规管理具体制度规定	★管理制度
	（3）批准合规管理计划，采取措施有效执行合规制度	★管理计划
	（4）明确合规管理流程，确保合规要求融入业务领域	★管理流程
	（5）及时制止并纠正不合规行为，责任追究或提出处理建议	★纠错、追责或问责

续表

角色	合规管理职责要点	对应的数据合规管理要点或关键词
合规管理委员会	（1）承担合规管理的组织领导和统筹协调工作	★组织、领导、统筹、协调
	（2）研究决定合规管理重大事项或提出意见和建议	★数据合规重大事项的决议或建议
	（3）指导、监督和评价合规管理工作	★指导、监督和评估
合规管理负责人	（1）组织制定合规管理战略规划	★制定战略规划
	（2）参与企业重大决策并提出合规意见	★决策参考和咨询
	（3）领导合规管理牵头部门开展工作	★领导、指导
	（4）向董事会和总经理汇报合规管理重大事项	★向上汇报
	（5）组织起草合规管理年度报告	★年度报告
合规管理牵头部门	（1）研究起草合规管理计划、基本制度和具体制度规定	★数据合规管理的计划与制度
	（2）持续关注法律法规等的变化，组织开展合规风险识别和预警，参与企业重大事项合规审查和风险应对	★数据合规风险的识别和预警 ★数据合规审查和风险应对
	（3）组织开展合规检查与考核，对制度和流程进行合规性评价，督促违规整改和持续改进	★数据合规检查与考评 ★数据合规整改与优化
	（4）受理职责范围内的违规举报，组织或参与对违规事件的调查，并提出处理建议	★数据合规举报 ★数据合规调查
	（5）指导业务部门、人事部门开展合规培训	★数据合规培训
	（6）指导所属单位合规管理工作，为其他部门提供合规支持	★数据合规指导、支持

角色	合规管理职责要点	对应的数据合规管理要点或关键词
业务部门	（1）主动开展合规风险识别、隐患排查和预警提示	★数据合规风险的识别、自查、预警
	（2）组织合规审查	★数据合规履行情况的审查
	（3）及时向合规管理牵头部门通报风险事项	★数据合规风险事项的通报
	（4）妥善应对合规风险事件	★数据合规风险事件的处置
	（5）做好本领域合规培训	★数据合规的培训和宣传
	（6）组织或配合进行违规问题调查	★数据合规调查
	（7）落实违规问题整改和反馈	★数据合规整改
其他部门	监察、审计、法律、内控、风险管理、安全生产、质量环保等相关部门，在职权范围内履行合规管理职责	★数据合规的宣传与培训、支持与沟通

目前，企业合规部门的设置主要有三种模式：

第一，独立模式，即企业设立独立的合规部门，统一负责企业的合规管理，常见于重监管行业（如医药、金融等）的企业、大型公司、上市企业等。

第二，合并模式，即企业不设立独立的合规部门，由法律部门下设合规分部或者合规专员履行合规管理职责，常见于合规风险较低或者规模较小的企业。

第三，混合模式，把法律、合规、内控部门的职责划归统一的合规部门进行管理，由合规部门兼具组织各业务条线的常规检查与专项检查、提供合规性法律审查与咨询服务、牵头建立内控体系、评估合规政策执行情况、向管理层提出合规建议等职责。

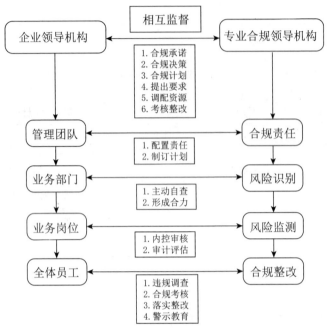

图 5-2　数据合规组织中的职责分解与流转整合关系 [1]

数据合规组织具体采取哪一种组织模式，取决于企业的经营规模、公司结构、业务和产品线的运营管理模式，以及政府监管要求和所在行业所面临的合规风险等多种因素 [2]。

在数据合规管理体系中，合理安排组织架构，对目标和任务进行逐级分解，将合规管理的制度与要求全面落实到企业的领导机构、管理团队、业务部门、业务岗位及全体员工，明确决策层、执行层与管理层及相关人员的职责和要求，并理顺各业务部门、各岗位之间的流转、衔接和协作关系是数据合规管理体系设计的关键（如图 5-2）。

【参考案例】巨额罚款后，西门子建立了世界上最完善的合规管理体系

前面提到的德国西门子合规案例中，因为合规组织功能不全与监管缺失，

---

〔1〕　参见姜先良：《企业合规与律师服务》，法律出版社 2021 年版。

〔2〕　2022 年 1 月 26 日，上海市杨浦区检察院联合多家机构发布上海市首份《企业数据合规指引》，其中第七条【数据合规管理部门】建议：鼓励各类企业设置专门的数据合规管理部门，或者将数据合规管理职能融入现有的企业合规管理体系，但是不建议由法务部门履行合规管理职能。

西门子为自己的贿赂行为付出了高昂的代价，最终导致西门子建立了世界上最完善的合规管理体系。

行贿事件发生后，西门子公司对管理团队做出了大幅度调整。监事会主席和首席执行官相继辞职，约200名经理被开除，100多名高层人员被责令配合调查，并重新组建了合规团队：

首先，设立首席合规官，由首席合规官负责公司合规的总体规划和制度设计，向西门子公司总法律顾问报告工作，并可以直接向西门子公司管理委员会和监事会提交报告。总法律顾问直接向西门子公司总裁兼首席执行官汇报工作。

其次，在各个业务集团和80多个区域公司中都任命了各自的集团合规官或区域合规官。这些合规官员负责各自区域内的合规体系执行事宜，并向首席合规官报告工作。他们在合规部门其他合规人员的帮助下，执行合规体系，并对员工进行合规体系所要求的持续性培训，确保整个管理层每两年一次做出遵守商业行为准则的书面保证，负责对违规事件进行调查，并确保上报人免受任何打击报复。如果违规事项得到确认，合规官将负责执行纪律处分。

除了任命各自的集团合规官或区域合规官，西门子公司还向各个职能部门、业务集团、业务部门、外国分公司、医疗领域任命或分派了数百名合规人员。

最后，还任命财政部前部长威格尔担任公司的独立合规监察官，从2009年开始，持续监督西门子在合规方面的改进情况。

三、数据合规管理的领导者

首席数据官从具体岗位要求来看，企业 CDO 要具有数据资产管理领导能力、数据规划和执行能力、数据价值行业洞察能力、数据资产运营和增值能力、数据基础平台自主研发建设能力等多种能力。

表 5-4 我国部分省市的相关政策法规中的 CDO 制度

省市	政策法规	发布时间	相关要求
江苏	《江苏省工业大数据发展实施意见》	2020 年 12 月	推动具备条件的企业设置首席数据官（CDO），制定并实施企业数据管理战略，组织开展数据管理能力自评估、自诊断、自对标，持续提高数据管理能力。
广东	《广东省首席数据官制度试点工作方案》	2021 年 4 月	明确首席数据官工作机制；明确首席数据官职责范围（推进数字政府建设、统筹数据管理和融合创新、实施常态化指导监督、加强人才队伍建设）。
深圳	《深圳市首席数据官制度试点实施方案》	2021 年 8 月	建立首席数据官工作机制；明确首席数据官职责范围（推进智慧城市和数字政府建设、完善数据标准化管理、推进数据融合创新应用、实施常态化指导监督加强人才队伍建设、开展特色数据应用探索）；开展首席数据官评价总结；开展首席数据官评价。
上海	《上海市数据条例》	2021 年 11 月	鼓励各区、各部门、各企业事业单位建立首席数据官制度；首席数据官由本区域、本部门、本单位相关负责人担任。
广州	《广州市数字经济促进条例》	2022 年 4 月	加强对数据管理工作的整体规划和统筹协调，建立健全部门协同、市区联动、政企合作的数据治理体制机制；探索推行首席数据官等数据管理创新制度。

2022 年 8 月 24 日，广东省工业和信息化厅印发《广东省企业首席数据官建设指南》，鼓励数字化基础较好、拥有较大规模数据资源、数据产品和服务能力较突出的各行业企业设立企业首席数据官。《上海市数据条例》（2021 年 11 月 25 日通过）也提出"鼓励各区、各部门、各企业事业单位建立首席数据官制度"，并将制定 CDO 制度的指导性文件，在部分政府、企事业单位进行试点，推动各行业建立健全数据治理体系。

首席数据官。CDO 通过提升数据治理能力，充分发掘内部数据驱动需求，实现数据业务增值，重点推进数字化驱动商业模式变革。一个好的 CDO 必须在确保业务连续性、确定数据保护和隐私、建立新的数字能力、降低运营成本等方面发挥重要作用。

由此可见，在大数据时代，首席数据官 CDO 的角色重要性将逐步提升，其将成为大型企业、公共部门等各类组织的标配。

数据保护官。在国内，中国东方航空公司是首家设立数据保护官的企业，不过，数据保护官是由该公司总法律顾问兼任的。

欧盟 GDPR 第 37 条规定，三种情形的企业与机构必须设立数据保护官：（1）数据处理由公权力部门或机构进行的，行使司法职能的法院除外；（2）数据处理核心业务需要对数据主体定期进行大规模系统化监控的，对于"核心业务"的判断可以参考企业的性质、营业范围与商业目的等因素；（3）GDPR 第 9 条规定的对某些特殊类型数据（如生物特征、性取向等）进行大规模处理的情形，以及第 10 条所规定的对定罪和违法相关的个人数据处理的情形。

数据合规师。国内数据服务提供商 TalkingData 公司设立了法务总监兼数据合规师，也是兼任的。目前，大多数企业并没有数据合规师这一职位。

首席隐私官（Chief Privacy Officer，简称 CPO）。奇虎 360 公司是国内首家设立首席隐私官的互联网公司，该职位主要负责规划和制定公司的隐私政策，处理产品中涉及用户数据的各项事务。

隐私保护官（Privacy Protection Officer，简称 PPO）。华为公司设立首席网络安全与用户隐私保护官（Chief Internet Security & Privacy Protection Officer），明确提出消费者业务安全与隐私保护的"四大主张"，即自上而下的组织与流程保障、制定严苛的隐私安全原则、与业界权威机构合作构建安全验证体系、向生态伙伴开放华为安全与隐私能力；并提出安全与隐私保护的"三大承诺"：第一，隐私是用户的基本权利，用户的隐私安全在华为是作为最高优先级；第二，你的数据，全部为你加密，未经你的允许，任何人无法访问你的数据；第三，你的信息，由你全权掌控，从开机到使用每一步都要你的同意。

信息安全官。信息安全官是企业中维护信息安全运行状态的最高负责人。国家标准 GB/T 35273-2020《信息安全技术 个人信息安全规范》规定："满足以下条件之一的组织，应设立专职的个人信息保护负责人和个人信息保护工作机构，负责个人信息安全工作：（1）主要业务涉及个人信息处理，且从业人员规模大于 200 人；（2）处理超过 100 万人的个人信息，或预计在 12 个月内处理超过 100 万人的个人信息；（3）处理超过 10 万人的个人敏感信息的。"

从数据合规管理岗位设置的现实情况来看，很多企业是通过职能整合和

兼任的方式——通常由法务总监（如东方航空、TalkingData）和网络安全官（如华为）兼任，单独设立数据合规师或数据保护官的并不多。

关于数据合规组织和管理职位的设立，参考企业合规管理的国际标准和实践经验，有三个适用的原则可供参考：

（一）合规原则

相关管理职位和责任人的设立，必须符合有关法律的规定。相关法律已有明文规定的，必须设立相应的管理职位，并指定负责人。如欧盟 GDPR 第 37 条规定了三种情形的企业与机构必须设立数据保护官。我国《数据安全法》第 27 条第 2 款规定："重要数据的处理者应当明确数据安全负责人和管理机构，落实数据安全保护责任。"我国《个人信息保护法》第 52 条第 1 款规定："处理个人信息达到国家网信部门规定数量的个人信息处理者应当指定个人信息保护负责人，负责对个人信息处理活动以及采取的保护措施等进行监督。"

（二）相称原则，即匹配原则[1]

企业要根据其组织规模、企业所在的行业领域、企业经营所在的国别区域、企业的性质与类型、业务活动的复杂程度、数据处理的类型与规模、面临的数据合规风险，构建与之相称（相匹配）的合规管理组织，并设立相应的管理岗位和责任人。否则，就有可能遭受监管层的质疑和处罚。2008 年，德国西门子公司被处罚时，年销售额达 233.71 亿欧元，共有 40 多万员工，但仅有 6 名合规监管人员，明显不相称。

（三）等效原则

基于相称原则的要求，也出于尽可能降低企业合规成本的考虑，企业需要根据自身面临的数据合规风险类型与程度，选择与之相匹配的合规管理组织，并设立相应的责任人，如首席合规官（CCO），或首席数据官（CDO），或数据保护官（DPO），或数据合规师（DCO），或隐私保护官（PPO），或信息安全官（ISO）等，尽管称谓和头衔多种多样，履行的职责也有所侧重，但都共同强调网络安全、数据安全和隐私保护的重要性，都是基于企业数据合规的现实需求，履行相关的数据合规管理职责。从效果来说，不管是专职还是兼职，只要能满足合规管理的需要即可。

---

[1] 参见英国司法部《反贿赂法案指引》（2011 年 3 月 30 日颁布）六大原则中的相称程序原则的内在精神。

四、数据合规管理体系的要素与结构

基于国际标准 ISO 37301 推荐的合规管理体系结构，同时参照全球合规管理实践中最具参考价值的英国司法部《反贿赂法案指引》提供的六原则和美国司法部《企业合规程序评价指南》设置的评价标准，对数据合规管理体系的要素及其内涵进行解析，并进行归纳和比较。

（一）英国《反贿赂法案指引》提供的六大原则

2010 年 4 月，英国正式颁布《反贿赂法》（2011 年 7 月正式生效）。《反贿赂法》被称为"世界上最严厉的反腐败法"，该法案不仅约束在英国注册的公司，也约束在英国"从事业务"的公司，同时覆盖了这些公司在海外的业务活动，包括与供应链上各家供应商、中介机构、代理商、合资伙伴，以及其他业务往来机构相关或由其发起的业务活动。

《反贿赂法》建立了一个与国际公约相接轨且条理清晰、体系完整的反贿赂反腐败框架，其创新性地设立了防止贿赂失职罪，并通过在商业贿赂案件中采取严格责任原则和设立相应的合规抗辩程序，激励企业建立完善的合规体系，对商业贿赂的防范与治理发挥了关键作用，对数据合规管理具有很大的启发意义。

2011 年 3 月 30 日，英国司法部颁布了《反贿赂法案指引》（UK Bribery Act Guidance），专门解释了公司需要采取哪些程序来预防贿赂的发生，即遵循"以风险为依据"的六大原则[1]：

一是相称程序，公司要制定与其面临的贿赂风险相称的反贿赂程序，这些程序还要和公司活动的性质、规模以及商业活动复杂程度相称，并且设置的程序本身要明晰、实用、易理解，能够被有效贯彻落实。这里的程序是广义的概念，包括预防贿赂的政策以及具体的执行政策程序。

二是高层承诺，公司高层管理人员（董事会、公司所有者或任何其他同等地位的组织或个人）要承诺积极反贿赂，反贿赂的信息必须由高层清晰地传递给每一个员工，在组织内部应培养反贿赂文化，坚持对贿赂行为零容忍，不与拒绝反贿赂的商业伙伴进行合作等。

三是风险评估，评估商业组织所面临的内外贿赂风险的性质和程度，定

---

〔1〕 参见姜先良：《企业合规与律师服务》，法律出版社 2021 年版。

期地、有记录地评估其所面临的潜在外部和内部贿赂风险。常见的外部风险包括国家、部门、交易、商业机会和商业伙伴关系五个方面，内部因素往往来自员工个人问题、奖金文化、财务控制缺陷和程序不明确。什么样的评估是充分的，取决于组织的规模、经营活动、客户和市场的情况。

四是尽职调查，要求商业组织对组织或代表组织的相关人员应采用尽职调查程序。需要知道商业伙伴（供应商、代理商和中介、各种形式的合资企业等）的贿赂风险评估和检验政策是否存在和有效。了解从事业务的国家的贿赂风险，可能遇到什么样的贿赂，什么样的防止手段最为有效，该国对贿赂行为的民事、行政和刑事责任以及向地方政府举报违法行为的渠道。

五是沟通与培训，通过沟通和培训，让预防贿赂的政策和程序植根于公司内部，让员工知晓并理解。培训与风险应成比例，形式可以是新员工入职的强制性一般培训，对身处贿赂风险较高职位的员工，则需要进行持续且定期评估的定制培训。

六是监控和审查，对于反贿赂而言，审计和财务控制非常重要。这需要商业组织应对随着时间推移而变化的贿赂风险，对防止相关人员贿赂的程序采取相应的改进措施，以保证贿赂预防程序的持续有效，必要时应引入外部的验证，及时发现不足并改进。不同企业可采取不同的方案：小企业可通过员工和商业伙伴的参与来发现问题，大企业可考虑董事会甚至专门的审计委员会进行独立审计，还可通过媒体报道、政府询问等启动监控和审查程序。

六大原则中，相称程序、风险评估和尽职调查是基础；高层承诺原则旨在为商业组织建立反腐败反贿赂的企业文化，同时也作为风险评估的保障；沟通与培训原则为组织内部处理与贿赂相关的问题提供相应的知识与技能；监控和审查原则保证商业组织反贿赂程序的有效性，使得整个框架能够一直保持与时俱进，发挥其应有的作用。

（二）美国《企业合规程序评价指南》设置的评价标准

2019 年 4 月 30 日，美国司法部发布了《企业合规程序评价指南》（2020年 6 月 1 日又发布了更新版），这是美国司法部为企业合规程序设置提供的标准。在合规程序的设计上，为确保制度的可操作性，提出了一系列具体要求，比如：（1）制定制度前的风险评估（Risk Assessment）；（2）有效的合规培训和沟通（Training and Communications）；（3）对第三方商业伙伴（供应商、经销商）的管理（Third Party Management）；（4）高级管理人员的承诺和表率作用（Commitment by Senior and Middle Management）；（5）合规体系运行的充分自治和资源保障（Autonomy and Resources）；（6）有效的激励和惩戒措施（Incentives and Disciplinary Measures）；（7）对合规程序的持续改进、阶段性检测和审查（Continuous Improvement，Periodic testing and Review）；（8）对于违规行为的合规调查程序（Investigation of Misconduct）；（9）对违规行为的原因分析和矫正（Analysis and Remediation of Any Underlying Misconduct）。

（三）数据合规管理体系的要素

数据合规管理体系是企业实施数据合规管理的组织载体。建立灵活、高效、协调的数据合规组织体系，至少应该包含以下要素或模块：

1. 设计数据合规管理的组织架构。对目标和任务进行逐级分解，明确决策层、执行层与管理层及相关人员的职责。设计组织架构时，应特别注意一线业务部门与中层管理部门之间信息反馈渠道的建设，因为一线业务部门往往对行业动态更敏感，能够及时反馈最新的合规信息。

2. 制定数据合规管理制度。在数据合规管理组织架构的基础之上，结合业务流程，制定相应的数据合规管理制度，完善数据合规管理措施。

3. 数据合规培训。企业应定期进行数据合规培训，培训对象包括企业员工、第三方合作伙伴等。有条件的企业可以构建数据合规培训的在线模式和云端资源库，方便员工随时询问和定期自查，力求做到数据合规培训的制度化和常态化，从而提高培训工作的效率。

4. 数据合规风险识别。基于企业所处的行业及主营业务，结合外部适用的法律法规及内部制定的合规管理制度、签署的相关合作协议、自愿性适用的约定，对业务流程和数据资产进行审视，分析数据在业务和产品的整个生命周期中可能产生的风险，从而明确数据合规义务，并结合当前的数据合规管理现状，查找数据合规存在的差距。

合规风险识别是发现、收集、确认、描述、分类、整理和存储合规风险，对其产生原因、影响范围、潜在后果等进行分析归纳。合规风险识别应遵循全面识别原则、及时识别原则、客观识别原则、统一识别原则。数据合规风险识别的最终成果体现为：构建合规风险识别框架；查找合规风险事件，收集违规案例；编制数据合规风险清单等。

5. 数据合规风险评估。合规风险评估，是指在有效识别合规风险的基础上，运用特定的风险评估技术、方法及工具对数据合规风险可能发生的频率

（概率）、可能造成的影响程度（损失、危害等）等进行测算，并据此采取相应的风险控制措施。数据合规风险评估应遵循全面性原则、公正性原则、准确性原则。

6. 数据合规监控与审计。根据自己的业务特点及自身发展的阶段性目标，将数据合规完成度、潜在风险等内容数据化，通过建模的方法，对数据合规管理体系的运作情况进行日常监控与审计，并及时反馈给相关管理部门和职责人员。

7. 持续改进。针对数据合规监控与审计的结果，对数据合规管理体系和相关管理制度进行优化和改进。因为企业的运行环境和数据合规风险是动态变化的，企业必须在数据合规管理中建立持续改进机制。我国《合规管理体系指南》第 3.6 条规定，发生以下情形时，宜对合规风险进行周期性再评估：（1）新的或改变的活动、产品或服务；（2）组织结构或战略改变；（3）重大的外部变化，例如金融经济环境、市场条件、债务和客户关系；（4）合规义务改变；（5）不合规。

表 5-5　数据合规管理体系与英美合规管理实践标准的比较

数据合规管理体系 结构及其要素[1]	英国《反贿赂法》 六大原则	美国企业合规程序评价标准
组织环境	尽职调查	尽职调查	合规体系运行的充分自治和资源保障
领导作用	领导者	高层承诺	中高层管理者的承诺和表率
策划（plan）	组织设计、制度制定	相称程序	有效的激励和惩戒措施
运行	风险识别 风险评估	风险评估	制定制度前的风险评估 对第三方商业伙伴的管理
绩效评价	监控与审计	监控和审查	对合规程序的阶段性检测和审查
改进	合规调查 危机处理 持续改进	监控和审查	对违规行为的合规调查程序 对违规行为的原因分析与矫正 对合规程序的持续改进
支持	沟通与培训	沟通与培训	有效的合规培训与沟通

〔1〕　数据合规管理体系的结构与要素，援引自：2021 年 4 月 13 日发布的《合规管理体系 要求及使用指南 Compliance management systems-Requirements with guidance for use》（ISO 37301，2021）.

表5-5对英国司法部《反贿赂法案指引》提供的六原则、美国司法部《企业合规程序评价指南》设置的评价标准与数据合规管理体系结构及其要素进行了归类和比较，旨在为企业的数据合规管理实践提供有效的通用模式和国际规范。

（四）数据合规管理体系的结构

基于 ISO 37301 提供的合规管理标准化框架，ISO 37301 推荐的合规管理体系包括：组织及其环境、领导作用、计划（或策划 Plan）、运行（执行或实施 Do）、绩效评价（或检查 Check）、改进（Action）和支持等，这些共同构成一个完整的结构。显然，ISO 37301 合规管理体系贯彻并运用全面质量管理的思想，PDCA 模型体现了数据合规管理的持续性和动态性。

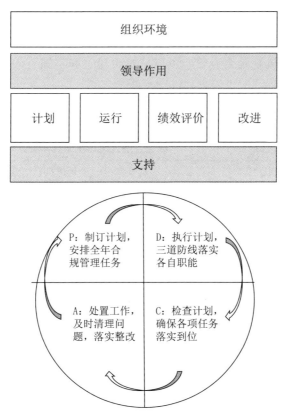

图 5-3　ISO 37301 推荐的数据合规管理体系结构

PDCA 循环是美国质量管理专家休哈特博士首先提出的，由世界著名的质量管理专家戴明采纳宣传，获得普及，所以又称戴明环。全面质量管理的思想基础和方法就是依据 PDCA 循环。按照 PDCA 方法，ISO 37301 推荐的合规管理体系的运行包括了四个阶段和步骤：

第一，计划阶段（Plan）。一般以企业一个经营年度为单位，制订全年的合规管理计划，安排全年任务和计划实现的管理目标。承担这一阶段职责的是合规管理中枢机构，即企业领导机构和专业合规领导机构。

企业合规计划是否完善？合规管理体系的结构是否完整？可以从三个时间维度上的管理职能和具体要素（或运行机制）来进行判断和识别：

事前的预防机制是否有效？可以从是否建立和实施有效的合规制度、合规组织、合规培训、合规承诺、合规认证、合规文化等方面进行判断。

事中的监控与评估机制是否有效？可以从是否建立和实施合规风险识别、合规风险评估、合规风险处置、合规审计、合规举报等方面进行判断。

事后的应对机制是否有效？可以从是否建立和实施有效的内部调查、合规问责与惩戒、持续改进等方面进行判断。

表 5-6　企业合规计划的构成与判别依据

时间维度	管理职能	数据合规管理体系的具体要素和运行机制
事前	计划、组织、预防	合规组织、合规制度、合规培训、合规承诺、合规认证、合规文化
事中	识别、评估、监控	合规风险识别、合规风险评估、合规风险处置、合规审计、合规举报
事后	危机管理、例外管理	合规调查、合规问责与惩戒、第三方监督评估、持续改进

自 20 世纪 90 年代美国率先引入企业合规机制以来，企业合规计划就不仅属于公司治理的一种方式，也属于一种刑罚激励机制。在美国《联邦量刑指南》所确立的合规激励机制之外，通过"合作从宽"（Cooperation Credit）的方式，美国确立了一种影响深远的暂缓起诉协议制度（DPA）和不起诉协议制度（NPA）。

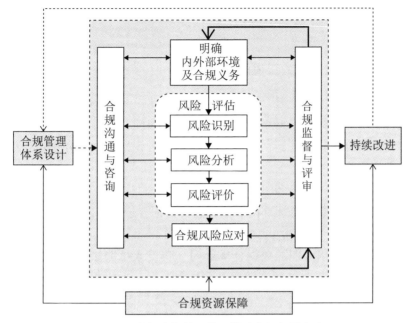

图5-4　数据合规管理体系的动态运行图[1]

第二，执行阶段（Do）。按照合规计划，企业合规管理的三道防线分别落实，有序推进合规风险的识别、监测、评估，以及调查、整改等工作。承担这一阶段职责的是合规管理三道防线的岗位（或部门），包括经营管理、内控审计和调查处置。

第三，检查阶段（Check）。检查合规计划的落实情况，及时纠正存在的问题和偏差，确保各项任务落实到位。承担这一阶段职责的是合规中枢机构及具体执行部门。

第四，处置阶段（Action）。将监测、审计、调查处置后的问题，集中进行处理，根据处理情况提出相应的整改措施，实现更高水平的合规管理目标。承担这一阶段职责的是第三道防线的部门和合规中枢机构。

以上四个过程不是运行一次就结束，而是周而复始地持续进行；一个循环结束，解决一些问题，未解决的问题又进入下一个循环，这样阶梯式上升。

因此，数据合规管理体系的运行是一个包含"事前防范、事中监测与评

---

〔1〕　参见李素鹏等编著：《企业合规管理实务手册》，人民邮电出版社2022年版。

估、事后整改"的完整的循环的优化过程，也是一个不断发现问题、分析问题并解决问题的动态过程。

五、数据合规管理的三道防线

数据合规管理本质上是一种风险管理。因此，参考 ISO 推荐的合规管理体系流程，为防范数据合规的现实风险或潜在风险，具体业务部门、合规部门、审计部门分别构成三道防线，目的在于及时识别、发现和预警组织可能面临的数据合规风险，并采取有效的应对措施。

第一道防线，由业务部门的专业人员（或工程师）和直线管理人员构成，主要向业务部门及数据合规部门汇报，负责数据合规策略的具体执行与实施、自查自纠等。

第二道防线，由专职的数据合规部门（负责人可兼法务、信息安全人员等职责）构成，主要向数据合规管理委员会汇报，主要负责数据合规制度的制定、落实与协调。

第三道防线，由审计部门担任，主要向数据合规管理委员会汇报，负责数据合规制度的实施情况的独立审计，发现风险并推动业务整改，以维护和测试整个合规管理体系的有效性。

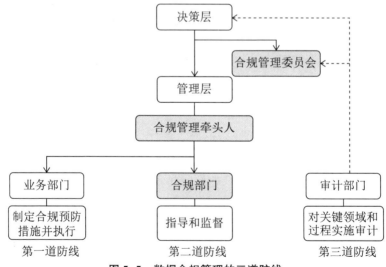

图 5-5　数据合规管理的三道防线

2021 年 12 月 20 日，广州市国有资产监督管理委员会发布《广州市国资委监管企业数据安全合规管理指南（试行 2021 年版）》，该指南细化完善了上位法要求，成为地方国资监管部门首部针对数据合规专项领域的合规操作指南。它适用于广州市国有资产监督管理委员会直接履行出资人职责的国有及国有控股企业、国有实际控制企业（以下简称"监管企业"）[1]。

该指南第 4 条规定，监管企业应当对本企业工作中收集和产生的数据和数据安全承担主体责任。数据安全合规管理是合规管理体系的专项重点领域，已建立合规管理体系的监管企业，应在现有合规管理体系的基础上，进行专项深化管理。

数据安全风险较高的监管企业，必须将数据安全合规作为重点领域进行专项管理。达到以下条件之一的，视为数据安全风险较高：

1. 主要业务涉及公共通信和信息服务、能源、交通、水利、金融、公共服务、电子政务等重要行业和重要领域的；

2. 主要业务涉及个人信息处理，且从业人员规模大于 200 人；

3. 处理超过 100 万人的个人信息，或预计在 12 个月内处理超过 100 万人的个人信息；

4. 处理超过 10 万人的个人敏感信息的；

5. 从事国家秘密载体制作、复制、维修、销毁，涉密信息系统集成或者武器装备科研生产等涉及国家秘密的业务的；

6. 法律法规规定的其他情形。

该指南第 6 条规定："监管企业应将数据安全合规管理的职责纳入现有合规管理组织体系。通过建立专项制度或文件的形式，在原有合规管理组织体系合规职责范围内，进一步细化及明确各层级合规管理机构及相关部门的数据安全合规管理职责。"

监管企业可视情况通过建立联合的数据合规管理办公室或工作组，开展数据安全合规管理标准、制度及规范的建立工作，可由相关业务、信息系统、技术、合规、风险管理、内部审计等部门人员组成，在经理层及合规管理负

---

[1] 参见广州市国资委政策法规处：《关于印发〈广州市国资委监管企业数据安全合规管理指南（试行 2021 年版）〉的通知》，载 http://gzw.gz.gov.cn/gk/zcfg/zcfgwj/content/post_ 7977166. html，最后访问日期：2023 年 7 月 28 日。

责人的领导下，有效推动数据安全合规管理工作的开展及实施。

董事会合规委员会（或承担合规管理职责的专业委员会）应在职责范围内推动企业数据安全合规管理，以完善企业合规管理体系，合理配置数据安全合规管理工作所需的相关资源和奖惩机制，审批重大数据安全合规事项，确保工作有效推行及落地。

经理层及合规管理负责人应在原有合规管理职责的范围内，指导及监督企业数据安全合规管理相关制度规范建设、相关管理措施的设计与执行、数据安全技术应用等，确保企业数据安全合规。

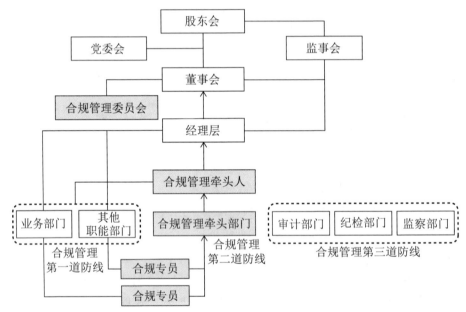

图 5-6　适用《广州市国资委监管企业数据安全合规管理指南（试行 2021年版）》的监管企业数据合规管理的三道防线示意图

针对数据安全风险较高的监管企业，第 9 条至第 13 条明确提出要求，构建企业数据安全管理的三道防线：

数据管理、信息系统管理或 IT 技术等部门和其他各职能部门分别作为各业务范围内数据安全合规管理的责任部门，是数据安全合规管理的第一道防线。负责本领域的日常数据安全合规管理工作，制定企业数据管理的相关制度、规范及标准，规范数据收集、存储、使用、加工、传输、提供、公开等工作，妥善应对数据安全合规风险事件，组织或配合进行违规问题调查并及时整改。

合规管理牵头部门作为数据合规管理第二道防线，承担数据安全合规管理方面的职责，主要包括：参与对企业涉及数据安全事项的合规审查；对数据安全合规管理的情况进行评估与检查；组织或协助数据安全合规责任部门、人事部门开展数据安全合规培训，为公司其他部门提供数据安全合规咨询与支持等。

审计和纪检监察部门作为数据合规管理的第三道防线。内部审计部门负责定期对数据安全进行审计，可根据风险评估和审计资源铺排，在审计工作中涵盖数据安全合规的内容，并出具相关审计报告，为公司数据安全风险管理的有效性提供合理保障。纪检监察部门负责职权范围内的违规事件的监督、执纪、问责等工作。

相对而言，鉴于其组织体系、业务和合规风险的规模和复杂性，大型企业的数据合规管理的三道防线应该更严密，职责分工更细，涉及部门和参与者更多。因此，运行的复杂性和成本会更高，组织架构安排和制度设计更具有灵活性和针对性。

具体实践中，2018 年以后中兴通讯公司重建合规管理体系的经验尤其值得学习和参考。

【参考案例】中兴公司重建合规管理体系，构筑合规风险管理的三道防线[1]

2018 年 6 月，美国商务部与我国中兴通讯股份有限公司（以下简称"中兴公司"）达成解除制裁、恢复运营的协议；中兴公司支付 10 亿美元罚款，另外准备 4 亿美元交由第三方保管。达成替代和解协议之后，中兴公司在重建合规体系方面做出了一系列努力。

首先，成立由总裁直接领导的合规管理委员会，作为负责公司合规管理体系运作的最高指导机构，听取数据保护等合规重大事项汇报并进行指导。在其领导下，各业务单位、合规专业部门与合规稽查部各司其职、协调配合，构成公司合规风险管理的三道防线。其中，合规专业部门分为出口管制合规

---

〔1〕　参见陈瑞华：《中兴公司的专项合规计划》，载《中国律师》2020 年第 2 期。

部、反商业贿赂合规部、数据保护合规部以及合规组织管理部四个部分，主要负责出口管制、反商业贿赂、数据保护等专项合规管理工作。

在合规组织管理上，中兴公司建立了合规管理委员会领导下的"穿透式合规管理制度"。具体来说，在四个合规专业部门设立法律法规专家中心 COE（Center of Expertise），针对重要风险领域设立专业化合规团队；设立专职 BU（Business Unit）合规团队，以此作为 COE 部门与业务部门的桥梁；在各业务部门设立合规联系人 POC（Person of Contact），实现子公司穿透式合规管理，将合规政策传达到业务第一线。

其次，在合规文化建设方面，中兴公司董事长和总裁发表全员声明，表达合规建设的决心；公司高管作为各自领域第一合规责任人签署合规责任状，做出合规承诺，传达公司建立合规体系的决心和信心；持续开展全员合规培训，倡导全员监督、内部举报文化以及多方位的外部合作。

再次，在合规资源投入方面，加大合规管理资金投入，支持监察团队需求，加强与外部律所咨询机构的合作，优化了全球贸易系统（GTS）、商业伙伴扫描系统（BPS）、法律及合规管理系统（LCM）等 IT 工具。加大合规风险评估，推进公司合规治理。

从次，在流程制度建设方面，加强了合规管理委员会的作用，将公司合规管理制度的制定、合规事项审议和决策权纳入合规管理委员会；将合规检查点嵌入具体业务流程之中；通过 IT 系统的设置，将合规检查点进行上线 IT 处理，减少或消除线下人工检查。

最后，在专业能力提升方面，公司与顶级律所和会计师事务所进行合作，协同处理合规领域的专业问题。

根据企业的性质、业务、规模和主要合规风险点，中兴公司"量身打造"了一套有针对性的合规计划。主要表现在三个方面：

1. 建立了业内一流的出口管制合规计划。设立了专门的出口管制合规部，包括一名首席出口合规官，数名区域出口管制合规总监（分别任职于中国、欧洲、美洲和中东）以及工作于中国和其他国家的总监、经理、主管和支持人员。中兴公司发布并定期更新出口合规政策和出口合规手册，使之适用于总公司以及所有子公司。中兴公司及其子公司发布了受美国出口管制限制的中兴公司产品的"出口管制分类编码"（ECCN），以确保公司供应链和分销渠道的出口合规。

2. 重新构建了反商业贿赂合规计划。反商业贿赂合规管理工作由合规管理委员会领导下的反商业贿赂合规部专门负责。反商业贿赂合规计划所要遵循的法律法规既包括国内的反腐败和反贿赂法律法规，也包括美国的 FCPA（Foreign Corrupt Practices Act）、英国边境管理局 UKBA（UK Border Agency）以及其他业务所在国的反腐败和反贿赂法律法规。为此，专门发布了《反贿赂合规政策》和《反贿赂合规手册》，构建了中兴公司反贿赂管理体系的八大基本要素，具体包括：高层重视合规管理、健全合规组织、充分的资源投入、系统的风险评估、反贿赂合规政策体系、有效的流程管控、全方位的培训和沟通、持续的监督与改进。

3. 新近建立数据保护合规计划。作为通信设备及解决方案的提供商，中兴公司遵从全球适用的数据保护法律法规，尤其是欧盟 GDPR 的规定，将数据保护的要求嵌入公司各项业务流程之中。具体做法有[1]：

其一，构筑数据合规的三道防线，合规管理委员会是公司数据保护合规的最高管理机构，与其他两项专项合规计划一样，数据保护合规也有三道管控防线：一是业务单位的合规联系人 POC；二是数据保护合规部；三是合规稽查部。根据 GDPR 的要求，中兴公司陆续在欧盟重点国家任命欧盟数据保护官，负责数据保护的管理工作。

其二，根据数据保护方面的合规政策，采用了业界认可的数据保护方法和实践，比如：

（1）初步建立了"个人数据字典"；

（2）在供应商管理中嵌入数据保护合规要求；

（3）逐步推进数据保护合规要求 IT 系统嵌入与优化流程；

（4）建立了个人数据泄露应急响应机制。一旦发生个人数据泄露，立即组建应急团队，努力减少个人数据泄露可能导致的损失，并确保受数据泄露影响的数据主体及时收到通知。

其三，定期持续向员工提供数据保护合规培训，重视提升员工的 GDPR 合规意识，确保每一位适用 GDPR 管辖的员工和合作伙伴基于其特定工作和职责需要，能够准确理解数据保护合规要求，并严格执行公司相应制度和流程。

---

〔1〕 参见中兴公司官网：https://www.zte.com.cn/china/about/trust-center/legal-and-compliance/201901230922.html，最后访问日期：2023 年 7 月 28 日。

第三节　数据合规管理的支持与保障

数据合规管理体系的运行是一个包含"事前防范、事中监测与评估、事后救济与整改"的动态循环过程，也是一个不断发现问题、分析问题并解决问题的优化过程。

数据合规管理体系的有效运行，不仅需要合理的合规组织架构和完善的合规管理制度，也取决于各级部门和员工的数据合规意识、参与动机和执行能力，还有赖于各种支持措施和保障机制的运行。这里主要介绍数据合规培训、数据合规承诺、第三方监督评估等支持与保障机制。

从成本和费用的角度来看，相比于企业在违规之后缴纳的高额罚款和合规整改费用，企业在数据合规培训、数据合规承诺等事前预防机制方面的投入和支出还是值得的，相对来说也是一种低廉的费用，其在整体上实际降低了企业的合规成本。此外，引入第三方监督评估机制，针对那些违规企业进行事后救济，为涉案企业提供必要的合规指导，也能降低企业的合规成本，帮助企业提高建立或完善数据合规管理体系的意愿和能力。

一、数据合规培训

合规经营，意识先行。员工数据合规意识的高低，直接影响数据合规管理的成效。数据合规制度能否真正实施和发挥效用，最终要依靠相关的部门和员工去执行。

数据合规管理部门应当建立培训机制，定期为管理层、员工进行数据合规培训，使其充分了解数据法规、数据合规计划、岗位角色与自身职责等。通过培训和专业认证等措施，可以提高员工的数据合规意识，有效识别并降低合规风险，慢慢建设起企业的合规文化。

（一）数据合规培训

数据合规培训的目的是使公司全员树立合规意识、掌握合规知识、降低数据合规风险。

数据合规培训工作应当遵循持续性原则、适当性原则、有效性原则、可追溯性原则。

首先，数据合规培训应当定期开展或滚动进行（持续性原则），对全体员工尤其是对数据处理活动享有决策性影响的员工开展合规培训，并将公司制定的数据合规管理制度进行宣贯，确保相关人员的决策和行为符合相关法律规定和外部监管要求，也确保员工知悉企业内部的管理规定。

其次，针对不同岗位的员工培训内容有所不同（适当性原则）。对公司的高级管理层合规培训的重点是合规意识、合规文化、合规制度建设以及掌握有关的政策和法律法规。对于普通员工而言，合规培训主要是学习并知悉与其工作岗位和职责相关的规定、风险以及具体操作规程。

再者，数据合规培训在内容和形式上应当有利于员工的理解和接受，在结果上要切实提高员工们的认知水平和执行能力（有效性原则）。数据合规培训应当结合员工的岗位职责和业务操作，力求以一种简捷有效、结合岗位职责和实际案例的方式开展，追求实效。在每次培训后，要对参与培训的人员进行考核，考核成绩超过两次仍不合格的，建议给予一定的处罚。

此外，企业应当制定完整的培训计划，组织各级员工（尤其是从事高风险活动的员工）参加培训并做好记录，培训记录表由人事处统一管理（可追溯性原则），作为绩效考核的一部分以及职位晋升的参考依据。数据合规培训的对象还应当包括企业合作的第三方（包括数据的共享方、接收方），确保共享/传递出去的数据被合规使用，保证合法获取接收的数据。

（二）数据合规文化

数据合规文化是指合规理念、合规风险、合规价值、合规方针、合规管理体系、合规管理运行机制等合规工作规范的统称，是企业文化的一部分。数据合规文化的核心内容包括：

1. 合规理念：合规从领导做起；全员主动合规；合规创造价值等。

2. 合规价值观：诚信与正直；诚实守信；依法合规。

3. 合规行为：与外部监管部门有效互动；培训；制定和发放合规手册、签订合规承诺书。

4. 合规荣誉：合规模范；先进人物；合规管理荣誉。

建设数据合规文化，就必须要让全体员工意识到合规是一件大事，要让合规的观念和意识渗透到全体员工的血液中，要让员工从被动合规转变到主动合规，从"要我合规"到"我要合规"，在企业上下推行"合规人人有责""主动合规""合规创造价值"等合规理念。促使企业每个员工在每个业务操作环节或开展日常经营管理时能够遵循法律、规范和标准，努力培养员工的合规意识，让合规成为一种习惯、一种信念，做到人人合规、事事合规、时时合规、处处合规。

合规文化培育的本质是确立合规的理念、培养合规的意识、倡导合规的风气、营造合规的氛围，从而形成一种良好的人文软环境。如果员工对合规文化缺乏敏感性，那么无论合规计划多么符合标准，执行的有效性和效率都将大打折扣。

二、数据合规承诺

数据合规通常要历经三个阶段：承诺合规阶段，这是数据合规的起点；文本合规阶段，这是数据合规的技术化；文化合规阶段，这是数据合规的惯例化，是数据合规制度实施的终点。

合规承诺（Compliance Commitment）作为一种行之有效的事前预防机制，是指企业管理层及员工主动遵守法律法规的意愿表达。应该鼓励企业管理层和其他员工做出并履行明确公开的数据合规承诺，知悉并愿意遵守数据合规计划、承担违反数据合规承诺的后果。

建立数据合规承诺机制，可以提高相关人员对数据合规风险的认识和重视程度，确保其对企业履行合规承诺负责。通常情况下，企业决策人员和相关高级管理人员对数据合规的承诺和参与是提升数据合规制度有效性的关键。

2019 年 5 月 2 日，美国财政部海外资产控制办公室（The Office of Foreign Assets Control of the US Department of the Treasury，简称 OFAC）发布《合规承诺框架》（A Framework for OFAC Compliance Commitments），建议所有受美国管辖的实体以及在美国境内与美国人开展业务或使用美国原产货物或服务的外国实体，建立一套有效的制裁合规体系（Sanctions Compliance Program，简称 SCP）；每一项 SCP 至少应当包含五大核心要素：一是管理层承诺，二是风险评估，三是内部管控，四是测试与审计，五是培训。这是 OFAC 第一次以书面文件的形式明确要求企业管理层做出合规承诺[1]。

除了管理层做出合规承诺，员工的合规承诺也至关重要。人人合规、主动合规是每一个员工应尽的职责和义务。通过各业务岗位人员的书面合规承

---

[1] 参见陈瑞华：《行政监管合规体系的基本标准——美国 OFAC〈合规承诺框架〉简介》，载《中国律师》2019 年第 12 期。

诺，进一步明确了各岗位履职过程中需要遵守的数据合规事项，增强了岗位人员的数据合规意识，进一步健全了数据合规管理体系，树立"合规优先，合规创造价值"理念，从而从根源上减少数据合规事件的发生。

合规承诺可以分为义务性规定和禁止性规定两种。义务性规定的合规承诺主要涉及"应该做什么"，禁止性规定的合规承诺主要列出"不能做什么"（负面清单）。

2022年2月7日，上海市杨浦区检察院发布的上海市首份《企业数据合规指引》开始施行，其中第16条【个人信息的处理规则】规定，"数据处理者处理个人信息，应当依据《个人信息保护法》的规定遵守以下规则：

（一）按照服务类型分别向个人申请处理个人信息的同意，不得使用概括性条款取得同意；

（二）处理个人生物识别、宗教信仰、特定身份、医疗健康、金融账户、行踪轨迹等敏感个人信息应当取得个人单独同意；

（三）处理不满十四周岁未成年人的个人信息，应当取得其监护人同意；

（四）不得以改善服务质量、提升用户体验、研发新产品等为由，强迫个人同意处理其个人信息；

（五）不得通过误导、欺诈、胁迫等方式获得个人的同意；

（六）不得通过捆绑不同类型服务、批量申请同意等方式诱导、强迫个人进行批量个人信息同意；

（七）不得超出个人授权同意的范围处理个人信息；

（八）不得在个人明确表示不同意后，频繁征求同意、干扰正常使用服务。"

《企业数据合规指引》第12条【禁止从事的数据活动】规定，"企业及其员工开展数据处理活动应当遵守法律、行政法规，尊重社会公德和伦理，不得从事以下活动：

（一）危害国家安全、荣誉和利益，泄露国家秘密和工作秘密；

（二）侵害他人人格权、知识产权和其他合法权益等；

（三）通过窃取或者以其他非法方式获取数据；

（四）非法出售或者非法向他人提供数据；

（五）制作、发布、复制、传播违法信息；

（六）法律、行政法规禁止的其他行为。"

　　具体操作中，需要重视合规手册和合规承诺的具体性、真实性和可行性。作为数据合规计划的重要依据，合规承诺必须充分考虑数据合规管理的目标、企业的实际运营状况、员工岗位职责等多种因素，防止"假大空"等不切实际、形式化、无实效的许诺。

　　目标管理是以目标为导向，以人为中心，以成果为标准，实现组织和个人取得最佳业绩的现代管理方法。目标管理的核心是任务分解、责任落实到个人，强调在工作中实行"内在认同""自我控制"，自下而上地保证目标实现，在实践中被证明行之有效。因此，目标管理方法同样适用于数据合规管理，目标管理的原则也同样适用于数据合规承诺。

　　如何把数据法规的各项条款落实并细化为可供员工执行和操作的合规手册和合规承诺？参考目标管理的 SMART 原则，结合承诺者的合规子目标、岗位职责和工作情境特点，将一般性、普遍性、概括性、原则性的规定和要求尽可能予以具体化、情景化、可行化、相关化。当然，这里也有一个度的把握，过分具体化、情景化反而可能适得其反，有可能成为员工机械性执行、逃避合规承诺的一种依据和借口。具体来说，根据 SMART 原则，数据合规承诺力求做到：

　　S（Specific）具体明确的。用简明扼要、容易理解、尽量精准的语言，清晰地表达所要达成的目标和要求（应该做什么，不能做什么），提出的要求必须是明确、具体、可操作的，便于员工执行。

　　M（Measurable）可以衡量的。目标要明确，尽量使用数据指标或明确的方法进行衡量，可以明确验证承诺目标完成的效果。以优化数据处理流程为例，明确优化流程需要达到的要求，如提升 50% 的效率，流程时间由 2 天缩短到 1 天等。

　　A（Attainable）可达到的。合规数据承诺对于承诺者来说是可实现的、可行的，形式化的承诺，没有员工发自内心的认同，也没有真正执行的意愿，更谈不上认真履行承诺。

　　R（Relevant）有相关性的。数据合规承诺要符合承诺者的工作实际，数据合规承诺与数据业务的具体情境是密切相关的，与员工关系不大甚至无关的承诺，就是空虚的承诺，根本没有必要。

　　T（Time-bound）有时限的。具体的某项合规承诺是有时间期限的，带有时间和空间坐标。

管理层和员工签署合规承诺书的目的，不仅是用笔签下一纸承诺书，关键还在于要求合规承诺者扎扎实实去践行诺言。承诺是必要的，践诺才是关键，且违诺要付出代价。

此外，在司法实践中，作为一种有效的激励机制，合规承诺还存在一种事后承诺（承诺纠错、改过自新、事后救济）情形，即国家行政机关以行政处罚、司法机关（主要是检察机关）以起诉犯罪和判处犯罪的"暴力"相威慑，针对已经违法违规的企业或组织，通过"合规承诺（合规整改承诺）——设定合规考验期——监督+验收——减轻/免除行政处罚或撤销起诉/不起诉"的合规激励路径，来激励和协助企业建立或完善合规管理体系，以弥补或改正已经犯下的过错。

以行政处罚为例，对于已经出现违法违规应当受到行政处罚的企业，承诺建立或完善合规管理体系的，行政机关可与企业达成行政和解协议。和解协议为企业建立或完善合规管理体系设定合规考验期、派驻合规监督员，在期限届满后，如果企业全面履行行政和解协议的条款，行政机关则减轻或免除进一步制裁，从而达到惩前毖后、治病救人的真正目的。

涉案企业的事后合规承诺包括两种情形：第一种是涉案企业尚未建立合规管理体系，承诺尽快建立合规管理体系；第二种是涉案企业已建立合规管理体系，但存在显著缺陷或功能不足，承诺改进和完善合规管理体系。

三、涉案企业合规第三方监督评估

20 世纪 90 年代，通过"合作从宽"（Cooperation Credit）的方式，美国《联邦量刑指南》确立了一种影响深远的暂缓起诉协议制度（DPA）和不起诉协议制度（NPA）。

具体来说，就是对于涉嫌犯罪的企业，根据其建立合规计划（含整改）的完善程度来决定是否达成和解协议；通过建立考验期，责令涉案企业缴纳高额罚款（或保证金），并责令建立或完善合规计划，以换取考验期结束后的撤销起诉。由于建立或完善合规计划（含整改）可以获得撤销起诉的结果，并避免受到定罪判刑，从而避免企业和个人遭受更大损失，因此，涉案企业在建立合规计划和努力整改方面具有强大的动力，逐步建立完善的合规管理体系。

2021 年 6 月 3 日，最高人民检察院、司法部、财政部、生态环境部、国务院国有资产监督管理委员会、国家税务总局、国家市场监督管理总局、全国工商联、中国国际贸易促进委员会共九部门联合发布了《关于建立涉案企业合规第三方监督评估机制的指导意见（试行）》，在依法推进企业合规改革试点工作中，建立健全涉案企业合规第三方监督评估机制，有效惩治预防企业违法犯罪，服务保障经济社会高质量发展，助力推进国家治理体系和治理能力现代化，并发布了第一批企业合规改革试点典型案例。2021 年 12 月 15日和 2022 年 7 月 21 日最高人民检察院发布了第二批、第三批涉案企业合规典型案例。

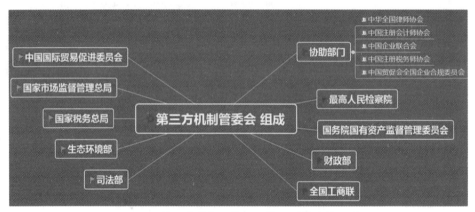

图 5-7　第三方监督评估机制管理委员会的组成

　　第三方机制是指人民检察院在办理涉企犯罪案件时，对符合企业合规改革试点适用条件的，交由第三方监督评估机制管理委员会选任组成的第三方监督评估组织（以下简称"第三方组织"），对涉案企业的合规承诺进行调查、评估、监督和考察。考察结果作为人民检察院依法处理案件的重要参考。

　　依据上述意见第 3 条的规定，第三方机制适用于公司、企业等市场主体在生产经营活动中涉及的经济犯罪、职务犯罪等案件，既包括公司、企业等实施的单位犯罪案件，也包括公司、企业实际控制人、经营管理人员、关键技术人员等实施的与生产经营活动密切相关的犯罪案件；既包括单位犯罪案件，也包括自然人犯罪案件；既包括重罪，也包括轻罪，适用案件的范围明显较试点过程的案件范围有所扩大，给予检察机关适用案件类型的极大空间。

【参考案例】上海首例数据合规案[1]

上海 A 网络科技有限公司（以下简称"A 公司"）成立于 2016 年 1 月，系一家为本地商户提供数字化转型服务的互联网大数据公司，现有员工 1000 余人，年纳税额 1000 余万元，已帮助 2 万余家商户完成数字化转型，拥有计算机软件著作权 10 余件，2020 年被评定为高新技术企业。

2019 年至 2020 年，在未经上海 B 信息科技有限公司（以下简称"B 公司"，系国内特大型美食外卖平台企业）授权许可的情况下，A 公司为了以提供超范围数据服务吸引更多的客户，由陈某某（该公司首席技术官）指使汤某某、王某某等（该公司核心技术人员），通过"外爬""内爬"等爬虫程序，非法获取 B 公司运营的外卖平台（以下简称"B 平台"）数据。其中，汤某某技术团队实施"外爬"，以非法技术手段，或利用 B 平台网页漏洞，突破、绕开 B 公司设置的 IP 限制、验证码验证等网络安全措施，通过爬虫程序大量获取 B 公司存储的店铺信息等数据。王某某技术团队实施"内爬"，利用掌握的登录 B 平台商户端的账号、密码及自行设计的浏览器插件，违反 B 平台商户端协议，通过爬虫程序大量获取 B 公司存储的订单信息等数据。上述行为造成 B 公司存储的具有巨大商业价值的海量商户信息被非法获取，同时造成 B 公司流量成本增加，直接经济损失人民币 4 万余元。

经走访座谈和办案调研，普陀区检察院发现，A 公司存在管理盲区、制度空白、技术滥用等数据合规风险，遂向 A 公司制发《合规检察建议书》，从数据合规管理、数据风险识别、评估与处理、数据合规运行与保障等方面提出整改建议。

A 公司积极整改，并聘请法律顾问制定数据合规专项整改计划。鉴于开展数据合规的专业性要求较高，本案第三方组织吸纳网信办、知名互联网安全企业、产业促进社会组织等的专家成员，通过询问谈话、走访调查、审查资料、召开培训会等形式，全程监督 A 公司数据合规整改工作，主要内容包括：

第一，数据来源合规。A 公司与 B 公司达成合规数据交互约定，彻底销毁相关爬虫程序及源代码，对非法获取的涉案数据进行无害化处理，并与 B 平台 API 数据接口直连，实现数据来源合法化。

---

[1]　案例改编自：最高检发布的第三批涉案企业合规典型案例（2022 年 7 月 21 日）。

第二，数据安全合规。A公司设立数据安全官，专项负责数据安全及个人信息安全保护工作；构建数据安全管理体系，制定、落实《数据分类分级管理制度》《员工安全管理等级》；加入区级态势感知平台，提升安全威胁的识别、响应处置能力，分拆服务，提高云访问权限，数据及时脱敏、加密，增强网络攻击防护能力。

第三，数据管理制度合规。A公司建立数据合规委员会，制定常态化合规管理制度，开展合规年度报告。

2022年2月，第三方组织评估认为，涉案企业与个人积极进行合规整改，建立合规组织、完善制度规范、提升技术能级，已完成数据合规建设的整改措施，三个月考察期限届满，并评定A公司合规整改合格。普陀区检察院通过听取汇报、现场验收、公开评议等方式对监督考察结果予以充分审查。

2022年4月28日，普陀区检察院因应疫情开展"云听证"，邀请全国人大代表、人民监督员、侦查机关、第三方组织、被害单位等线上参加或旁听。经评议，参与听证各方一致同意对涉案人员做出不起诉决定。

2022年5月10日，检察机关经审查后认为，因本案犯罪情节轻微，A公司及犯罪嫌疑人具有坦白、认罪认罚等法定从宽处罚情节，积极退赔被害企业损失并取得谅解，系初犯，主观恶性小，社会危害性不大，且A公司合规整改经第三方考察评估合格，依法对A公司、陈某某等人分别做出不起诉决定。

数据合规的实践表明，与企业聘请的独立监管人相比，在对涉案企业合规计划的完善、合规计划执行的监督、合规结果的评判工作中，第三方监督评估组织具有更高的独立性，能够更好地保持独立与客观的态度，有利于保障取得良好的整改效果，有利于促使企业更好地防控合规风险，更好地体现公平、公正、公开原则，在合规案件处理中达到治病救人的目的，而不是一罚了之。

此外，鉴于中小企业和民营企业管理层的管理素养、员工合规意识、合规技术、企业规模、企业合规资源、组织机构和管理制度等现实因素的制约和不足，引入第三方监督评估机制，针对那些违规企业进行事后救济，为涉案企业提供必要的外部督促和合规指导，是数据合规管理的一种有效机制和必要补充举措，也能降低企业的合规成本，值得进一步探索和试点。

【思考题】

1. 结合案例说明，为什么数据合规已是全球化企业的当务之急？

2. 结合案例说明，现实中企业的数据合规管理究竟存在哪些突出问题？如何加以解决？

3. ISO 37301（2021）为企业和其他组织的合规管理提供了标准化框架，具体有哪些内容？对数据合规管理有什么指导意义？

4. 结合案例说明，为什么说组织架构设计与职责界定，是数据合规管理的前提，也是关键所在？

5. 结合案例说明，组织合规的三道防线，是如何防范可能面临的数据合规风险的？

6. 第三方监督评估机制具有哪些优势？为何能部分降低企业的合规成本？其运行成本应该如何分摊？

第六章 数据合规技术

【本章概述】通过数据加密、数据脱敏、数据防泄露、数据追踪溯源以及数据库安全防范等技术手段保护个人隐私，保障数据完整性、保密性和可用性的需求凸显。同时，世界主要国家也在积极研究突破核心技术，探索构建数据安全技术解决方案。本章将通过研究梳理国内外数据安全技术手段发展现状，介绍数据合规流程的各项技术。

【学习目标】了解数据合规各阶段设计的技术。

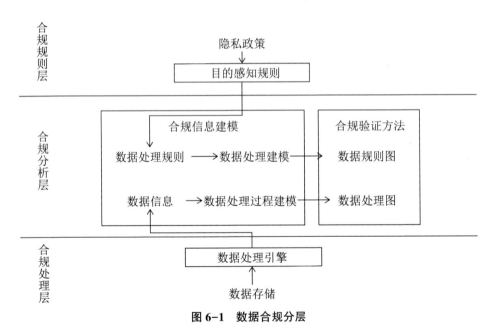

图 6-1 数据合规分层

第一节　数据收集

一、数据收集方法

（一）通过 APP 或 web 采集用户信息

收集者通过与数据主体交互或记录数据主体行为而直接、主动地收集数据，此种方式常见于企业通过 App 采集和 web 端采集用户的数据，包括个人身份信息、交易信息、财产信息、地理位置信息、健康信息、行踪信息等。[1] 数据收集者通过与第三方共享、购买、接受第三方的委托处理、接收第三方提供的方式收集数据，应当审查第三方对数据是否具有所有权，以及审查第三方收集数据的方式是否合法、合规。

（二）从互联网平台收集数据

数据收集者从公开或半公开的互联网平台收集数据，主要是通过爬虫技术或 API 等方式。使用爬虫技术爬取网站的数据必须遵守 robots，robots 是网站跟爬虫间的协议，用简单直接的 txt 格式文本方式告诉对应的爬虫被允许的权限。[2] 网站所有者使用 "robots. txt" 文件向网络爬虫提供有关其网站的说明，所有爬虫在爬取网站信息之前，都要先检查 "robots. txt" 文件。[3] 文件约定了搜寻引擎抓取网站内容的范围，包括网站要不要被搜寻引擎抓取、哪些内容不准被抓取、网络爬虫自动抓取或不能依此抓取网页内容等。中国社会科学院信息化研究中心秘书长姜奇平表示，robots 的约束力由自身的自律性高低所决定，不添加外界强制力，但这不等于直接认定其所表达的精神不存在法律基础。美国的电子隐私权法就规定 "将决定权交给消费者，让其切实有效地授权或者拒绝他人采集和使用其个人信息"，可见遵守规则就是要遵守公平竞争，不是没有强制力就可以不公平竞争。[4] 虽然公开收集数据有着先天的合规劣势，但数据交易所对于公开收集数据形成的产品并没有完全排斥。

---

[1] 参见 Robots. txt，载 http://www. robotstxt. org/robotstxt. html，最后访问日期：2023 年 3 月 11 日。

[2] 参见 Robots. txt，载 http://www. robotstxt. org/robotstxt. html，最后访问日期：2023 年 3 月 11 日。

[3] 参见丁晓东：《数据到底属于谁？——从网络爬虫看平台数据权属与数据保护》，载《华东政法大学学报》2019 年第 5 期。

[4] 参见《Robots 协议（爬虫协议、机器人协议）》，载 https://www. cnblogs. com/sddai/p/6820415. html，最后访问日期：2023 年 3 月 20 日。

（三）物联网收集数据

物联网（Internet of Things，简称 IoT）是指通过各种信息传感器、射频识别技术、全球定位系统、红外感应器、激光扫描器等各种装置与技术，实时采集任何需要监控、连接、互动的物体或过程，采集其声、光、热、电、力学、化学、生物、位置等各种需要的信息，通过各类可能的网络接入，实现物与物、物与人的泛在连接，实现对物品和过程的智能化感知、识别、定位、跟踪、监控管理。[1]物联网即"万物相连的互联网"，是互联网基础上延伸和扩展的网络，将各种信息传感设备链接起来，进行信息交换，实现任何时间、任何地点，人、机、物的互联互通。[2]AI 深度学习需要 IoT 传感器收集上来的海量数据，IoT 也需要 AI 给予正确的感知、识别、监控、预测和管理。AIoT（人工智能物联网）= AI（人工智能）+IoT（物联网）。AI 的介入让 IoT 有了连接的"大脑"。AI、IoT"一体化"后，"人工智能"逐渐向"应用智能"发展。[3]

（四）数据挖掘

数据挖掘（Data Mining），又译为资料探勘、数据采矿，是数据库知识发现（Knowledge-Discovery in Databases，简称 KDD）中的一个步骤。[4]数据挖掘一般是指从大量的数据中自动搜索隐藏于其中的有着特殊关系性的信息的过程。数据挖掘通常与计算机科学有关，并通过统计、在线分析处理、情报检索、机器学习、专家系统（依靠过去的经验法则）和模式识别等诸多方法来实现上述目标。[5]有人把 Data Mining 看作数据库中知识发现过程的基础步骤，由数据准备、数据挖掘、结果表达和解释三个阶段组成。资料准备是从有关资料来源中选择所需资料，整合成资料集，供资料挖掘之用；规律求索

〔1〕参见《Internet of things：是指通过各种信息传感器、射频识别技术、全球定位系统、红外感应器、激光扫描等各种装置》，载 https://blog.csdn.net/blog_ programb/article/details/120463704，最后访问日期：2023 年 2 月 11 日。

〔2〕参见黄舒浩：《电力物联网对电网稳定性的作用》，载《数码设计（上）》2019 年第 11 期。

〔3〕参见《元宇宙技术全景白皮书（2022）》，载 https://www.digitalelite.cn/h-nd-4493.html，最后访问日期：2023 年 1 月 15 日。

〔4〕参见刘传勇：《基于 rfid 的物流大数据资产管理及数据挖掘研究》，上海师范大学 2015 年硕士学位论文。

〔5〕参见李爱民：《数据挖掘技术在经济统计中的应用》，载《环球市场信息导报》2017 年第 26 期。

就是把数据集中包含的规律用一定的方法找出来；规律表示法是将找到的规律尽可能以用户可理解的方式表达出来，例如可视化（Visual）。

数据挖掘的步骤会随不同领域的应用而有所变化，每一种数据挖掘技术也会有各自的特性和使用步骤，针对不同问题和需求所制定的数据挖掘过程也会存在差异。此外，数据的完整程度、专业人员支持的程度等都会对建立数据挖掘过程有所影响。这些因素造成了数据挖掘在各不同领域中的运用、规划，以及流程的差异性，即使同一产业，也会因为分析技术和专业知识的涉入程度不同而不同，因此对于数据挖掘过程的系统化、标准化就显得格外重要。[1]

三、数据收集算法

（一）Maximum Lifetime Data Gathering and Aggregation（简称 MLDGA）

MLDGA 的全称是最大生存期数据收集与聚合。MLDGA 与最大化系统生存期 T 有关，在给定传感器初始可用能量的情况下可以在网络内聚合的情况下进行 T 轮数据收集。

（二）DIRECT

DIRECT 算法是一种新的确定性全局最优化算法，由 Jones 等人（1993）首次提出，该算法的名字来自"Dividing Rectangles"（分割矩形）的首字母缩写词，同时也指出它是一种直接（DIRECT）搜索算法。DIRECT 算法用于搜索简单约束条件下的多维（多变量）函数的全局最小值，非常适合于具有确定变量空间的"黑盒"问题的最优化求解。[2]

（三）MTE（Minimum Transmission Energy）

MTE 路由协议具有结构简单、开销小的特点，每个节点发送数据给通往目的节点的下一跳节点。这样靠近目的节点的传感器节点需要承担路由器的工作，容易造成靠近目的节点的负载过重，这部分传感器节点会很快地耗尽能量而"死亡"，缩短了整个网络的生命周期。[3]

---

〔1〕 参见刘波：《浅谈数据挖掘技术在临床医学领域中的应用》，载《电子世界》2017 年第 12 期。

〔2〕 参见王云宏：《基于 direct 算法的微震震源快速网格搜索定位方法研究》，载《地球物理学进展》2016 年第 4 期。

〔3〕 参见《唐唐的世界：〈MTE（Minimum Transmission Energy）路由协议〉》，载 https://blog.csdn.net/SSH5366/article/details/77529989，最后访问日期：2023 年 2 月 11 日。

（四）LEACH（Low Energy Adaptive Clustering Hierarchy）

LEACH 协议全称是"低功耗自适应集簇分层型协议"，是一种无线传感网络路由协议。基于 LEACH 协议的算法，称为 LEACH 算法。[1]LEACH 算法建立在所有节点都是平等且无线电信号在各个方向上能耗相同的假设上。在LEACH 算法中，节点自组织成不同的簇，每个簇只有一个簇头。所有非簇头节点将自己的数据发给所属簇的簇头节点，为减少冗余数据的传输，簇头节点在数据融合后将数据发送给远方的接收器。这样，每个非簇头节点都只需要知道自己所属簇的簇头信息即可，簇头也只需要维持很小的路由表。每个节点须轮流担任簇头。[2]

（五）LEACH-C（LEACH-CENTRALIZED）

LEACH-C 是 LEACH 的一种变体，其中簇头由接收器选择。[3]LEACH-C协议是一种周期性协议，在每个周期的开始阶段，所有节点把自己的位置信息和剩余能量值发往基站。基站在收到这些信息后，先计算所有节点的平均能量值，把能量不低于平均能量值的节点作为候选节点；如果节点收到的簇头集合中有自己的 ID，则把自己作为簇头；如果没有，则与相应的簇头建立联系，成为其簇成员节点并向簇头传输数据。[4]当监测范围较大时，由于一些簇头距离基站过远，每次发送信息所需能量过多，很容易造成簇头节点死亡的情况出现。再加上分簇频繁，导致基站信息频繁被网络节点接收，网络存活时间减少。

（六）PEGASIS（Power-Efficient Gathering in Sensor Information System）

PEGASIS（传感器系统能量高效聚集协议）降低了在 LEACH 协议中频繁的簇头选举所带来的能量损失，采用轮流选头节点的策略来传输数据，但网络通信的时延较大，当传输信息的方向和基站位置相反时会产生额外的能量

---

〔1〕 参见 LEACH，载 https://baike.baidu.com/item/LEACH/3900419，最后访问日期：2023 年 3 月 11 日。

〔2〕 参见吴臻、金心宇：《无线传感器网络的 LEACH 算法的改进》，载《传感技术学报》2006 年第 1 期。

〔3〕 See Kamel Tebessi, Fouzi Semchedine, "An Improvement on LEACH-C Protocol（LEACH-CCM-SN）", *Automatic Control and Computer Sciences*, Vol. 56, No. 1, 2022.

〔4〕 参见蹇强等：《无线传感器网络 mac 协议研究进展》，载《软件学报》2008 年第 2 期。

消耗增加。[1]PEGASIS 协议是一种路由传输协议，基于链状结构，改进了经典的 LEACH 协议。在此协议中有链的形成、头节点的选取和数据传输三个阶段，最后由本轮所选取的头节点将包含本网络中的所有信息传递给基站，完成一轮的数据采集。[2]

（七）PEDAP（Power Efficient Data gathering and Aggregation Protocol）

PEDAP 协议假定基站知道所有节点的位置，[3]它是基站负责路由信息计算的集中式算法。通过使用数据融合和聚合技术，在最小化每轮总能量的同时，平衡每个节点的功耗，因为在某些元素资源有限而一个或多个元素功能强大的系统中，最好将计算负载分配给系统中功能更强大的元素。[4]

第二节　数据存储

一、建立分类分级存储机制

不同数据在产生和采集时就需要做好数据分类分级，分类和分级的区别在于一个是横向一个是纵向，尤其是针对自行生产数据，因自行生产数据不存在外部收集过程，其数据在经过简单加工处理后即可以数据包的形式上架数据交易市场，若起初并未做好数据分级，则数据交易中的数据存储和数据转移就无法按照相应数据等级进行匹配审查，其上架就可能存在合法合规风险。数据分类分级存储有利于数据查询、管理和保护，提高数据安全，满足合规要求，提升业务运营效率，降低业务风险。

（一）数据分类的原则

数据分类（Data Classification）顾名思义，就是对数据进行区分和分类，其依据主要是数据的自身属性、本质特征和法律权益，将属性相似或特征相

---

〔1〕　参见王海浪、张玲华：《基于 PEGASIS 的无线传感器网络路由协议改进》，载《计算机工程》2022 年第 12 期。

〔2〕　参见方伟欣等：《一种基于 PEGASIS 协议的路径优化方法》，载《云南民族大学学报（自然科学版）》2017 年第 3 期。

〔3〕　参见史久根、胡小博：《高效节能的无线传感器网络数据收集协议》，载《电子测量与仪器学报》2012 年第 5 期。

〔4〕　See Huseyin Ozgur Tan, Ibrahim Korpeoglu, "Power Effifient Data Gathering and Aggregation in Wireless Sensor Networks", *ACM SIGMOD Record*, Vol. 32, No. 4, 2003.

似的数据，通过对不同数据的分析比较，划分为同一类。[1]数据的分类并不是唯一的方式，比如可以按照数据主体分为国别数据、个人数据、公司数据、大众数据等；按重要程度可以分为核心资料、重点资料、常用资料等；也可根据资料用途分为财经资料、医疗资料、个人资讯资料等；根据数据用途还可以分为金融数据、医疗数据、个人信息数据等。数据分类虽然没有唯一的规定，但应该遵守以下几个原则以保证数据分类的科学性和合理性，确保数据分类能切实地起到保护数据安全、利于数据管理的效果。

对数据进行分类应该遵守法律属性原则。其一，现有的数据分类方式应该遵守法律、法规和规章，即尊重数据已经具有的法律属性，尽可能在现有的数据分类基础上进一步细化完善。其二，资料归类要遵守稳定性原则，注意资料归类后的稳定性，也就是以资料的本质属性作为资料归类的依据和基础。稳定是长久且广泛地运行一项制度的基础条件，不稳定的数据分类结果不利于推进与发展数据分类制度，而依据数据的本质属性和特征进行分类能够保证拥有一个稳定的分类结果。其三，数据分类应当遵守系统性原则，应该保证数据分类具有系统性，在对数据实行分类的过程中，应该保证选定的数据按照其内在规律或内在逻辑进行系统化分类，最终得到一个符合逻辑性、层次性、系统性的分类结果。其四，数据分类应当遵守可补充性原则，在对数据进行分类的活动中，应当在每个类别中都留有一定的补充空间，以适应不断更新的数据种类和不断扩大的数据范围，保证在形势发生变更时第一时间满足法律法规对数据分类的需求。其五，数据分类应当遵守实用性原则，数据分类最终是为了服务数据管理和更好地打击数据犯罪，所以在进行数据分类的同时需要从该分类方式的实用性出发，使最终的分类结果总体上是能够满足数据分类分级制度的需求。其六，数据分类应当遵守兼容性原则，数据分类的结果应该是在国家标准、行业标准的框架下进行的，并按照国家标准优先于行业标准，行业标准优先于国际标准的顺位依次遵守，保证不同的数据分类体系可以协调一致、互相转换，扩大数据分类的适用范围。[2]

（二）数据分类的标准

对资料分类的实务过程中，一般是先将资料分成若干个大类，再以此为

---

〔1〕 参见朱茵等：《智能交通系统导论》，中国人民公安大学出版社 2007 年版。

〔2〕 参见张勇：《数据安全分类分级的刑法保护》，载《法治研究》2021 年第 3 期。

基础，将各大类中的资料细分成属于并列关系的各个子类，以及属于从属关系的子类和大类。由于数据分类的标准主要是数据的属性和特征，而数据的复杂性导致一类数据可以具有复合属性和特征，所以目前并没有强制要求数据全部按某一标准进行分类。常用的数据分类标准有以下几种：

1. ISO27001 标准

ISO27001 标准即"信息安全管理体系标准"，该标准认为信息分类应当按照法律要求和对组织的价值、关键性和敏感性进行分类。

2. 美国的政府安全信息分类制度

美国将其政府安全信息分为三类，即国家安全机密信息、受控非涉密信息以及政府开放数据。国家安全机密信息，指的是政府安全信息中保密性最强的部分信息，包括军事信息、外交信息、国防信息等八个领域。基于不同信息受侵害导致泄露后造成的影响程度的高低，国家安全信息由低至高被分为三级，分别是机密、秘密以及最高机密。在对国家安全信息进行类别和级别的判断时，如果不能确定为高级别，应该优先认定为低级别，并且严格控制将数据分类为国家安全信息的行为，以免过度扩张国家安全信息的范围，影响信息的正常流通。《受控未分类信息》（CUI 制度）将数据信息分为 23 个大类，涉及基础设施、出口、经济、法律等多个领域，在特朗普政府的调整后下降为 20 个类别，并进一步细分为 124 个小类几乎涵盖了所有的政府信息领域。CUI 制度的出现终结了未分类信息管理混乱的局面，形成了统一的标识制度、备案系统以及条理清晰的划分体系。最后是不涉及保密性的政府开放数据，此类数据美国采取的是 CC 协议（Creative Commons），协议中表示，对于政府开放数据，任何美国公民都可以有条件地复制、修改、传播，这种方式一定程度上促进政府公开数据的流通，降低了政府的工作量。

3. 我国《数据安全法》中所采用的数据分类方式

《数据安全法》将数据分为一般数据、重要数据以及核心数据。其中核心数据的范围限制为与国家安全、国家经济命脉、重要民生以及重大公共利益相关的数据。[1]重要数据则是重要程度介于一般数据与核心数据之间的一类数据。重要数据目录的制定将会由国家主导进行，之后各部门以及各地区应

---

〔1〕　参见《〈数据安全法〉解读与企业合规建议》，载 https://www.sohu.com/a/472499868_395209，最后访问日期：2023 年 7 月 27 日。

当按照重要数据目录开展数据分类分级保护工作。这种方式有利于我国在全国范围内对数据进行统一管理，并以此为依据推广到各地区各行业当中。

由此可见，通过多种数据授权使用协议，促进数据流通和数据安全开放进程，国外的数据分类标准，尤其是以美国政府安全信息分类标准为代表的分类方式，在数据开放和数据安全之间取得了较好的平衡，在我国数据分类管理中具有重要的参考意义。

（三）数据分级的原则

所谓的数据分级，则是基于已制定的一系列价值判断标准，对已分类数据进行进一步的定级细分。通过对数据的分级，可以把数据的价值限定在一个比较精确的、可以量化比较的区间内，方便在实务处理中以此为依据适用相适应的处理方式，对数据安全进行合理的保护。数据分级的判定应该综合考虑数据的安全价值、适用范围、重要程度、影响程度等多个维度，以此为依据对数据价值等级进行划分，与数据分类相似，数据分级也应当遵守以下几个原则。第一，安全性原则，数据分级的最终目的是服务于数据管理和打击数据犯罪行为，保护数据安全，因此数据分级时首先考虑的影响因素应该是数据的安全价值，而应该给予的评价等级也相应增加了更高安全价值的数据。第二，结果导向原则，即数据被破坏后所造成的危害越严重，数据分级的级别也应该越高，这样才能分配与之相适应的保护力度。第三，最高值原则，即对同一个数据有多个判定角度或同一个数据集存在多个数据时，应该以其中判定的最高值为依据进行分级。例如某项数据从影响对象来看为国家安全，判定为4级，但从影响范围角度是中等范围，判定为3级，那么为了最大化地保护此数据，应该将此数据等级视为4级。第四，数据分级应该是综合多个方面得出的结果，以确保数据分级结果的合理性。数据分级影响因素并不唯一，只从某一种单一因素进行判断可能会因为考虑欠缺从而违背了最高值原则，只有对以上影响因素综合考虑才能最大程度保证数据分级结果的科学、规范、合理。

（四）数据分级的标准

实践中对数据分级的评判标准一般根据数据影响的对象、范围和危害结果三个方面综合判定。

1. 数据影响对象

数据影响对象指的就是数据一旦遭到侵害或者破坏，将因此而受到影响的客体。在《数据安全法》第 21 条规定中，把影响对象主要分为四类，即国家安全、公共利益、个人合法权益、组织合法权益。国家安全指向的一般是关乎国家、军事机密的数据，一旦发生泄露，将会对国家安全造成一定程度的威胁，影响国家正常发展；公共利益指向的是可以影响社会正常运行、和谐稳定的数据；个人合法权益与组织合法权益则指向的是影响个人生活、组织正常运行的数据，如个人私密信息、企业商业机密等。

2. 数据影响范围

影响范围主要根据数据受到侵害或破坏后所造成的影响范围大小进行划分，可以将其划分为小范围、中等范围和大范围三个级别。小范围级别应该是指在数据受到侵害或破坏后不会对社会公众造成影响的数据等级，如单一的个人信息数据在受到侵害后大概率只会对受害者个人造成影响，或者是个别的企业、组织的数据遭受泄露，只会影响受侵害的组织，而不至于影响整个行业。中等范围级别的数据受到侵害或破坏后产生的影响则会涉及社会以及公众利益，受害客体也不局限于单一自然人或单一组织，但还未达到明显影响社会安定发展的程度。大范围级别的数据应该是与社会稳定发展联系密切的重要数据，一旦受到侵害会对社会和公共利益造成巨大威胁，影响社会稳定，抑或是影响人数极大，与绝大多数人利益相关。

3. 危害结果

危害结果即数据遭受侵害后会对个人、社会乃至国家造成何种程度的危害结果，参照金融行业对数据资产的分级可以分为四种，即轻微、一般、严重、特别严重。轻微指的是数据在受到侵害或者破坏后，会给对象带来较低的危害结果，并可以采取补救措施，通常在进行弥补之后不会继续带来不良的后续影响；一般则是危害结果比较明显，对侵害对象会带来一定程度的不便，结果虽然可以补救，但依旧会存在一定程度的影响；严重这一程度的危害结果已经可以对侵害对象造成严重影响，对社会和公众都有可能形成威胁，必须立即补救，防止损失继续扩大；特别严重则是已经对侵害对象造成无法挽回的损失，危害特别严重，一般这类数据关乎社会和国家安全，需要以最高级别的力度进行保护。

（五）数据分级存储机制

第一级（自主保护级）不需要备案，也不需要对评估周期做要求；一般适合小规模的私营、个体经营；一般信息系统在乡镇和县直单位。

第二级（指导保护级）公安部门备案，建议两年测评一次：一般适用于县级部分单位中的重要信息系统；地市级以上国家机关、企事业单位内部一般的信息系统。

第三级（监督保护级）公安部门备案，要求每年测评一次：一般适用于地市级以上国家机关、企事业单位内部重要的信息系统，例如涉及工作秘密、商业秘密、敏感信息的办公系统和管理系统[1]。

第四级（强制保护级）公安部门备案，要求半年测评一次：一般适用于特别重要的系统以及国家重要领域和部门中的核心系统，比如电力、电信、广电、铁路、民航、银行、税务等。

第五级（专控保护级）公安部门备案，依据特殊安全需求进行测评：一般适用于国家重要领域、重要部门中的极端重要系统。

二、存储

（一）存储与备份

存储重要数据和核心数据的，应当采用校验技术、密码技术等措施进行安全存储，不得直接提供存储系统的公共信息网络访问，并实施数据容灾备份和存储介质安全管理，定期开展数据恢复测试。对核心资料进行存储的，也要实行异地容灾备份。

1. 仅本地备份

这一级容灾备份只在本地进行数据备份，并且备份的数据只在本地保存，并没有在异地建立灾备中心，所以实际上没有灾难情况下的数据恢复能力[2]。

2. 异地热备

在异地建立一个热备份点，通过网络进行数据备份。也就是通过网络以同步或异步方式，把主站点的数据备份到备份站点，备份站点一般只备份数据，不承担业务。当出现灾难时，备份站点接替主站点的业务，从而维护业务运行的连续性。

---

〔1〕 参见信息化建设与管理中心：《登记保护分为哪几个等级？》，载 https://cicm. njts. edu. cn/2022/0416/c5102a64078/page. psp，最后访问日期：2023 年 7 月 27 日。

〔2〕 参见《多备份专家详解 4 种容灾备份方式》，载 https://www.sohu. com/a/11812836_ 120221，最后访问日期：2023 年 7 月 27 日。

3. 异地互备

两个数据中心分别设置在不同的地理位置上，相互进行工作状态下的数据备份。这样，另一家数据中心就可以在某一家数据中心发生灾难的时候，直接接过他们的任务。这种级别的备份根据实际要求和投入资金的多少，又可分为两种[1]：两个数据中心之间只限于关键数据的相互备份；两个数据中心之间互为镜像，即零数据丢失等。零数据丢失是目前要求最高的一种容灾备份方式，它要求不管什么灾难发生，系统都能保证数据的安全。所以，它需要配置复杂的管理软件和专用的硬件设备，需要的投资相对而言是最大的，但恢复数据的速度也是最快的。[2]

4. 云备份

云备份，就是个人或企业把数据如通讯录、短信、图片等资料，通过云存储的方式备份在公有云或私有云。云备份已经成为云计算最重要的落地表现形式之一，加上在成本上的巨大优势，已经在企业市场中获得了快速的发展。百度云盘、腾讯微云等都可以认为是云备份的一种，另一种则是以 SaaS 为代表的应用。

5. 异地容灾备份

异地容灾备份是指在灾难发生后，可以利用异地的备份数据，在异地迅速接管，保证数据安全和业务连续性的情况下，利用网络在异地进行数据同步备份。

(二) 存储介质管理要求

存储介质是指存储中心记录存储数据的设备，主要包括磁带、磁盘、光盘、闪存等。存储介质在接入系统前，存储中心安全管理员负责对介质进行病毒检查，如发现病毒，立即进行处理后再接入系统。存储中心应对磁盘阵列、磁带库等存储核心数据的介质进行标识，统一存放在固定的位置，并由机房管理员负责管理。中心移动硬盘、U 盘等由介质使用人负责管理。存储中心应建立《存储介质管理登记表》，并由资产管理员负责定期盘点。存储中心数据管理员应每半年对介质中的数据进行测试，如发现介质硬件老化或发

---

〔1〕　参见魏唐槐：《电气自动化系统的数据处理分析》，载《城市建设理论研究（电子版）》2014年第 35 期。

〔2〕　参见郑显龙：《企业存储管理中 san 技术的应用研究》，兰州大学 2007 年硕士学位论文。

现介质运行缓慢，应当立即将其中数据转移到新的介质中，以防止由于介质老化、失效而导致的重要数据丢失。当介质损坏需要送去维修或销毁时，应首先清除其中的敏感数据，以防止内部信息的非法泄露。对于需要报废的介质，应填写《信息中心介质报废登记表》，并作集中报告。

三、数据的控制

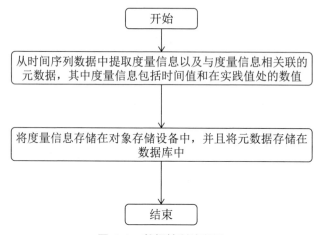

图6-2　数据控制流程图

（一）背景技术

近来，时间序列数据在云系统和数据中心中的存储量正在变得越来越大。未加工的时间序列数据通常是具有诸如｛UUID[1]，测量，时间戳，数值｝这种格式的数据点的序列，其可以直接写入数据存储设备，虽然这样具有很大的灵活性，但也需要存储许多冗余信息，难以用高效的方式来查询。此外，不良的数据存储设计使得后续的分析过程变得极度复杂，同时会遇到性能问题。

（二）技术实现要素

从时间序列数据中提取度量信息以及与度量信息相关联的元数据，其中度量信息包括时间值和在时间值处的数值，以及将度量信息存储在对象存储设备中，并且将元数据存储在数据库中。

---

〔1〕　Universally Unique Identifier.

第三节　数据使用

一、原则：告知同意

处理个人信息的，应该遵循告知同意原则。在大数据背景下，行政主体已经成为收集、存储以及使用公民个人信息的重要主体之一。而行政主体对于公民个人信息的收集、存储以及使用行为，必然会对公民个人信息的安全产生一定的影响。例如由于政府内部对于公民个人信息使用规章制度方面的缺失，导致极少数工作人员没有经受住利益的诱惑，把本应在工作中合法使用的大量公民个人隐私信息泄露或者贩卖，这种"监守自盗"的行为，使得行政机关变成信息泄露源头，带来极其恶劣的社会影响，同时也为网络虚拟社会中信息侵权行为推波助澜。因此在传统的"知情-同意"立法保护路径下，因行政主体与公民之间地位的不平等性，"知情-同意"保护机制难以充分妥善地保护公民个人信息的安全。

二、数据分析

资料分析有描述性分析、诊断分析、预测分析、规范分析、探索性分析、推理分析、因果分析、机制分析 8 种类型。

（一）描述性分析

描述性分析是数据洞察的基础，是数据分析中使用频率最高的一种类型。描述性分析侧重于分析过去的数据，以描述在某些事件和情况下发生的事情，使公司能够评估过去发生的事情，使用这些数据为未来的应用程序提供信息。描述性分析通常用于演示文稿中，以向重要的利益相关者描述业务成果。描述性分析指标常用的例子是关键绩效指标（KPI）。另一个用于描述性分析的指标是投资回报率（ROI）。

（二）诊断分析

诊断分析着眼于数据发生的原因。如果说描述性分析旨在讲述发生的事情，那么诊断分析则更进一步，试图回答事件发生的原因。诊断分析利用描述性分析中的发现来更深入地挖掘指标，并确定导致数据呈现的原因。诊断分析专注于描述性分析中的异常数据，并试图弄清楚指标中的变化之处。

（三）预测分析

预测分析针对的是即将出现的情况。预测分析的作用是利用已有的知识，对将来可能发生的事情进行预测。描述性分析和诊断分析是一种框架性的，预判分析是企业对未来可能发生的事情进行预测。预测分析模型包括：决策树，即创建树状模型展示决策以及潜在结果；神经网络，即模仿被分析数据的用户行为的计算系统；回归分析，即估计变量之间的关系。

（四）规范性分析

规范性分析衡量应采取何种行动，规范性分析被认为是最强大的数据分析模型之一。进行规范性分析依赖于机器学习策略，这些策略精确定位数据集中与重复之处，从而计算出不同的结果。规范性分析可以为业务的许多方面的数据策略提供信息，包括人力资源、客户体验、财务、营销和物流分析。

（五）探索性分析

探索性分析是一种数据挖掘方法，用于确定数据集的特征。探索性分析的过程通常涉及调查数据集中的特征，提供了查看数据并确保准确性、提取模式、关注数据集中关系以及检测异常值的机会，可以在数据分析的早期进行，也可以用于更深入地挖掘已经建立的数据集，以评估变量和偏差的准确性并回答有关变量和偏差的问题。

（六）推理分析

推理分析得出有关数据趋势的结论。推理分析所做的工作通常旨在识别不同数据点之间的关系，根据描述性分析阶段收集的数据对某个数据集或人口细分得出结论。推理分析对于希望测试某种理论或假设的企业很有帮助。

（七）因果分析

因果分析测量因果关系。因果分析侧重于分析数据集中相关变量的因果关系，这些关系可以通过以前的数据分析来发现，也可以是对公司预期结果可能有益或有害的关系。因果分析通常用于实验过程中数据专业人员测试某个理论结果。例如，可以在药物研究中进行因果分析，以衡量药物对一个人病情的疗效，或者确定某种类型的广告活动是否有效影响一个人的购买决定。

（八）机理分析

机理分析提炼出导致其他变量变化的变量。机理分析用于了解从其他数据的变化中发生的数据变化，用于误差幅度等于或接近零的场景。这是一种非常精确的方法，用来评估数据并了解一组数据如何影响另一组数据之间的关系。因此，机理分析是医疗行业使用的一种流行的分析形式，在测试医疗设备的功效时，可以使用机理分析来测量机器的输出以及它对正在使用它的患者的影响，这种分析方法有助于为医学领域的新治疗方法提供信息，并促使科学进步。[1]

三、自动识别技术

在一个信息系统中，针对人工数据录入速度慢、误码率高、劳动强度大、工作简单重复性高等问题，数据的采集（识别）完成了系统原始数据的采集工作，为计算机信息处理提供了有效的手段，使数据采集录入快速准确。因此，在物联网、物流行业、IT 资产管理等领域，自动识别技术作为一项革命性的技术正在被人们迅速接受并得到广泛应用。[2]

（一）条码识别技术

一维条形码是由宽窄不同的线条和间隔平行排列而成的二进制编码。可以用数字或字母来解释宽窄不同线条、间隔的排列次序。一维条码可通过光学扫描读取，激光的反射根据黑线和白间隔的不同而被识别出来。二维条码技术是在一维条码无法满足实际应用需求的前提下产生的，二维条码能够在横向和纵向两个方向同时表达信息，因此能在很小的面积内表达大量的信息。[3]

（二）生物识别技术

生物识别技术是指通过声音识别技术、人脸识别技术、指纹识别技术等对人的身体和行为特征的获取和分析，实现人的身份自动识别。生物特征分为物理特征和行为特点两类。物理特征包括指纹、掌形、眼睛（视网膜和虹膜）、人体气味、脸型、皮肤毛孔、手腕、手的血管纹理和 DNA 等；行为特点包括签名、语音、行走的步态、击打键盘的力度等。[4]

（三）图像识别技术

在信息化领域，图像识别是为了识别各种不同模式的目标和对象，利用

---

〔1〕 参见 "8 Types of Data Analysis"，载 https://bootcamp.northwestern.edu/blog/types－of－data3analysis/，最后访问日期：2023 年 2 月 11 日。

〔2〕 参见李苏剑等编著：《物流管理信息系统理论与案例》，电子工业出版社 2005 年版。

〔3〕 参见李金哲等：《条形码自动识别技术》，国防工业出版社 1991 年版。

〔4〕 参见张翠兰：《反应堆燃料组件条码识别技术的调研》，载《城市建设理论研究（电子版）》2016 年第 14 期。

计算机对图像进行加工、分析和认识的一种技术。举例说明：地理上指的是把遥感影像归类的技术。图像识别技术的关键信息既要有当时进入感官的信息（即输入电脑系统），也要有存储在系统中的信息（information）。将存储的信息与现在的信息进行比对，才能达到重新识别图像的处理过程。

（四）磁卡识别技术

磁卡是一种磁记录介质卡片，由高强度、高耐温的塑料或纸质涂覆塑料制成，能防潮、耐磨且有一定的柔韧性，携带方便、使用较为稳定可靠。磁条记录信息的方法是变化磁的极性。在磁性氧化的地方具有相反的极性，识别器才能够在磁条内分辨到这种磁性变化，这个过程被称作磁变。

（五）IC 卡识别技术

IC 卡即集成电路卡，是继磁卡之后又一信息载体出现的 IC 卡，简称 IC 卡。IC 卡与支持 IC 卡的读卡器进行通讯，通过卡内集成电路存储信息。

（六）光学字符识别技术（OCR）

OCR（Optical Character Recognition）属于一种图形识别技术。它的目的是让电脑了解它所看到的真正内容，特别是文字材料。针对印刷体字符，以光学方式将文档素材转换成原始素材黑白点阵的影像档案，再将影像中的文字透过辨识软件转换成文字格式，让文字处理软件进一步进行系统技术的编辑与加工。一个 OCR 识别系统，从影像到结果输出，必须经过影像输入、影像预处理、文字特征抽取、比对识别、最后经人工校正将认错的文字更正，最后将结果输出。[1]

（七）射线射频识别技术（RFID）

射线射频识别技术（RFID）是一种非接触式的自动识别技术，是通过无线电波传递数据的自动识别技术。它自动识别目标对象，并通过射频信号获取不需要人工干预的识别工作的相关数据，能够在各种恶劣环境下工作。相对于条码识别、磁卡识别技术、IC 卡识别技术等，它逐渐成为自动识别中最优秀、应用领域最广泛的技术之一，具有独特的无接触、抗干扰能力强、可同时对多项物品进行识别等特点。

四、可视化技术

数据可视化利用计算机图形学、人机交互、统计学、心理学等理论，研

---

〔1〕 参见谢正龙：《同城交换业务系统的研究与设计》，湖南大学 2011 年硕士学位论文。

究如何利用人的感知能力以贴近人类自然感知的图形化展现方式，通过数据交互进行可视化表达，以增强人的认知，呈现数据中隐含的信息，发掘数据中所包含的规律。在数据可视化领域中有很多成型的商业产品，也有一些应用广泛的开源工具。[1]

（一）JavaScript

JavaScript 是一种基于对象和事件驱动的解释性编程语言，由 Net-Scape 公司推出。其代码在执行时，无需首先经过编译等工作而是直接发送到客户端，客户端接收后再由浏览器来直接执行解释工作。[2]从代码规范来看，JavaScript 是一种不像 Java 语言那样格式严格、语法相对自由、格式相对松散的直接嵌入到 HTML 中的脚本语言，主要解决的是客户端的交互问题，是网页设计的一项重要技术。[3]

（二）Ajax

AsynchronousJavascript And XML（简称 Ajax）指异步 JavaScript 和 XML，是一种新兴的网页开发技术，是建立在 JavaScript、XHTML 和 CSS、DOM、HM-LHttpRequest、XML 等大量成熟技术基础之上的一项综合技术，可用于创建快速动态网页。[4]如果不使用 Ajax 技术而采用以往的传统技术来更新网页内容，则需要对整个页面进行重新加载，而采用 Ajax 技术就能够实现网页的异步更新，即通过很少量的数据传递和交换，对需要更新的网页内容进行新数据替换。

（三）ECharts

ECharts 是 EnterpriseCharts 的缩写，表示商业级的数据表图，是一个能够在 PC 和移动设备上流畅运行，兼容目前绝大多数浏览器的图标库，包括 IE6/7/8/9/10/11、Chrome、Firefox、Sarari 等。它创建了能够提供直观、生动、可交互、可高度个性化定制的数据可视化图表的坐标系、图例、提示、工具箱等基础组件。创新的拖拽计算、数据视图、值域漫游等特性大大增强了用户

---

〔1〕　参见《审计小课堂｜大数据审计》，载 https://mp. weixin. qq. com/s/E8xO7Ly818cPsDAiINF_Mg，最后访问日期：2023 年 5 月 2 日。

〔2〕　参见冀潇、李杨：《采用 ECharts 可视化技术实现的数据体系监控系统》，载《计算机系统应用》2017 年第 6 期。

〔3〕　参见冀潇、李杨：《JavaScript 与 Java 在 Web 开发中的应用与区别》，载《通信技术》2013 年第 6 期。

〔4〕　参见刘凡凡：《支持 AJAX 的定址网络爬虫系统的研究与实现》，北京邮电大学 2012 年硕士学位论文。

体验，赋予了用户对数据进行挖掘、整合的能力。[1]

五、数据的审计

大数据审计是对数据开展深入、复杂和综合的分析，并相应构建"总体分析、发现疑点、分散核实、系统研究"的数字化审计模式。这种审计方法充分利用内部数据和外部数据、财务数据和业务数据开展综合分析，大大增加了审计揭示问题的深度和提出建议的高度，有利于国家审计在促进加强管理、提高绩效与维护国家经济安全方面发挥重要作用。[2]

（一）大数据审计的目标

大数据审计的目标表现在三个方面，即审计监督能力的提升和效率的提升：

第一，在决策和指挥上的管理。审计机关获取外部信息和数据的能力由于有了信息化的支撑，能够更好地科学制定审计计划，使有限的审计资源发挥更大的效益，这从党委、政府的工作大局出发，从社会关注的焦点出发，从管理的薄弱环节入手；审计机关负责人通过与审计现场实现数据互通，能够更及时、更深入地了解现场情况，更到位、更准确地指挥；审计人员在研究和讨论问题时，可以更准确地定性，提出的建议也更加科学，从而获得更多的财务数据、业务数据和相关外部信息。

第二，对违纪违规方面的问题进行曝光。审计软件的使用和计算机审计专家经验的推广应用，通过对大量数据的比对、分析和挖掘，尤其是外部数据的支持，可以将单个审计人员的经验智慧转化为其他审计人员的实际操作，并将以前难以发现的问题揭示出。

第三，对宏观面的把握。信息技术的应用使审计效率大大提高，审计机构因此具备了同时对多家同类被审计单位进行审计的能力，并能就某一领域的事项发表综合意见，如对多家金融机构进行同时审计，能对综合情况进行综合分析、提出防范金融风险的建议等。同时，大数据中心的建立，使数据积累成为现实，进而使其对宏观问题的研究和把握能力进一步增强，审计机构可以对海量数据进行分析。

---

〔1〕 参见佟进：《基于 AJAX 的定址网络爬虫系统的研究与实现》，北京邮电大学 2012 年硕士论文。冀潇、李杨：《JavaScript 与 Java 在 Web 开发中的应用与区别》，载《通信技术》2013 年第 6 期。

〔2〕 参见《审计小课堂丨(44) 大数据审计》，载 https://sdxw. iqilu. com/share/YSOyMSO3Mjk40DUx. html，最后访问日期：2023 年 2 月 11 日。

（二）大数据审计的关键技术

大数据领域已经并仍在涌现大量新技术，如下所示。

1. 数据采集

一般而言，大数据主要有三类：交易数据（Trade Date）、交互数据（Interactive Date）和观察数据（Survey Date）。交易数据是指来自各部门、机构和单位信息系统中的结构化数据。交互数据是各类实体（人、机构、单位等）社会活动所产生的各种数据，其载体主要是互联网，包括文字、视频、音频等自然语言数据在微信中的新闻、论坛、微博等。观测资料主要是网络日志、各种感测器所产生的资料、物联网与 GPS 资料等机器与机器交互所产生的资料。在支持结构化和非结构化数据的同时，大数据收集面临的挑战主要在于消除网络和性能瓶颈，提高数据聚合效率。目前常用的采集技术有网络爬虫技术、条形码技术、射频识别技术和感知技术等，目前主要采用网络爬虫技术、条形码技术、无线射频识别技术和感知技术等多种技术进行采集。

2. 数据存储与管理

数据存储与管理（Data Storage and Management）是将从各个分散的数据库收集到的数据整合到一个大型的分布式数据库，或者是分布式存储集群，从而集中处理数据。正如前面提到的，由于大数据的特点是类型多，在集中存储的基础上，审计人员还需要根据数据的特征或项目需求，对接收到的数据进行提取和处理，将各种渠道获取的各种结构、类型的复杂数据，转换成单一的或易于处理的结构，从而提高提取数据的速度，有效减少访问、查询、挖掘和分析的时间。审计人员在大数据存储和管理中面临的挑战主要有以下几个方面：第一，由于大数据容量大，种类多，所以在进行数据整合管理的时候，需要对海量数据进行管理能力和系统扩展性的提升，并且能够对非结构化的数据处理进行支持；第二，因为大数据的低价值密度使得数据整合存储时必须进行数据清洗，既不能洗得太细，过滤掉有价值的信息，又不能洗得太粗，达不到清洗效果，清洗过程中对"度"的把握至关重要。大数据存储管理必须考虑的一个关键问题是如何在"质"和"量"之间取舍。

3. 数据审计的分析技术

大数据分析是大数据领域最核心的部分，也是产生价值最直接的部分。大数据分析可以从大量繁杂的信息中提取辅助商业决策的关键数据，发掘大数据价值，从简单的汇总统计演变为专业的数据挖掘和相关关系发现。在大数据分析技术方面，人工智能领域的许多技术方法为大数据分析提供了丰富多样的方法，包括数据挖掘、自然语言处理和社交网络分析等，此外还包括传统的多维数据分析和统计分析。

多维数据分析（Multi-Data Analysis）是指从多个方面（多维度）观察信息，从而深入了解数据的分析技术。多维数据分析技术支持审核人员多角度查询和分析数据。审计人员通过对数据进行多角度、多侧面的观察和研究，可以掌握数据反映出的审计事项的某些特点，对于被审计单位某些方面的情况或者迅速发现的问题线索，审计人员可以方便地从总体上把握其中的某些特点。

统计分析有两个层次：第一个层次是描述统计，计算反映数据的集中程度、离散程度、相关程度、静态结构和动态趋势等，统计分析主要是对统计的描述、计算、统计分析；第二个层次是推断统计，参数估计和假设检验是主要任务。《推断统计》以描述统计为基础，以样本信息为依据，对总体特征、规律进行推断，对总体情况进行分析、推测。目前比较常用的统计工具有 SPSS、SAS 以及开源的 R 语言工具等。

数据挖掘（Data Mining）是指将隐含的、未知的但又具有潜在价值的信息和知识，从大量的、有噪声的、模糊的数据中提取出来的过程，是挖掘深层次信息和知识的数据分析方法。审计人员可以运用数据挖掘的方法，根据审计目标，快速确定问题线索，拓展审计思路，面对大量数据不能确定要找什么、会找什么的情况。常见的数据挖掘方法主要有关联规则分析、聚类分析、分类分析和时间序列分析等。

第四节　数据加工

一、数据清洗

数据清洗是指利用现有的数据挖掘手段和方法清洗"脏数据"，"脏数据"是指系统中的数据不在给定的范围内或对于实际业务毫无意义，或是数据格式非法，以及在系统中存在不规范的编码和含糊的业务逻辑。[1]清洗是将"脏资料"转换成资料的过程，以符合资料质量或应用的要求。它是一个

---

〔1〕　参见石景明：《基于卫生行业信息系统的数据仓库和数据挖掘设计》，上海交通大学 2006 年硕士学位论文。

重要的程序，可以在数据文件中发现和纠正可识别的错误。

（一）数据清洗原则

方法一致性：数据资源清洗加工工作应统一决策，同一数据库范围内工作方法、技术指标均应当统一，从而达成数据产品的一致性。

数据可信性：数据可信性包括精确性、完整性、一致性、有效性、唯一性。精确性描述数据指是否与其对应的客观实体的特征相一致；完整性描述数据指是否存在缺失记录或缺失字段；一致性描述数据指同一实体的同一属性的值在不同的系统是否一致；有效性描述数据指是否满足用户定义的条件或在一定的域值范围内；唯一性描述数据指是否存在重复记录。[1]

数据可用性：数据可用性包括时间性、稳定性等。[2]

（二）数据清洗流程

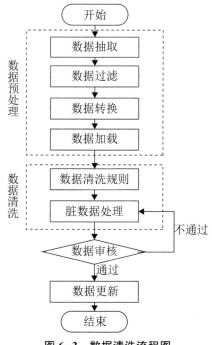

图 6-3　数据清洗流程图

〔1〕　毛云鹏等：《数据清洗在医疗大数据分析中的应用》，载《中国数字医学》2017 年第 6 期。

〔2〕　参见《数据质量管理》，载 https://www.doc88.com/p-10387100225322.html，最后访问日期：2023 年 2 月 12 日。

（三）数据清洗方法

数据清洗的方法包括：缺失数据处理、相似重复对象监测、异常数据处理、逻辑错误监测、数据不一致性监测等。[1]对于后续的挖掘应用工作，不同方法清洗出来的数据会有不同的效果。

缺失值处理：未经清洗的数据集是指含有不完整、含噪声的数据。[2]在资料集中，如果某一记录的属性值被标记为空白或"-"等，则认为该记录有遗漏值，是按照以下四个步骤处理遗漏值的不完整资料：（1）确定遗漏值的范围：将其遗漏值的比例计算在各区间内，再依遗漏值的比例及所属区间的重要程度，分别制定策略；（2）遗漏值的填补：可根据经验或业务知识，对一些遗漏值数据进行估算，重要性较高，遗漏率较低的，也可通过测算予以填补；（3）简单填补或不加工：对于遗漏值数据，指标重要性不高，遗漏率不高的，可只简单填补，也可不加工；（4）备份后删除：对于缺失值数据，指标重要性低，缺失率高，可以备份当前数据，直接删除不需要的字段。

错误数据处理：包含格式问题和逻辑问题。格式问题将其处理为一致的某种格式即可。逻辑问题采用逻辑推理的方法，去掉一些使用简单逻辑推理即可发现问题的数据，包括去重、去异常值、修正矛盾内容。

错误的关联数据处理：统计学方法通过置信区间判断值的正误，把属性当作随机变量；以聚类为基础的方法将数据按数据相似度进行分组，找出无法归并的孤立点进行分组；用距离度量的方法，以距离为基础，对数据对象的相似度进行量化；以分类法训练一种分类模型，能将正常数据与异常数据区分开来；以关联规则为基础的方法对数据之间的关联规则进行定义，认为不符合规则的数据为非正常数据。[3]

非需求数据处理：一定要做好资料备份工作，才能在资料清理的过程中进行每一步的具体操作。对于明确为非需要的字段，可以从数据集中删除；对于尚不明确是否需要的字段，原则上数据量在可处理的范围内时，尽可能保留相应字段。

---

〔1〕 参见《大数据清洗加工规范》，载 http://www.doc88.com/p-7428439697538.html，最后访问日期：2023 年 4 月 11 日。

〔2〕 参见李晓菲：《数据预处理算法的研究与应用》，西南交通大学 2006 年硕士学位论文。

〔3〕 参见《大数据时代亟需强化数据清洗环节的规范和标注》，载 https://www.renrendoc.com/p-67777719.html，最后访问日期：2023 年 1 月 23 日。

二、数据抽取

经过清洗后的数据仍不能满足资料分析的需要，仍需进一步加工处理，最终形成简明、规范、明了的样本资料。[1]这个过程一般包括抽取资料、转换资料、计算资料。数据抽取是从数据源中抽取数据的过程，数据抽取的方式包括全量抽取和增量抽取；Data Reading 是一个从数据源中提取数据的过程，数据提取的方式包括全量提取和增量提取：全量提取和数据迁移或数据复制类似，指从数据库中原封不动地提取数据源中的表格或视图中的数据，并转换成自己的 ETL（Extract-Transform-Load，用于描述从来源端抽取数据，转换，加载到目的端的过程）工具所能识别的格式；增量提取指从上一次提取以后的新增或修改的数据中抽取数据库中要提取的表格，所以增量提取的关键是如何捕捉到变化的数据。在 ETL 使用过程中，增量抽取较全量抽取应用更广。[2]

增量抽取中比较常用的捕捉变化数据的方法有：（1）触发器方式（也叫快照式）将需要的触发器建立在需要抽取的表上，一般要建立插入、修改、删除三种触发器，每当源表中的数据发生变化时，触发相应功能的触发器将变化的数据写入临时表中，在临时表中抽取数据后，抽取线程，再将变化的数据写入临时表中，这样标记或删除临时表格中抽取的数据。[3]（2）时间戳方式，在系统中对表格数据进行更新时，在源表上增加时间戳字段，同时对时间戳字段的值进行修改。在做数据提取时，通过将上次提取时间与 time 戳字段的值进行对比，来决定什么数据被提取。（3）删除全表插入方式，ETL 每一次操作都将目标表数据删除，数据由 ETL 全新加载完成。因为 ETL 加载规则简单，速度也更快一些。但是，由于对维表加外键的不适应，综合数据库在业务系统产生删除数据操作时，无法对删除的历史数据进行记录，无法实现数据的递增加载（Dataloading）；同时，需要重新创建目标表格所确立的关联关系。（4）全表比对方式，ETL 工具事先为要抽取的表建立一个结构类似的临时表，临时表记录源表主键和根据所有字段的数据计算出来，每次进

---

〔1〕　参见《数据分析基础—4.3 数据加工》，载 https://zhuanlan.zhihu.com/p/38447453，最后访问日期：2023 年 3 月 20 日。

〔2〕　参见金明：《企业数据仓库的 ETL 技术》，载《电力信息化》2010 年第 9 期。

〔3〕　参见陈俊：《企业信息化项目中的业务数据迁移研究》，苏州大学 2014 年硕士学位论文。

行数据抽取时，对源表和临时表进行比对，如果有差异，则进行更新操作，如果目标表没有主键值，则表示该记录还没有，即进行插入操作。[1]（5）日志表方式，在业务系统中加入系统日志表，更新维护当业务数据发生变化时的日志表内容，通过读日志表数据来决定加载哪些数据，当作为 ETL 加载时，通过读日志表数据决定加载哪些数据以及如何加载，[2]其优点是不需要对业务系统的表格结构进行修改可以清晰地提取来源数据，速度更快。

三、数据转换

将数据进行标准化、离散化、分层化的方法中有些能够提高模型拟合的程度，有些能够使得原始属性被更抽象或更高层次的概念代替。这些方法统一可以称为数据转换（Data Transform）。[3]数据转换是将数据从一种格式或结构转换为另一种格式或结构的过程，对于数据集成和数据管理等活动至关重要。[4]数据转换的方法有下面三种：

（一）数据标准化（Data Standardization）

将数据按比例缩放，使数据全部落在特定范围内，避免数据量级影响模型训练，是数据标准化的目的。数据标准化应用方法包括最大最小标准化、Z-Score 标准化、小数定标标准化等。[5]

（二）数据离散化（Data Discretization）

数据去中心化的方法与数据整理法、数据规约法等有一定的重合。分箱离散化、柱状图离散化、聚类分类离散化、关联度离散化等是数据离散化中比较常用的方法。

（三）数据泛化（Data Generalization）

将底层数据抽象到更高的概念层。数据泛化起源与属性的概念分层，就

---

〔1〕 参见《ETL 数据抽取方案融合》，载 https://www.taodocs.com/p-661262733.html，最后访问日期：2023 年 2 月 23 日。

〔2〕 参见《数据预处理（四）—数据转换（Data Transform）》，载 https://blog.csdn.net/Orange_Spotty_Cat/article/details/81563538，最后访问日期：2023 年 5 月 20 日。

〔3〕 参见《数据预处理（四）—数据转换（Data Transform）》，载 https://blog.csdn.net/Orange_Spotty_Cat/article/details/81563538，最后访问日期：2023 年 5 月 20 日。

〔4〕 参见《什么是数据转换?》，载 https://blog.csdn.net/Tybyqi/article/details/84775573，最后访问日期：2023 年 1 月 20 日。

〔5〕 参见谢新洲等：《网站商业价值评估探讨》，载《情报学报》2017 年第 12 期。

是将数据的分层结构进行定义，把最底层粒度的数据不断抽象化。[1]

四、数据计算

数据计算包括离线计算和实时流式计算。

（一）云计算

云计算是分布式计算的一种，指的是通过网络"云"将巨大的数据计算处理程序分解成无数个小程序，然后通过多部服务器组成的系统对这些小程序进行处理和分析，并将得到的结果返回给用户。[2]云计算早期是解决任务分发和合并计算结果的简单分布式计算。通过这一技术，数万份数据的处理可以在极短的时间内完成（几秒钟），从而达到一个强大的 Web Service 级别。[3]

（二）安全多方计算

安全多方计算（Security Multi-Computing）是指参与者在不泄露个人隐私数据的情况下，利用隐私数据参与保密计算，以秘密共享、不经意传输、混淆电路、零知识证明等技术，共同完成某项计算任务。

秘密共享是将秘密信息以适当的方式拆分，拆分后的每一个份额由不同的参与者管理，单个参与者无法恢复秘密信息，只有若干个参与者一同协作才能恢复秘密信息。更重要的是，当其中任何相应范围内参与者出问题时，秘密信息仍可以完成恢复。[4]基于秘密分享的多方安全计算可支持加减乘除及多项式运算。

不经意传输协议是一个两方安全计算协议，协议使得接收方选取内容，但无法获取剩余数据，并且发送方也无从知道被选取的内容。不经意间的传递，是双方沟通的一种协议，可以保护隐私。消息发送者从一些待发送的消息中发送某一条给接收者，但并不知道接收者具体收到了哪一条消息。

混淆电路是一种密码学协议。遵照这个协议，双方能在互相不知晓对方

---

〔1〕　参见《数据预处理（四）—数据转换（Data Transform）》，载 https://blog. csdn. net/Orange_ Spotty_ Cat/article/details/81563538，最后访问日期：2023 年 5 月 20 日。

〔2〕　参见马子晴：《云计算的发展对会计行业的新变革》，载《现代经济信息》2020 年第 12 期。

〔3〕　参见莫涛：《基于 Open Stack 的石化企业私有云建设实践》，载《科学与信息化》2020 年第 18 期。

〔4〕　参见闫鸿滨：《基于环 Zn 上的圆锥曲线的多秘密共享方案》，载《计算机仿真》2014 年第 5 期。

数据的情况下计算某一能被逻辑电路表示的函数。

零知识证明指证明者能够在不向验证者提供任何有用信息的情况下，使验证者相信某个论断是正确的。零知识证明实质上是一种涉及两方或更多方的协议，即两方或更多方完成一项任务所需采取的一系列步骤。证明者向验证者证明并使其相信自己知道或拥有某一消息，但不能向验证者泄露证明过程。[1]

（三）可信执行环境

可信执行环境（Trusted Execution Environment，简称TEE）基于硬件安全的CPU实现了基于内存隔离的安全计算，可在保证计算效率的前提下完成隐私保护的计算。通过软硬件方法在中央处理器中构建一个安全区域，保证其内部加载的程序和数据在机密性和完整性上得到保护。可信的中央处理器一般是指可信执行控制单元已被预置集成的商用CPU计算芯片，无法后置，因此，只有新研发的部分芯片支持TEE。TEE基础原理是将系统的硬件和软件资源划分为两个执行环境——可信执行环境和普通执行环境。[2]两个环境是安全隔离的，有独立的内部数据通路和计算所需的存储空间。普通执行环境的应用程序无法访问TEE，即使在TEE内部，多个应用的运行也是相互独立的，不能无授权而互访。

（四）区块链

区块链，就是一个又一个区块组成的链条。每一个区块中保存了一定的信息，它们按照各自产生的时间顺序连接成链条。这个链条被保存在所有的服务器中，只要整个系统中有一台服务器可以工作，整条区块链就是安全的。这些服务器在区块链系统中被称为节点，它们为整个区块链系统提供存储空间和算力支持。如果要对区块链中的信息进行修改，必须经过半数以上节点的同意，对各个节点中的信息进行修改，而这些节点一般都掌握在不同主体的手中，所以要对区块链中的信息进行篡改，难度极大。相比于传统的网络，区块链具有两大核心特点：一是数据难以篡改、二是去中心化。[3]区块链所记录的信息基于这两个特点，更加真实可靠，能够帮助解决人们之间互不信

---

〔1〕　参见郭丹：《电子商务下的匿名隐私代理模型的研究》，载《中国电子商务》2013年第3期。

〔2〕　参见《什么是可信执行环境》，载 https://zhuanlan.zhihu.com/p/432493251，最后访问日期：2023年4月15日。

〔3〕　参见罗松：《两大热门技术碰撞论区块链在物联网中的应用》，载《通信世界》2017年第14期。

任的问题，是解决多方协作和多方信任问题的有力工具，可以实现数据的多方维护，交叉验证，全网一致，不容易篡改。

通过区块链将各方愿意共享的数据通过文件上链智能合约进行上链存证，存证的数据主要包含文件的哈希、发布者等相关元数据信息，便于使用时在链上对数据进行溯源和交叉验证，进而提升隐私计算的活动监测和监管审计能力；文件通过上链智能合约进行上链，上链后监听合约的执行，形成记录分享数据元信息的数据市场；数据使用者通过浏览检索元数据市场找到目标元数据，通过授权使用智能合约进行申请授权使用，在申请时使用分布式身份，进行身份校验。将密集的数据计算放在链下，保持主链的性能，通过预言机打通链上链下数据的连接。链上轻量保存上链数据的相关元数据信息，如数据的产生者、文件哈希（Hash）、文件相关元数据，链下进行数据的密集计算。不同机构接入区块链网络后，将参与多方计算的敏感数据集哈希上链，同时发布数据集的相关元数据信息（如数据内容、数据集格式和数据价值等）；另外数据集将通过可信信道加密后保存到可信计算服务器上；数据使用方加入区块链网络后，通过区块链浏览器查看链上发布的相关元数据信息，选择目标数据，申请授权使用。在整个隐私计算过程中数据"可用不可见"，且全流程审计上链，方便日后追溯审查。

第五节　数据传输

数据传输是数据从一个地方传送到另一个地方的通信过程。数据传输系统通常由传输信道和信道两端的数据电路终接设备（DCE）组成，在某些情况下，还包括信道两端的复用设备。传输信道可以是一条专用的通信信道，也可以由数据交换网、电话交换网或其他类型的交换网络来提供。数据传输系统的输入输出设备为终端或计算机，统称数据终端设备（DTE），它所发出的数据信息一般都是字母、数字和符号的组合，为了传送这些信息，就需将每一个字母、数字或符号用二进制代码来表示。[1]

---

〔1〕　参见《数据传输简介》，载 https://www.elecfans.com/tags/%E6%95%B0E6%8D%AE%E4%BC%A0%E8%BE%93/，最后访问日期：2023 年 6 月 20 日。

数据信号的基本传输方式有三种：基带传输、频带传输和数字数据传输。[1] 频带传输是基带数据信号经过调制，将数字信号（二进制电信号）进行调制变换，变成可在公用电话线上传输的模拟信号（音频信号），再由调制解调器将音频信号解调转换成原来的二进制电信号，经过传输介质传输到接收端后，再由调制解调器进行调制。数字数据传输是以数字信道来传输数据信号的传输方式，通常需要单独构成一个数字数据传输网（DDN），因而初始投资较高。[2]

一、加密

（一）签名技术（Digital Signature）

每个人都有一对"key"（数字识别），其中一对"key"只有她/他自己知道（私钥），另一对"key"（公钥）是公开的。签名的时候用私钥，验证签名的时候用公钥。发送报文时，发送方用一个哈希函数从报文文本中生成报文摘要，然后用发送方的私钥对这个摘要进行加密，这个加密后的摘要将作为报文的数字签名和报文一起发送给接收方。接收方首先用与发送方一样的哈希函数从接收到的原始报文中计算出报文摘要，接着再用公钥来对报文附加的数字签名进行解密，如果这两个摘要相同，那么接收方就能确认该报文是发送方的。[3]

数字签名有两种功效：一是能确定消息确实是由发送方签名并发出来的，因为别人假冒不了发送方的签名。二是数字签名能确定消息的完整性，因为数字签名的特点是它代表了文件的特征，文件如果发生改变，数字摘要的值也将发生变化。[4]

1. 有哈希算法的数字签名与验证

Hash 或哈希函数是通过散列函数算法将任意长度的输入转换为固定长度的输出的一种"压缩函数"，哈希值即消息摘要，又称数字摘要。在正式的数字签名中，发送方首先使用 Hash 算法发送文件，获得固定长度的消息摘要（Message Digest）；然后用自己的私钥（Secret key，简称 SK）签下消息汇总，

---

〔1〕　参见王建荣：《浅谈数据通信及其发展趋势》，载《科技情报开发与经济》2010 年第 12 期。

〔2〕　参见毛京丽、董跃武编著：《数据通信原理》，北京邮电大学出版社 2015 年版。

〔3〕　参见郑海涛：《数字签名技术在电子商务中的应用》，载《大陆桥视野》2015 年第 18 期。

〔4〕　参见张晓莺：《政府信息化资产管理系统开发与实现》，电子科技大学 2011 年硕士学位论文。

形成发送方的数字落款。数字签名将作为附件和原文一起发送给接收方；接收方首先用发送方的公钥对数字签名进行解密得到发送方的数字摘要，然后用相同的哈希函数对原文进行哈希计算，得到一个新的消息摘要，最后将消息摘要与收到的消息摘要做比较。具体过程如图所示。

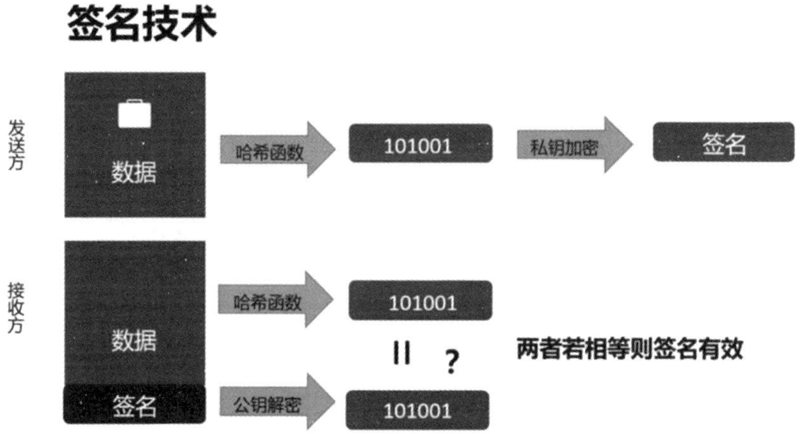

图 6-4　哈希函数应用流程图

2. 基于非对称密钥加密体制的数字签名与验证

寄信人先用自己的私钥加密原文，获取号码签收，再将原文连同号码签收一并寄送收信人。接收方用发送方的公开密钥解密号码落款，最后对照原文，即可交收。利用数字签名技术，确保电子文档传输的完整性和真实性，以验证文档的原文在传输过程中是否发生了变化。

（二）信息安全加密

数据加密是一门历史悠久的技术，指通过加密算法和加密密钥将明文转变为密文，而解密则是通过解密算法和解密密钥将密文恢复为明文。它的核心是密码学。数据加密仍是计算机系统对信息进行保护的一种最可靠的办法，它利用密码技术对信息进行加密，实现信息隐蔽，从而起到保护信息安全的作用。[1]

---

〔1〕　参见吴小钧、徐丽编著：《计算机网络应用教程》，西安电子科技大学出版社 2013 年版。

传统的老三样（防火墙、入侵侦测、杀毒）信息安全已经远远无法满足用户的安全需求，安全防护的新手段也逐渐成为发展信息安全的主要力量。如主机监听技术、文件加密技术等。主机监控主要采用外围围追堵截的技术方案，虽然对信息安全有了一定的提升，但由于产品本身依赖操作系统，对数据本身没有有效的安全保护，因此安全漏洞较多，如：拆拔硬盘、WINPE光盘引导、USB引导等最基本的手段都能将数据盗走，而且不留痕迹。文档加密是现今信息安全防护的主力军，采用透明加解密技术，对数据进行强制加密，不改变用户原有的使用习惯；此技术对数据自身加密，不管是脱离操作系统，还是非法脱离安全环境，用户数据自身都是安全的，对环境的依赖性比较小。文档加密主要的技术分为磁盘加密、应用层加密、驱动级加密等，应用层加密因为对应用程序的依赖性比较强，存在诸多兼容性和二次开发的问题，逐步被各信息安全厂商所淘汰。[1]

1. 全盘加密技术

全盘加密技术主要是对磁盘进行全盘加密，并采用其他防护手段，如主机监控、防水墙等进行整体防护，磁盘加密主要是给用户提供一个安全的运行环境，数据本身并没有进行加密，一旦操作系统启动，数据本身是以明文形式存在于硬盘上的，主要是通过围追堵截防水墙等方式对数据进行防护，磁盘加密技术的弊端主要在于加密磁盘的时间周期较长，从而导致工程的执行周期也较长；一旦操作系统出现问题，恢复数据同样棘手；磁盘加密技术是对包括系统文件在内的整体信息进行安全控制，对系统效能表现会产生很大的影响。[2]

2. 驱动级技术

驱动级技术是信息加密的主流技术，采用进程+后缀的方式进行安全防护，用户可以根据企事业单位的实际情况灵活配置，对重要的数据进行强制加密，大大提高了系统的运行效率。驱动级加密技术与磁盘加密技术的最大区别就是驱动级技术会对用户的数据自身进行保护，驱动级加密采用透明加解密技术，用户感觉不到系统的存在，不改变用户的原有操作，数据一旦脱

---

〔1〕 参见《浅析磁盘加密技术与驱动级加密技术的对比》，载 https://www.jiamisoft.com/blog/21882-jmjj.html，最后访问日期：2023 年 2 月 14 日。

〔2〕 参见闫雨石：《计算机网络安全防御技术的探讨》，载《吉林广播电视大学学报》2018 年第11 期。

离安全环境，用户将无法使用，有效提高了数据的安全性；驱动级加密技术比磁盘加密技术管理可以更加具有细粒度，有效实现数据的全生命周期管理，可以控制文件的使用时间、次数、复制、截屏、录像等操作，并且可以对文件的内部进行细粒度的授权管理和数据的外出访问控制，做到数据的全方位管理。驱动级加密技术采用进程加密技术，对同类文件进行全部加密，无法有效区别个人文件与企业文件数据的分类管理，可能导致个人电脑与企业办公的并行运行出现问题。

（三）数据加密技术

1. 链路加密

链路加密（又称在线加密），是指所有消息在被传输之前进行加密，在每一个节点对接收到的消息进行解密，然后使用下一个链路的密钥对消息进行加密，再进行传输。[1]在到达目的地之前，一条消息可能要经过多条通信链路的传输，而在每一个中间传输节点，这些信息都是经过解密重新加密的，链路上所有的数据都是以密文的形式出现的，包括路由信息。[2]

链路加密通常用在点对点的同步或异步线路上，它要求先对在链路两端的加密设备进行同步，然后使用一种链模式对链路上传输的数据进行加密。[3]在海外或卫星网络中，线路/信号经常不通，可能导致数据丢失或需要重传，需要频繁同步链路上的加密设备；即使需要加密的只是很少一部分资料，所有的传输资料都会被加密；节点较多，需要较高的费用才能保证各节点的物理安全；每个节点都必须存储所有与其相连的链路加密密钥，需要物理传输密钥或因广泛的网络节点地理分布而增加连续分配密钥所需的费用，以建立专有的网络设施。

2. 节点加密

节点加密的操作方式与链路加密类似：两者均在通信链路上为传输的消息提供安全性；都在中间节点先对消息进行解密，然后进行加密，加密过程对用户是透明的。与链路加密不同的是，节点加密不允许消息在网络节点上

---

〔1〕　参见魏中华主编：《电子商务安全》，西南财经大学出版社 2011 年版。

〔2〕　参见郑倩：《基于安全发布/订阅机制的房产信息集成平台设计》，载《江苏科技信息》2015年第 26 期。

〔3〕　参见徐显秋：《配电网信息采集系统数据通路复用及安全加密的研究》，载《重庆科技学院院报（自然科学版）》2013 年第 5 期。

以明文形式存在，它先把收到的消息进行解密，然后采用另一个不同的密钥进行加密，这一过程是在节点上的一个安全模块中进行。[1]

3. 端到端加密

端到端加密（也称脱线加密或包加密），使数据始终以密文的形式存在于源点到端点的传输过程中。采用端到端加密，由于消息在整个传输过程中都受到保护，所以即使有节点损坏，也不会让消息泄露，直到消息被传输到终点才会解密。相对于链路加密和节点加密，端到端加密系统的价格更便宜、更可靠，设计、实现和维护起来也更加简单。

（四）加密算法

加密可以采用对称算法或者非对称算法。加密算法是指经过特殊加密算法处理的原始数据和密钥，使之成为一种复杂的加密文本。对称密钥是指在整个过程中始终采用一种密钥，并且密钥具有不可告人的性质。发送方用密钥对原始数据进行加密后，然后才将其发给接收方，接收方收到数据后，用与发送方一模一样的密钥对其进行解密。[2]对称算法加密技术相对来说比较容易实现，对称密钥运算量小、速度快、安全强度高、应用比较广泛、安全性适中，一般用于内部系统，适合大数据量的加解密处理。但是此算法密钥需要给所有参与者，且都是同一个或者同一对，随着参与者的增多，密钥数目增多，安全性会随之打折扣，不适合互联网。

非对称密钥加密采用的是公开密钥，解密采用的是私有密钥，私有密钥不公开。公钥的优点是可以适应网络的开放性要求，且密钥管理问题也较为简单，尤其可方便地实现数字签名和验证；但公钥算法复杂，加密数据的速率较低。[3]对于小数据量加解密或数据签名，非对称算法的密钥易于管理，安全性高，加密速度相对较慢。

1. 对称加密算法

Data Encryption Standard（简称 DES）通常又称为数据加密标准，是一种

---

[1] 参见任丽鸿：《数据库加密系统分析研究》，中国石油大学（华东）2007 年硕士学位论文。

[2] 参见王炳新等：《基于 ca 的安全组播源认证方案研究》，载《计算机与现代化》2005 年第 9 期。

[3] 参见曾宪文、高桂革：《对称密码加密系统与公钥密码加密系统》，载《上海电机学院学报》2005 年第 2 期。

非常经典的"对称式"加密算法。[1]最初是由 IBM 公司开发，之后美国和 ISO 将其制定为数据加密标准。在对明文进行加密之前，先把所有明文分成若干组，每组长度设定为 64 位，然后对每组进行二进制数据加密操作，加密完成后生成一组 64 位长的密文，最后把各组密文拼接起来，就可以得到全部密文了。DES 的具体操作流程是：使用事先设定好的密钥，在切换到加密模式时加密处理明文，生成密文并产生输出；当切换到解密模式时，使用预先设定好的密钥处理，恢复正确信息的生成和输出的产生。

Advanced Encryption Standard（简称 AES）是高级加密标准，又称 Rijndael 加密法，是美国联邦政府采用的一种区块加密标准。[2]作为对称加密算法，AES 具有较高的计算效率和较高的加密强度，AES 算法所使用的密钥的密码与公共密钥有显著的区别，它往往使用相同的密钥来实现数据的加解密，个位数通常与输入数据相同，根据分组密码呈现加密数据。AES 算法具有较快的执行速度，且能够节省内存。采用有限域最简矩阵的轮变换操作的 AES 算法的核心环节，可以在一定程度上降低解密过程中的运算量，有效避免算法运行速度快、性能高的加密耗时和非对称问题。

表 6-1　AES 与 DES 密钥对比表

名称	密钥名称	运行速度	安全性	资源消耗
DES	56 位	较快	低	中
3DES	112 位或 168 位	慢	中	高
AES	128、192、256 位	快	高	低

2. 非对称加密算法

应用最多的是 RSA 算法，该算法很难被破解，因为它是基于这个原理：给出两个大质数，然后相乘得到一个乘积，如果之前给出的两个质数我们已经不知道了，那么通过将该乘积做因式分解的运算，来得到原来的两个质数的方法，至少目前是行不通的。因此，这就确保了目前 RSA 算法几乎不可能被破译这一性质。如今，RSA 算法非常重要，可谓不可或缺，且被采用的程

---

〔1〕　参见周明：《浅谈计算机安全技术之数据加密技术》，载《科协论坛（下半月）》2010 年第 10 期。

〔2〕　参见愈晓：《文档管理一体化系统关键技术研究》，载《电脑知识与技术》2014 年第 15 期。

度也很高。

Elliptic Curve Cryptography（简称ECC）椭圆曲线密码学是一种基于椭圆曲线建立公开密钥加密的演算法。ECC的主要优点是采用了比其他方法更小的Key，并在相当级别或更高级别上提供了安全保证；缺点是比起其他机制，加密解密操作的实现需要更长的时间。有研究表明160位的椭圆密钥与1024位的RSA密钥安全性相同，ECC处理速度快，且存储空间占用小、带宽要求低。[1]

表6-2　RSA与ECC优劣对比表

名称	成熟度	安全性	运算速度	资源消耗
RSA	高	高	中	中
ECC	高	高	慢	高

3. 散列算法

MD5 Message-Digest Algorithm（简称MD5）是消息摘要算法，主要用途是确保信息资料传送的正确无误等。MD5首先具有不可逆性，其工作原理是将任意长度的"字节串"转换成一个很大的整数（128位），并且这种转换是不可逆的，也就是说，即使有人知道经过加密的密文信息和加密算法，也不能把它转换成最初的数据信息，不能把它转换成一个很大的整数（128位）。

Secure Hash Algorithm 1（简称SHA-1）即安全散列算法1，是一种密码散列函数，由美国国家安全局设计，并由美国国家标准技术研究所（NIST）发布为联邦数据处理标准（FIPS）。该算法的运行过程是接收一段明文，然后以一种不可逆的方式将它转换成一段更小的密文，也可以简单地理解为取一串输入码，并把它们转化为长度较短、位数固定的输出序列即散列值，也称为信息摘要或信息认证代码。[2]MD5和SHA-1是单项散列函数的典型代表，它们广泛地应用在信息安全和数字签名等各个领域。在同一硬件上，SHA-1比MD5运行慢，当处理的数据很小时，我们可以选择使用MD5消息摘要而不是SHA-1消息摘要，因为此时MD5的碰撞率和运行时间都不高，可以大大

---

〔1〕 参见朱卫东编著：《计算机安全基础教程》，清华大学出版社、北京交通大学出版社2009年版。

〔2〕 参见张松敏等：《安全散列算法SHA-1的研究》，载《计算机安全》2010年第10期。

节约资源。[1]

表 6-3　SHA-1 与 MD5 对比表

名称	安全性	速度
SHA-1	高	慢
MD5	中	快

4. 联邦学习

联邦学习本质上是一种分布式机器学习框架，其做到了在保障数据隐私安全及合法合规的基础上，实现数据共享，共同建模。[2]它的核心思想是在多个数据源共同参与模型训练时，仅通过交互模型中间参数进行模型联合训练，原始数据可以不出本地。这种方式实现数据隐私保护和数据共享分析的平衡，即"数据可用不可见"的数据应用模式。联邦学习存在的目标是解决数据的协作和隐私问题。

二、脱敏

数据脱敏，又称为数据混淆，是采用特定的脱敏规则或者算法对原始数据（字符或其他数据）进行修改或隐藏的过程。[3]保护个人可识别的隐私信息数据、敏感个人数据或商业敏感数据，是对数据字段使用数据脱敏的主要目的。

（一）数据脱敏

数据脱敏是指对原始数据中的敏感字段进行处理，从而降低数据敏感度，降低个人隐私风险的技术措施，同时又不影响数据分析结果的准确性。资料脱敏分为三个阶段：首先，对资料库中的敏感字段资料进行辨识；其次，敏感属性的脱敏应采取技术手段，如替换、过滤、加密、遮蔽或删除；最后，

---

〔1〕　参见王泽、曹莉莎：《散列算法 MD5 和 SHA-1 的比较》，载《电脑知识与技术》2016 年第 11 期。

〔2〕　参见乔秀全、黄亚坤：《面向 6G 的去中心化的人工智能理论与技术》，载《移动通信》2020 年第 6 期。

〔3〕　参见《什么是数据脱敏？分为哪两类？常用方法介绍》，载 https://www.sgpjbg.com/info/33181.html，最后访问日期：2023 年 1 月 20 日。

对经过脱敏处理的数据集进行评估，以保证达到脱敏处理的要求。但需要说明的是，数据脱敏是一种很少在法律背景下使用的技术性名词。[1]

数据脱敏的基本方法有概括、抑制和扰动。概括是指为了保留生产数据的局部特征而将生产数据替换为一般数值，所以概括后的数据是不可逆的。概括的方法包括号码和日期偏移取整，规整（把数据按照大小规整成若干个事先定义好的挡位），区间（用区间表示数据，并没有真实的数据显示出来）等。抑制是指为了实现数据值的转换而将生产数据信息的一部分隐藏起来，这是一种隐藏技术，一般是通过使用掩码的方式来实现的。扰动指的是在生产数据中加入噪声以扰动数据，从而引起失真的生产数据。生产数据经过扰动后，其分布特性保持不变。扰乱方法包括重排、替换、均质化、散列等。

（二）假名化

假名化是指对原标识符进行数据处理的方式，通过生成新的字符来替代。在 GDPR、CCPA 和各种标准文件中都出现了假名化的概念，假名化技术是指将原来的直接标识符替换为假名（pseudonym），使个人信息主体不借助额外的信息而无法被识别出来。常用的假名生成技术有以下几种：（1）密钥加密（恩克里普蒂翁密钥）；（2）哈希函数（Hashfunction）；（3）哈希函数带密钥（凯德—哈希函数）；（4）令牌化（标识）。

密钥或映射表单等可用于还原标识符的"额外信息"，根据 GDPR 和 CCPA 等法律要求，为确保个人信息的安全，需要与假名化后的个人信息分开存储。尤其需要注意的是，尽管假名化在一定程度上能够降低数据主体的风险，有助于数据控制者承担数据保护的义务，但相比于下文将提及的去标识化，假名化后的信息仍是个人信息，因此不排除通过假名化技术处理的个人信息适用个人信息保护相关法律法规。

（三）去标识化

去标识化是指一种对标识符进行处理，使其处理后的信息无法识别到特定个人信息主体的数据处理方式。[2]去标识化主要出现在美国、加拿大等地的私密法中，我国《信息安全技术 个人信息安全规范》也有相关规定，其中

---

〔1〕 参见《科普：数据脱敏、加密、假名化、去标识化与匿名化的区分》，载 https://max.book118.com/html/2021/1020/7025024161004024.shtm，最后访问日期：2023 年 4 月 20 日。

〔2〕 参见《科普：数据脱敏、加密、假名化、去标识化与匿名化的区分》，载 http://www.360doc.com/content/20/0917/17/21412_936249787.shtml，最后访问日期：2023 年 4 月 15 日。

我国《信息安全技术 个人信息安全规范》《信息安全技术 个人信息去标识化指南》等与美国、加拿大等地区相关法律关于去标识化的定义最大的区别就是防止重识别是否需要考虑间接识别的可能性。我国限定了重鉴定时"不借助附加资料"即"否定间接鉴定"的情况，这与 GDPR 中的伪名化有很大的异曲同工之处；而 CCPA 和 HIPAA 等法律则对防止重识别提出了更高的要求，其与下文将提及的匿名化技术更为接近，需要考虑到综合评估重识别的可能性，以结合其他额外可能获得的信息。

（四）匿名化

匿名化和去标识化的概念往往容易混淆，有的地区用这两个概念来互替，有的地区则用不同的定义来定义匿名化和去标识化这两个概念。匿名化的概念主要出现在中国、欧盟、日本、新加坡等地的数据保护法的语境中，匿名化和去标识化的目的都是处理个人信息，使得经过处理的信息无法识别出特定的个人信息主体，即使与其他额外的信息结合在一起。但相比去识别化，匿名化后的信息不可复原性也是大多数法律所要求的。

匿名化类型包括 k-匿名（k-Anonymity）、l-多样性（l-Diversity）和 t-相邻性（t-Closeness）。k-匿名是一种通常用于在数据共享场景中保护数据主体隐私的隐私模型，k-匿名在用于匿名化数据时可以提供隐私保证。在许多隐私保护系统中，最终目标是实现数据主体的匿名性。从表面上看，匿名性只是意味着将数据隐去，但仅从数据集中删除数据不足以实现匿名化。数据可能包括不是唯一标识符的一些信息，但是当它与其他数据集结合时会变得可识别，这些信息被称为准标识符。例如，研究表示，将人们的 5 位邮政编码、性别和出生日期结合在一起，就可以推断并唯一标识美国 87% 的人口。l-多样性模型的定义如下：这个等价类满足了 l-多样性的条件，如果某一等价类中的敏感数据属性有一个或多个"表示良好"的值。数据表符合 l-多样性的是数据表中的任意等价类。t-相邻性是基于 l-多样性的进一步改进，该匿名化方法通过减少数据表示的粒度来保留数据集中的隐私。[1]

（五）差分隐私

差分隐私模型的技术含量最高。其技术原理如下：差分隐私是一种基于

---

[1] 参见《报告发布丨十种前沿数据安全技术，聚焦企业合规痛点》，载 https://www.sohu.com/a/441140363_ 476857，最后访问日期：2023 年 5 月 3 日。

噪声机制的隐私保护技术，每一个用户终端都会运行一个差分隐私算法，每一个终端采集的数据都会加入噪声，然后将其上传给服务器；服务器虽然无法获得某一个用户的精确数据，但通过聚合与转换可以挖掘出用户群体的行为趋势。[1]

差分隐私可以被应用于推荐系统、网络踪迹分析、运输信息保护、搜索日志保护等领域。一个较为普遍的应用领域是，如果想要确保用户隐私行为的安全，需要使用差分隐私技术来确保攻击者无法通过观察计算结果来获得准确的个人信息，以保护对于用户行为的统计，尤其是在一些拥有大量用户日常数据的企业。但差分隐私也不是万能的，虽然相比于传统技术，在实现同样复杂度和效果的情况下，差分隐私的效率会比较高，但由于过于强调背景知识的假设，需要在查询结果中加入大量的随机化，导致数据的可用性急剧下降。特别对于那些复杂的查询，有时候随机化结果几乎掩盖了真实结果。[2]

第六节　数据提供

一、数据问题

（一）隐私保护

数据脱敏：是指对某些敏感信息通过脱敏规则进行数据的变形，实现对敏感及隐私数据的可靠保护。[3]它有别于加密技术，加密技术是指在数据存储或者传输过程中对数据使用密钥进行处理，变成不可见的密文，在需要使用时，要用密钥对数据进行反向运算获得真实数据。而数据脱敏技术是对数据进行一定逻辑的处理和运算，但是处理过后的数据并不是密文，而是完全有别于原文的另一套明文，在使用时无须反向运算即可直接使用。

数据匿名保护：数据匿名保护技术在隐私披露风险和数据精度间进行折中，有选择地发布敏感数据极有可能披露敏感数据的信息，但保证对敏感数据及隐私的披露风险在可容忍范围内。[4]一般情况下，数据匿名化的基本操

---

〔1〕　参见《报告发布｜十种前沿数据安全技术，聚焦企业合规痛点》，载 https://www. sohu.com/a/441140363_ 476857，最后访问日期：2023 年 5 月 3 日。

〔2〕　参见钱晴：《基于差分隐私的图数据直方图发布研究》，苏州大学 2019 年硕士学位论文。

〔3〕　参见姜唐：《云计算安全之数据加密》，载《计算机与网络》2018 年第 18 期。

〔4〕　参见王艳：《数据隐私保护技术综述》，载《知识经济》2011 年第 14 期。

作有两种。一是对某一数据项进行抑制，也就是该数据项不予以公布；另一种是以偏概全，把数据描述得比较概括，比较抽象。

差分隐私保护：差分隐私保护是基于数据失真的隐私保护技术，采用添加噪声的方法使隐私数据失真但同时保持某些数据或数据属性不变，要求处理后的数据仍然保持某些统计方面的性质，以便进行数据挖掘等操作。差分隐私保护技术可以保证在数据集中添加或删除一条数据不会影响到查询输出结果，因此即使在最坏情况下，攻击者已知除一条记录之外的所有隐私数据，仍可以保证这一条记录的隐私信息不会被泄露。[1]

（二）数据的公共安全

数据公共安全既包括在汇总数据时如何防止数据外泄、滥用或被私人用于牟利，也包括在涉及跨国经营时如何保障一国数据与其他国家之间既能有效建立安全边界，又能在特定领域开展跨国协调与合作的一些平台经济。

（三）数据安全风险评估

加强对资料处理活动的风险监控，定期对重要资料处理人进行资料风险评估。数据安全风险监测与评估是对数据资产价值、合规性、潜在威胁、脆弱性环节、已采取的防护安全等进行监测，分析和判断数据安全事件发生的概率以及可能造成的损失，并采取有针对性的处置措施和提出数据安全风险管控措施。[2]

1. 方法

评估准备：当前企业与组织实施风险评估工作，更多是从国家法律法规及行业监管、业务需求评估等相关要求出发，从战略层面考量风险评估结果对企业相关的影响。数据安全风险评估准备的内容主要包括：评估对象、评估范围、评估边界、评估团队组建、评估依据、评估准则、制定评估方案并获得管理层支持。

风险认定：主要包括资产价值认定、数据处理活动要素认定、合法合规认定、威胁认定、脆弱性认定、已有安全措施认定等内容。同时通过适当的手段，就风险发生的可能性、后果以及影响度展开分析。

---

〔1〕　参见李杨等：《差分隐私保护研究综述》，载《计算机应用研究》2012 年第 9 期。

〔2〕　参见《数据安全风险评估方法浅析》，载 https://www.secrss.com/articles/37435，最后访问日期：2023 年 4 月 2 日。

风险评估：通过风险值计算方法，企业在进行数据安全风险分析后，会得出风险值的分布状况，并划分出风险等级，通常分为：高度风险、中度风险、较低风险三个等级。明确风险评估结果的内容，以风险评估中风险值的高低为依据。

2. 数据安全风险识别

主要包括资产价值识别、数据处理活动要素识别、合法合规性识别、威胁识别、脆弱性识别以及已有安全措施识别。

3. 数据处理活动工具

数据处理活动识别类工具：帮助风险评估执行人员识别重要的数据处理活动在评估系统中进行，并拆分和梳理数据处理活动要素。这类工具以流程梳理为主，在识别数据处理活动中运用专家的经验。

数据处理活动合法合规判别类工具：识别存在于数据处理活动中的合法合规行为。这类工具将在提供合法合规要求参考库帮助评估员判断的同时，协助评估员识别和提取数据处理活动合法合规的评估要点。

数据处理活动安全检测工具（Data Procession Safety Discovery）：检测收集数据处理活动中各活动要素的安全现状，评估数据处理活动的安全风险。这类工具主要是基于对数据处理活动的安全性进行综合检测，并结合专家的经验进行自动化检测。这类测评工具可以随着测评工作经验的积累而不断丰富，对测试规则进行优化。

二、数据获得

数据处理活动中，需要明示数据采集目的、采集数据类型、存储位置、获取用户授权等情况。

（一）识别信息需求

识别信息需求能够为收集和分析数据提供明确的目标，是保证数据分析过程有效性的首要条件。对信息需求的识别是管理者的职责，要提出对信息的需求，要根据需要进行决策和过程控制。在过程控制方面，管理者要识别出需求所要利用的信息，对审查过程的录入、过程的输出、资源的配置等方面的合理性进行支持。

（二）数据收集

遵循合法、公开原则，目的限制原则，最小数据原则，数据安全原则，限期存储原则。[1]同时将识别需求转化为特定需求，例如需要收集的数据可能包括其过程能力，测量系统的不确定度以及其他相关数据，以便评估；明确数据采集的渠道和方式是什么人在什么时间、在什么地方，通过正规合法的渠道来保证数据的取得；通过加工、整理、分析，把收集到的资料进行转化。这是质量管理体系的基础。

（三）提供数据是否充分、可信

数据对持续改进质量管理体系、过程、产品所发挥的作用是否与期望值一致，是否在产品实现过程中有效运用数据分析；收集数据的目的是否明确，收集的数据是否真实和充分，信息渠道是否畅通；数据分析方法是否合理，是否将风险控制在可接受的范围；数据分析所需资源是否得到保障。[2]

（四）整合数据

以表格和图形的形式呈现，并采取有效措施，防止数据丢失和虚假数据对系统的干扰。

三、评估

评估外部的数据接收者，保证他们有足够的能力保护数据。评估内容包括外部接收者的信用程度、对数据的使用手段和目的。明确资料使用方式、资料留存时间、资料安全保护职责和保密义务等内容，与外部资料接收人签订协议。限制受理和处置投诉举报的时间；对数据接收方和使用方使用情况进行实时监督。

四、动态数据屏蔽

（一）功能

动态数据屏蔽是利用功能性虚构数据（如字符或其他数据）代替机密数据，从而实现隐藏敏感数据的技术。数据屏蔽的主要目的是在企业与第三方共享数据的情况下保护公司业务所涉及的敏感或机密数据，以及员工和客户的个人隐私信息。

（二）方法

动态数据屏蔽通过限制用户访问权限，从而防止敏感数据暴露给未授权

---

〔1〕　参见韩旭至：《个人信息与个人隐私的区分》，载《网络法律评论》2016 年第 2 期。

〔2〕　参见冯雨欣：《大数据时代》，载《数字化用户》2018 年第 37 期。

用户。在配置动态数据屏蔽过程中，不需要第二个数据源动态存储被屏蔽的数据，原始的敏感数据依旧被保存在原始数据库中，根据用户不同的访问权限，数据字段被系统授予相应的权限。因此，当授权用户访问数据时，永远只能查看其权限之内的真实数据，其他数据内容会被实时打乱屏蔽。动态数据屏蔽主要用于基于角色安全的数据库或应用程序，为了防止屏蔽数据被回写到数据库的复杂性，动态数据屏蔽只能应用于只读内容，如报告或客户服务查询功能等。动态数据屏蔽可以通过不同的方式实现，主要实现方式包括数据库和 web 代理。当用户想要查询存储敏感数据的数据库时，所有用户的数据库查询指令都通过数据库代理检查并传输到用户想要访问的数据库对象，数据库查询指令会在传到数据库之前被 web 代理，根据数据库中权限配置范围进行修改，从而最终将屏蔽的数据返回给访问用户。

（三）意义

动态数据屏蔽技术被视为应用程序与数据库之间的保护盾。通过拦截发送到数据库的请求并依据特定的规则对请求的数据进行屏蔽、加密、隐藏等处理，确保数据库中敏感数据的安全。该技术作用于数据库协议层面，应用该技术时无需变更数据库，也不必修改应用程序源代码。

（四）技术优势

1. 便于使用和变更管理。该技术仅需要编写一次屏蔽策略，便可应用于数据库中的数千列数据和对象。同时，屏蔽策略内容也易于改动，无需对应用程序源代码进行变更。

2. 高效的数据管理和授权治理。屏蔽策略易于对管理进行职责分离，并且支持集中式或分散式管理模型。策略的决定权掌握在安全隐私的管理者手中，而非数据库对象的所有者。安全隐私管理者可以根据相关要求管理屏蔽。动态数据屏蔽技术还可根据个人用户的角色或自定义权限限制数据访问，支持由安全隐私管理者实施的数据治理，并可以防止具有特权的用户查看不必要的数据。

3. 提高保护个人和敏感数据成本效益。动态数据屏蔽可以有效地保护个人数据和敏感数据，从而提升应对内部和外部数据泄露威胁的能力。动态数据屏蔽易于实施即时的敏感数据匿名化，无需投入过多人力及时间成本。

（五）应用场景

动态数据屏蔽可用于任何需要进行数据共享和检索的场景和领域当中。

当组织需要与系统共享包含敏感信息的数据时，可以利用该技术保护数据的安全隐私。该技术的使用需求，多数来源于公司政策和隐私相关法规要求，如 GDPR 或 HIPAA。

五、数据库

目前比较常用的存储和处理海量数据的系统是 NoSQL（Not only Structured Query Language）数据库。当前关于 NoSQL 数据库并没有一个统一的定义，一般认为是非关系型数据库的统称。InfoSys 公司的首席架构师 Soura Mazumder 对其描述如下：NoSQL 数据库是可扩展的松耦合数据模型，具有跨节点数据分布、水平动态扩展的特点，在内存或磁盘中的数据有持久化能力，支持非 SQL 语句接口进行数据访问。[1]

与关系型数据库相比，NoSQL 在以下两方面有显著的不同：数据模式和横向可扩展性。其一，关系型数据库使用二维表的数据模式，NoSQL 则使用松耦合、便于大规模扩展的数据模式。NoSQL 的数据模型是松耦合的和可动态修改的，例如键值对、文档、图等，这非常有利于存储现代 Web 应用中占绝大部分的半结构化数据。其二，NoSQL 是为分布式系统设计的，支持水平扩展 50~100 倍，能够适应现代 Web2.0 时代应用快速增长的海量数据，并且性能优异。

第七节　数据公开

各省市纷纷推出数据开放平台，推动政务数据公开。数据开放是指向社会公众提供易于获取和理解的数据，对于政府而言，数据开放主要是指公共数据资源开放，对于企业而言，数据开放主要是指披露企业运行情况、推动政企数据融合等。数据交易是指交易双方通过合同约定，在安全合规的前提下，开展以数据或其衍生形态为主要标的的交易行为。数据开放似乎变成了政府公共数据对外开放的专有名词，但站在企业的角度看自己内部，如果这个企业拥有一个统一的企业数据管理组织，即数据供给组织，它已经归集了企业所有的数据并且有管理权，那么就存在一个其向企业其他内部各部门数

---

〔1〕　参见许俊红：《分布式海量数据储存系统负载均衡算法的优化设计与实现》，电子科技大学 2013 年硕士学位论文。

据开放的问题，这理所当然也是数据开放的范畴。[1]

政府数据开放不等同于政府信息公开：其一，数据开放的对象是数据，而不是信息。"数据"是指一手的原始记录，未经加工与解读，不具有明确意义，而"信息"则经过了分析、加工和解读，被赋予了特定意义。可以说，数据是信息的底层，数据比信息具有更大的再利用空间和挖掘潜力。目前，在各国的政府数据开放实践中，开放数据通常呈现为以电子化、结构化、可机读格式开放的数据集。数据集是指由数据组成的集合，通常以表格形式出现，每一列代表一个特定变量，每一行则代表一个样本单位。传统的信息公开对象主要是文本形式的文件或经过归总分析后的统计报告。然而，在大数据时代，社会公众和企业对政府信息公开的期望和需求发生了变化，与收到纸质的、文本形式的、非结构化的文件相比，公众开始期望能获得电子的、可机读的、结构化的数据，以进行再利用。可以说，数据开放是信息公开在数据时代的深入发展，将开放推进到了底层，即数据层。早在2004年，上海市就成为我国首个出台政府信息公开规定的省级地方。当时，上海市的政府工作人员就发现在收到的信息公开申请中有一部分是关于"数据"的申请。如何回应这类申请？他们在那时已依稀感觉到了"数据"与"信息"的不同，从而开始了如何把"数据"像信息那样公开出去的探索，并在2012年上线了我国首个地方政府数据开放平台。[2]

图6-5 数据开放层级图

---

[1] 参见《数据开放，90%的人搞不清楚的事情》，载 https://tech.it168.com/a2022/0615/6746/000006746768.shtml，最后访问日期：2023年3月21日。

[2] 参见《到底什么是数据开放？公共数据开放和政府信息公开究竟有什么区别？》，载 https://mp.weixin.qq.com/s/H2XDWQhVyE3PG63FBhcB9Q，最后访问日期：2023年5月15日。

其二，在开放的目的上，政府信息公开的主要目标是保障公众的知情权，提高政府透明度，侧重于其政治和行政意义，将信息公开作为政府的一种责任。政府数据开放则是不仅要让社会知道，还要让社会能利用政府数据，从而释放政府数据的能量，创造经济与社会价值，数据开放因而被视为政府提供的一项公共服务。[1]

由此，在参与的主体上，数据开放就不仅仅是政府一方的工作，而是需要数据的供给侧和利用端的共同参与，即不仅需要政府把数据开放出来，更需要数据利用者对数据进行有效利用。可以说，政府数据开放的根本目的不在于开放本身，而在于能让社会对政府数据进行充分利用并最终产生价值。

数据公开主要指公共数据的开放，指将数据置于公开状态并可被公众所获取，包括数据开放、数据共享和数据交易。数据开放是指数据免费开放给每一个希望使用数据的人，主要是指政府和公共数据资源应该开放给公众，使公共数据能被任何人在任何时间和任何地点自由利用、再利用和分发；数据共享是指对数据使用对象、使用时间和使用地点加以限制，主要是对使用对象进行限制，即将数据开放给特定对象，特定对象只能在特定的时间、地点使用指定的数据，可以理解为数据开放的限制版；数据交易是指数据拥有者依据法律在市场交易规则下进行自由交易。总体而言，数据开放、数据共享和数据交易都是数据拥有者将数据开放给数据使用者，只是在范围、对象、是否收费等方面有所不同。

一、弊端

目前，数据的开放共享极易导致数据资源稀缺性丧失，部分数据也存在隐私泄露的风险。在数据公开环节，泄露风险主要是很多数据在未经过严格保密审查，未进行泄密隐患风险评估，或者未意识到数据情报价值，或者涉及公民隐私的情况下随意发布。在数据盒中数据的版权和隐私保护若采用传统的私钥加密和公钥加密，数据的操作需要用户将密文全部下载到客户端，解密后执行，这种应用架构明显具有吞吐量低、带宽需求大、可用性差的缺

---

[1]　参见《数林一叶 ｜ 到底什么是数据开放？与信息公开有何不同？》，载 https://www.sohu.com/a/345595814_ 657456，最后访问日期：2023 年 1 月 11 日。

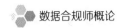

点，无法在大数据场景下得到有效应用。[1]

二、现状

目前的数据开放模式是自主封闭的，并不适合开放共享数据，而开发开放共享数据的技术也是当务之急。数据自治开放模式是由数据持有者管理数据，数据持有权始终掌握在数据持有者手里（除非自己放弃持有权），即数据自治；数据可以开放给指定使用者，使用者只能自己使用，不能传播数据，因此不会丧失数据的稀缺性。

三、前沿数据自治开放技术：以数据盒为组织模型搭建数据公开平台

（一）数据组织模型——"数据盒"模型

"数据盒"模型是一个面向数据开放共享的数据模型，它由数据盒、封装在数据盒中的数据防泄露和数据权益保护机制、数据盒的计量与定价组成。[2]数据持有者将资料灌装在资料盒内，封装后的资料只能透过资料盒内独立的程式单元介面进行受控存取，让资料使用者可以方便地使用公开资料，也就是对外可见、可理解、可程式设计，也可以防止资料持有者权益受到侵害，也就是内部可控、可追踪、可撤销。

（二）使用外部软件行为管控方法

数据自治开放环境允许数据使用者通过外部软件访问以数据盒形式存在的特定数据资源。为了保护数据权益和数据资源的可持续发展，应当对外部软件访问数据的行为进行规范化管控。外部软件行为管控是数据自治开放中保障数据权益的重要环节。通过监控外部软件访问软件的长期行为，提取软件访问数据的行为特征，并基于这些特征抽象其高层意图。涉及的关键技术是基于业务领域知识模型的软件行为意图建模技术：客户软件访问开放的数据资源时，应当表明其访问数据资源的高层意图。例如某客户软件声称为了追踪病症 A 的治疗和患者愈后情况，需要访问该病症的所有医疗数据，那么根据这一意图，对与病症 A "概念相关"的数据资源的访问（可能）都是符

---

〔1〕 参见黄霖等：《数据自治开放的加密技术挑战》，载《大数据》2018 年第 2 期。

〔2〕 参见《数据自治开放的加密技术挑战》，载 https://blog.csdn.net/weixin_ 45585364/article/details/100159072，最后访问日期：2023 年 3 月 14 日。

合其意图的。这种概念相关性依赖于特定业务领域知识模型以及对开放数据资源的语义标注。在客户软件访问开放数据资源时，对其所有数据访问行为和访问过的数据资源语义进行分析，对客户软件访问数据资源的实际意图进行建模。[1]

（三）数据使用的言行一致管控技术

外部软件在数据自主开放环境下，在授权范围内以黑箱方式自主获取数据。在进入计算环境前，外部软件应首先声明其使用开放数据资源的目的，即提供其标称意图，同时也应表明其在使用数据时将作为行为合法性评价标准所采用的主要数据处理方式。而根据软件的实际行为推测，即为软件的行为意图得到的目的结果。当软件的行为意图（行）与软件标称意图（言）不一致时，即表明该软件对开放环境形成风险。

1. 数据盒加密与隐私保护

一个资料盒可能包含相片、视频、文本和结构化资料等，资料盒的使用是外在的、未知的、无限的，无法在资料盒中有效地应用传统资料加密、资料隐私技术。数据开放下的数据加密保护在数据盒加密方面，有两种情况需要兼顾。第一，在保证数据正常高效运行的前提下，为了最大程度地保证数据的保密性，需要考虑数据盒的安全性和功能性的权衡。这就需要对相应的数据项进行一层或多层的加密，只需要在保证操作（读、写、结合等）顺利执行的前提下，在外部软件请求使用数据的情况下，开启所需的关卡，这样就可以让这一关卡在不公开更多内部关卡的情况下，完成外部软件所需的操作。第二，即使数据盒子被盗或被控制，也需要在盒子中保持数据的保密性，这种保密性需要技术来保障盒子的防盗取和防反向拆解。

2. 基于数据覆盖模型的数据拼图防范技术

数据拼图（Data Puzzle）是指数据使用者可以将多次获取的数据片段整合起来，还原数据整体。Data Puzzle可以通过单个用户多次获取数据碎片来完成，也可以通过多个用户的共同协作来实现数据碎片的拼接。利用Data Puzzle技术，数据使用者可以获取未经授权的受保护数据对象，并通过非法手段将其私有化。数据迷局将实质性危害数据自主性开放，数据难保。而且数据使用者可以将通过数据拼图获得的数据再次传播给其他的未被授权的数据

---

[1]　参见朱扬勇等：《数据自治开放模式》，载《大数据》2018年第2期。

使用者，进一步造成对原数据权益的二次侵犯。[1]需要构建数据使用行为的形式化描述，建立可行的预防和预警体系，通过对数据痕迹的跟踪分析、数据覆盖模型的动态构建、数据拼图危害性的实时检测和量化，从而有效预防和阻止数据拼图对数据权益的损害。

（四）面向数据自治开放的数据资源管理系统

数据资源以数据盒的形式存放在数据站中，每个数据站配备一套数据资源管理系统，用以管理该站下的所有数据资源（数据盒）。通过数据盒虚拟化、应用装载等功能供外部软件使用数据。[2] 数据资源管理系统承担的数据管理与传统数据库管理系统（Data base Management System）相比，不涉及交易处理，只涉及数据使用，但也不同于数据仓库，它是用于数据开发利用而非数据开放。

1. 数据站组成与管理技术

数据资源装载在数据盒中，数据盒储备在数据站里，因此需要研究数据站的逻辑构成要素、物理形态、数据盒的组织方法与管理技术，以便能够快速定位某个数据资源的位置，包括通过数据资源元数据查找数据在哪些数据盒中，并从大量数据盒中快速定位到某一个数据盒，为用户提供数据盒，展示数据盒的内容或数据资源样本。此外，还需要研究数据盒的新增、更新、冻结（即不再对外提供使用）以及浏览、查询、校核等管理技术。

2. 数据盒虚拟化方法

Data Box 的虚拟化是结合硬件虚拟化技术，为每个外部软件提供一个操作托盘，这些软件需要访问特定的数据盒。每个虚拟资料盒都是相互隔离的，改变和删除某个虚拟资料盒并不会对其他同源的虚拟资料盒或原始资料盒造成影响。对于数据资源管理系统来说，保护数据或隐私不会外泄，保证数据自主公开，确保数据规范被控制在外部软件中使用，数据单元虚拟化技术直接关系到数据使用的安全性。需要重点突破，在不通过物理存储制作完整数据副本的基础上，实现虚拟化的数据单元相互隔离、可用，并对内存等资源的利用率进行控制，使整个数据站在支持大量虚拟数据单元同时使用的同时，还可以支持大量的外部软件进行虚拟化研究虚拟数据盒缓存技术、虚拟数

---

〔1〕 参见王智慧等：《数据自治开放模式下的隐私保护》，载《大数据》2018 年第 2 期。
〔2〕 参见熊赟、朱扬勇：《面向数据自治开放的数据盒模型》，载《大数据》2018 年第 2 期。

盒变化维护（更新、撤销等）和长操作策略等。如何在不进行数据盒物理复制的前提下提供虚拟化的数据盒，是一个迫切需要解决的现实问题。

（五）数据访问安全技术

近年来，数据的自治开放已成为当下数据价值开拓的重要课题，数据访问安全技术中大多解决方案在保证了数据访问系统的绝大多数基本功能的基础上，同时保障了数据的机密性，即以些许信息泄露为代价，对加密的数据执行有效操作。

CryptDB 是加密数据库查询技术的一种，可以在加密的数据库（目前支持MySQL 数据库）上进行简单的操作。一个应用配置了 CryptDB 后，CryptDB 作为应用和数据库的中间代理，以明文的方式与应用交互，以密文的方式与数据库交互。[1]作为首款具有更完整安全性证明的实用数据存取安全技术，其更好地在效率和安全性上与加密结构取得平衡。

ARX 是一种数据访问安全技术，建立在非关系型数据库 MongoDB 上，需要指定哪些敏感的字段需要在使用时进行加密，并且这些字段会进行哪些操作，从而在程序使用对应加密算法时保证效率和方便。

SADS（Secure Anonymous Database Search）安全匿名数据库搜索系统仅允许授权用户提交搜索查询，为每次查询提供匿名服务。查询结果仅包含与查询有关的文档，数据库的无关信息不会向查询者显示。同时，数据库的持有者不了解已提交查询的任何信息。[2]

Blind Seer 以 SADS 为基础，扩展和增强 SADS 的功能，以处理更复杂的查询，支持可验证的和私密的遵从性检查，并为非常大的数据库保持高性能。[3]

（六）安全数据访问基本查询技术

在数据自主性开放的情况下，可以使用数据访问安全技术进行加密，以确保敏感数据的保密性，防止敏感数据被窃取，同时保证敏感数据的可用性。数据底层加密技术的加密算法主要有三类：传统的加密，通过源数据加密；

---

［1］　参见《CryptDB 安装与使用》，载 https://leeyuxun. github. io/CryptDB%E5%89%E8%A3%85%E4%B8%8E%E4%BD%BF%E7%94%A8. html，最后访问日期：2023 年 5 月 14 日。

［2］　参见 Secure Anonymous Database Search，载 http://nsl. cs. columbia. edu/projects/sads/，最后访问日期：2023 年 2 月 15 日。

［3］　参见 BLIND SEER：BLoom INDex SEarch of Encrypted Results，载 http://nsl. cs. columbia. edu/projects/blind_ seer/，最后访问日期：2023 年 2 月 15 日。

自定义加密，用源数据指针加密；Oblivious 加密主要基于 ORAM （Oblivious Random Access Machine） 的算法。

1. 传统加密

确定性加密是"将相同的明文加密成相同的密文"的加密算法，理想的泄露情况是其他的属性信息完全隐藏。此外，绝大多数保序加密和揭序加密都是确定性加密。

保序加密的特点是通过密文对比，可以得到明文的大小关系。保序加密方案是指密文保留原有明文顺序的加密方案。云服务器可以根据密文的顺序信息来得到明文顺序信息，因此，保序加密方案可以保证涉及顺序信息的查询操作可以在密文空间高效进行。当进行范围查询时，用户只需要提供查询区间两个端点的加密密文给云服务器。随后，云服务器根据用户提供区间端点的加密密文与原有数据库的密文进行比较。最后，云服务器返回给用户符合查询要求的密文数据，用户解密即可。[1]

2. 自定义加密

绝大多数可搜索加密属于自定义加密，也有一些其他加密方法属于此类。在自治开放中，如果数据使用者需要用到搜索操作，但不知道具体数据，则可使用自定义加密。自定义加密的构造主要依据反相指数查找和树型遍历两种方案。

3. ORAM 协议加密

ORAM 近 20 年来一直作为一个重要的研究课题，并且在性能上稳步提升，原因就在于它的安全性非常强。用户将数据存储在第三方，通过向第三方发送关键字访问文件，即使文件是加密的，结合一些背景知识，第三方仍能根据用户请求的关键字在文件中出现的概率来推断关键词的内容，从而获取用户隐私。ORAM 通过访问与关键词无关的文件来破坏概率和关键词的关联，混淆访问模式，从而保护用户隐私。

4. 同态加密

同态加密是一类具有特殊自然属性的加密方法，此概念是 Rivest 等人在 20 世纪 70 年代首先提出的，与一般加密算法相比，同态加密除了能实现基本的加密操作之外，还能实现密文间的多种计算功能，即先计算后解密可等价

---

〔1〕 参见郭晶晶等：《保序加密技术研究与进展》，载《密码学报》2018 年第 2 期。

于先解密后计算。这个特性对于保护信息的安全具有重要意义，利用同态加密技术可以先对多个密文进行计算之后再解密，不必对每一个密文解密花费高昂的计算代价；利用同态加密技术可以实现无密钥方对密文的计算，密文计算无须经过密钥方，既可以减少通信代价，又可以转移计算任务，由此可平衡各方的计算代价；利用同态加密技术可以让解密方只能获知最后的结果，而无法获得每一个密文的消息，可以提高信息的安全性。正是由于同态加密技术在计算复杂性、通信复杂性与安全性上的优势，越来越多的研究力量投入其理论和应用的探索中。近年来，云计算受到广泛关注，在实践中遇到的问题之一是如何保证数据的私密性，同态加密可以在一定程度上解决这个技术难题。[1]

四、对算法推荐内容的告知

根据《网络数据处理安全要求》，网络运营者在利用个人信息和算法为用户提供推送信息的过程中，应给予用户是否接受这项服务的选择权；同时，网络运营者应明确告知用户接受的信息服务是否系算法自动合成内容。

第八节　数据删除销毁

数据销毁是指采用各种技术手段将计算机存储设备中的数据予以彻底删除，避免非授权用户利用残留数据恢复原始数据信息，以达到保护关键数据的目的。数据销毁以完全破坏数据完整性为目的，是数据安全的一部分。[2]

常用数据删除方法：用 DELETE 语句删除数据库表中数据，当删除的数据量不多时，可简单地一次性删除，但是当遇到数据量很大的情况下，需要进行数据分割。可根据数据表自身特点按照字段特征来进行分割，根据分割反复进行 DETELE 删除操作，否则就可能出现回滚段空间满的错误。[3]

---

〔1〕　参见《同态加密》，载 https://www.kepuchina.cn/wiki/ct/201803/t20180324_ 560997. shtml，最后访问日期：2023 年 6 月 10 日。

〔2〕　参见聂元铭等：《重要信息系统数据销毁/恢复技术及其安全措施研究》，载《信息网络安全》2011 年第 1 期。

〔3〕　参见《关于模型涉及的问题学习记录》，载 http://www.xzwlaf.com/kstore/zyzn/page/2022/06/698dd7874a6bce91.html，最后访问日期：2023 年 6 月 10 日。

一、删除销毁数据的方法

（一）数据覆写

数据覆写是将非保密数据写入以前存有敏感数据的硬盘簇的过程。使用预先定义的无意义、无规律的信息反复多次覆盖硬盘上原先存储的数据，达到销毁数据的目的。

（二）消磁

消磁是磁介质被擦除的过程。通过对硬盘盘面上的磁性颗粒施加瞬间强磁场，使得磁性颗粒改变原先排列方向而与场强方向一致排列，从而失去了数据记录功能。

（三）物理破坏数据及其存储介质

物理销毁最常见的方法是分解、粉碎或粉碎介质，使原先设备完全不可用。化学销毁是指采用化学药品腐蚀、溶解、活化、剥离磁盘记录表面的数据销毁方法。

二、其他注意事项

在数据销毁过程中，还应注意以下问题：一是涉及国家机密的应当遵守《涉及国家秘密的载体销毁与信息消除安全保密要求》，对于涉密载体的销毁要遵照此标准执行，不可擅自处理。二是要注意销毁备份数据。涉密数据在处理和使用过程中，操作系统或应用软件的缓存中可能还存有数据内容的临时文件，也需要一并销毁。

【思考题】

1. 名词解释

（1）数据分类

（2）数据清洗

（3）数据脱敏

2. 简答题

（1）简述数据分级的标准。

（2）简述数据分析的类型。

第三编

分　论

第七章 涉案企业数据合规

【本章概述】刑事责任是企业数据业务可能面临的终极风险。我国刑法针对单位犯罪采取双罚制，在单位犯罪情形中，对单位判处罚金，同时对直接负责的主管人员和其他直接责任人员判处刑罚。鉴于刑事责任的严重性，被刑事追责的企业在遭受刑事处罚的同时，其社会评价特别是企业信誉必然会遭受一定的损失，在之后的经营中很可能难以获得市场的信任。因此，在数据收集、处理和利用过程中，重视对于刑事风险的规避，对于企业来说是不得不考虑的一个重大事项。

【学习目标】掌握涉案企业数据不合规可能涉及的刑事责任。

涉案企业合规制度，是指对于涉嫌犯罪的企业，发现其具有建立合规体系意愿的，检察机关可以责令其针对违法犯罪事实，提出专项合规计划，督促其推进企业合规管理体系的建设，作出相对不起诉决定。涉案企业数据合规是涉案企业合规制度下的重要内容，特别是，技术的不断进步与商业模式的不断更迭，导致与数据相关的犯罪模式也发生了很大变化，日益复杂和多元。在可以预见的未来，随着数字经济在国民经济中的占比增大，与数据有关的刑事领域立法活动也将变得更为活跃。而且，随着民事、行政领域的立法，相关领域的刑事立法活动也将同步进行。例如，关于个人信息保护立法，《中华人民共和国刑法修正案（七）》与《中华人民共和国刑法修正案（九）》对于《中华人民共和国刑法》（以下简称《刑法》）第253条中的出售、非法提供、非法窃取公民个人信息的相关规则进行了同步修改。在此背景下，数据处理活动是否刑事合规，符合不起诉的条件，值得每个企业重视。

刑事风险贯穿于数据处理的所有过程。因此，企业在收集、存储、使用、加工、传输、提供、公开与删除等利用数据的过程中都伴随着刑事风险。数据处理行为可以根据数据类型、计算机以及监管视角进行区分。数据可以分为国家秘密或情报、商业秘密和公民个人信息，涉及的罪名包括侵犯公民个人信息罪，非法侵入计算机信息系统罪，非法获取计算机信息系统罪，非法控制计算机系统罪，提供侵入、非法控制计算机信息系统程序、工具罪，破坏计算机信息系统罪，拒不履行信息网络安全管理义务罪，非法利用信息网络罪，帮助信息网络犯罪活动罪，掩饰、隐瞒犯罪所得罪，非法获取国家秘密罪，为境外窃取、刺探、收买、非法提供国家秘密罪，故意（过失）泄露国家秘密罪，非法获取军事秘密罪，为境外窃取、刺探、收买、非法提供军事秘密罪，故意（过失）泄露军事秘密罪，侵犯商业秘密罪以及为境外窃取、刺探、收买、非法提供商业秘密罪等。此外，从计算机本身视角来看，处理数据的行为危害计算机信息系统安全的，也可能入刑。从监管权威视角来看，拒不履行信息网络安全管理义务，也可能构成犯罪。鉴于刑事责任所带来惩罚的严厉性，相关主体必须在数据的利用过程中对刑事风险予以高度重视，避免因不合规所导致的刑事责任承担。

第一节　数据视角——侵犯数据安全类犯罪

侵犯数据安全类犯罪，按照不同性质，行为的对象可分为国家秘密或者情报、商业秘密、个人信息。其中，处理国家秘密或者情报的行为可能构成为境外窃取、刺探、收买、非法提供国家秘密、情报罪，非法获取国家秘密罪，非法持有国家绝密、机密文件、资料、物品罪，故意泄露国家秘密罪，过失泄露国家秘密罪。处理商业秘密的行为可能构成侵犯商业秘密罪。处理个人信息的行为可能构成侵犯公民个人信息罪。

一、企业处理的数据构成国家秘密或者情报

根据《中华人民共和国保守国家秘密法》第 2 条"国家秘密是关系国家安全和利益，依照法定程序确定，在一定时间内只限一定范围的人员知悉的事项。"该法第 9 条规定："下列涉及国家安全和利益的事项，泄露后可能损害国家在政治、经济、国防、外交等领域的安全和利益的，应当确定为国家秘密：（一）国家事务重大决策中的秘密事项；（二）国防建设和武装力量活动中的秘密事项；（三）外交和外事活动中的秘密事项以及对外承担保密义务

的秘密事项；（四）国民经济和社会发展中的秘密事项；（五）科学技术中的秘密事项；（六）维护国家安全活动和追查刑事犯罪中的秘密事项；（七）经国家保密行政管理部门确定的其他秘密事项。政党的秘密事项中符合前款规定的，属于国家秘密。"根据该法第 10 条，国家秘密的密级分为绝密、机密、秘密三级。根据最高人民法院 2001 年 1 月 17 日《最高人民法院关于审理为境外窃取、刺探、收买、非法提供国家秘密、情报案件具体应用法律若干问题的解释》，"情报"是指关系国家安全和利益、尚未公开或者依照有关规定不应公开的事项。企业处理的相关数据，如果构成上述规定中的国家秘密或者情报，相关行为可能构成如下犯罪。

（一）为境外窃取、刺探、收买、非法提供国家秘密、情报罪

本罪是指为境外的机构、组织或者个人窃取、刺探、收买、非法提供国家秘密或者情报的行为，属于危害国家安全罪。根据《刑法》第 111 条规定，构成本罪的，"处五年以上十年以下有期徒刑；情节特别严重的，处十年以上有期徒刑或者无期徒刑；情节较轻的，处五年以下有期徒刑、拘役、管制或者剥夺政治权利。"

从构成要件上看，首先，必须是为境外的机构、组织、个人窃取、刺探、收买、非法提供国家秘密或者情报。其次，行为表现为四种方式，即窃取、刺探、收买和非法提供。窃取是指通过盗取文件、使用计算机、电磁波、照相机等方式取得；刺探是指使用探听、侦查、搜集、骗取等方式获取；收买是指利用金钱、物质或者其他利益换取，非法提供是指违反法律规定直接或间接地使境外机构、组织或者个人知悉。为境内机构、组织或者个人窃取、刺探、收买国家秘密或者情报后，提供给个人的，仍然成立为境外非法提供国家秘密、情报罪。窃取、刺探、收买行为，都是数据收集行为。再者，本罪的行为对象是国家秘密或者情报。当作为行为对象的数据构成国家秘密或者情报时，可能构成此罪。在主观方面，本罪的责任形式为故意，即明知是国家秘密或者情报，而为境外机构、组织、个人窃取、刺探、收买或者非法提供。

（二）非法获取国家秘密罪

本罪是指以窃取、刺探、收买方法，非法获取国家秘密的行为，为妨害社会管理秩序类犯罪。根据《刑法》第 282 条第 1 款，构成本罪，"处三年以下有期徒刑、拘役、管制或者剥夺政治权利；情节严重的，处三年以上七年

以下有期徒刑。"

获取国家秘密，包括直接取得国家秘密和通过获取国家秘密的载体进而取得国家秘密。本罪中的窃取、刺探、收买行为，与《刑法》第111条规定的为境外窃取、刺探、收买、非法提供国家秘密、情报罪相同。这些行为都属于数据收集行为，如果收集的数据属于国家秘密，这些收集行为就可构成本罪。非法获取了国家秘密，即成立本罪的既遂。本罪的责任形式为故意。如果在实施上述行为时没有非法提供给境外机构、组织、个人的故意，但在获取之后非法提供给境外机构、组织、个人的，构成包括的一罪，按照刑法第111条规定，即按照为境外非法提供国家秘密罪进行处理。

（三）非法持有国家绝密、机密文件、资料、物品罪

本罪是指非法持有属于国家绝密、机密的文件、资料或者其他物品，拒不说明来源与用途的行为，属妨害社会管理秩序类犯罪。根据《刑法》第282条第2款，构成本罪的，"处三年以下有期徒刑、拘役或者管制。"非法持有行为包括两种情形。一种是行为人不应知悉某项国家绝密、机密，而对相关文件、资料或者其他物品进行携带、存放。另一种是行为人可以知悉某项国家绝密、机密，未办理相关手续而对相关文件、资料或者其他物品进行携带、存放。行为人同时说明来源与用途的，不成立本罪，仅仅说明来源或者仅仅说明用途的，仍然成立本罪。

（四）故意泄露国家秘密罪与过失泄露国家秘密罪

故意泄露国家秘密罪，是指国家机关工作人员或其他有关人员，故意泄露国家秘密，情节严重的行为。过失泄露国家秘密罪，是指国家机关工作人员或其他有关人员，过失泄露国家秘密，情节严重的行为。根据《刑法》第398条"国家机关工作人员违反保守国家秘密法的规定，故意或者过失泄露国家秘密，情节严重的，处三年以下有期徒刑或者拘役；情节特别严重的，处三年以上七年以下有期徒刑。非国家机关工作人员犯前款罪的，依照前款的规定酌情处罚。"

"泄露"是指知悉国家秘密的有关人员不顾法律禁止性规定，把国家秘密传递给无权知悉者，或者违反保密法规，使国家秘密被不允许接触的人员接触且不能证明该接触者未知悉其内容。在处理涉及国家秘密的数据时，各种泄露情形均可能发生。实践中，邮寄、托运、传递国家秘密载体，非法复制、记录、存储国家秘密，有线或无线传递国家秘密，将涉密计算机、信息系统

与公共信息网络相连后进行数据交换，卸载、修改涉密信息系统的安全技术程序、管理程序，这些情形均可能导致国家秘密的泄露。

成立本罪需要达到情节严重的程度。根据1999年9月16日最高人民检察院发布施行的《最高人民检察院关于人民检察院直接受理立案侦查案件立案标准的规定（试行）》的规定，国家机关工作人员涉嫌故意泄露国家秘密行为，具有下列情形之一的，应予立案：（1）泄露绝密级或机密级国家秘密的；（2）泄露秘密级国家秘密3项以上的；（3）向公众散布、传播国家秘密的；（4）泄露国家秘密已造成严重危害后果的；（5）利用职权指使或者强迫他人违反国家保守秘密法的规定泄露国家秘密的；（6）以牟取私利为目的泄露国家秘密的；（7）其他情节严重的情形。非国家机关工作人员涉嫌故意泄露国家秘密犯罪行为的立案标准参照上述标准执行。国家机关工作人员涉嫌过失泄露国家秘密行为，具有下列情形之一的，应予立案：（1）泄露绝密级国家秘密的；（2）泄露机密级国家秘密3项以上的；（3）泄露秘密级国家秘密3项以上，造成严重危害后果的；（4）泄露国家秘密或者遗失秘密文件不如实提供有关情况的；（5）其他情节严重的情形。非国家机关工作人员涉嫌过失泄露国家秘密犯罪行为的立案标准参照上述标准执行。

二、企业处理的数据构成商业秘密

侵犯商业秘密罪，是指以盗窃、利诱、胁迫、披露、擅自使用等不正当手段，侵犯商业秘密，给商业秘密的权利人造成重大损失的行为。当企业处理的数据构成他人的商业秘密时，如果违反《刑法》规定，可能构成侵犯商业秘密罪。《刑法》第219条规定："有下列侵犯商业秘密行为之一，情节严重的，处三年以下有期徒刑，并处或者单处罚金；情节特别严重的，处三年以上十年以下有期徒刑，并处罚金：（一）以盗窃、贿赂、欺诈、胁迫、电子侵入或者其他不正当手段获取权利人的商业秘密的；（二）披露、使用或者允许他人使用以前项手段获取的权利人的商业秘密的；（三）违反保密义务或者违反权利人有关保守商业秘密的要求，披露、使用或者允许他人使用其所掌握的商业秘密的。明知前款所列行为，获取、披露、使用或者允许他人使用该商业秘密的，以侵犯商业秘密论。本条所称权利人，是指商业秘密的所有人和经商业秘密所有人许可的商业秘密使用人。"

侵犯商业秘密罪的构成要件为，实施侵犯商业秘密的行为，并给权利人造成了重大损失。首先，本罪的行为对象是商业秘密。根据《反不正当竞争法》第9条，商业秘密是指不为公众所知悉、具有商业价值并经权利人采取相应保密措施的技术信息、经营信息等商业信息。因此，商业秘密必须是技术信息和经营信息等商业信息，这些信息必须满足秘密性（不为公众所知悉）、价值性（具有商业价值）以及保密性（经权利人采取相应措施）三个要件。其次，侵犯商业秘密的行为包括不正当获取、披露、使用或者允许他人使用三类行为。不正当获取，是指以盗窃、利诱、胁迫或者其他手段不正当获取他人商业秘密。披露、使用或者允许他人使用，可以是不正当获取行为的延续，也可以是违反约定或者权利人有关保守商业秘密的要求，这种情形中获取商业秘密的行为是合法的，但是后续的披露、使用或者允许他人使用构成了犯罪。还有一些情形是，明知存在上述违法行为，而获取、披露或者使用的。在结果方面，本罪要求给权利人造成了重大损失。

本罪的责任形式为故意，企业明知自己处理数据的行为侵犯了他人的商业秘密，会给权利人造成重大损失，并且希望或者放任这种结果发生。《刑法》第219条第2款规定"明知"第1款所列行为，获取、披露、使用或者允许他人使用该商业秘密的，以侵犯商业秘密论，因此过失不构成本罪。

关于"重大损失"的认定标准，根据2020年最高人民检察院、公安部印发《关于修改侵犯商业秘密刑事案件立案追诉标准的决定》规定，"侵犯商业秘密，涉嫌下列情形之一的，应予立案追诉：（一）给商业秘密权利人造成损失数额在三十万元以上的；（二）因侵犯商业秘密违法所得数额在三十万元以上的；（三）直接导致商业秘密的权利人因重大经营困难而破产、倒闭的；（四）其他给商业秘密权利人造成重大损失的情形。"

关于损失数额或者违法所得数额的计算，根据《关于修改侵犯商业秘密刑事案件立案追诉标准的决定》，可以按照下列方式认定：（一）以不正当手段获取权利人的商业秘密，尚未披露、使用或者允许他人使用的，损失数额可以根据该项商业秘密的合理许可使用费确定；（二）以不正当手段获取权利人的商业秘密后，披露、使用或者允许他人使用的，损失数额可以根据权利人因被侵权造成销售利润的损失确定，但该损失数额低于商业秘密合理许可使用费的，根据合理许可使用费确定；（三）违反约定、权利人有关保守商业秘密的要求，披露、使用或者允许他人使用其所掌握的商业秘密的，损失数额可以根据权利人因被侵权造成销售利润的损失确定；（四）明知商业秘密是不正当手段获取或者是违反约定、权利人有关保守商业秘密的要求披露、使用、允许使用，仍获取、使用或者披露的，损失数额可以根据权利人因被侵权造成销售利润的损失确定；（五）因侵犯商业秘密行为导致商业秘密已为公众所知悉或者灭失的，损失数额可以根据该项商业秘密的商业价值确定。商业秘密的商业价值，可以根据该项商业秘密的研究开发成本、实施该项商业秘密的收益综合确定；（六）因披露或者允许他人使用商业秘密而获得的财物或者其他财产性利益，应当认定为违法所得。

关于权利人因被侵权造成销售利润的损失的计算，根据《关于修改侵犯商业秘密刑事案件立案追诉标准的决定》，可以根据权利人因被侵权造成销售量减少的总数乘以权利人每件产品的合理利润确定；销售量减少的总数无法确定的，可以根据侵权产品销售量乘以权利人每件产品的合理利润确定；权利人因被侵权造成销售量减少的总数和每件产品的合理利润均无法确定的，可以根据侵权产品销售量乘以每件侵权产品的合理利润确定。商业秘密系用于服务等其他经营活动的，损失数额可以根据权利人因被侵权而减少的合理利润确定。商业秘密的权利人为减轻对商业运营、商业计划的损失或者重新恢复计算机信息系统安全、其他系统安全而支出的补救费用，应当计入给商业秘密的权利人造成的损失。

需要注意的是，如果获取、披露或者使用商业秘密，是为向境外的机构、组织、人员窃取、刺探、收买、非法提供商业秘密，则构成《刑法》第219之一条所规定的为境外窃取、刺探、收买、非法提供商业秘密罪。根据该条规定，为境外的机构、组织、人员窃取、刺探、收买、非法提供商业秘密的，处五年以下有期徒刑，并处或者单处罚金；情节严重的，处五年以上有期徒刑，并处罚金。

商业秘密的保护，涉及企业核心竞争力的保持，对企业的生存和发展至关重要。近年来，随着我国科学技术水平的不断提升，在某些技术领域的科技水平已经处于国际领先地位，因此，不断出现国外经济间谍冒充客户或以咨询公司的名义窃取我国某些企业技术的情况。同时，由于商业秘密在企业经营中的重要性越发显著，我国司法实践中侵犯商业秘密犯罪频发。

2022年4月28日，浙江省市场监督管理局对外公布了商业秘密违法六大典型案例，其中案例四、案例六两个案例涉及侵犯商业秘密罪。

案例四：温州××公司和程某等人侵犯商业秘密罪，涉及违反保密协议使用他人的商业秘密。2020年1月7日，温州市市场监管局接到温州某工贸有限公司举报，反映该公司离职员工程某违反保密协议向温州××公司提供、披露其公司的产品资料、客户名单等商业秘密。经查：温州市市场监管局依法对温州××公司现场扣押涉案三台电脑和一部手机，并提取大量涉案眼镜实物和财务账单，证明当事人利用程某披露的商业秘密开展经营活动。温州××公司筹备和生产经营过程中，程某、林某某多次实施侵权行为，导致温州某工贸有限公司30款眼镜产品被窃取，4个客户被抢占，涉案销售金额达972.3万元。温州××公司、程某、林某某等五人的行为，违反《反不正当竞争法》第9条规定，属于侵犯商业秘密的违法行为，并已达刑事立案标准，2020年9月23日，温州市市场监管局依法将案件移送温州市公安局。

案例六：义乌××公司侵犯商业秘案，不正当手段获取他人的账号密码。2020年4月8日，义乌市市场监管局执法人员接到电商经营户朱某的举报，反映其在直播销售商品时，被他人抢先发货完成交易，朱某怀疑其直播所得订单信息被人盗用。经查：义乌市市场监管局从快递订单、货到付款收款记录、联合公安核查定位等综合信息，最终锁定义乌××公司窃取了举报人的订单信息。执法人员在现场核查中还发现当事人窃取了多家直播电商平台账号密码并导出大量订单信息，举报人朱某仅是其中一家。当事人在事实证据面前承认：义乌××公司的员工黄某与举报人朱某的代运营人员周某交情较好，在周某办公场所闲玩时，趁周某不注意，用手机偷拍了朱某直播平台的账号密码。后通过账号密码登录朱某的订单后台，导出订单信息，并且抢先邮寄同款产品给消费者，利用货到付款方式从朱某手上"截胡"。而义乌××公司法定代表人对黄某的侵权行为均知情并参与其中。义乌××公司上述行为，违反了《反不正当竞争法》第9条的规定，属侵犯商业秘密的违法行为。因当事人侵犯他人商业秘密给商业秘密权利人造成损失数额巨大，已构成犯罪，义乌市市场监督管理局将该案移送公安机关追究刑事责任。

三、企业处理的数据属于公民个人信息

当企业处理的数据属于个人信息时，相关行为可能会构成侵犯公民个人信息罪。

侵犯公民个人信息罪，是指违反国家有关规定，向他人出售或者提供公民个人信息，或者将在履行职责或者提供服务过程中获得的公民个人信息出售或者提供给他人，以及窃取或者以其他方法非法获取公民个人信息，情节严重的行为。《刑法》第253条之一规定，"违反国家有关规定，向他人出售或者提供公民个人信息，情节严重的，处三年以下有期徒刑或者拘役，并处或者单处罚金；情节特别严重的，处三年以上七年以下有期徒刑，并处罚金。违反国家有关规定，将在履行职责或者提供服务过程中获得的公民个人信息，出售或者提供给他人的，依照前款的规定从重处罚。窃取或者以其他方法非法获取公民个人信息的，依照第一款的规定处罚。单位犯前三款罪的，对单位判处罚金，并对其直接负责的主管人员和其他直接责任人员，依照各该款的规定处罚。"

本罪的行为对象，即公民个人信息。公民个人信息包括公民姓名、年龄、有效证件号码、婚姻状况、工作单位、学历、履历、家庭住址、电话号码、生理状态、遗传特征、经济状况、通话记录、个人行踪等信息。从内容上看，这些信息或者资料能够识别公民个人身份，或者涉及公民个人隐私。

本罪的行为类型包括三类。一是违反国家有关规定向他人出售或者提供公民个人信息。二是将在履行职责或者提供服务过程中获得的公民个人信息出售或者提供给他人。三是窃取或者以其他方法非法获取公民个人信息。上述行为均要求情节严重。一般而言，有造成受害人人身伤亡、违法数额巨大、造成重大经济损失、造成恶劣社会影响、个人信息数量巨大等情节都可以认定为情节严重。本罪的易发领域几乎涵盖全部网络服务提供者。近年来，随着网络技术的发展，侵犯个人信息犯罪行为呈上升之态。2021年，全国公安机关深入推进"净网2021"专项行动，针对人民群众关注的个人信息保护问题，全力组织开展侦查打击工作，共破获侵犯公民个人信息案件9800余起，抓获犯罪嫌疑人1.7万余名。2022年1月，公安部公布了侵犯公民个人信息犯罪十大典型案例，其中，典型案例六为公司非法获取个人信息案。该案例中，山东某网络科技公司从网上购买公民个人信息，在辽宁阜新石某团伙的技术支撑下，突破游戏公司验证机制，非法注册实名网络游戏账号1.8万余个，并向未成年人出售，非法牟利170余万元。根据既往裁判案例，大数据、在线医疗、在线服务、求职招聘、精准广告营销等是高发行业，典型的行为如下：

第一，App 无合理场景违规收集敏感信息。根据《App 违法违规收集使用个人信息行为认定方法》，9 种情形可被认定为"未经用户同意收集使用个人信息"的行为，分别是：（1）征得用户同意前就开始收集个人信息或打开可收集个人信息的权限；（2）用户明确表示不同意后，仍收集个人信息或打开可收集个人信息的权限，或频繁征求用户同意、干扰用户正常使用；（3）实际收集的个人信息或打开的可收集个人信息权限超出用户授权范围；（4）以默认选择同意隐私政策等非明示方式征求用户同意；（5）未经用户同意更改其设置的可收集个人信息权限状态，如 App 更新时自动将用户设置的权限恢复到默认状态；（6）利用用户个人信息和算法定向推送信息，未提供非定向推送信息的选项；（7）以欺诈、诱骗等不正当方式误导用户同意收集个人信息或打开可收集个人信息的权限，如故意欺瞒、掩饰收集使用个人信息的真实目的；（8）未向用户提供撤回同意收集个人信息的途径、方式；（9）违反其所声明的收集使用规则，收集使用个人信息。App 超范围采集用户隐私数据，情节严重，会被追究刑事责任。例如，在 2019 年 9 月天津市公安局接举报线索，某网络公司涉嫌利用贷款类手机 App 软件非法超权限采集公民个人信息。经初步调查，办案民警发现河东区多名居民安装该 App 软件后出现被非法采集通讯录、通话记录、短信等信息的情况。经对该 App 软件的网站备案公司、软件著作权公司、服务器租赁公司等细致调查后，专案组发现，上述三个公司均系同一伙人经营。由此，一个职责明确、分工细致，以非法手段获取公民个人信息的团伙逐渐浮出水面。随后，专案组辗转外省市，经过一个多月走访调查，发现该团伙以葛某、朱某、李某平为首，盘踞在几千里之外的某沿海城市，成员多达 20 余人，通过手机贷款 App 软件，以用户注册时采取不明确告知的方式，非法采集回传用户个人通讯录、通话记录、短信等信息。

第二，将合法获得的信息出售给他人。企业在提供服务过程中合法获得的个人信息数据，如对外出售、提供给他人，必须获得用户明示授权同意或者经过匿名化脱敏处理，从第三方取得个人信息的情形亦然。此种违规常见于精准广告营销行业。例如，2017 年 4 月山东临沂警方发现，在一个名为"全球数据供应商"的 QQ 群里，时常有人出售带有房地产、金融等相关标签的手机号等信息，其中 2000 条信息被卖往费县。公安侦查发现，上海市驭欣商贸有限公司（以下简称"驭欣公司"）5 名员工有重大嫌疑。驭欣公司数据来源是扬州金时信息科技有限公司（以下简称"金时公司"），该公司 11

人涉案，其法定代表人、业务经理、数据负责人等被抓获后均做供述。检方起诉书表示，数据堂一名员工向其上级汇报并征得同意后，代表这家公司与金时公司签订数据买卖合同，金时公司支付对方 20 万元合同款。此后，另一名数据堂员工与金时公司续签数据合同，后者支付合同款 50 万元。数据堂共向金时公司交付包含公民个人信息的数据 60 余万条。金时公司共计向客户发送公民个人信息 168 万余条。

第三，违规与第三方互换、共享用户信息。平台对用户个人信息负有保密义务，未经用户允许向第三方交换、共享或泄露，将触犯法律红线，造成法律风险。常见于在线医疗、教育、咨询等服务行业。例如，"法律在线"案就涉及互换信息。陈某是快律在线（北京）信息技术有限公司法人、执行董事，赵某是该公司电邀部总监。2014 年 3 月至 2017 年 7 月间，二人伙同李某、王某、王某某、田某等人违反国家有关规定，通过 QQ 群与他人交换公民个人信息或与其他行业的公司交换客户信息数据，后利用上述信息向不特定人群拨打电话推销其公司的律师咨询等相关服务。经刑事科学技术鉴定，快律在线公司共计互传公民个人信息 619 109 条。检方认为，陈某等六人向他人出售公民个人信息，情节特别严重，应当以侵犯公民个人信息罪追究其刑事责任。

第四，使用爬虫抓取他人信息。通过爬虫等技术手段，批量抓取包含姓名、身份证件号码、住址、账号密码、手机号、行踪轨迹、简历等公民个人敏感信息，将触犯法律红线，造成法律风险，常见于大数据行业、电商平台等。巧达科技案就涉及抓取个人信息。巧达科技号称是中国最大的用户画像关键数据服务提供商，专注于大数据及人工智能领域前瞻性产品研发，客户覆盖互联网行业及泛金融领域。公司曾宣称通过整合多达 2.2 亿份自然人简历、100 亿个用户识别 ID 组合和 1000 亿+用户综合数据，绘制出了涉及中国 8 亿人口的多维度数据。其中，包含个人隐私与非隐私信息。该公司某个程序员编写了一个爬虫程序从另一家公司爬取数据，但没有控制好访问频率限制，导致被爬取公司的服务器发生崩溃，引发公安机关对巧达公司爬取公民个人信息的注意，最后巧达科技被查封，涉案员工被警方依法刑事拘留。

第五，获取个人信息缺乏三方授权或非法缓存。很多征信类 App 或服务整合 App 存在授权和数据存储分离的情况。在我国大数据不正当竞争第一案——新浪微博诉脉脉案中，北京海淀区法院和知识产权法院在两审中都认可了三方授权原则。也就是说，数据爬取者需要同时获得用户的数据采集授权和数据控制者的允许访问授权，才能构成一个完整的授权链条。但在实际操作中，数据爬取者获得数据控制者授权的情况很少，这就给数据控制者打击数据爬取者留下了可能性。同时，数据爬取者往往没有从用户处得到长期存储用户数据的授权或正当理由，应当在为用户提供完服务后及时删除，但很多企业都未能做到及时删除，这也是很多科技公司最终被法院认定为侵犯公民个人信息罪的关键点。

杭州市西湖区人民法院（2020）浙 0106 刑初 437 号案件是侵犯公民个人信息罪的一个典型案例。该案被告单位魔蝎公司由周某翔等人在 2016 年初出资成立，被告人周某翔系魔蝎公司法定代表人、总经理，负责公司整体运营，被告人袁某系魔蝎公司技术总监，系技术负责人，负责相关程序设计。魔蝎公司主要与各网络贷款公司、小型银行进行合作，为网络贷款公司、银行提供需要贷款用户的个人信息及多维度信用数据。方式是魔蝎公司将其开发的前端插件嵌入上述网贷平台 App 中，在网贷平台用户使用网贷平台 App 借款时，贷款用户需要在魔蝎公司提供的前端插件上，输入其通讯运营商、社保、公积金、淘宝、京东、学信网、征信中心等网站的账号、密码，经过贷款用户授权后，魔蝎公司的爬虫程序代替贷款用户登录上述网站，进入其个人账户，利用各类爬虫技术，爬取（复制）上述企、事业单位网站上贷款用户本人账户内的通话记录、社保、公积金等各类数据，并按与用户的约定提供给网贷平台用于判断用户的资信情况，并从网贷平台获取每笔 0.1 元至 0.3 元不等的费用。期间，魔蝎公司在和个人贷款用户签订的《数据采集服务协议》中明确告知贷款用户"不会保存用户账号密码，仅在用户每次单独授权的情况下采集信息"，但其未经用户许可仍采用技术手段将用户各类账号和密码长期保存在其租用的阿里云服务器上。被告人周某翔明知公司存在保存用户账户密码的行为，未尽管理职责；被告人袁某负责编写具有保存用户账户密码功能的网关程序。截至 2019 年 9 月案发时，对魔蝎公司租用的阿里云服务器进行勘验检查，发现以明文形式非法保存的个人贷款用户各类账号和密码条数多达两千一百余万条。其中大部分账号密码，如淘宝、京东等，无法二次使用，仅有邮箱等部分账号密码存在未经用户授权被魔蝎公司二次使用的情况。法院认为，被告杭州魔蝎数据科技有限公司以其他方法非法获取公民个人信息，情节特别严重，其行为已构成侵犯公民个人信息罪。值得注意的是，在该案中，"违反客户协议保存账密"是判决书认定需要追究刑事责任的唯一行为，显示了对公民个人信息"非法获取"行为的扩大理解趋势。

需要注意的是，即便通过公开渠道能够获取相关信息，但如果将信息提供给他人，仍然存在刑事风险。在（2019）苏13刑终32号案件[1]中，法院认为，行为人可以通过公示系统渠道来查询收集相关信息供自己使用，但如果行为人要将从上述渠道获取的个人信息经整理后提供给他人，则需征得被收集者同意，否则属于提供公民个人信息的行为。在该案中，上诉人王某通过"企查查"网站下载包括企业法定代表人姓名、地址、手机号码等信息，并对上述信息进行删减，清洗出包括姓名、电话等公民个人信息，后上诉人王某通过微信将包含姓名、电话等公民个人信息60余万条出售给他人，并认为其从"企查查"网站等公开渠道获取的企业信息，加以编辑、整理后向他人出售的信息不应认定为刑法规定的"公民个人信息"。上诉人王某的辩护人提出辩护意见称，王某的行为不具有社会危害性，不构成犯罪。法院认为，上诉人从"企查查"网站下载企业信息，经其删减、清洗出包括姓名、电话等信息，在未征得被收集者同意及未进行匿名处理的情况下向他人出售，且上诉人出售的信息仅包括公民的姓名和联系电话，已完全背离了企业为经营所需公示其信息的初衷，按照《最高人民法院、最高人民检察院关于办理侵犯公民个人信息刑事案件适用法律若干问题的解释》第3条第2款的规定，应认定上诉人向他人出售信息为提供公民个人信息的行为。

（2017）粤0306刑初4930号案件[2]与此相似，该案的启示是，通过社工库等公开论坛渠道获取信息存在涉刑风险。在该案中，被告人石某岩于2016年从网上的一社工库论坛下载了包含个人信息的京东数据约1.4亿条。2016年12月，被告人石某岩于网上认识了QQ名为小天的犯罪嫌疑人娄某。在得知被告人石某岩有京东数据后，娄某用收集的工商信息等数据与石某岩的京东数据交换，石某岩将其从论坛上获取的京东数据上传至网盘，并将链接和密码发给娄某。其后娄某将该京东数据下载至其电脑中，欲将该京东数据用于运营公司，并在其"链安信息安全交流"QQ群、"链安"公众号中称获得了1.4亿条京东数据。京东公司发现该情况后向腾讯微信客服反映，娄

---

[1]　参见王某侵犯公民个人信息罪一案，江苏省宿迁市中级人民法院（2019）苏13刑终32号刑事裁定书。
[2]　参见深圳市宝安区人民法院（2017）粤0306刑初4930号刑事判决书。

某将其发布的信息删除。其后京东公司向公安机关报案。辩护人对公诉机关指控的罪名无异议，认为被告人只是通过网上公开的论坛渠道获取信息，说明这些公民个人信息是公开的，可利用价值不大。被告人及时删除了这些信息，获取的信息未流入社会。被告人虽侵犯了公民个人信息，但未对相关公民产生恶劣的影响。被告人虽把这些信息链接发给了娄某，但未收取任何报酬，其并非以盈利为目的，只是法律意识淡薄。法院认为，被告人石某岩无视国家法律，违反国家有关规定，以其他方法获取公民个人信息，情节特别严重，其行为已构成侵犯公民个人信息罪。

第二节　计算机视角——危害计算机信息系统安全犯罪

2022 年 6 月 22 日，西北工业大学发布声明，称该校遭受境外网络攻击。西安警方正式立案之后，国家计算机病毒应急处理中心和 360 公司联合组成技术团队，全程参与此案的技术分析工作。技术团队先后从西北工业大学的多个信息系统和上网终端中提取到了多款木马样本，综合使用国内现有数据资源和分析手段，并得到了欧洲、南亚部分国家合作伙伴的通力支持，全面还原了相关攻击事件的总体概貌、技术特征、攻击武器、攻击路径和攻击源头，初步判明相关攻击活动源自美国国家安全局（NSA）"特定入侵行动办公室"（Office of Tailored Access Operation，简称 TAO）。本次调查发现，近年美国 NSA 下属 TAO 对中国国内的网络目标实施了上万次的恶意网络攻击，控制了数以万计的网络设备（网络服务器、上网终端、网络交换机、电话交换机、路由器、防火墙等），窃取了超过 140GB 的高价值数据。TAO 利用其网络攻击武器平台、"零日漏洞（0day）"及其控制的网络设备等，持续扩大网络攻击的范围。经技术分析与溯源，技术团队现已澄清 TAO 攻击活动中使用的网络攻击基础设施、专用武器装备及技术，还原了攻击过程和被窃取的文件，掌握了美国 NSA 及其下属 TAO 对中国信息网络实施网络攻击和数据窃密的相关证据，涉及在美国国内对中国直接发起网络攻击的人员 13 名，以及 NSA 通过掩护公司为构建网络攻击环境而与美国电信运营商签订的合同 60 余份，电子文件 170 余份。可见，随着国家之间经济、科技等实力竞争加剧，危害计算机系统安全的情况已经不在少数。

获取数据的行为不但可能危害数据安全本身，构成危害数据安全类犯罪，还可能因为获取的手段和方式危害计算机信息系统安全，进而构成危害计算机信息系统安全犯罪。这类犯罪涉及的罪名主要有《刑法》第285条的非法侵入计算机信息系统罪，非法获取计算机信息系统数据、非法控制计算机信息系统罪，提供侵入、非法控制计算机信息系统程序、工具罪与第286条的破坏计算机信息系统罪。单位犯罪的，对单位判处罚金，并对其直接负责的主管人员和其他直接责任人员按照规定处罚。

一、非法侵入计算机信息系统罪

非法侵入计算机信息系统罪是指自然人或者单位违反国家规定，侵入国家事务、国防建设、尖端科学技术领域计算机系统的行为。《刑法》第285条第1款规定，"违反国家规定，侵入国家事务、国防建设、尖端科学技术领域的计算机信息系统的，处三年以下有期徒刑或者拘役。"违反国家规定，是指违反全国人民代表大会及其常委会制定的法律和决定，国务院制定的行政法规、规定的行政措施、发布的决定和命令。根据最高人民法院与最高人民检察院2011年8月1日发布的《最高人民法院、最高人民检察院关于办理危害计算机信息系统安全刑事案件应用法律若干问题的解释》规定，计算机信息系统是指具备自动处理数据功能的系统，包括计算机、网络设备、通信设备、自动化控制设备等。对于是否属于"国家事务、国防建设、尖端科学技术领域的计算机信息系统"难以确定的，应当委托省级以上负责计算机信息系统安全保护管理工作的部门检验。司法机关根据检验结论，并结合案件具体情况认定。侵入是指未征得有关部门的合法授权与批准，通过计算机终端访问国家事务、国防建设、尖端科学技术领域的计算机信息系统或者进行数据截收的行为。侵入其他计算机信息系统的行为不成立本罪。侵入行为是故意行为，过失进入国家重要的计算机信息系统的，不构成犯罪。侵入上述计算机信息系统获取国家秘密或者构成其他犯罪的，按照《刑法》的有关规定定罪（参见《刑法》第287条）。实施本罪行为，对军事通信造成破坏，同时构成《刑法》第285条、第286条、第369条第1款规定之罪的，依照处罚较重的规定定罪。

二、非法获取计算机信息系统数据、非法控制计算机信息系统罪

如果侵入的计算机系统不是第285条第1款中的国家事务、国防建设、尖端科学技术领域的计算机系统，而是以外的其他系统，那么将构成非法获取计算机信息系统数据、非法控制计算机信息系统罪。《刑法》第 285 条第 2 款规定"违反国家规定，侵入前款规定以外的计算机信息系统或者采用其他技术手段，获取该计算机信息系统中存储、处理或者传输的数据，或者对该计算机信息系统实施非法控制，情节严重的，处三年以下有期徒刑或者拘役，并处或者单处罚金；情节特别严重的，处三年以上七年以下有期徒刑，并处罚金。"需要注意的是，两罪的法定刑要高于非法侵入计算机信息系统罪，因此，本款"前款规定以外"并不是真正的构成要件。如果行为人侵入了国家事务等计算机信息系统，但误认为只是侵入普通的系统，应当认定为非法获取计算机信息系统数据罪。如果侵入了国家事务等领域的计算机信息系统，获取了其中的数据，或者实施了非法控制，情节严重的，应当认定为非法获取计算机信息系统数据、非法控制计算机信息系统罪。

本罪中的"获取"是指通过非法侵入方式或其他计算手段，违反他人意志，获取他人计算机信息系统中存储、处理或者传输的部分数据或者全部数据，获取后是否使用并不过问。本罪中的"非法控制"是指通过非法侵入或者其他技术手段，违反他人意志，完全控制或者部分控制他人计算机信息系统。如果明知是他人非法控制的计算机信息系统，而对他人的控制权加以利用的，也成立非法控制。

本罪要求达到"情节严重"。根据《最高人民法院、最高人民检察院关于办理危害计算机信息系统安全刑事案件应用法律若干问题的解释》第一条，情节严重需要符合如下情形："（一）获取支付结算、证券交易、期货交易等网络金融服务的身份认证信息十组以上的；（二）获取第（一）项以外的身份认证信息五百组以上的；（三）非法控制计算机信息系统二十台以上的；（四）违法所得五千元以上或者造成经济损失一万元以上的；（五）其他情节严重的情形。实施前款规定行为，具有下列情形之一的，应当认定为刑法第二百八十五条第二款规定的'情节特别严重'：（一）数量或者数额达到前款第（一）项至第（四）项规定标准五倍以上的；（二）其他情节特别严重的情形。"

邵某霜、陈某、刘某红、刘某朋、张某犯非法获取计算机信息系统数据罪案[1]就涉及非法获取计算机信息系统数据。2015 年 11 月左右，被告人邵

---

〔1〕 参见邵凌霜、陈昂、刘江红、刘坤朋、张翔犯非法获取计算机信息系统数据罪案，深圳市南山区人民法院（2017）粤 0305 刑初 153 号刑事判决书。

某霖、陈某为了提高元光公司开发的智能公交 App "车来了" 在中国市场的用户量及信息查询的准确度，保证公司更好的经营，邵某霖授意陈某，指使公司员工即被告人刘某红、刘某朋、张某等利用网络爬虫软件获取竞争对手，包括被害公司谷米公司在内的公司服务器里的公交车行驶信息、到站时间等实时数据。张某负责编写爬虫软件程序；刘某朋负责不断更换爬虫程序内的 IP 地址，使用变化的 IP 地址获取数据，以防被害公司察觉；刘某红负责编写程序，利用刘某朋设置的不同 IP 地址及张某编写的爬虫程序向谷米公司发出数据请求，大量爬取谷米公司开发的智能公交 App "酷米客" 的实时数据，日均 300 万至 400 万条。法院认为，被告人邵某霖等人违反国家规定，采用其他技术手段，获取计算机信息系统中存储的数据，情节特别严重，其行为已构成非法获取计算机信息系统数据罪。从该案法院的意见来看，公开数据并不等于是公共数据，也不能采取暴力破解手段爬取。

三、提供侵入、非法控制计算机信息系统程序、工具罪

根据《刑法》第 285 条第 3 款、第 4 款规定，"提供专门用于侵入、非法控制计算机信息系统的程序、工具，或者明知他人实施侵入、非法控制计算机信息系统的违法犯罪行为而为其提供程序、工具，情节严重的，依照前款的规定处罚。单位犯前三款罪的，对单位判处罚金，并对其直接负责的主管人员和其他直接责任人员，依照各该款的规定处罚。"

《最高人民法院、最高人民检察院关于办理危害计算机信息系统安全刑事案件应用法律若干问题的解释》第 2 条规定 "具有下列情形之一的程序、工具，应当认定为刑法第二百八十五条第三款规定的'专门用于侵入、非法控制计算机信息系统的程序、工具'：（一）具有避开或者突破计算机信息系统安全保护措施，未经授权或者超越授权获取计算机信息系统数据的功能的；（二）具有避开或者突破计算机信息系统安全保护措施，未经授权或者超越授权对计算机信息系统实施控制的功能的；（三）其他专门设计用于侵入、非法控制计算机信息系统、非法获取计算机信息系统数据的程序、工具。"

本罪必须满足情节严重。根据该解释的第 3 条 "提供侵入、非法控制计算机信息系统的程序、工具，具有下列情形之一的，应当认定为刑法第二百八十五条第三款规定的'情节严重'：（一）提供能够用于非法获取支付结算、证券交易、期货交易等网络金融服务身份认证信息的专门性程序、工具

五人次以上的；（二）提供第（一）项以外的专门用于侵入、非法控制计算机信息系统的程序、工具二十人次以上的；（三）明知他人实施非法获取支付结算、证券交易、期货交易等网络金融服务身份认证信息的违法犯罪行为而为其提供程序、工具五人次以上的；（四）明知他人实施第（三）项以外的侵入、非法控制计算机信息系统的违法犯罪行为而为其提供程序、工具二十人次以上的；（五）违法所得五千元以上或者造成经济损失一万元以上的；（六）其他情节严重的情形。实施前款规定行为，具有下列情形之一的，应当认定为提供侵入、非法控制计算机信息系统的程序、工具'情节特别严重'：（一）数量或者数额达到前款第（一）项至第（五）项规定标准五倍以上的；（二）其他情节特别严重的情形。"

四、破坏计算机系统罪

破坏计算机系统罪是指对计算机信息系统功能进行删除、修改、增加、干扰，造成计算机信息系统不能正常运行，对计算机信息系统中存储、处理或者传输的数据和应用程序进行删除、修改、增加的操作，或者故意制作、传播计算机病毒等破坏性程序，影响计算机系统正常运行，后果严重的行为。《刑法》第286条规定"违反国家规定，对计算机信息系统功能进行删除、修改、增加、干扰，造成计算机信息系统不能正常运行，后果严重的，处五年以下有期徒刑或者拘役；后果特别严重的，处五年以上有期徒刑。违反国家规定，对计算机信息系统中存储、处理或者传输的数据和应用程序进行删除、修改、增加的操作，后果严重的，依照前款的规定处罚。故意制作、传播计算机病毒等破坏性程序，影响计算机系统正常运行，后果严重的，依照第一款的规定处罚。单位犯前三款罪的，对单位判处罚金，并对其直接负责的主管人员和其他直接责任人员，依照第一款的规定处罚。"

根据上述规定，破坏计算机信息系统罪的构成要件包括三类。

第一类是对计算机信息系统功能进行删除、修改、增加、干扰，造成计算机信息系统不能正常运行，后果严重的行为。计算机信息系统功能是指计算机系统内，按照一定的应用目标和规则，对信息进行采集、加工、存储、传输、检索等功能。

第二类是对计算机信息系统中存储、处理或者传输的数据和应用程序进行删除、修改、增加的操作，后果严重的行为。根据《最高人民法院、最高人民检察院关于办理危害计算机信息系统安全刑事案件应用法律若干问题的解释》第 4 条"具有下列情形之一的，应当认定为刑法第二百八十六条第一款和第二款规定的'后果严重'：（一）造成十台以上计算机信息系统的主要软件或者硬件不能正常运行的；（二）对二十台以上计算机信息系统中存储、处理或者传输的数据进行删除、修改、增加操作的；（三）违法所得五千元以上或者造成经济损失一万元以上的；（四）造成为一百台以上计算机信息系统提供域名解析、身份认证、计费等基础服务或者为一万以上用户提供服务的计算机信息系统不能正常运行累计一小时以上的；（五）造成其他严重后果的。实施前款规定行为，具有下列情形之一的，应当认定为破坏计算机信息系统'后果特别严重'：（一）数量或者数额达到前款第（一）项至第（三）项规定标准五倍以上的；（二）造成为五百台以上计算机信息系统提供域名解析、身份认证、计费等基础服务或者为五万以上用户提供服务的计算机信息系统不能正常运行累计一小时以上的；（三）破坏国家机关或者金融、电信、交通、教育、医疗、能源等领域提供公共服务的计算机信息系统的功能、数据或者应用程序，致使生产、生活受到严重影响或者造成恶劣社会影响的；（四）造成其他特别严重后果的。"

第三类是故意制作、传播计算机病毒等破坏性程序，影响计算机系统正常运行，后果严重的行为。根据《最高人民法院、最高人民检察院关于办理危害计算机信息系统安全刑事案件应用法律若干问题的解释》第 5 条规定，具有下列情形之一的程序，应当认定为刑法第 286 条第 3 款规定的"计算机病毒等破坏性程序"：（一）能够通过网络、存储介质、文件等媒介，将自身的部分、全部或者变种进行复制、传播，并破坏计算机系统功能、数据或者应用程序的；（二）能够在预先设定条件下自动触发，并破坏计算机系统功能、数据或者应用程序的；（三）其他专门设计用于破坏计算机系统功能、数据或者应用程序的程序。该条规定的破坏性程序对于计算机和计算机网络都有巨大的破坏作用。根据该解释第 6 条，"故意制作、传播计算机病毒等破坏性程序，影响计算机系统正常运行，具有下列情形之一的，应当认定为刑法第二百八十六条第三款规定的'后果严重'：（一）制作、提供、传输第五条第（一）项规定的程序，导致该程序通过网络、存储介质、文件等媒介传播的；（二）造成二十台以上计算机系统被植入第五条第（二）、（三）项规定的程序的；（三）提供计算机病毒等破坏性程序十人次以上的；（四）违法所得五千元以上或者造成经济损失一万元以上的；（五）造成其他严重后果的。实施前款规定行为，具有下列情形之一的，应当认定为破坏计算机信息系统'后果特别严重'：（一）制作、提供、传输第五条第（一）项规定的程序，导致该程序通过网络、存储介质、文件等媒介传播，致使生产、生活受到严重影响或者造成恶劣社会影响的；（二）数量或者数额达到前款第（二）项至第（四）项规定标准五倍以上的；（三）造成其他特别严重后果的。"

（2019）粤0305刑初193号案件[1]是爬虫导致计算机系统不稳定，从而构成破坏计算机系统犯罪的案件。2018年1月，杨某明授权公司员工张国栋开发一款名为"快鸽信贷系统"的软件，该软件内的"网络爬虫"功能可以与深圳市居住证网站链接，能在深圳市居住证网站上查询到房产地址、房屋编码等对应的资料，该软件对深圳市居住证网站访问量能达到每小时数十万次，以达到便捷其公司主营业务的目的。杨某明在对公安机关的供述中指出，其明知该"快鸽信贷系统"内的"网络爬虫"功能在深圳市居住证系统获得数据时会对该系统产生相应的伤害性影响。2018年3月起，张某栋等人利用改良后的"快鸽信贷系统"内的"网络爬虫"功能在深圳市居住证系统查询房屋信息。2018年5月2日10时至12时许，该软件在两小时内对深圳市居住证系统查询访问量为每秒183次，共计查询信息一百五十余万条次，并将查询的信息以阿某云网络云盘的形式保存。深圳市公安局居住证服务平台服务器遭受了该爬虫软件的自动化程序攻击，在该时段内造成深圳市居住证系统服务器阻塞，无法正常运行，导致服务平台无法正常提供相应业务，极大地影响了该居住证系统使用方深圳市公安局人口管理处的日常运作。法院认为，被告人杨某明、张某栋违反国家规定，对计算机信息系统功能进行干扰，造成为5万以上用户提供服务的计算机信息系统不能正常运行累计1小时以上，后果特别严重，其行为已构成破坏计算机信息系统罪。从该案的判决结果来看，即使爬虫没有采取破坏性手段，但在爬取数据过程中频率过快，导致被爬对象的计算机信息系统不能正常运行的，也可能构成破坏计算机信息系统罪。

---

[1] 参见杨某明、张某栋破坏计算机信息系统罪一案，深圳市南山区人民法院（2019）粤0305刑初193号刑事判决书。

上海市杨浦区人民法院（2022）沪 0110 刑初 27 号案件[1]是涉及在离职时删除任职期间所写代码，构成破坏计算机系统犯罪的案件。上海 A 有限公司（以下简称"A 公司"）系有限责任公司，B 公司系 A 公司全资子公司。2021 年 3 月起，被告人录某入职 B 公司，负责京东到家平台的代码研发工作。同年 6 月 18 日，被告人录某从 B 公司离职。当日，被告人录某未经许可用本人账户登录服务器位于本市杨浦区××路××号的代码控制平台，将其在职期间所写京东到家平台优惠券、预算系统以及补贴规则等代码删除，导致原定按期上线项目延后。经审计，为保证系统运行通畅，公司聘请第三方恢复数据库等共计支出人民币约 3 万元。2021 年 9 月 23 日，被告人录某被民警抓获，并在审查起诉阶段如实供述自己的罪行。案发后，被告人录某在家属帮助下赔偿 A 公司人民币 3.5 万元并取得谅解。法院认为，被告人录某违反国家规定，对计算机信息系统中存储的数据进行删除，后果严重，其行为已构成破坏计算机信息系统罪。公诉机关指控的罪名成立，对被告人录某依法应予处罚。

第三节　监管视角——拒不履行信息网络安全管理义务等犯罪

一、拒不履行信息网络安全管理义务罪

拒不履行信息网络安全管理义务罪是指网络服务提供者不履行法律、行政法规规定的信息网络安全管理义务，经监管部门责令采取改正措施而拒不改正，情节严重的行为。网络服务提供者包括网络接入和网络内容服务提供者，包括自然人和单位。信息网络安全管理义务仅限于法律、行政法规明文规定的义务，而且应该是命令性规范设置的义务。近年来，网络信息保护的重要性逐渐凸显，早在 2012 年，全国人大常委会就发布了《全国人民代表大会常务委员会关于加强网络信息保护的决定》。其中第 4 条规定网络服务提供者和其他企业事业单位应当采取技术措施和其他必要措施，确保信息安全，防止在业务活动中收集的公民个人电子信息泄露、毁损、丢失。在发生或者可能发生信息泄露、毁损、丢失的情况时，应当立即采取补救措施。第 5 条

---

[1]　参见录某破坏计算机信息系统罪一案，上海市杨浦区人民法院（2022）沪 0110 刑初 27 号刑事判决书。

规定网络服务提供者应当加强对其用户发布的信息的管理，发现法律、法规禁止发布或者传输的信息的，应当立即停止传输该信息，采取消除等处置措施，保存有关记录，并向有关主管部门报告。上述两条都是关于网络服务提供者所应当履行的网络安全管理义务。

同时，本罪为真正不作为犯，本罪的成立，要求经过监管部门责令采取改正措施而拒不改正。监管部门是指法律、行政法规规定负有监督管理职责的部门，"责令"应当限定为正式的、书面的、以监管部门名义作出的责令，"改正措施"必须具体、明确，而非单纯的一般性改正或改进。"拒不改正"应当是指能够改正而不改正。

本罪要求达到情节严重的程度。根据《刑法》第286条之一的规定"有下列情形之一的，处三年以下有期徒刑、拘役或者管制，并处或者单处罚金：（一）致使违法信息大量传播的；（二）致使用户信息泄露，造成严重后果的；（三）致使刑事案件证据灭失，情节严重的；（四）有其他严重情节的。单位犯前款罪的，对单位判处罚金，并对其直接负责的主管人员和其他直接责任人员，依照前款的规定处罚。有前两款行为，同时构成其他犯罪的，依照处罚较重的规定定罪处罚。"

本罪的责任形式为故意。如果行为人误认为信息不违法，收到监管部门的正式改正通知后，没有采取改正措施，属于事实认识错误，阻却故意的成立。

2021年4月昆明市盘龙区人民法院判处了全国首例"运营商拒不履行信息网络安全管理义务"案例，某虚拟运营商××通信技术有限公司，因拒不履行信息网络安全管理义务，董事长及部分高管被一审判处一年四个月至一年十个月的有期徒刑或拘役。法院认为：虚拟运营商××通信技术有限公司明知山东某通信代理公司在从事违法行为而拒不履行其网络管理责任者的义务，涉嫌拒不履行信息网络安全管理义务罪。

二、非法利用信息网络罪

如果企业处理数据的行为，属于对某些违法犯罪活动信息的发布行为，可能构成非法利用信息网络罪。根据《刑法》第287条之一的规定，非法利用信息网络罪存在三种行为类型。第一是设立用于实施诈骗、传授犯罪方法、制作或者销售违禁物品、管制物品等违法犯罪活动的网站、通讯群组的；第二是发布有关制作或者销售毒品、枪支、淫秽物品等违禁物品、管制物品或者其他违法犯罪信息的；第三是为实施诈骗等违法犯罪活动发布信息的。

本罪要求达到情节严重的程度。对于第一类行为来说，虽然法条表述为"违法犯罪活动"，但如果仅仅是设立网站、通讯群组，实施一般违法活动，不能认定为达到情节严重的程度。对于第二类行为，本罪规定的实质是将部分犯罪的预备行为提升为实行行为，完成预备行为就视为犯罪既遂。因此，对于该类行为必须达到情节严重的程度，且与《刑法》第 22 条的犯罪预备的处罚相协调。对于第三类行为，这些行为也是诈骗等行为的预备行为，如果实施一般违法活动而发布信息，也不应当以犯罪论处。

根据《刑法》第 287 条之一的规定，构成非法利用信息网络罪的，"处三年以下有期徒刑或者拘役，并处或者单处罚金"，单位犯罪的，"对单位判处罚金，并对其直接负责的主管人员和其他直接责任人员，依照第一款的规定处罚。有前两款行为，同时构成其他犯罪的，依照处罚较重的规定定罪处罚。"

三、帮助信息网络犯罪活动罪

帮助信息网络犯罪活动罪是指自然人或者单位明知他人利用信息网络实施犯罪，为其犯罪提供互联网接入、服务器托管、网络存储、通讯传输等技术支持，或者提供广告推广、支付结算等帮助，情节严重的行为。根据《刑法》第 287 条之二，构成本罪的，"处三年以下有期徒刑或者拘役，并处或者单处罚金。单位犯前款罪的，对单位判处罚金，并对其直接负责的主管人员和其他直接责任人员，依照第一款的规定处罚。有前两款行为，同时构成其他犯罪的，依照处罚较重的规定定罪处罚。"

需要注意的是，首先本罪并没有将帮助犯正罪化，只是对特定的帮助犯规定了量刑规则。其次，本罪网络平台提供者连接服务商提供的帮助行为，原则上不符合情节严重要求的，不承担刑事责任。情节严重要根据全部实施行为进行综合判断，例如是否超出业务范围、犯罪活动的不法程度、帮助行为的作用大小、犯罪活动的数量多少等。

针对提供互联网技术服务从而帮助犯罪行为人实施信息网络犯罪的行为，根据最高检公布的 2021 年全国检察机关主要办案数据，2021 年起诉帮助信息网络犯罪活动罪近 13 万人，同比上升超 8 倍，位居各类刑事犯罪的第 3 位。

根据最高检公布的 2022 年 1 月至 3 月全国检察机关主要办案数据，帮助信息网络犯罪活动罪仍处高位。上述办案数据引起很多互联网企业高度关注。因此，在检察机关正高度关注此罪的大背景下，若互联网企业、大数据企业明知他人利用网络平台实施犯罪仍提供互联网技术服务的，也可能面临数据合规风险，甚至构成帮助信息网络犯罪活动罪。

第四节　涉案企业合规的程序流程

涉案企业合规制度的程序流程主要分为五个阶段。

程序启动阶段。在该阶段，检察院依职权或者依申请对企业进行合规审查，涉罪企业签署认罪具结书和合规承诺书，第三方组织对涉案企业的合规承诺进行调查、评估、监督和考察。

合规计划制定和评价阶段。在该阶段，涉案企业须根据第三方组织的要求提交合规计划，第三方组织对计划的可行性、有效性与全面性进行审查，提出修改完善意见和建议，并根据案件的具体情况和涉案企业承诺履行的期限确定合规考察期限。有试点单位将期限确定为 3 个月到 5 个月，也有试点单位为 6 个月到一年，甚至更长。

合规计划执行阶段。在该阶段，涉案企业按照合规计划进行合规整改，定期或者不定期接受第三方组织的检查和评估，如果第三方组织提出要求，则涉案企业须向其定期进行书面报告，并抄送检察机关。

全面评估考察阶段。在该阶段，第三方组织对涉案企业的合规计划完成情况进行全面检查、评估和考核，制定书面报告，报送第三方组织管委会和负责办理案件的人民检察院。

检察院处理阶段。在该阶段，人民检察院对拟不批准逮捕、不起诉、变更强制措施等决定的涉企案件，可以根据《人民检察院审查案件听证工作规定》召开听证会，并要求第三方组织成员到会发表意见。但听证程序并非必须。人民检察院结合第三方组织的合规考察书面报告、涉案企业合规计划与定期书面报告等材料，作出不批准逮捕、不起诉、变更强制措施等决定，必要时，可提出检察建议或检察意见。

2022 年 5 月，上海普陀区检察院公布了全国首例数据涉案企业合规案。在该案中，Z 网络科技有限公司（以下简称"Z 公司"）向普陀区检察院提出了涉案企业合规申请，普陀区检察院审查后向 Z 公司制发了合规检察建议，并启动范式合规审查。在整改期间，Z 公司积极开展数据合规整改工作，最终在普陀区检察院举行的公开审查听证中，参与听证的各方均认为 Z 公司数据合规整改到位，并一致同意对 Z 公司及人员作出不起诉决定。该案的经办过程，可以更清晰地了解涉案企业合规的流程，具体流程如下。

表 7-1　涉案企业合规的流程

序号	合规不起诉流程	具体要点
1	Z 公司申请合规不起诉	（1）前提：Z 公司犯罪情节较轻，主观恶性较小，认罪认罚、积极赔偿损失并取得被害单位谅解； （2）申请：Z 公司向检察机关申请适用合规整改。
2	检察机关对 Z 公司制发检察建议	（1）了解 Z 公司经营情况：普陀区检察院实地走访 Z 公司查看经营现状、会同监管部门研商 Z 公司运营情况； （2）提出整改建议：普陀区检察院从数据合规管理、数据风险识别、评估与处理、数据合规运行与保障等方面提出整改建议，指导 Z 公司作出合规承诺； （3）具体的整改意见包括： ①构建数据合规管理体系：设置专门的数据合规管理部门，特别针对数据来源合法性，制定并不断完善数据合规计划，消除内部管理盲区。 ②提高数据合规风险识别、应对能力：规范技术汇报审批流程，建立技术应用合规评估制度，避免技术滥用。 ③稳健数据合规运行：建立数据合规咨询机制与数据不合规发现机制，建立数据分级分类管理制度及员工数据安全管理制度，填补制度空白。
3	Z 公司进行合规整改工作	（1）整改：Z 公司做出合规承诺，并围绕管理、技术、制度进行自查整改； （2）聘请外部法律顾问：Z 公司还聘请法律顾问团队制定数据合规整改计划，严格按照合规承诺扎实推进。
4	引入第三方组织进行监督考察	（1）第三方组织成员：国家互联网信息办公室、某知名互联网安全企业、产业促进社会组织等专家成员； （2）全程监督：通过询问谈话、审查资料、召开培训等形式全程监督 Z 公司数据合规整改工作； （3）评定整改合格：考察期满后，第三方组织评定 Z 公司合规整改合格。

续表

序号	合规不起诉流程	具体要点
5	检察机关举行不起诉公开听证	（1）听证参与人：听证员、侦查人员、企业合规第三方考察员和被害单位等参与不起诉公开听证，四名全国人大代表受邀旁听； （2）听证内容：围绕合规评估合格、社会危害性和是否可作不起诉处理进行公开听证。
6	检察机关作出不起诉决定	（1）听证会意见：参与听证各方认为Z公司数据合规整改到位一致同意对涉案单位及人员作出不起诉决定； （2）不起诉决定：人民检察院根据听证结果作出不起诉决定。

【思考题】

1. 名词解释

涉案企业合规制度

2. 简答题

（1）简述侵犯数据安全类犯罪的行为对象及可能涉及的罪名。

（2）简述涉案企业合规制度的流程。

第八章　政府数据流通

【本章概要】本章主要讲述政府数据共享、政府数据开放和政府数据授权运营三种典型的数据流通行为。政府数据共享是指行政机关因履行职责需要使用其他行政机关政府数据和为其他行政机关提供政府数据的行为。政府数据开放是指行政机关在公共数据范围内，面向社会提供具备原始性、可机器读取、可供社会化再利用的数据集的公共服务。政府数据授权运营是指为提高政府数据社会化开发利用水平，基于安全可控原则，允许政府委托可信市场主体，将有条件开放类政府数据挖掘、开发成为数据产品和数据服务后，有偿提供给社会使用的行为。本部分内容按照制度依据、主要内涵、基本要求和典型案例展开论述。

【学习目标】了解政府数据共享、开放、授权运营概念，掌握政府数据共享、开放和授权运营的意义和价值，熟悉政府数据共享、开放和授权运营要求。

第一节　政府数据共享

一、政府数据共享相关制度依据

（一）法律法规依据

近年出台、修订的法律法规当中，关于政府数据共享方面的特别规定主要分为两类。

一类是直接使用"数据共享"术语进行规定的法律法规。例如，法律层面上，2014 年《中华人民共和国环境保护法》第 17 条规定"国家建立、健全环境监测制度。国务院环境保护主管部门制定监测规范，会同有关部门组织监测网络，统一规划国家环境质量监测站（点）的设置，建立监测数据共享机制，加强对环境监测的管理"。法规层面上，以《优化营商环境条例》最为突出，其第 37 条第 2 款规定"国家依托一体化在线平台，推动政务信息系统整合，优化政务流程，促进政务服务跨地区、跨部门、跨层级数据共享和业务协同。政府及其有关部门应当按照国家有关规定，提供数据共享服务，及时将有关政务服务数据上传至一体化在线平台，加强共享数据使用全过程管理，确保共享数据安全"。其他条款也有相关规定。

另一类是用"信息共享"术语进行规定的法律法规。例如，法律层面上，《中华人民共和国电子商务法》第 72 条规定"国家进出口管理部门应当推进跨境电子商务海关申报、纳税、检验检疫等环节的综合服务和监管体系建设，优化监管流程，推动实现信息共享、监管互认、执法互助，提高跨境电子商务服务和监管效率。跨境电子商务经营者可以凭电子单证向国家进出口管理部门办理有关手续"。法规层面上条例较多，如《地下水管理条例》《关键信息基础设施安全保护条例》《中华人民共和国市场主体登记管理条例》等均有规定。

（二）专门规定

2016 年 9 月国务院印发的《政务信息资源共享管理暂行办法》（国发〔2016〕51 号）属于国家层面的专门规定。该办法共 6 章 26 条。国家层面立法并未采用"政府数据"的提法，而是使用了"政务信息资源"的概念，如国务院办公厅于 2017 年 5 月印发的《政务信息系统整合共享实施方案》（国办发〔2017〕39 号）。

地方层面有两种主要情况。第一种是在数据立法当中设立一节对政府数据共享进行专门规定或与政府数据规定在同一节内。以上海为例，政府数据共享不仅规定在《上海市数据条例》第三章第二节"公共数据共享和开放"当中，还规定在市政府规章《上海市公共数据和一网通办管理办法》第四章"公共数据共享和开放"当中。第二种是和政府数据开放一起，作为数据流动的一种，进行合并立法，如贵州省 2020 年出台的《贵州省政府数据共享开放条例》，此前，贵阳市进行过类似的立法尝试，于 2017 年发布，2020 年修订的《贵阳市政府数据共享开放条例》。

二、政府数据共享的内涵

政务信息资源是指政务部门在履行职责过程中制作或获取的，以一定形式记录、保存的文件、资料、图表和数据等各类信息资源，包括政务部门直接或通过第三方依法采集的、依法授权管理的和因履行职责需要依托政务信息系统形成的信息资源等。

基于政务信息资源的共享包括因履行职责需要使用其他政务部门政务信息资源和为其他政务部门提供政务信息资源的行为，政府数据共享可以界定为行政机关因履行职责需要使用其他行政机关政府数据和为其他行政机关提供政府数据的行为。"政务信息资源"一词在早期政策文件中较为常见，随着近年来数字经济、数字政府的快速发展，以政府数据或公共数据替代政务信息资源的趋势十分明显。如无特别指出，本节中的政务信息资源共享和政府数据共享可以相互替代。

这里的政务部门是指政府部门及法律法规授权具有行政职能的事业单位和社会组织。

三、政府数据共享的重要性

从《政务信息资源共享管理暂行办法》第 1 条立法目的来看，政府数据共享至少有如下两大重要意义。

一方面，加快推动政务信息系统互联和公共数据共享是增强政府公信力，提高行政效率，提升服务水平的需要。政府数据共享可以通过政务信息资源的深度挖掘，进一步提高决策的效率，提高政府决策的科学性和精准性，提高政府预测预警能力以及应急响应能力，节约决策的成本。

另一方面，政务信息资源共享在深化改革、转变职能、创新管理中扮演着重要作用。政府数据共享有助于政府部门及其工作人员转变固有的思维观念，推动传统的职能型政府向服务型数字政府转型。除此之外，通过统一政府数据共享，解决传统信息化平台建设中的"竖井式"业务、"数据孤岛"、重复建设、资源浪费等问题，为各政务部门提供基础数据资源，实现资源整合与利用率的提升。

四、政府数据共享的基本要求

（一）法律原则

政务信息资源共享应至少遵循两个原则：

第一个是"以共享为原则，不共享为例外"。对该原则的理解是各政务部门形成的政务信息资源原则上应予共享，涉及国家秘密和安全的，按相关法律法规执行。另外，没有法律、法规、规章依据，政务部门不得拒绝其他部门提出的共享要求。

第二个是无偿共享原则。因履行职责需要使用共享信息的部门提出明确的共享需求和信息用途后，共享信息的产生和提供部门应及时响应并无偿提供政务信息资源。

（二）政务信息资源目录

国家发展改革委负责制定《政务信息资源目录编制指南（试行）》（简称《编制指南》），明确了政务信息资源的分类、责任方、格式、属性、更新时限、共享类型、共享方式、使用要求等内容。各政务部门按照《编制指南》要求编制、维护部门政务信息资源目录，并在有关法律法规作出修订或行政管理职能发生变化之日起15个工作日内更新本部门政务信息资源目录。各地方政府按照《编制指南》要求编制、维护地方政务信息资源目录，并负责对本级各政务部门政务信息资源目录更新工作的监督考核。

国家发展改革委汇总形成国家政务信息资源目录，并建立目录更新机制。国家政务信息资源目录是实现国家政务信息资源共享和业务协同的基础，是政务部门间信息资源共享的依据。

（三）政务信息资源分类与共享要求

1. 共享类型

政务信息资源按共享类型分为无条件共享、有条件共享、不予共享三种类型。

可提供给所有政务部门共享使用的政务信息资源属于无条件共享类型。

可提供给相关政务部门共享使用或仅能够部分提供给所有政务部门共享使用的政务信息资源属于有条件共享类型。

不宜提供给其他政务部门共享使用的政务信息资源属于不予共享类型。

为促进最大化共享，凡列入不予共享类的政务信息资源，必须有法律、行政法规或党中央、国务院政策依据。列入有条件共享的政务信息资源也要求说明理由，并提供相应的法律、法规、规章依据。

2. 政务信息资源共享及目录编制要求

政务信息资源共享及目录编制应遵循以下要求：（1）人口信息、法人单位信息、自然资源和空间地理信息、电子证照信息等基础信息资源的基础信息项是政务部门履行职责的共同需要，必须依据整合共建原则，通过在各级共享平台上集中建设或通过接入共享平台实现基础数据统筹管理、及时更新，在部门间实现无条件共享。基础信息资源的业务信息项可按照分散和集中相结合的方式建设，通过各级共享平台予以共享。基础信息资源目录由基础信息资源库的牵头建设部门负责编制并维护。（2）围绕经济社会发展的同一主题领域，由多部门共建项目形成的主题信息资源，如健康保障、社会保障、食品药品安全、安全生产、价格监管、能源安全、信用体系、城乡建设、社区治理、生态环保、应急维稳等，应通过各级共享平台予以共享。主题信息资源目录由主题信息资源牵头部门负责编制并维护。

3. 共享平台建设

国家发展改革委负责组织推动国家共享平台及全国共享平台体系建设。各地市级以上地方人民政府要明确政务信息资源共享主管部门，负责组织本级共享平台建设。

共享平台是管理国家政务信息资源目录、支撑各政务部门开展政务信息资源共享交换的国家关键信息基础设施，包括共享平台（内网）和共享平台（外网）两部分。共享平台（内网）应按照涉密信息系统分级保护要求，依托国家电子政务内网建设和管理；共享平台（外网）应按照国家网络安全相关制度和要求，依托国家电子政务外网建设和管理。

各政务部门业务信息系统原则上通过国家电子政务内网或外网承载，通过共享平台与其他政务部门共享交换数据。各政务部门应抓紧推进本部门业务信息系统向国家电子政务内网或外网迁移，并接入本地区共享平台。凡新建的需要跨部门共享信息的业务信息系统，必须通过各级共享平台实施信息共享，原有跨部门信息共享交换系统应逐步迁移到共享平台。

各地相关规定对共享平台的定位是公共数据应当通过共享平台进行共享。

4. 共享信息的提供与使用

使用部门应根据履行职责需要使用共享信息。

属于无条件共享类的信息资源，使用部门在共享平台上直接获取。

属于有条件共享类的信息资源，使用部门通过共享平台向提供部门提出申请，提供部门应在 10 个工作日内予以答复，使用部门按答复意见使用共享信息。对不予共享的，提供部门应说明理由；属于不予共享类的信息资源，以及有条件共享类中提供部门不予共享的信息资源，使用部门因履行职责确需使用的，由使用部门与提供部门协商解决，协商未果的由本级政务信息资源共享主管部门协调解决，涉及中央有关部门的由促进大数据发展部际联席会议协调解决。

提供部门在向使用部门提供共享信息时，应明确信息的共享范围和用途（如作为行政依据、工作参考，用于数据校核、业务协同等），原则上通过共享平台提供，鼓励采用系统对接、前置机共享、联机查询、部门批量下载等方式。

各政务部门应充分利用共享信息。

按照"谁经手，谁使用，谁管理，谁负责"的原则，使用部门应根据履行职责需要依法依规使用共享信息，并加强共享信息使用全过程管理。使用部门对从共享平台获取的信息，只能按照明确的用途用于本部门履行职责需要，不得直接或以改变数据形式等方式提供给第三方，也不得用于或变相用于其他目的。

政务部门在向自然人、法人或其他组织提供服务时需要注意：（1）充分利用共享信息。凡属于共享平台可以获取的信息，各政务部门原则上不得要求自然人、法人或其他组织重复提交。（2）提供服务时需要使用其他部门数据的，应当使用共享平台提供的最新数据。

按照"谁主管，谁提供，谁负责"的原则，提供部门应及时维护和更新信息，保障数据的完整性、准确性、时效性和可用性，确保所提供的共享信息与本部门所掌握信息的一致性。使用部门对获取的共享信息有疑义或发现有明显错误的，应及时反馈提供部门予以校核。校核期间，办理业务涉及自然人、法人或其他组织的，如已提供合法有效证明材料，受理单位应照常办理，不得拒绝、推诿或要求办事人办理信息更正手续。

5. 信息共享工作的监督和保障

促进大数据发展部际联席会议负责政务信息资源共享的统筹协调，建立信息共享工作评价机制，督促检查政务信息资源共享工作落实情况。

国家发展改革委、国家网信办组织编制信息共享工作评价办法，每年会同中央编办、财政部等部门，对各政务部门提供和使用共享信息情况进行评估，并公布评估报告和改进意见。

国务院各部门、各省级人民政府和国家共享平台管理单位应于每年2月月底前向促进大数据发展部际联席会议报告上一年度政务信息资源共享情况，联席会议向国务院提交政务信息资源共享情况年度报告。

国家标准委会同共享平台管理单位，在已有政务信息资源相关标准基础上，建立完善政务信息资源的目录分类、采集、共享交换、平台对接、网络安全保障等方面的标准，形成完善的政务信息资源共享标准体系。

国家网信办负责组织建立政务信息资源共享网络安全管理制度，指导督促政务信息资源采集、共享、使用全过程的网络安全保障工作，指导推进政务信息资源共享风险评估和安全审查。

共享平台管理单位要加强共享平台安全防护，切实保障政务信息资源共享交换时的数据安全；提供部门和使用部门要加强政务信息资源采集、共享、使用时的安全保障工作，落实本部门对接系统的网络安全防护措施。共享信息涉及国家秘密的，提供部门和使用部门应当遵守有关保密法律法规的规定，在信息共享工作中分别承担相关保障责任。

国家发展改革委、财政部、国家网信办建立国家政务信息化项目建设投资和运维经费协商机制，对政务部门落实政务信息资源共享要求和网络安全要求的情况进行联合考核，凡不符合政务信息资源共享要求的，不予审批建设项目，不予安排运维经费。

国家发展改革委负责在国家政务信息化建设规划制定、项目审批、投资计划安排、项目验收等环节进行考核。财政部负责在国家政务信息化建设项目预算下达、运维经费安排等环节进行考核。国家网信办负责在网络安全保障方面进行考核。

政务信息化项目立项申请前应预编形成项目信息资源目录，作为项目审批要件。项目建成后应将项目信息资源目录纳入共享平台目录管理系统作为项目验收要求。

政务信息资源共享相关项目建设资金纳入政府固定资产投资，政务信息资源共享相关工作经费纳入部门财政预算，并给予优先安排。

审计机关应依法履行职责，在国家大数据政策的贯彻落实、政务信息资源共享中发挥监督作用，保障专项资金使用的真实性、合法性和效益性，推动完善相关政策制度。

各政务部门应建立健全政务信息资源共享工作管理制度，明确目标、责任和实施机构。各政务部门主要负责人是本部门政务信息资源共享工作的第一责任人。

6. 法律责任

依据《政务信息资源共享管理暂行办法》第 24 条规定，"国务院各部门、各省级人民政府有下列情形之一的，由国家发展改革委通知整改；未在规定时限内完成整改的，国家发展改革委要及时将有关情况上报国务院：（一）未按要求编制或更新政务信息资源目录；（二）未向共享平台及时提供共享信息；（三）向共享平台提供的数据和本部门所掌握信息不一致，未及时更新数据或提供的数据不符合有关规范、无法使用；（四）将共享信息用于履行本单位职责需要以外的目的；（五）违反本办法规定的其他行为"。

五、政府数据共享案例：广州市案例

由中国信息协会主办的 2021 政府信息化大会在北京召开，广州市"推进数据共享共用，实现社会共治共管"案例成功入选"2021 政府信息化创新成果与优秀案例"。据了解，近年来，广州市陆续出台《广州市政府信息共享管理规定》（已失效）、《广州市政府信息共享管理规定实施细则》、《广州市政务信息共享管理规定》等政策性文件，印发《广州市政府信息共享目录》，建成覆盖全市、统筹利用、统一接入的市政务信息共享平台，实现数据跨层级、跨区域、跨系统、跨部门、跨业务的协同管理和服务。同时，通过开展专项数据共享，推动解决政府部门间信息不对称、信息孤岛等问题，全面支撑政务服务"一网通办"、城市治理"一网统管"、疫情防控、优化营商环境、"互联网+监管"等重点工作，支撑广州"信易贷"平台、"壹镇通"等数据应用，充分释放数据红利，打造了共建、共享、共治的广州特色政务信息共享模式。[1]

---

〔1〕 参见黄庆、穗政数宣：《广州数据共享共用经验入选"2021 政府信息化创新成果与优秀案例"》，载 http://baijiahao.baidu.com/s？！d＝1715859801456880465&wfv＝spider&for＝pc，最后访问日期：2023 年 7 月 26 日。

第二节　政府数据开放

一、政府数据开放缘起

政府数据开放并非凭空提出，而是顺应信息化水平的不断发展，在我国遵循着从政府信息资源开发利用到政府信息公开再到政府数据开放这一发展历程。政府信息公开是政府数据开放的基底，政府数据开放是政府信息公开的一种自然延伸。

虽然政府信息再利用是促使《中华人民共和国政府信息公开条例》出台的一个重要因素，但是对我国政府信息再利用并未起到应有的推动作用。这背后有诸多原因，如大数据时代的姗姗来迟、《政府信息公开条例》本身设计上存在缺陷及配套法律体系缺失等。随着互联网迎来了宽带化和大数据应用技术的发展普及，社会面的数据处理能力得以大幅提升，开放作为一种便于利用的特殊的主动公开方式，开始替代政府信息公开，迎来了政府数据开放时代。因此，基于信息化发展规律，从政府信息公开到政府数据开放是历史的必然。窄带互联网环境推动了政府信息公开。但在宽带互联网背景下，云计算、物联网与大数据应用等为代表的新兴信息技术的广泛应用催生了政府数据开放。[1]同时，数据开放化趋势也是新公共管理运动深入推进的成果之一。进入到 20 世纪 90 年代，政府管理改革遇上了信息化，电子政府建设纳入议事日程。从电子政府再到现如今的智慧政府，信息公开改革开始了数据开放化趋势。

二、政府数据开放相关制度依据

2015 年 6 月，国务院办公厅印发了《关于运用大数据加强对市场主体服务和监管的若干意见》（国办发〔2015〕51 号），该意见提出推进政府和社会信息资源开放共享，要求进一步加大政府信息公开和数据开放力度。除法律法规另有规定外，应将行政许可、行政处罚等信息自作出行政决定之日起 7 个工作日内上网公开，提高行政管理透明度和政府公信力。提高政府数据开

---

〔1〕　参见胡小明：《从政府信息公开到政府数据开放》，载《电子政务》2015 年第 1 期。

放意识，有序开放政府数据，方便全社会开发利用。

最为突出的是国务院 2015 年 8 月印发的《促进大数据发展行动纲要》（国发〔2015〕50 号）。纲要提出修订《中华人民共和国政府信息公开条例》，积极研究数据开放、保护等方面制度。《中华人民共和国政府信息公开条例》修订工作最终于 2019 年 4 月完成。修订后的条例保留了最初的充分发挥政府信息对人民群众生产、生活和经济社会活动的服务作用这一立法目的。其他方面规定和政府数据开放所期实现的目标渐行渐远。不同于英国的修改信息公开法模式和美国的修改和专门立法相结合立法模式，在我国，政府数据开放方面更多需要通过专门立法从深化政务公开进路中予以有效实现。

专门立法采取了一种地方先行先试、自下而上的立法路径予以推进。2016 年工业和信息化部印发的《大数据产业发展规划（2016-2020 年）》明确提出推动大数据相关立法进程，支持地方先行先试，研究制定地方性大数据相关法规。2017 年 12 月 8 日，中共中央政治局就实施国家大数据战略进行第二次集体学习，习近平总书记强调要制定数据资源确权、开放、流通、交易相关制度。2018 年，中央网信办、发展改革委、工业和信息化部联合印发了《公共信息资源开放试点工作方案》，确定在北京、上海、浙江、福建、贵州开展公共信息资源开放试点，要求试点地区制定公共信息资源开放管理办法，要求在建立统一开放平台、明确开放范围、提高数据质量、促进数据利用、加强安全保障等方面开展试点。

2020 年国务院办公厅印发《公共数据资源开发利用试点方案》的通知。随后，各试点省份开始了地方立法的尝试。北京于 2021 年印发了《北京市公共数据管理办法》。上海在 2018 年发布的《上海市公共数据和一网通办管理办法》中对数据开放进行了初步立法尝试，对公共数据开放进行了总体规定，随后于 2019 年通过了《上海市公共数据开放暂行办法》，对公共数据开放进行了细化规定，并于 2021 年以地方性法规形式通过了《上海市数据条例》，建立起了上海市数据领域基础性、综合性法律。浙江于 2020 年通过了《浙江省公共数据开放与安全管理暂行办法》，于 2022 年同样以地方性法规形式通过了《浙江省公共数据条例》。贵州省以地方性法规形式于 2020 年通过了《贵州省政府数据共享开放条例》。福建省于 2022 年制定实施《福建省公共数据资源开放开发管理办法（试行）》。

（一）数据安全法

从国家层面来看，2021 年通过的《数据安全法》还单设一章规定政务数据安全与开放。该章共有 7 条，对政府数据开放进行了原则性规定。具体规定列举如下：

表 8-1　政务数据安全与开放具体规定

条款	具体规定
第 38 条	国家机关为履行法定职责的需要收集、使用数据，应当在其履行法定职责的范围内依照法律、行政法规规定的条件和程序进行；对在履行职责中知悉的个人隐私、个人信息、商业秘密、保密商务信息等数据应当依法予以保密，不得泄露或者非法向他人提供
第 39 条	国家机关应当依照法律、行政法规的规定，建立健全数据安全管理制度，落实数据安全保护责任，保障政务数据安全
第 40 条	国家机关委托他人建设、维护电子政务系统，存储、加工政务数据，应当经过严格的批准程序，并应当监督受托方履行相应的数据安全保护义务。受托方应当依照法律、法规的规定和合同约定履行数据安全保护义务，不得擅自留存、使用、泄露或者向他人提供政务数据
第 41 条	国家机关应当遵循公正、公平、便民的原则，按照规定及时、准确地公开政务数据。依法不予公开的除外
第 42 条	国家制定政务数据开放目录，构建统一规范、互联互通、安全可控的政务数据开放平台，推动政务数据开放利用
第 43 条	法律、法规授权的具有管理公共事务职能的组织为履行法定职责开展数据处理活动，适用本章规定

（二）上海市地方性公共数据开放规则解析

1. 制度体系

上海已经建立了涵盖地方性法规、市政府规章和行政规范性文件等一整套完整的地方性公共数据的制度体系。2019 年，上海市政府规章《上海市公共数据开放暂行办法》通过，并于 2019 年 10 月 1 日起施行。2021 年，上海市地方性法规《上海市数据条例》通过，并于 2022 年 1 月 1 日起施行。为贯彻落实《上海市数据条例》《上海市公共数据开放暂行办法》，促进公共数据更深层次、更高水平开放，支撑上海城市数字化转型，2022 年 12 月 31 日，上海市经济和信息化委员会和上海市互联网信息办公室联合制定的行政规范性文件《上海市公共数据开放实施细则》得以通过并于同日起施行，有效期至 2027 年 12 月 30 日。

2.《上海市公共数据开放暂行办法》

《上海市公共数据开放暂行办法》分总则、开放机制、平台建设、数据利用、多元开放、监督保障、法律责任、附则，共八章 48 条。

第一章总则规定了公共数据开放的目的是促进和规范本市公共数据开放和利用，提升政府治理能力和公共服务水平，推动数字经济发展。

规定了适用范围是本市行政区域内公共数据开放及其相关管理活动。

本章将"公共数据"界定为：本市各级行政机关以及履行公共管理和服务职能的事业单位在依法履职过程中，采集和产生的各类数据资源；"公共数据开放"是指公共管理和服务机构在公共数据范围内，面向社会提供具备原始性、可机器读取、可供社会化再利用的数据集的公共服务。

本章要求遵循"需求导向、安全可控、分级分类、统一标准、便捷高效"的原则推进本市公共数据开放工作。

本章同时明确了职责分工。市政府办公厅负责推动、监督本市公共数据开放工作。市经济信息化部门负责指导协调、统筹推进本市公共数据开放、利用和相关产业发展。市大数据中心负责本市公共数据统一开放平台的建设、运行和维护，并制订相关技术标准。区人民政府确定的部门负责指导、推进和协调本行政区域内公共数据开放工作。其他公共管理和服务机构根据相关法律、法规和规章，做好公共数据开放的相关工作。同时要求建立健全公共数据开放工作的协调机制，协调解决公共数据开放的重大事项，并由市经济信息化部门组建由高校、科研机构、企业、相关部门的专家组成的公共数据开放专家委员会，研究论证公共数据开放中的疑难问题，评估公共数据利用风险，对公共数据开放工作提出专业建议。

第二章规定了开放重点。规定市经济信息化部门应当根据本市经济社会发展需要，确定年度公共数据开放重点。与民生紧密相关、社会迫切需要、行业增值潜力显著和产业战略意义重大的公共数据，应当优先纳入公共数据开放重点。为科学制定开放重点。要求市经济信息化部门在确定公共数据开放重点时，应当听取相关行业主管部门和社会公众的意见。自然人、法人和非法人组织可以通过开放平台对公共数据的开放范围提出需求和意见建议。

本章对分级分类提出了要求。要求市经济信息化部门应当会同市大数据中心结合公共数据安全要求、个人信息保护要求和应用要求等因素，制定本市公共数据分级分类规则。数据开放主体应当按照分级分类规则，结合行业、区域特点，制定相应的实施细则，并对公共数据进行分级分类，确定开放类型、开放条件和监管措施。

本章明确了无条件开放、有条件开放和非开放三类开放类型。对涉及商业秘密、个人隐私，或者法律法规规定不得开放的公共数据，列入非开放类；对数据安全和处理能力要求较高、时效性较强或者需要持续获取的公共数据，列入有条件开放类；其他公共数据列入无条件开放类。同时规定了不同开放类型数据间相互转换机制。非开放类公共数据依法进行脱密、脱敏处理，或者相关权利人同意开放的，可以列入无条件开放类或者有条件开放类。

本章对开放清单提出了要求。数据开放主体应当按照年度开放重点和公共数据分级分类规则，在本市公共数据资源目录范围内，制定公共数据开放清单，列明可以向社会开放的公共数据。通过共享等手段获取的公共数据，不纳入本单位的开放清单。开放清单应当标注数据领域、数据摘要、数据项和数据格式等信息，明确数据的开放类型、开放条件和更新频率等。市经济信息化部门应当会同数据开放主体建立开放清单审查机制。经审查后，开放清单应当通过开放平台予以公布。开放清单需要动态调整。数据开放主体应当在市经济信息化部门的指导下建立开放清单动态调整机制，对尚未开放的公共数据进行定期评估，及时更新开放清单，不断扩大公共数据的开放范围。

本章对不同开放类型的公共数据的获取方式进行了规定。对列入无条件开放类的公共数据，自然人、法人和非法人组织可以通过开放平台以数据下载或者接口调用的方式直接获取。对列入有条件开放类的公共数据，数据开放主体应当通过开放平台公布利用数据的技术能力和安全保障措施等条件，向符合条件的自然人、法人和非法人组织开放。数据开放主体应当与符合条件的自然人、法人和非法人组织签订数据利用协议，明确数据利用的条件和具体要求，并按照协议约定通过数据下载、接口访问、数据沙箱等方式开放公共数据。

本章对数据质量保障提出了要求。数据开放主体应当按照相关技术标准和要求，对列入开放清单的公共数据（以下简称开放数据）进行整理、清洗、脱敏、格式转换等处理，并根据开放清单明确的更新频率，及时更新数据。

第三章涉及平台建设。市大数据中心应当依托市大数据资源平台建设开放平台。数据开放主体应当通过开放平台开放公共数据，原则上不再新建独立的开放渠道。已经建成的开放渠道，应当按照有关规定进行整合、归并，将其纳入开放平台。

开放平台需要具备为数据开放主体提供数据预处理、安全加密、日志记录等数据管理功能。开放平台为获取、使用和传播公共数据的自然人、法人和非法人组织提供数据查询、预览和获取等功能。市大数据中心应当根据数据开放主体和数据利用主体的需求，推进开放平台技术升级、功能迭代和资源扩展，确保开放平台具备必要的服务能力。

开放平台需要规范运作。市大数据中心应当制定并公布开放平台管理制度，明确数据开放主体和数据利用主体在开放平台上的行为规范和安全责任，对开放平台上开放数据的存储、传输、利用等环节建立透明化、可审计、可追溯的全过程管理机制。市大数据中心应当依托开放平台，形成数据开放和利用行为的全程记录，为数据开放和利用的日常监管提供支撑。数据开放主体应当对数据处理和数据开放情况进行记录；数据利用主体应当对有条件开放类公共数据的访问、调用和利用等情况进行记录。记录应当通过开放平台提交市大数据中心。

开放平台应建立数据纠错机制。自然人、法人和非法人组织认为开放数据存在错误、遗漏等情形，可以通过开放平台向数据开放主体提出异议。数据开放主体经基本确认后，应当立即进行异议标注，并由数据开放主体和市大数据中心在各自职责范围内，及时处理并反馈。

开放平台应加强权益保护。自然人、法人和非法人组织认为开放数据侵犯其商业秘密、个人隐私等合法权益的，可以通过开放平台告知数据开放主体，并提交相关证据材料。数据开放主体收到相关证据材料后，认为必要的，应当立即中止开放，同时进行核实。根据核实结果，分别采取撤回数据、恢复开放或者处理后再开放等措施，并及时反馈。

第四章涉及数据利用。鼓励数据利用主体利用公共数据开展科技研究、咨询服务、产品开发、数据加工等活动。当然数据利用主体应当遵循合法、正当的原则利用公共数据，不得损害国家利益、社会公共利益和第三方合法权益。市经济信息化部门应当会同市大数据中心和数据开放主体通过开放平台，对社会价值或者市场价值显著的公共数据利用案例进行示范展示。本市鼓励数据利用主体与市经济信息化部门、市大数据中心以及数据开放主体开展合作，将利用公共数据形成的各类成果用于行政监管和公共服务，提升公共管理的科学性和有效性。

本章要求做到数据利用反馈与来源披露。对有条件开放类公共数据，数据利用主体应当按照数据利用协议的约定，向数据开放主体反馈数据利用情况。数据利用主体利用公共数据形成数据产品、研究报告、学术论文等成果的，应当在成果中注明数据来源。

本章同时强调数据利用安全保障。数据利用主体应当按照开放平台管理制度的要求和数据利用协议的约定，在利用公共数据的过程中，采取必要的安全保障措施，并接受有关部门的监督检查。数据开放主体还应当建立有效的监管制度，对有条件开放类公共数据的利用情况进行跟踪，判断数据利用行为是否合法正当。任何单位和个人可以对违法违规利用公共数据的行为向数据开放主体及有关部门举报。

本章还规定了相关违法违规行为处理。数据利用主体在利用公共数据的过程中有下列行为之一，市经济信息化部门应当会同市大数据中心和数据开放主体对其予以记录：（一）违反开放平台管理制度；（二）采用非法手段获取公共数据；（三）侵犯商业秘密、个人隐私等他人合法权益；（四）超出数据利用协议限制的应用场景使用公共数据；（五）违反法律、法规、规章和数据利用协议的其他行为。对存在前款行为的数据利用主体，市大数据中心和数据开放主体应当按照各自职责，采取限制或者关闭其数据获取权限等措施，并可以在开放平台对违法违规行为和处理措施予以公示。

第五章从优化开放环境、多元主体参与非公共数据交易标准体系和技术规范国际合作交流表彰机制等方面进行了规定，鼓励多元开放。

第六章是监督保障。明确了安全管理职责、安全保障措施监管、预警机制、应急管理、组织保障、资金保障、考核评估。

第七章是法律责任。数据开放主体有下列行为之一，由本级人民政府或者上级主管部门责令改正；情节严重的，依法对直接负责的主管人员和其他直接责任人员给予处分：（一）未按照规定开放和更新本单位公共数据；（二）未按照规定对开放数据进行脱敏、脱密等处理；（三）不符合统一标准、新建独立开放渠道或者未按照规定将已有开放渠道纳入开放平台；（四）未按照规定处理自然人、法人和非法人组织的异议或者告知；（五）未按照规定履行数据开放职责的其他行为。

数据利用主体在数据利用过程中有下列行为之一，依法追究相应法律责任：（一）未履行数据利用协议规定的义务；（二）侵犯商业秘密、个人隐私等他人合法权益；（三）利用公共数据获取非法收益；（四）未按照规定采取安全保障措施，造成危害信息安全事件；（五）违反本办法规定，依法应当追究法律责任的其他行为。

市大数据中心有下列行为之一，由主管部门责令改正；情节严重的，由主管部门对直接负责的主管人员和其他直接责任人员依法给予处分：（一）未按照规定记录开放平台中公共数据开放和利用的全程行为；（二）未按照规定处理自然人、法人和非法人组织的异议或者告知；（三）未按照规定履行平台管理职责的其他行为。

市网信和公安部门、市大数据中心、数据开放主体等具有网络安全管理职能的部门及其工作人员未按照规定履行安全管理职责的，由本级人民政府或者上级主管部门责令改正；情节严重的，依法对直接主管人员和其他直接责任人员给予处分。

本章还建立了责任豁免机制。数据开放主体按照法律、法规和规章的规定开放公共数据，并履行了监督管理职责和合理注意义务的，对因开放数据质量等问题导致数据利用主体或者其他第三方的损失，依法不承担或者免予承担相应责任。

第八章是附则。要求水务、电力、燃气、通信、公共交通、民航、铁路等公用事业运营单位涉及公共属性的数据开放，适用本办法。法律法规另有规定的，从其规定。

本章规定了办法的施行日期。本办法自2019年10月1日起施行。

3.《上海市数据条例》

《上海市数据条例》第三章第二节第41条到第43条规定了公共数据开放。第41条第1款规定了公共数据开放的原则，要求以需求导向、分级分类、公平公开、安全可控、统一标准、便捷高效为原则，推动公共数据面向社会开放，并持续扩大公共数据开放范围。第41条第2款规定了公共数据开放类型或属性，规定公共数据按照开放类型分为无条件开放、有条件开放和非开放三类。涉及个人隐私、个人信息、商业秘密、保密商务信息，或者法律、法规规定不得开放的，列入非开放类；对数据安全和处理能力要求较高、时效性较强或者需要持续获取的公共数据，列入有条件开放类；其他公共数据列入无条件开放类。第 41 条第 3 款规定了不同属性间的转换机制，规定非开放类公共数据依法进行脱密、脱敏处理，或者相关权利人同意开放的，可以列入无条件开放或者有条件开放类。对有条件开放类公共数据，自然人、法人和非法人组织可以通过市大数据资源平台提出数据开放请求，相关公共管理和服务机构应当按照规定处理。

第 42 条对公共数据开放平台和责任主体进行了规定。要求依托市大数据资源平台向社会开放公共数据。市级责任部门、区人民政府以及其他公共管理和服务机构分别负责本系统、行业、本行政区域和本单位的公共数据开放，在公共数据目录范围内制定公共数据开放清单，明确数据的开放范围、开放类型、开放条件和更新频率等，并动态调整。第 42 条第 3 款是转介条款，要求公共数据开放具体规则，由市经济信息化部门制定。

第 43 条对公共数据开放后的开发利用进行了规定。要求通过制定相关政策，组织开展公共数据开放和开发利用的创新试点，鼓励自然人、法人和非法人组织对公共数据进行深度加工和增值使用。

4. 《上海市公共数据开放实施细则》

《上海市公共数据开放实施细则》分总则、数据开放、数据获取、信息系统与开放平台、数据利用、保障措施、附则共七章 39 条。

第一章是总则。制定实施细则的目的是促进和规范本市公共数据开放、获取、利用和安全管理，推动公共数据更广范围、更深层次、更高质量开放，深入赋能治理、经济、生活各领域城市数字化转型。适用范围是本市行政区域内公共数据开放、获取、利用和安全管理等活动。本章参照《上海市公共数据开放暂行办法》，对公共数据和公共数据开放进行了界定。

本章规定了工作原则。要求本市公共数据开放利用工作坚持创新驱动、需求导向、场景牵引、公平公开、安全可控、分级分类、统一标准、便捷高效、流程规范的原则。

本章明确了职责分工。市政府办公厅负责推动、监督本市公共数据开放工作。市经济信息化部门是本市公共数据开放主管部门，负责指导协调、统筹推进本市公共数据开放、利用和相关产业发展。市大数据中心负责本市公共数据统一开放平台的建设、运行和维护，并制订相关技术标准。市网信部门负责统筹协调本市个人信息保护、网络数据安全和相关监管工作。

区人民政府确定的部门负责指导、推进和协调本行政区域内公共数据开放工作。市政府各部门、区人民政府以及其他公共管理和服务机构（以下统称数据开放主体）分别负责本系统、行业、本行政区域和本单位的公共数据开放。

第二章是数据开放。建立了需求征集机制。市经济信息化部门应当会同数据开放主体，面向全社会征集公共数据开放需求，加强场景规划和牵引，推动公共数据开放服务经济发展质量、生活体验品质、城市治理效能提升。征集需求范围包括但不限于：（一）生产制造、科技研发、金融服务、商贸流通、航运物流、农业等经济领域；（二）公共卫生、医疗、教育、养老、就业、商业、文旅等民生领域；（三）交通运行、应急管理、环境保护等城市治理领域。开放需求可以通过线上线下问卷调查、座谈会、开放平台反馈等形式多渠道广泛征集。对于与民生紧密相关、社会迫切需要、行业增值潜力显著和产业战略意义重大的公共数据，应当优先重点开放。

本章要求制定开放年度计划。市经济信息化部门应当结合本市经济社会发展的实际需要，制定公共数据开放年度计划，明确年度开放重点、重点项目建设、开放质量要求、产业生态培育等重点工作任务。区人民政府确定的部门根据实际情况，组织做好本行政区域内公共数据开放年度计划编制、示范项目建设、数据产业及生态培育等工作。

本章对示范项目提出了要求。市经济信息化部门会同数据开放主体依照开放年度计划发布公共数据示范项目指南，组织项目申报、评审，对优秀项目成果进行遴选、发布和推广。数据开放主体应当对年度示范项目加强公共数据的开放保障，市大数据中心应当做好相关技术支持和平台服务。

本章对编制开放清单提出了要求。公共数据开放采取清单制管理，数据开放主体应当按照年度开放重点和公共数据分级分类规则，在本市公共数据目录范围内，编制本单位公共数据开放清单。开放清单应当标注数据领域、数据摘要、数据项和数据格式等信息，明确数据的开放类型、开放条件和更新频率等，具体要求如下：（一）具有简明扼要的名称，清楚展现该数据的关键字段、时间范围、地域范围等信息，并应当与相似数据集有明显区分度；（二）具有准确、方便用户理解的数据字段及配套说明，不得使用无说明的缩写，对于专有词汇应当做好相应说明；（三）明确数据格式，优先采用实时数据接口、通用文件格式等，原则上不得使用需要专有软件和工具才能打开的格式；（四）明确开放类型和条件，具体按照本细则第 13 条、第 14 条、第 15

条执行；（五）明确数据更新频率，更新频率应当与数据产生频率相当。对于不定期产生的数据或不再更新的数据，可以列为静态数据；（六）明确说明数据关联关系，在时间跨度、地理位置等方面的关联关系应当做出说明；（七）提供其他需要明确的相关信息。开放清单应当与公共数据目录挂接，明确开放清单中的数据字段在数据湖中的目录来源，数据开放主体负责对挂接关系进行维护。

本章规定开放清单需要动态调整。数据开放主体应当每年组织对公共数据开放清单和尚未开放的公共数据的评估，在确有必要、确保安全的前提下，开展下列动态调整：（一）对已经开放的数据集，因业务系统变更等原因无法继续更新的，应当将已开放的历史数据转为静态数据继续开放，并调整开放清单；（二）社会迫切需要但尚未开放的公共数据，可以新增开放清单纳入开放范围；有必要的，可以进行脱密、脱敏处理后开放；（三）对数据开放主体日常工作中形成的、无信息系统支撑的数据，可以纳入开放清单；（四）信息公开中涉及的数据，可以纳入开放清单。开放清单调整流程如下：新增、修改开放清单的，数据开放主体应当通过开放平台提交工单，明确具体内容并说明原因。从无条件开放、有条件开放修改为不开放，或者从无条件开放修改为有条件开放的，应当提供相应的说明文件。开放清单调整以工单形式在开放平台中提交，有下列情形的，将对工单予以退回：（一）无合理理由调整的；（二）提供信息不全的；（三）不符合分级分类规则的；（四）其他不符合要求的情形。

本章对开放范围扩大提出了要求。数据开放主体应当按照国家和本市相关要求，结合公共数据开放年度计划和市场主体利用需求，合理调整公共数据的开放范围。支持将尚未开放的公共数据进行脱密、脱敏等技术处理后予以开放，组织做好相应的数据准备、分级分类和服务对接。

本章制定分级分类指南。市经济信息化部门应当会同市大数据中心结合公共数据安全要求、个人信息保护要求和应用要求等因素，制定本市公共数据开放分级分类指南并进行动态更新。

本章规定数据开放主体应当按照分级分类指南，结合行业、区域特点，制定公共数据开放分级分类的实施细则，并对公共数据进行分级分类，确定开放类型、开放条件和监管措施。分级分类指南应当包括以下内容：（一）分级分类总体方法、原则与流程，如分级分类维度、级别设置、相应风险防控和安全保障措施等；（二）各级别与开放类型的对应关系；（三）各级别对应的开放条件；（四）分级分类示例。

本章对分级分类机制建立提出要求。本市公共数据采取分级分类开放机制。对公共数据根据分级分类指南分为多个级别，并根据级别的组合划入三类开放：（一）对涉及个人隐私、个人信息、商业秘密和保密商务信息，或者法律法规规定不得开放的公共数据，列入非开放类。非开放类公共数据依法进行脱密、脱敏处理，或者相关权利人同意开放的，可以列入无条件开放类或者有条件开放类。（二）对数据安全和处理能力要求较高、时效性较强或者需要持续获取的公共数据，列入有条件开放类。（三）其他公共数据列入无条件开放类。

本章对有条件开放类的公共数据的开放条件进行了规定。列入有条件开放类的公共数据，数据开放主体应当参考分级分类指南，明确开放条件，并通过开放平台在相应数据集或者数据产品页面进行公布。数据开放主体应当在合法合规前提下，设定与开放数据风险相匹配的合理的开放条件，开放条件可以包括：（一）应用场景要求，明确开放数据仅限于特定场景使用，或禁止用于特定场景；（二）数据安全要求，明确数据利用主体的数据安全保护体系与保护能力、数据管理成熟度评估、数据安全成熟度评估等；（三）数据利用反馈要求，明确利用成果应当注明数据来源，数据利用主体应当接受定期或不定期抽查，提交数据利用报告等；（四）技术能力要求，明确数据利用主体需要具备的设施、人才等要求；（五）信用要求，明确对数据利用主体信用状况要求，可以包括未被列入失信被执行人、企业经营异常名录、严重违法失信企业名单等；（六）其他合理的开放条件。

本章对数据质量提升进行了规定。数据开放主体应当加强执行标准规范，开展数据治理，提升数据质量，增强开放数据的及时性、完整性和准确性，包括但不限于：（一）通过开放前校对核验、开放后及时修正等方式，确保开放数据无错值、空值、重复等情形。公共数据异议核实与处理根据本市相关规定执行。（二）通过优化格式、实时接口开发、可视化呈现、零散数据整合、丰富字段说明等方式，提高数据的可用性。（三）通过持续完善业务流程，升级完善信息系统，增加数据校验、更新提示等功能，优化数据产生的频次、字段、格式等。

市政府办公厅建立日常公共数据管理工作监督检查机制，对公共管理和服务机构的公共数据质量管理等情况开展监督检查。市大数据中心应当为数据开放主体做好相关数据治理技术和服务能力的供给，按规定组织开展公共数据的质量监督，对数据质量进行实时监测和定期评估，并建立异议与更正管理制度。

第三章是数据获取。一是对不同开放类型的公共数据获取进行了规定。对列入无条件开放类的公共数据，自然人、法人和非法人组织可以通过开放平台以数据下载或者接口调用的方式直接获取，无须注册、申请等流程；对列入有条件开放类的公共数据，数据开放主体应当通过开放平台在相应数据页面列明申请材料，包括相关资质与能力证明、数据安全管理措施、应用场景说明等。涉及开放条件调整时，数据开放主体应主动并及时更新数据申请材料说明。自然人、法人和非法人组织通过开放平台提交开放申请，上传相应材料。

本章规定了开放申请和处理。市大数据中心应当对公共数据开放申请进行审查，对申请主体材料齐全的予以受理，并以工单形式移交给数据开放主体进行处理。材料不齐全的不予受理，并一次性告知理由。数据开放主体收到工单后，应当在 10 个工作日内完成审核，审核应当遵循以下原则：（一）公平公正原则，平等对待各类申请主体；（二）场景驱动原则，对民生和经济发展有益、具有较高复制推广价值的应用场景应当优先支持；（三）安全稳妥原则，对多源数据融合风险做好评估，对一次性大规模申请数据的复杂情形，可以组织专家评审。审核通过的，数据开放主体应当通过开放平台及时告知结果；审核不通过的，应当一次性告知理由。

本章对数据利用协议进行了规定。开放申请审核通过的，申请主体应当与数据开放主体通过开放平台签署数据利用协议。数据利用协议中应当包含应用场景要求、数据利用情况报送、数据安全保障措施、违约责任等内容。

本章明确了数据交付要求。数据开放主体应当按照协议约定进行数据准备和交付，市大数据中心应当做好数据加工处理等技术支持。数据交付应当通过开放平台进行，采用接口访问的，由市大数据中心负责接口开发、文档说明、系统对接等配套服务。确需线下交付的，数据开放主体应当向市经济信息化部门报备。鼓励探索利用隐私计算、联邦学习、数据沙箱、可信数据空间等新技术、新模式进行数据交付。

本章规定了样本数据建设。市大数据中心会同数据开放主体依托开放平台，在有条件开放类数据集的基础上建设高质量样本数据集，自然人、法人和非法人组织无需申请即可获取。

样本数据集应当从有条件开放类全量数据中针对性抽取，真实反映全量数据特征，符合开放数据质量管理要求，方便数据利用主体阅读与测试。

第四章是信息系统与开放平台。对于信息系统，数据开放主体应当在信息系统规划时同步做好公共数据开放方案，在系统建设验收前完成公共数据目录编制、开放清单编制等工作。对未按要求完成开放数据相关工作的信息系统将不予验收通过。

对于开放平台，市大数据中心应当依托市大数据资源平台建设开放平台。数据开放主体应当通过开放平台开放公共数据，原则上不再新建独立的开放渠道。已经建成的开放渠道，应当按照有关规定进行整合、归并，将其纳入开放平台。开放平台需具备以下功能：（一）为数据开放主体提供各类数据归集、数据治理、清单编制、分级分类、申请审核、工单处理等功能，并提供相应的技术能力保障，协助数据开放主体更好履行开放职责；（二）为数据开放主体提供开放数据的统计分析、风险判断、质量评估、合规服务等功能，为相关政策制定提供决策参考；（三）为数据利用主体提供便捷的数据查询、数据预览、注册登记、开放申请、数据获取、应用展示、意见反馈等功能；（四）对本市公共数据开放的有关政策、制度文件、新闻动态等进行展示，并保持动态更新；（五）对数据开放和利用行为进行全程记录，为数据开放和利用的日常监管提供支撑；（六）探索隐私计算、沙箱验证、数据资源图谱展示、数据地图预览等创新功能；（七）具备必要的安全保护体系，保障开放平台安全可靠运行，防止公共数据被非法获取或者不当利用。开放平台也得以规范。市大数据中心应当制定并公布开放平台管理制度，明确数据开放主体和数据利用主体在开放平台上的行为规范和安全责任，对开放平台上开放数据的存储、传输、利用等环节建立透明化、可审计、可追溯的全过程管理机制。

第五章是数据利用。本章规定了创新利用方式、成果展示与合作应用、数据利用反馈、利用监管、权益保护、违法违规行为处理、健全服务体系、关键技术与标准规范、表彰机制。

第六章是保障措施。涉及安全保障、资金保障、考核评估。

第七章是附则。规定本细则自 2022 年 12 月 31 日起施行，有效期至 2027

年 12 月 30 日。

三、政府数据开放的内涵

政府数据是指行政机关在依法履职过程中采集和产生的各类数据资源。这里的政府数据，有政务数据、政务信息资源等不同提法，现如今被所涉责任主体范围更广的具有公共属性的公共数据取代。对于公共数据，一般界定为国家机关、法律法规授权组织和公共企事业单位在履行公共管理和服务职责过程中收集和产生的数据。

政府数据开放是指行政机关在公共数据范围内，面向社会提供具备原始性、可机器读取、可供社会化再利用的数据集的公共服务。政府数据开放涉及数据开放主体、数据利用主体、平台建设运营主体和其他利益相关方等多方主体。

这里的开放主体除了行政机关，还包括履行公共管理和服务职能的公共企事业单位。获取在依法履职过程中采集和产生的各类数据资源。这里的开放范围或对象指向的更多是电子数据资源，包括个人与网络交互生成的数据、人工采集或二次加工生成的数据、信息系统产生的数据、物联网和传感器自动采集的数据等。其价值属性包括原始性、可机器读取、可供社会化再利用三个；呈现形式是数据集；服务对象是社会大众，不面向政府，因为后者属于数据共享。

开放不是目的，开放利用才是目的。2022 年 3 月 25 日发布的《中共中央、国务院关于加快建设全国统一大市场的意见》中就明确提出"加快培育数据要素市场，建立健全数据安全、权利保护、跨境传输管理、交易流通、开放共享、安全认证等基础制度和标准规范，深入开展数据资源调查，推动数据资源开发利用"。因此，开放一般应该理解成一种便于利用的、特殊的主动公开方式。

四、政府数据开放的重要性

政府数据开放的重要性主要有三方面。

一是政府数据开放是促进数字经济发展、保障社会民生的重要推动力。2020 年，我国迎来了"数据要素"的元年。中共中央、国务院于该年联合印发了《关于构建更加完善的要素市场化配置体制机制的意见》。该意见提出加快培育数据要素市场，并从推进政府数据开放共享，提升社会数据资源价值，加强数据资源整合和安全保护等方面作出安排。明确将数据作为一种新型生产要素写入政策文件，是要充分发挥数据这一新型要素对其他要素效率的倍增作用，培育发展数据要素市场，使大数据成为推动经济高质量发展的新动能。因此，通过支持鼓励社会力量充分开发利用政府数据资源，政府数据开放可有力推动开展众创、众包、众扶、众筹工作，为大众创业、万众创新提供条件。企业、社会组织和公众直接对政府开放的原始数据进行开发利用，推动创新，其效率与效益会大大超出原始数据仅由政府机关掌控的模式，真正避免"信息数据'深藏闺中'是极大浪费"[1]的情况发生。

二是政府数据开放是提升政府管理理念、实现政府治理能力现代化的内在要求。党的十九届四中全会通过的《中共中央关于坚持和完善中国特色社会主义制度、推进国家治理体系和治理能力现代化若干重大问题的决定》中首次将数据作为和土地、劳动力、资本、技术并列的五大生产要素之一，参与分配的提法写入党的重要文件，被认为是一个重大的理论创新。之前有例子就阐明了通过政府数据开放可以实现协同治理。纽约政府数据开放平台曾经开放了全市消防栓停车罚款数据。通过对数据进行分析发现，每年共开出5500万美元的罚单。经过统计确定了罚款额排名前十位的消防栓，最高的一个每年罚款额为33 118美元。经实地考察后发现，很多车因路面未划出禁止停车标识而被误罚。分析者随之向警察局反映，并得到了警察局的修正。[2]

三是和政府信息公开一样，政府数据开放也是打造阳光政府的有力举措。相比政府信息公开，大量政府数据开放会使"幕后交易""暗箱操作"等违法违规行为更加难以藏身，预防腐败的作用可以得到更有效发挥。政府数据开放也更有助于社会各界，尤其使一些专业机构更有能力监督政府机关工作，督促其工作人员提高工作效率、减少浪费现象与不作为现象，使政府机关的工作更加讲求实效、真正为民办实事，从而提高政府公信力。

---

〔1〕 参见《李克强：信息数据"深藏闺中"是极大浪费》，载 https://www.gov.cn/xinwen/2016-05/13/content_ 5073036.

〔2〕 See Ben Wellington, "Meet the Fire Hydrant that Unfairly Nets NYC ＄25, 000 a Year", available at https://iquantny. tumblr. com/post/83696310037/meet-the-fire-hydrant-that-unfairly-nets-nyc-25-000-a, last accessed on April 24, 2014.

五、政府数据开放的立法模式 [1]

国际上关于政府数据开放的立法模式主要有三种：第一种是修改信息公开法模式，典型国家如英国、加拿大和乌克兰。和专门立法模式相比，对信息公开法不断修正的模式有两个优势。一个优势是立法效率高、通过快，可以迅速弥补数据开放立法缺口；另一个优势是极具针对性，可以分清待决法律问题的轻重缓急，不断完善。但是这种立法模式也存在弊端，主要是立法只能局限于部分问题。随着数据开放实践的快速发展，信息公开法的原有规定无法完全适用于数据开放所面临的所有问题。

第二种是制定政府数据开放专门法模式。纽约市被认为制定了全球最好的数据开放专门立法。该法于 2012 年 3 月 7 日发布实施，主要包括数据定义、公共数据的可获得性、开放数据门户的管理、开放数据法律声明、数据集线上发布的政策和技术标准、政府机构实施计划六大部分。专门法模式优势明显：一是可以围绕数据开放主体、对象、方式、平台、质量和监督保障这些关键环节一并进行规定，实现对数据开放立法的全方位保护；二是保护力度强并顾及全面，可以最大程度为数据开放活动提供法律保障。但专门法模式同样存在弊端：对于纽约市一个城市来说，立法速度不是问题。但是对于一个国家来说，立法速度慢、成本高是通病。同时，就全球而言，政府数据开放实践尚处于起步阶段，相关问题的处理机制并非清晰明了。如果仓促立法容易导致立法过时、后续修改频繁、法律权威性不足等问题。

第三种介于前两种之间，即修改信息公开法和制定专门法相结合的模式。美国国家层面立法是典型例证。美国早期通过对 1966 年颁布的信息公开法不断修订，逐步为大数据社会提供法律支撑。为顺应信息化发展以及占领信息时代全球制高点的需要，美国于 1996 年对信息公开法进行了第五次修改。本次修订将公开客体扩展到以电子化形式制作保存的信息，创设了信息提供形式选择权、建立了依申请公开和主动公开信息间的联动机制。这对数据开放实践奠定了基本的制度支撑。美国 2015 年启动的第八次信息公开法修改进一步将信息公开法和政府数据开放进行了紧密结合。随着大数据时代的深入，美国已经不再满足于通过对原有信息公开法的修订方式推进数据开放。其中

---

〔1〕　参见肖卫兵：《论我国政府数据开放的立法模式》，载《当代法学》2017 年第 3 期。

最为明显的一个举动就是于 2016 年 4 月启动了政府数据开放立法（OPEN Government Data Act），该法最终于 2018 年 12 月 21 日通过。《开放政府数据法》对义务主体、开放对象、开放范围、开放例外、开放方式、开放平台等内容进行了系统规定。修改信息公开法和制定专门法相结合模式注意到了数据开放专门法和信息公开法两者都是规范数据开放实践的根本性立法，二者共同构成了政府数据开放方面的重要法律支撑。这种立法模式考虑到了专门立法和修改立法的优缺点，以循序渐进的务实态度逐步完善数据开放方面的法律制度。

结合国际上立法模式的分析，我国未来政府数据开放立法模式会和国际上现有模式略有不同，将会采用编入行政基本法典和制定专门法相结合的模式。实现该模式的第一步是将政府数据开放编入《数据安全法》，同时考虑编入行政基本法典。《数据安全法》已设专章对此作出了部分原则性规定。对于编入行政基本法典，已有专家建议在行政基本法典编纂时将"政务公开与数据治理"独立成第五编，设想是本编包括政务公开和数据治理两章。第一章政务公开包括公开原则、公开主体、公开范围、工作机制、主动公开、依申请公开、监督和保障共七节。[1]第二章数据治理包括政府数据权属、政府数据采集与汇聚、数据共享、数据开放、数据利用、应急行政中的数据共六节。第二步是制定出台专门法，在积累了大量的地方立法经验后，通过出台"政府数据开放条例"对相关内容进行细化。

六、政府数据开放的基本要求

（一）开放原则

对于开放原则，G8《开放数据宪章》当中明确了五大原则，包括默认发布开放数据、注重数据的质量和数量、所有人可用、为改善治理发布数据、为激励创新发布数据。其中，前三个原则可资借鉴。默认开放原则提倡的是最大程度的开放，和我们经常提到的"开放是常态，不开放是例外"同义。对此，考虑到开放后的风险、数据利用主体小众化和开放成本等因素，现阶段将"开放是常态，不开放是例外"作为理念倡导较为合适。

基于此，2021 年通过的《数据安全法》在第 41 条确立了几大开放原则。

---

〔1〕 参见马怀德：《行政基本法典模式、内容与框架》，载《政法论坛》2022 年第 3 期。

该条规定国家机关应当遵循公正、公平、便民的原则，按照规定及时、准确地公开政务数据。依法不予公开的除外。便民原则要求开放后的政府数据便利使用。该原则要求编制发布政府数据开放目录，编制发布政府数据元数据，提供最小化注册、机器可读格式等使用方面的便利，满足市场主体实际需要，提升使用主体获得感。该原则有助于政府部门形成"开放的就是可利用的"这一开放思维。

（二）开放属性

开放属性同样涉及开放类型。按照基于个人、组织和客体等维度所进行的政府数据分类分级开放要求，开放属性分为无条件开放、有条件开放和非开放三类。对涉及商业秘密、个人隐私，或者法律法规规定不得开放的公共数据，列入非开放类；对数据安全和处理能力要求较高、时效性较强或者需要持续获取的公共数据，列入有条件开放类；对于开放风险较低，可以通过开放平台直接获取的其他公共数据列入无条件开放类。非开放类公共数据依法进行脱密、脱敏处理，或者相关权利人同意开放的，可以列入无条件开放类或者有条件开放类。

需要注意的是，国际上一般将数据开放仅限定在无条件开放这一种，进而将数据开放定义为任何人，不论目的，都能够自由获取、分享和使用的可机读数据。数据开放引入我国后，被进行了重新定义，我国将之扩展到了包含有条件开放类。对于有条件开放这种开放属性的公共数据，实践中按照"开放请求–开放评估–是否开放数据"三个流程进行判断。

（三）开放内容及数据质量

一是重点开放内容一般通过年度开放重点予以有序推进。数据开放主管部门根据经济社会发展需要，确定年度公共数据开放重点。与民生紧密相关、社会迫切需要、行业增值潜力显著和产业战略意义重大的公共数据，应当优先纳入公共数据开放重点。主管部门在确定公共数据开放重点时，应当听取相关行业主管部门和社会公众的意见，数据利用主体可以通过开放平台对公共数据的开放范围提出需求和意见。

二是开放清单编制及公布。对于无条件开放类数据，数据开放主体应当按照年度开放重点和公共数据分类分级规则，制定公共数据开放清单，列明可以向社会开放的公共数据。开放清单应当标注数据领域、数据摘要、数据项和数据格式等信息，明确数据的开放类型、开放条件和更新频率等。经审查后，开放清单应当通过开放平台予以公布。数据开放主体应当建立开放清单动态调整机制，对尚未开放的公共数据进行定期评估，及时更新开放清单，不断扩大公共数据的开放范围。

三是不同获取方式。对于列入无条件开放类的公共数据，数据利用主体可以通过开放平台以数据下载或者接口调用的方式直接获取。数据获取理论上应该采取开放许可模式，无需授权且允许再利用。开放格式强调电子形式，以文件下载、应用接口等机器可读方式进行开放。对于采用应用接口方式开放的，还需提供一个可直接下载并定期更新的普遍开放样本，确保不同主体的需求得到满足。对于列入有条件开放类的公共数据，数据开放主体应当通过开放平台公布利用数据的技术能力和安全保障措施等条件，再向符合条件的数据利用主体开放相应数据。数据开放主体应当与符合条件的数据利用主体签订数据利用协议，明确数据利用的条件和具体要求，并按照协议约定通过数据下载、接口访问、数据沙箱等方式开放公共数据。

四是数据质量。数据开放主体应当按照相关技术标准和要求，对列入开放清单的公共数据进行整理、清洗、脱敏、格式转换等处理，并根据开放清单明确的更新频率，及时更新数据。满足数据质量要求，需要达到规范性、完整性、一致性、准确性等要求。为确保数据质量，可能需要通过授权特定机构开放数据，弥补政府力量的不足，形成政府数据一级市场。

（四）权益保护

首先是自然人、法人和非法人组织认为开放数据侵犯其商业秘密、个人隐私等合法权益的，可以通过开放平台告知数据开放主体，并提交相关证据材料。数据开放主体收到相关证据材料后，认为不宜开放的，应当立即中止开放，同时进行核实。根据核实结果，分别采取撤回数据、恢复开放或者处理后再开放等措施，并及时反馈。

其次是数据纠错。自然人、法人和非法人组织认为开放数据存在错误、遗漏等情形的，可以通过开放平台向数据开放主体提出异议，经数据开放主体基本确认后，应当立即进行异议标注，并由数据开放主体和大数据部门在各自职责范围内及时处理并反馈。

（五）开放平台

政府数据开放平台是汇聚公共部门可开放政府数据，面向社会提供可机器读写、可下载等数据服务的关键信息基础设施，涉及平台建设、平台功能、平台规范、行为记录等方面。

一是平台建设。依据《数据安全法》第42条，国家制定政务数据开放目录，构建统一规范、互联互通、安全可控的政务数据开放平台，推动政务数据开放利用。《上海市公共数据开放暂行办法》要求数据开放主体应当通过开放平台开放公共数据，原则上不再新建独立的开放渠道。已经建成的开放渠道，应当按照有关规定进行整合、归并，将其纳入开放平台。

二是平台功能。开放平台应当为数据开放主体提供数据预处理、安全加密、日志记录等数据管理功能。另外，开放平台应当为获取、使用和传播公共数据的利用主体提供数据搜索、分类导航、数据内容预览、数据集评价和数据请求等服务。

三是平台规范。平台建设运营单位应当制定并公布开放平台管理制度，明确数据开放主体和数据利用主体在开放平台上的行为规范和安全责任，对开放平台上开放数据的存储、传输、利用等环节建立透明化、可审计、可追溯的全过程管理机制。

四是行为记录。平台建设运营单位应当依托开放平台，形成数据开放和利用行为的全程记录，为数据开放和利用的日常监管提供支撑。数据开放主体应当对数据处理和数据开放情况进行记录；数据利用主体应当对有条件开放类公共数据的访问、调用和利用等情况进行记录。

（六）收费

对于收费问题，应当确立免费和收费并存原则，而非以不收费为原则，收费为例外。如《浙江省公共数据开放与安全管理暂行办法》规定，除法律、法规、规章另有规定外，公共数据开放主体应当免费开放下列公共数据：无条件开放的数据；获取本人、本单位的受限开放类数据；第三方经他人、其他单位授权获取其受限开放类数据；国家和省规定应当免费开放的数据。

但是对于对数据质量、数据时效、数据规模等有特别要求的开放，公共数据开放主体应当遵循"谁利用、谁付费"或"谁受益、谁付费"的原则，向特定受益人收取费用。

收费方面规定最早可见2007年通过的《中华人民共和国政府信息公开条例》。2007年通过的《中华人民共和国政府信息公开条例》对政府信息公开信息处理费的收取方式是以行政机关一方要求按成本收费。2019年修订后的《中华人民共和国政府信息公开条例》聚焦于申请人一方，遵循"不收费是常态，收费是例外"的原则，仅对不合理的信息诉求通过收费来加以限制。随着 2020 年《政府信息公开信息处理费管理办法》（国办函〔2020〕109 号）的出台，各级行政机关于 2021 年首次开始了收取政府信息公开信息处理费实践。

（七）数据利用

一是应当采取措施鼓励并规范数据利用。鼓励数据利用主体利用公共数据开展科技研究、咨询服务、产品开发、数据加工等活动。依托开放平台，对社会价值或者市场价值显著的公共数据利用案例进行示范展示。数据利用主体应当遵循合法、正当的原则利用公共数据，不得损害国家利益、社会公共利益和第三方合法权益。

二是数据利用反馈与来源披露。对有条件开放类公共数据，数据利用主体应当按照数据利用协议的约定，向数据开放主体反馈数据利用情况。数据利用主体利用公共数据形成数据产品、研究报告、学术论文等成果的，应当在成果中注明数据来源。

三是数据利用安全保障。数据利用主体应当按照开放平台管理制度的要求和数据利用协议的约定，在利用公共数据的过程中，采取必要的安全保障措施，并接受有关部门的监督检查。

四是数据利用监管。数据开放主体应当建立有效的监管制度，对有条件开放类公共数据的利用情况进行跟踪，判断数据利用行为是否合法正当。任何单位和个人都可以对违法违规利用公共数据的行为向数据开放主体及有关部门举报。

七、政府数据开放案例

（一）开放平台层案例：深圳市的有条件开放数据申请结果公开

深圳市政府数据开放平台对外公开了用户申请有条件开放数据的结果，可查看申请理由、申请状态、平台回复等内容。[1]

---

〔1〕 参见深圳市政府数据开放平台：https://opendata. sz. gov. cn/interaction/dataApply/toGrantApplyPublic，最后访问日期：2022 年 4 月 6 日。

数据申请公开

序号	资源名称	申请者	申请时间	申请理由	申请状态	操作
1	国企民生保障	1**	2020-06-10 09:58	数据Fenix	申请成功	详情
2	市属国企资产情况	李**	2020-06-11 09:31	我们是济南市国资...	申请成功	详情
3	直管企业信用数据	j**	2021-01-14 17:55	用于市场调研查看	申请成功	详情
4	直管企业信用数据	p**	2021-01-22 16:18	信息公开	申请成功	详情
5	直管企业信用数据	1**	2021-02-24 09:37	想看深圳有哪些国...	申请成功	详情
6	直管企业信用数据	-	2021-03-12 09:28	仅供个人分析参考。	申请成功	详情
7	直管企业信用数据	y**	2021-03-27 00:45	服务	申请成功	详情
8	直管企业信用数据	d**	2021-04-08 16:07	查询国企名单	申请成功	详情
9	直管企业信用数据	m**	2021-05-18 09:50	国有银行工作人员...	申请成功	详情
10	直管企业信用数据	有**	2021-05-20 15:18	了解直管企业的信...	申请成功	详情

显示第 1 到第 10 条记录，总共 74 条记录 每页显示 10 条记录　‹ 1 2 3 4 5 ... 8 ›

图 8-1　数据申请公开示例

直管企业信用数据

资源名称:　直管企业信用数据

申请者:　p**

申请时间:　2021-01-22 16:18

申请理由:　信息公开

申请状态:　申请成功

审核部门:　市人民政府国有资产监督管理委员会

审核时间:　2021-01-26 08:34:40

回复内容:

图 8-2　数据申请公开示例

（二）数据开放层案例[1]

数据容量更能反映一个地方数据开放的总量，单个数据集平均容量也更能反映一个地方开放数据集的平均水平，东莞市数据开放平台所开放的无条件数据的数据容量和单个数据集平均容量均在全国领先，东莞市平台所开放的无条件开放数据的数据容量将近 4 亿，单个数据集平均容量超 88 万。

---

〔1〕 参见中国开放数据指数网站：http://4cool.ifopendata.cn/case，最后访问日期：2022 年 4 月 6 日。

图 8-3　数据东莞平台

浙江省数据开放平台所开放的无条件数据的数据容量在全国领先。浙江省平台提供的省本级无条件开放的数据容量将近 3.2 亿。浙江省本级开放数据的单个数据集平均容量约 30 万；浙江全省域无条件开放的数据容量达到近 6.7 亿，省域平均单个数据集容量约 6.5 万。

图 8-4　浙江省数据开放平台

（三）数据利用层案例

1. 浙江省应用—高德地图（停车场版块）

高德地图（停车场版块）是嵌入在导航地图应用中的一个服务版块。该版块利用浙江省数据开放平台开放的停车场数据满足用户的出行停车需求，为市民提供停车指引。该版块可根据用户的出行特点制定停车方案，停车场的实时动态信息也直接在应用中予以展示，包括停车场位置、与出发点距离、开放时间、停车场泊位总数与泊位空闲情况、收费标准等，由此辅助用户的决策。该应用中使用的开放数据由省级部门协调，地市配合提供，实现了浙江省内多地市的一体化服务。

图8-5 浙江省数据应用案例

2. "餐饮脸谱"上网，食安信息直达消费者[1]

上海政务服务"一网通办"不仅是方便企业和市民高效办事的服务平台，同时也正发挥数据优势，赋能行业治理和经济发展。上海率先将数万家餐饮企业的食品安全监督数据与两大外卖平台对接，从而在国内首创了一个特别的数字化治理场景。食客们动动手指，就能在线查到餐饮企业的食品安全评级状况。屏幕上显示的"笑脸"和"哭脸"，不仅有助于消费者明智下单，更有利于政府数据开放工作，构建一个社会化的食品安全监督体系。此次"餐饮脸谱"直达外卖平台，事实上是政务数据从"直通"到"直达"的一次转变。此前，"餐饮脸谱"背后的监管信息，也是公开可得的。但是这种"公开"只是在政府网站上公开，尚未嵌入消费场景，市民也无法在点餐时直接了解。借助"一网通办"，政务平台与电商应用之间的"隔膜"被打破，数据通过流通与共享，其价值得到充分发挥，由此也带动政府监督向社会监督延伸，从而构筑起一个更多元、更数字化的治理生态。

---

[1] 参见张懿：《"餐饮脸谱"上网，食安信息直达消费者》，载《文汇报》2021年10月28日，第2版。

第三节　政府数据授权运营

一、政府数据授权运营的制度依据

政府数据授权运营是新事物，国家层面对政府数据授权运营并未有具体的制度规定，但有一些鼓励性要求。例如，《中华人民共和国国民经济和社会发展第十四个五年规划和2035年远景目标纲要》提到了"开展政府数据授权运营试点，鼓励第三方深化对公共数据的挖掘利用"。国务院印发的《"十四五"数字经济发展规划》（国发〔2021〕29号）要求"对具有经济和社会价值、允许加工利用的政务数据和公共数据，通过数据开放、特许开发、授权应用等方式，鼓励更多社会力量进行增值开发利用"。国务院办公厅印发的《关于印发要素市场化配置综合改革试点总体方案的通知》（国办发〔2021〕51号）要求"探索开展政府数据授权运营"。

对于政府数据授权运营规定得最为详细的是《上海市数据条例》。条例用独立一节共3个条款对政府数据授权运营予以了专门规定。《浙江省公共数据条例》也用1条规定对此进行了一些说明。其他如《重庆市数据条例》《辽宁省大数据发展条例》对此的规定相对简单。各地关于政府数据授权运营规定见表8-2。

表8-2　各地关于政府数据授权运营规定

法规名称	具体规定
《上海市数据条例》	第三节　公共数据授权运营 第四十四条　本市建立公共数据授权运营机制，提高公共数据社会化开发利用水平。 市政府办公厅应当组织制定公共数据授权运营管理办法，明确授权主体，授权条件、程序、数据范围，运营平台的服务和使用机制，运营行为规范，以及运营评价和退出情形等内容。市大数据中心应当根据公共数据授权运营管理办法对被授权运营主体实施日常监督管理。 第四十五条　被授权运营主体应当在授权范围内，依托统一规划的公共数据运营平台提供的安全可信环境，实施数据开发利用，并提供数据产品和服务。 市政府办公厅应当会同市网信等相关部门和数据专家委员会，对被

法规名称	具体规定
	授权运营主体规划的应用场景进行合规性和安全风险等评估。 授权运营的数据涉及个人隐私、个人信息、商业秘密、保密商务信息的，处理该数据应当符合相关法律、法规的规定。 市政府办公厅、市大数据中心、被授权运营主体等部门和单位，应当依法履行数据安全保护义务。 第四十六条　通过公共数据授权运营形成的数据产品和服务，可以依托公共数据运营平台进行交易撮合、合同签订、业务结算等；通过其他途径签订合同的，应当在公共数据运营平台备案
《浙江省公共数据条例》	第三十五条　县级以上人民政府可以授权符合规定安全条件的法人或者非法人组织运营公共数据，并与授权运营单位签订授权运营协议。禁止开放的公共数据不得授权运营。 授权运营单位应当依托公共数据平台对授权运营的公共数据进行加工；对加工形成的数据产品和服务，可以向用户提供并获取合理收益。授权运营单位不得向第三方提供授权运营的原始公共数据。 授权运营协议应当明确授权运营范围、运营期限、合理收益的测算方法、数据安全要求、期限届满后资产处置等内容。 省公共数据主管部门应当会同省网信、公安、国家安全、财政等部门制定公共数据授权运营具体办法，明确授权方式、授权运营单位的安全条件和运营行为规范等内容，报省人民政府批准后实施
《重庆市数据条例》	第三十一条　本市建立公共数据授权运营机制。 授权运营单位不得向第三方提供授权运营的公共数据，但是可以对授权运营的公共数据进行加工形成数据产品和服务，并依法获取收益。 公共数据授权运营具体办法由市人民政府另行制定
《辽宁省大数据发展条例》	第二十条　省大数据主管部门应当建立公共数据授权运营机制，提高公共数据社会化开发利用水平和数据利用价值

二、政府数据授权运营的内涵

政府数据授权运营是指为提高政府数据社会化开发利用水平，基于安全可控原则，允许政府委托可信市场主体将有条件开放类政府数据挖掘开发成为数据产品和数据服务后有偿提供给社会使用的行为。发挥公共数据最大化程度社会化开发利用价值是公共数据授权运营的基本出发点。

被授权运营的主体是可信的市场主体。授权主体是各级政府部门。

从目前全国范围的实践来看，中国软件测评中心将政府数据授权运营主要分为如下三种模式。第一种是行业主导模式。垂直领域的行业管理部门授权下属机构，直接承担本领域的公共数据平台的上架运营，如海关、金融等。第二种是区域一体化模式。地区数据管理机构以整体授权来委托数据运营机构统筹开展区域内公共数据的市场运营，如成都，统一授权给成都市大数据集团。第三种是场景牵引式模式。行业管理机构在公共资源的统筹管理基础上基于特定应用场景，通过特定化的数据分类，针对性的专业分类授权，引入专业化机构，如北京授权某集团开展对金融公共数据的运营，充分发挥对普惠金融的支持作用。

政府数据授权运营是政府数据开放的一种有益补充，是和政府数据共享、政府数据开放并列的一种新的促进政府数据开发利用的形式，而非政府数据开放的一种特殊形式。

关于政府数据授权运营的法律性质，目前主要观点认为它不是政府购买服务和一般意义上的行政许可，而是属于公共服务性质的特许经营。

三、政府数据授权运营的重要性

政府数据授权运营的重要性有三点：

一是最大程度开发政府数据价值，发挥其作为数据要素的引领作用。数据总量巨大、数据类别多样的公共数据在要素市场中的地位毋庸置疑，是数据要素迸发价值的关键。除了集中融合、共享开放外，授权运营也被实践认可为扩大政府数据价值利用的重要手段。

二是政府数据授权运营是解决政府数据开放这一数据流动环节困境的出路。数据授权运营机制设立与数据开放密切相关。过往的政府数据开放实践未能发挥其应有的让数据动起来、用起来，以促进经济和社会发展的作用。无条件开放类政府数据有限，数据质量无法确保。政府数据授权运营是切入有条件开放类政府数据，扩大政府数据覆盖范围，将之以一种"可用不可得"的方式开发成可供社会开发利用的数据商品和服务后再向社会提供的行为。

三是政府数据授权运营可以有效解决政府部门不愿开放、没有能力开放的困境。通过有技术和服务能力且达到合规要求的企业对相关政府数据进行市场化开发利用，是满足社会公共数据需求，释放公共数据价值红利，加快数据要素市场化建设，从而产生最大化经济和社会效益的必由之路。

四、政府数据授权运营的基本要求

（一）政府数据授权运营法律原则

安全是开展公共数据授权运营的首要考量。安全要求不仅要维护国家安全，还要维护市场主体的商业安全和自然人的个人信息安全。

（二）政府授权运营的数据范围

授权运营的数据范围是受限的特定数据，尤其指向有条件开放类政府数据。便于打破"数据闲置"和"数据孤岛"的现实困境，深度挖掘和开发公共数据资源，非开放的公共数据不得授权运营，无条件开放类政府数据遵循政府数据开放方式对外提供给社会开发利用。

（三）政府数据授权运营平台

公共数据授权运营平台是政府数据授权运营的重要载体，为授权运营提供技术支持，既便于对授权运营行为监督管理，也便于高效整合授权运营数据、提高数据的质量。以公共数据授权运营平台作为重要载体，开展相关授权运营工作将是现实中各地优选。

（四）政府数据授权运营的主体

授权运营不能是内部式、封闭式的，而应当是开放式的。以数据开发水平和安全管控能力为衡量标准，允许竞争，有效规避"一家独大"的垄断情形，利于市场良性竞争，提升服务质量。

（五）政府数据授权运营管理办法

现有关于政府数据授权运营更多是一些原则性规定。成都市政府于2020年10月出台过《成都市公共数据运营服务管理办法》，但该办法尚未对外公开。上海、浙江等地将通过出台政府数据授权运营管理办法对之进行更为细致的规定。目前上海、浙江等地已通过立法形式对制定管理办法做出了一些框架性要求，例如，《上海市数据条例》第44条第2款规定："市政府办公厅应当组织制定公共数据授权运营管理办法，明确授权主体，授权条件、程序、数据范围，运营平台的服务和使用机制，运营行为规范，以及运营评价和退出情形等内容。市大数据中心应当根据公共数据授权运营管理办法对被授权运营主体实施日常监督管理。"《浙江省公共数据条例》第35条第4款规定："省公共数据主管部门应当会同省网信、公安、国家安全、财政等部门制定公共数据授权运营具体办法，明确授权方式、授权运营单位的安全条件和运营行为规范等内容，报省人民政府批准后实施。"

（六）政府数据授权运营协议

依据《浙江省公共数据条例》第 35 条第 1 款规定，政府部门应当和被授权运营主体签订政府数据授权运营协议。协议应当明确授权运营范围、运营期限、合理收益的测算方法、数据安全要求、期限届满后资产处置等内容。

（七）被授权运营主体要求

一是被授权运营主体应当是符合规定安全条件的法人或者非法人组织，并依法履行数据安全保护义务。二是应当在授权范围内进行运营服务。三是授权运营的数据涉及个人隐私、个人信息、商业秘密、保密商务信息的，处理该数据应当符合相关法律、法规的规定。四是授权运营单位不得向第三方提供授权运营的原始公共数据，只可对外提供对授权运营的公共数据进行加工形成的数据产品和服务。

（八）合理收益要求

被授权运营主体对之依据政府原始数据加工形成的数据产品和服务有权收取合理费用，通过数据交易所等平台进行交易撮合、合同签订、业务结算，以有偿方式提供给社会使用。

五、政府数据授权运营案例

（一）成都市政府数据授权运营案例[1]

以成都市政府数据授权运营为例展开研究，发现其实现机制包括运营管理监督机制、平台建设运行机制、网络安全保障机制、数据需求管理机制、数据申请与授权机制、数据交付与利用机制、利益补偿与激励机制、数据服务定价机制。从基本特性、价值共创逻辑、动力机制建构三个方面分析其内在机理，指出其基本特性是将政府数据作为国有资产进行市场化运营，价值共创逻辑能够调动各方积极性并且易于监管和推广，但是动力机制有待进一步优化。

---

[1] 参见张会平等：《政府数据授权运营的实现机制与内在机理研究——以成都市为例》，载《电子政务》2021 年第 5 期。

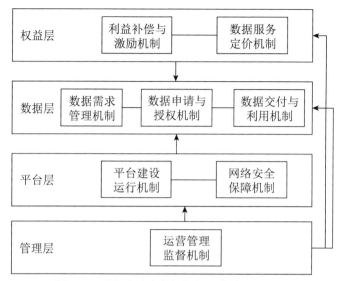

图 8-6　成都市政府数据授权运营的实现机制

（二）基于"数据银行"的政务数据授权运营模式〔1〕

江西省抚州市通过召开"数据银行"项目供需对接会，旨在摸清本地企业对政府数据和服务的需求情况，推动抚州"数据银行"各项运营工作，加快城市数据要素市场建设与发展，助力数字经济高质量发展。

当前，我国正加快培育数据要素市场，促进数据要素价值释放，各地积极开展探索。从 2022 年开始，抚州试点建设"数据银行"项目，探索出一条数据要素市场化的创新模式，通过"建平台—引生态—促应用"三部曲加快推进数据价值化，释放数据红利。"建平台"即搭建"数据银行"平台，推进跨部门、跨层级、跨地域数据互联共享，汇聚形成抚州市城市数据资源池；"引生态"即依托数据银行平台推进数据招商，以高质量数据的开放吸引数据开发和应用的相关厂商入驻数据银行、落地抚州，打造数据产业链；"促应用"即结合市场需求开展数据应用场景建设，开发数据产品，通过数据赋能推动产业数字化和信息化项目建设。

抚州市"数据银行"采用类银行的模式，对数据进行价值挖掘应用、隐

---

〔1〕　参见《全国首个基于"数据银行"的政务数据授权运营模式落地江西抚州》，载 https://baijiahao. baidu. com/s? id＝1725807786699634625&wfr＝spider&for＝pc，最后访问日期：2022 年 8 月 30 日。

私安全保护以及数据产品的融通，为数据提供者、数据需求者和生态技术服务商提供数据产品、交易撮合和数据融通安全服务。相关负责人表示，抚州"数据银行"项目的建设，为抚州市政府的数字化治理、产业数字化转型和区域数字经济招商引资引才，提供了发展的"活水"。

当前，抚州"数据银行"平台已建设完成。"数据银行"已汇聚金融、医疗、农业、交通、文旅等运营场景所需的工商、司法、税务、社保、公积金、电力、能源等30余家政府委办局，共计1500余张表格，约16亿条政务数据，实现了数据按日、按周、按月的稳步更新。通过政务数据深度挖掘，"数据银行"已经开始为各行业进行赋能增值，形成了数十种数据运营场景，在产业赋能、企业服务、便民服务中发挥了重要作用。同时，运营团队联合多家高校、科研机构发布了《"数据银行"服务指南》《"数据银行"合规指引》等合规文件。至此，全国首个基于"数据银行"的政务数据授权运营模式落地江西抚州。

【思考题】

1. 名词解释
（1）政府数据
（2）政府数据共享
（3）政府数据开放
（4）政府数据授权运营

2. 简答题
（1）简述政府数据共享类型。
（2）简述政府数据开放类型。
（3）简述政府数据开放和政府数据授权运营关系。

3. 论述题
（1）如何做好政府数据开放工作？
（2）如何做好政府数据授权运营工作？

第九章　数据跨境合规

【本章概述】随着当前全球化和贸易自由化的不断深入，我国产业发展与海外国家或地区息息相关，数据产业及其依托的数字经济和产业数字化的范围和边界也在不断拓展。尤其在虚拟的信息网络中，国家间的边界越来越难以界定，数据跨境更是在"是否跨境"和"如何跨境"两个问题上易产生疑问。因此本章主要围绕数据跨境的内涵和定义，以及跨境过程中如何进行数据层面的合规展开解释。

【学习目标】掌握数据跨境的概念和合规方式。

第一节　数据跨境中的概念

一、数据的概念及其分类

数据跨境涉及两个基本概念，第一是数据，第二是跨境。数据是信息的载体，能够反映出一定信息的数据才是法律法规所需规制的客体，[1]因而一些"无信息"的数据则不在本书讨论范围之内，如单纯数字组合或乱码字符；但如果数据中包含信息，即便是简单的一个数字或是字符，均可能被纳入本书讨论范围内，如由11位数字组成的电话号码或者是6位数字的邮政编码，甚至可能是1位数字的学号。

根据数据内容的不同，又可将其分类，并且分类方式多样，如按照数据是否为个人信息可分为个人信息与非个人信息；按数据敏感度可以将其分为

---

〔1〕 在本章中不过多区分数据和信息之间的区别，尤其在涉及欧盟通用表达方式"个人数据"（personal data）和我国"个人信息"，从本质上来说没有太大区别，因此后文中为符合各国用词习惯，数据和信息可能存在混用。

敏感数据和普通（非敏感）数据；按照行业类别进行划分可将其分为金融数据、交通数据、地理位置数据、天气数据等。数据分类方式的不一致间接反映出目前数据在不同层级中受保护的情况有所差异。例如，我国在《个人信息保护法》中重点关注敏感数据与非敏感数据，而在部分行业中又出台了一些特殊规定。例如，汽车行业中，《汽车数据安全管理若干规定（试行）》关注汽车在设计、生产、销售、使用、运维等过程中处理的个人信息数据和重要数据；金融行业中，《金融数据安全 数据安全分级指南》《金融数据安全 数据生命周期安全规范》《个人金融信息保护技术规范》《金融行业网络安全等级保护测评指南》详细规定了金融数据处理中的一系列规范，包括金融信息的再分类、风险评估、安全测评、监测预警、应急处置等。就分类模式的多样化而言，某一数据可能受到多种合规要求的约束，一般涉及《网络安全法》《数据安全法》《个人信息保护法》和特殊产业内相关法律法规和国家标准。

其中，我们需要重点了解的两种分类方式：重要数据和一般数据的区分，以及关键信息基础设施建设数据和一般数据的区分。这两者在数据出境中至关重要。《数据出境安全评估办法》第4条规定："数据处理者向境外提供数据，有下列情形之一的，应当通过所在地省级网信部门向国家网信部门申报数据出境安全评估：（一）数据处理者向境外提供重要数据；（二）关键信息基础设施运营者和处理100万人以上个人信息的数据处理者向境外提供个人信息；（三）自上年1月1日起累计向境外提供10万人个人信息或者1万人敏感个人信息的数据处理者向境外提供个人信息；（四）国家网信部门规定的其他需要申报数据出境安全评估的情形。"简言之，企业是否涉及重要数据、关键信息基础设施建设数据以及敏感个人信息，决定了该类数据出境的合规方案。

（一）重要数据的判断

首先，何为重要数据？重要数据起源于我国数据分类分级制度。虽然目前并无统一定义，但值得关注的是2022年年初国标委发布的《信息安全技术 重要数据识别规则（征求意见稿）》对重要数据进行了定义。第3.1条明确重要数据是指"特定领域、特定群体、特定区域或达到一定精度和规模的数据，一旦被泄露或篡改、损毁，可能直接危害国家安全、经济运行、社会稳定、公共健康和安全"。该项定义与GB/T 41479-2022《信息安全技术 网络数据处理安全要求》对重要数据的解释类似，第3.9条规定重要数据为"一旦泄露可能直接影响国家安全、公共安全、经济安全和社会稳定的数据。重要数据包括未公开的政府信息，数量达到一定规模的基因、地理、矿产信息等，原则上不包括个人信息、企业内部经营管理信息等。"

判断重要数据的重点在于数据的安全影响，即从国家安全、经济运行、社会稳定、公共健康和安全等方面识别其是否为重要数据，而单纯影响公民个体的数据一般不作为重要数据。在安全影响的评估中，企业应当综合判断数据的安全风险，即根据数据所在领域、覆盖群体、用途、面临威胁等方面考虑数据受到篡改、破坏、丢失、泄露或者非法获取、非法利用等的风险，并从数据保密性、完整性、可用性、真实性、准确性等多个角度进行安全影响评估。

《信息安全技术 重要数据识别规则（征求意见稿）》第5条详细列举了识别重要数据时可考虑的相关因素：（1）直接影响国家主权、政权安全、政治制度、意识形态安全，如用以实施社会动员的数据等属于重要数据；（2）直接影响领土安全和国家统一，或反映国家自然资源基础情况，如未公开的领陆、领水、领空数据等属于重要数据；（3）可被其他国家或组织利用发起对我国的军事打击，或反映我国战略储备、应急动员、作战等能力，如满足一定精度指标的地理信息或战略物资产能、储备量信息等属于重要数据；（4）直接影响市场秩序或国家经济命脉安全，如支撑关键基础设施所在行业、领域核心业务运行或重要经济领域生产的数据等属于重要数据；（5）反映我国语言文字、历史、风俗习惯、民族价值观念等特质，如历史文化遗产信息等属于重要数据；（6）反映重点目标、重要场所物理安全保护情况或未公开地理目标的位置，可被恐怖分子、犯罪分子利用实施破坏，如重点安保单位、重要生产企业、国家重要资产（如铁路、输油管道）的施工图、内部结构、安防等信息，以及未公开的专用公路、机场信息等属于重要数据；（7）关系国家科技实力、影响国际竞争力，或关系出口管制物项，如反映国家科技创新重大成果。或描述我国禁止出口限制出口物项的设计原理、工艺流程、制作方法等的信息以及源代码、集成电路布图、技术方案、重要参数、实验数据、检测报告等属于重要数据；（8）反映关键信息基础设施总体运行、发展和安全保护情况，可被利用实施对关键信息基础设施的网络攻击，如反映关键信息基础设施系统配置信息、核心软硬件设计信息、系统拓扑、应急预案、测评、监测、审计等情况的数据属于重要数据；（9）可被利用实施对关键设备、系统组件供应链的破坏，以发起高级持续性威胁等网络攻击，如政府或军工单位客户清单、未公开的产品和服务采购情况、未公开的重大漏洞等属于重要数据；（10）反映自然环境、生产生活环境基础情况，或可被利用造成环境安全事件，如未公开的土壤数据、气象观测数据、环保监测数据等属于重要数据；（11）反映水资源、能源资源、土地资源、矿产资源等资源储备和开发、供给情况，如未公开的水文观测数据、未公开的耕地面积或质量变化情况等属于重要数据；（12）反映核材料、核设施、核活动情况，或可被利用造成核破坏或其他核安全事件，如核电站设计图、核电站运行数据等属于重要数据；（13）关系海外能源资源安全，海上战略通道安全，海外公民和法人安全，或可被利用实施对我国参与国际经贸、文化交流活动的破坏或对我国实施歧视性禁止、限制或其他类似措施，如国际贸易中特殊物项生产交易以及特殊装备配备、使用情况等属于重要数据；（14）关系我国在太空、深海、极地等战略新疆域的现实或潜在利益，如未公开的科学考察、开发利用数据和影响人员安全进出的数据等属于重要数据；（15）反映生物技术研究、开发和应用情况，反映族群特征、遗传信息，关系重大突发传染病、动植物疫情，关系生物实验室安全，或可能被利用制造生物武器、实施生物恐怖袭击，关系外来物种入侵和生物多样性，如重要生物资源数据、微生物耐药基础研究数据等属于重要数据；（16）未公开的政务数据、情报数据和执法司法数据，如未公开的统计数据等属于重要数据；（17）反映全局性或重点领域经济运行、金融活动状况，关系产业竞争力，可造成公共安全事故或影响公民生命安全，可引发群体性活动或影响群体情感与认知，如未公开的统计数据、重点企业商业秘密，以及危化品制作工艺、危化品储备地点等属于重要数据；（18）反映国家或地区群体健康生理状况，关系疾病传播与防治，关系食品药品安全，如健康医疗资源数据、批量人口的诊疗与健康管理数据、疾控防疫数据、健康救援保障数据、特定药品实验数据、食品安全溯源标识信息等属于重要数据；（19）其他可能影响国家政治、国土、军事、经济、文化、社会、科技、网络、生态、资源、核、海外利益、太空、极地、深海、生物等安全的数据。

（二）关键信息基础设施

关键信息基础设施（Critical Information Infrastructure，简称 CII）源于

2016 年 11 月出台的《网络安全法》，并将 CII 视为在网络安全等级保护制度的基础上，需要实行重要保护工作的一种体系。《网络安全法》第 31 条第 1 款规定："国家对公共通信和信息服务、能源、交通、水利、金融、公共服务、电子政务等重要行业和领域，以及其他一旦遭到破坏、丧失功能或者数据泄露，可能严重危害国家安全、国计民生、公共利益的关键信息基础设施，在网络安全等级保护制度的基础上，实行重点保护。关键信息基础设施的具体范围和安全保护办法由国务院制定。"关键信息基础设施关注的是国家重大利益和公共利益。第 37 条规定："关键信息基础设施的运营者在中华人民共和国境内运营中收集和产生的个人信息和重要数据应当在境内存储。因业务需要，确需向境外提供的，应当按照国家网信部门会同国务院有关部门制定的办法进行安全评估；法律、行政法规另有规定的，依照其规定。"因此关键信息基础设施涉及的不仅仅是重要数据，还包括个人信息。目前，《网络安全法》对于 CII 的认定、保护范围和检测评估要求均未作出详细说明。从 2017 年 7 月开始，国家网信办对 CII 安全保护条例发布征求意见稿，同年国家标准化管理委员会就 CII 运营者的责任和具体安全保护要求发布《信息安全技术 关键信息基础设施安全保护要求》和《信息安全技术 关键信息基础设施安全控制措施》，两者同样处于征求意见稿阶段。直到 2021 年 7 月 30 日，国务院原总理李克强签署第 745 号国务院令，出台《关键信息基础设施安全保护条例》（简称《条例》），2021 年 9 月 1 日起，该《条例》正式施行。

《条例》是第一部对 CII 进行安全保护的专门性行政法规，明确了 CII 的定义和认定范围、确定了 CII 运营者主体责任和监管部门职责分工。第二条提出，CII 是指"公共通信和信息服务、能源、交通、水利、金融、公共服务、电子政务、国防科技工业等重要行业和领域的，以及其他一旦遭到破坏、丧失功能或者数据泄露，可能严重危害国家安全、国计民生、公共利益的重要网络设施、信息系统等"，这点与《网络安全法》的定义方式一致，列举 CII 领域并加以概括性条款作为兜底，但《条例》更进一步提出 CII 认定规则，即第 9 条规定 CII 认定中应注意"（一）网络设施、信息系统等对于本行业、本领域关键核心业务的重要程度；（二）网络设施、信息系统等一旦遭到破坏、丧失功能或者数据泄露可能带来的危害程度；（三）对其他行业和领域的关联性影响"。

综合而言，在考虑数据的性质中，不仅应关注常见的数据敏感与否及行业区分，更应关注是否被归类为 CII 中的数据，以及数据是否为被认定为重要数据，这对数据能否跨境和跨境方式的选择至关重要。

二、跨境的概念及其分类

数据跨境第二个应关注的重点词为"跨境"。跨境一般可见于贸易跨境或者人员跨境，即以地理位置为界认定是否有物品或人员的移动，换言之，现实世界中的跨越边境的行为可认定为跨境。然而在网络空间中，网络的无边界性导致如何认定一国之"边境"成为数据跨境认定的一大难点。其次，数据流动是双向的，跨境中可能面临境内向境外、境外向境内，或者境外向境外但途经境内几种情况，那么认定我国所称之跨境究竟哪种方式属于数据跨境是另一大难点。

（一）数据是否跨境的判断

首先，数据的提供行为并不必然是直接传输至接收方。根据 2017 年《信息安全技术 数据出境安全评估指南（征求意见稿）》第 3.7 条规定，向境外"提供"是指个人信息处理者通过网络等方式，将其在中华人民共和国境内运营中收集和产生的个人信息和重要数据，通过直接提供或开展业务、提供服务、产品等方式提供给境外的机构、组织或个人的一次性活动或连续性活动。

其次，跨境的判断也并不必然是地理位置或者是实体的转移。在网络主权理论下，数据跨境可能与数据接收方所在地理位置、存储设备所在地、是否可被境外用户访问等进行实质性判断。换言之，以下行为均属于"出境"行为：向本国境内但不属于本国司法管辖或未在境内注册的主体提供个人信息和重要数据的情况；或者是数据未转移存储至本国以外的地方，但可被境外的机构、组织、个人访问查看的（公开信息、网页访问除外）的情况；又或者是个人信息处理者集团内部数据由境内转移至境外，涉及其在境内运营中收集和产生的个人信息和重要数据的情况。例如，2018 年中国共享单车企业摩拜单车在欧盟收集数据传输至中国被德国数据保护监管机构调查。

因此数据跨境的常见场景包括跨境交易中商家需要收集境外数据，或者展开境外合作活动、与境外数据实现共享，又或者跨国公司中对于内部营业数据的共享与访问，又或者是由于当地司法、执法机构的要求跨境调取数据等，这些情况均被视为数据跨境活动，需要满足我国数据跨境的监管需求。

（二）跨境中的数据流向

数据跨境一词源于国外"Transborder Data Flow"，因此在对跨境进行解释时可能会对数据的流向问题产生疑惑。我国《个人信息保护法》虽在第三章标题中使用了"个人信息跨境提供的规则"这一表达方式，但在第 38 条中规定"个人信息处理者……确需向中华人民共和国境外提供个人信息的"，2022年 7 月 7 日出台的《数据出境安全评估办法》仅规定"数据出境"情形，换言之，数据跨境中应当关注的重点在于境内数据向境外提供的活动。

另外，企业需注意，过境数据是否需要符合我国合规要求。《数据出境安全评估办法》第 2 条将适用范围限于"数据处理者向境外提供在中华人民共和国境内运营中收集和产生的重要数据和个人信息"，结合《个人信息保护法》第 3 条规定，即"在中华人民共和国境内处理自然人个人信息的活动，适用本法。在中华人民共和国境外处理中华人民共和国境内自然人个人信息的活动，有下列情形之一的，也适用本法：（一）以向境内自然人提供产品或者服务为目的；（二）分析、评估境内自然人的行为；（三）法律、行政法规规定的其他情形"，那么数据需为在"中华人民共和国境内运营中收集和产生"，包括数据处理者收集和处理境内信息，或者数据处理者在境内处理的各项信息，从数据产生地和数据处理者所在地两方面综合判断是否有"境内因素"后确定适用我国法律法规。

第二节　数据跨境的审核方式及其应用范围

数据向境外提供的规则以《网络安全法》《数据安全法》《个人信息保护法》所述的数据出境审核方案为主。其中，《个人信息保护法》为个人信息的跨境提供具体规则，《数据出境安全评估办法》涉及个人信息及非个人信息的数据出境规则。上述法律法规均以保障数据依法有序自由流动及防范数据出境安全风险为目的，因此，我国在数据出境中既提供多种跨境方案以便数据自由流动，又对数据出境过程强化监督和审核，为数据出境后的安全问题予以规制。

一、数据出境安全评估

安全评估是《个人信息保护法》第 38 条第 1 款、《网络安全法》第 37 条及《数据出境安全评估办法》中均提及的出境审核方式，其中《数据出境安全评估办法》提供具体的评估方案。

（一）数据出境安全评估的适用范围

《个人信息保护法》第40条规定"关键信息基础设施运营者和处理个人信息达到国家网信部门规定数量的个人信息处理者，应当将在中华人民共和国境内收集和产生的个人信息存储在境内。确需向境外提供的，应当通过国家网信部门组织的安全评估；法律、行政法规和国家网信部门规定可以不进行安全评估的，从其规定"；《网络安全法》第27条规定"关键信息基础设施的运营者在中华人民共和国境内运营中收集和产生的个人信息和重要数据应当在境内存储。因业务需要，确需向境外提供的，应当按照国家网信部门会同国务院有关部门制定的办法进行安全评估"；《数据出境安全评估办法》第2条规定"数据处理者向境外提供在中华人民共和国境内运营中收集和产生的重要数据和个人信息的安全评估，适用本办法"，第4条规定"数据处理者向境外提供数据，有下列情形之一的，应当通过所在地省级网信部门向国家网信部门申报数据出境安全评估：（一）数据处理者向境外提供重要数据；（二）关键信息基础设施运营者和处理100万人以上个人信息的数据处理者向境外提供个人信息；（三）自上年1月1日起累计向境外提供10万人个人信息或者1万人敏感个人信息的数据处理者向境外提供个人信息；（四）国家网信部门规定的其他需要申报数据出境安全评估的情形"。以上法律法规确定安全评估办法是个人信息与非个人信息最为重要的跨境审核方式，虽然可以广泛应用，但"应当"适用安全评估的情形相当有限。《个人信息保护法》要求CII和处理个人信息达到国家网信部门规定数量的个人信息处理者确需向境外提供个人信息的，《网络安全法》仅要求CII，而《数据出境安全评估办法》细化对于个人信息数量要求，要求CII运营者和重要数据处理者才需进行安全评估。

因此在判断是否需要进行安全评估时采取如下判断步骤：

【第一步】判断是否为CII运营者，是否将收集的个人信息向境外提供。

【第二步】判断数据传输是否为重要数据。

【第三步】判断数据是否为个人信息，个人信息传输体量是否达100万人以上，或者自上年1月1日至今是否累计向境外提供10万人个人信息或者1万人敏感个人信息。

若三个步骤审视后，各步骤的答案均为是，则需申报数据安全评估。

（二）数据出境安全评估具体方案

若跨境活动需进行数据出境安全评估，则需进行数据出境风险自评估及申报数据出境安全评估（及重新申报评估）两项活动。

1. 数据出境风险自评估

数据处理者在申报数据出境安全评估前，应当开展数据出境风险自评估，重点评估以下事项：

（1）数据出境和境外接收方处理数据的目的、范围、方式等的合法性、正当性、必要性；

（2）出境数据的规模、范围、种类、敏感程度，数据出境可能对国家安全、公共利益、个人或者组织合法权益带来的风险；

（3）境外接收方承诺承担的责任义务，以及履行责任义务的管理和技术措施、能力等能否保障出境数据的安全；

（4）数据出境中和出境后遭到篡改、破坏、泄露、丢失、转移或者被非法获取、非法利用等的风险，个人信息权益维护的渠道是否通畅等；

（5）与境外接收方拟订立的数据出境相关合同或者其他具有法律效力的文件等（统称法律文件）是否充分约定了数据安全保护责任义务；

（6）其他可能影响数据出境安全的事项。

首先，数据出境风险自评估责任主体可以为企业自身，也可以委托相关律师事务所等第三方专业人员，《数据出境安全评估办法》中并未对评估报告出具主体做出要求，但两种方式均需保证评估责任主体的独立性。

其次，风险自评估的重点内容包括四个方面：

第一，数据出境的合法性、正当性及必要性分析，需从数据出境的业务出发，强调出境数据的处理目的、范围和方式，如某项功能的实现、实现合同义务的必要性等。

第二，数据出境的风险分析，不仅需从数据本身出发，考虑数据规模、范围、种类和敏感程度，更需从数据遭到篡改、破坏、泄露、丢失、转移或者被非法获取、非法利用等的风险，其中可能对国家安全、公共利益、个人或者组织合法权益带来的风险考虑，如数据总量、数据收集频率和范围等。

第三，境内数据传输方与境外数据接收方的安全保障义务，需要从境外数据接收方承诺承担的责任义务，境内与境外数据处理者签订法律文件中的安全保障义务，以及境外数据接收方安全能力来判断数据传输双方是否能够达到一定的数据安全保障水平。

第四，数据出境中个人权益保护情况，即在数据出境中和出境后发生风险事件后，个人信息权益维护的渠道是否通畅，如投诉渠道和投诉反馈时间等。

2. 数据出境安全评估

完成风险自评估后，数据处理者可以开始申报数据出境安全评估，应当提交以下材料：

（1）申报书；

（2）数据出境风险自评估报告；

（3）数据处理者与境外接收方拟订立的法律文件；

（4）安全评估工作需要的其他材料。

在风险自评估报告和安全评估中均涉及数据处理者与境外接收方拟订的法律文件，对于法律文件的形式是合同、合同附件还是承诺等并无具体要求，但该法律文件中需明确约定数据安全保护责任义务，至少包括以下内容：（1）数据出境的目的、方式和数据范围，境外接收方处理数据的用途、方式等；（2）数据在境外保存地点、期限，以及达到保存期限、完成约定目的或者法律文件终止后出境数据的处理措施；（3）对于境外接收方将出境数据再转移给其他组织、个人的约束性要求；（4）境外接收方在实际控制权或者经营范围发生实质性变化，或者所在国家、地区数据安全保护政策法规和网络安全环境发生变化以及发生其他不可抗力情形导致难以保障数据安全时，应当采取的安全措施；（5）违反法律文件约定的数据安全保护义务的补救措施、违约责任和争议解决方式；（6）出境数据遭到篡改、破坏、泄露、丢失、转移或者被非法获取、非法利用等风险时，妥善开展应急处置的要求和保障个人维护其个人信息权益的途径和方式。

网信部门在上述四项材料中会重点评估：（1）数据出境的目的、范围、方式等的合法性、正当性、必要性；（2）境外接收方所在国家或者地区的数据安全保护政策法规和网络安全环境对出境数据安全的影响，境外接收方的数据保护水平是否达到中华人民共和国法律、行政法规的规定和强制性国家标准的要求，即需从数据接收方所在国法律和网络环境，以及数据接收方自身保护水平进行分析；（3）出境数据的规模、范围、种类、敏感程度，出境中和出境后遭到篡改、破坏、泄露、丢失、转移或者被非法获取、非法利用等的风险；（4）数据安全和个人信息权益是否能够得到充分有效保障；（5）数据处理者与境外接收方拟订立的法律文件中是否充分约定了数据安全保护责任义务；（6）遵守中国法律、行政法规、部门规章情况；（7）国家网信部门认为需要评估的其他事项。

其中涉及的绝大多数的内容均在风险自评估中有所体现，只有三点差异：第一，需要评估境外接收方所在国家或者地区的数据安全保护政策法规和网络安全环境对出境数据安全的影响；第二，需要评估境外接收方的数据保护水平是否达到中华人民共和国法律、行政法规的规定和强制性国家标准的要求；第三，需要评估数据处理者和数据出境活动遵守中国法律、行政法规、部门规章的情况。在法律文件中，网信部门可以评估前两点内容，第三点内容需要其他补充材料加以验证。

（三）数据出境安全评估注意事项

1. 评估机构及期限要求

《数据出境安全评估办法》规定，数据处理者应通过所在地省级网信部门申报数据出境安全评估，省级网信部门应当自收到申报材料之日起 5 个工作日内完成完备性查验。申报材料齐全的，将申报材料报送国家网信部门；申报材料不齐全的，应当退回数据处理者并一次性告知需要补充的材料。国家网信部门应当自收到申报材料之日起 7 个工作日内，确定是否受理并书面通知数据处理者。国家网信部门受理申报后，根据申报情况组织国务院有关部门、省级网信部门、专门机构等进行安全评估。

安全评估过程中，若发现数据处理者提交的申报材料不符合要求的，国家网信部门可以要求其补充或者更正。数据处理者无正当理由不补充或者更正的，国家网信部门可以终止安全评估。数据处理者对所提交材料的真实性负责，故意提交虚假材料的，按照评估不通过处理，并依法追究相应法律责任。

国家网信部门自向数据处理者发出书面受理通知书之日起 45 个工作日内完成数据出境安全评估；情况复杂或者需要补充、更正材料的，可以适当延长并告知数据处理者预计延长的时间。评估结果将以书面方式通知数据处理者。数据处理者对评估结果有异议的，可以在收到评估结果后 15 个工作日内向国家网信部门申请复评，复评结果为最终结论。

2. 重新评估

数据出境安全评估结果有效期为 2 年，自评估结果出具之日起计算。有效期届满，需要继续开展数据出境活动的，数据处理者应当在有效期届满 60 个工作日前重新申报评估。

若在有效期内出现以下情形之一的，数据处理者同样应当重新申报评估：

（1）向境外提供数据的目的、方式、范围、种类和境外接收方处理数据的用途、方式发生变化影响出境数据安全的，或者延长个人信息和重要数据境外保存期限的；

（2）境外接收方所在国家或者地区数据安全保护政策法规和网络安全环境发生变化以及发生其他不可抗力情形、数据处理者或者境外接收方实际控制权发生变化、数据处理者与境外接收方法律文件变更等影响出境数据安全的；

（3）出现影响出境数据安全的其他情形。

若国家网信部门发现已经通过评估的数据出境活动在实际处理过程中不再符合数据出境安全管理要求的，应当书面通知数据处理者终止数据出境活动。数据处理者需要继续开展数据出境活动的，应当按照要求整改，整改完成后重新申报评估。

重新评估体现出数据出境安全评估是一项事前评估与持续监督相结合的监管过程，数据处理者在数据出境前和出境后均需严格按照相关规定开展数据处理活动。

二、标准合同式跨境

合同式跨境源于欧盟 GDPR 中对于"标准合同条款"（Standard Contractual Clauses）的要求，《个人信息保护法》第 38 条第 1 款第 3 项规定，按照国家网信部门制定的标准合同与境外接收方订立合同，约定双方的权利和义务时，个人信息可以向境外提供。网信办在 2022 年 6 月 30 日发布《个人信息出境标准合同规定（征求意见稿）》（简称《标准合同规定》），旨在保护个人信息权益的同时促进个人信息跨境安全、自由流动，但与其他审核方式不同，标准合同坚持"自主缔约与备案管理相结合"的原则，因此具有一定自由度。

（一）标准合同式跨境的适用范围

个人信息处理者需同时符合下列情形，才可以通过签订标准合同的方式向境外提供个人信息：（1）非关键信息基础设施运营者；（2）处理个人信息不满 100 万人的；（3）自上年 1 月 1 日起累计向境外提供未达到 10 万人个人信息的；（4）自上年 1 月 1 日起累计向境外提供未达到 1 万人敏感个人信息的。

与安全评估的适用范围比较可得知：在个人信息出境活动中，排除应当进行安全评估的情况后，其他均可以利用标准合同进行跨境传输活动。

（二）标准合同式跨境具体方案

标准合同实际上是一类格式合同，合同内容并不能轻易被修改或是变更。理论上，合同双方失去了部分意思自治的空间。《标准合同规定》第 2 条第 2 款要求"个人信息处理者与境外接收方签订与个人信息出境活动相关的其他合同，不得与标准合同相冲突"，标准合同模板[1]第 9 条第 1 款要求"如果本合同在达成或签订时与合同双方已存在的任何其他协议发生冲突，本合同的条款优先适用"。

1. 个人信息保护影响评估

《个人信息保护法》第 55 条要求个人信息处理者在处理敏感个人信息，利用个人信息进行自动化决策，委托处理个人信息、向其他个人信息处理者提供个人信息、公开个人信息，向境外提供个人信息，其他对个人权益有重大影响的个人信息处理活动时事前进行个人信息保护影响评估，并对处理情况进行记录。因此，在数据跨境时，企业需要进行个人信息保护影响评估。《个人信息保护法》第 56 条要求个人信息保护影响评估应当包括：（1）个人信息的处理目的、处理方式等是否合法、正当、必要；（2）对个人权益的影响及安全风险；（3）所采取的保护措施是否合法、有效并与风险程度相适应。《标准合同规定》进一步细化该项规定，要求在影响评估中重点评估以下内容：

（1）个人信息处理者和境外接收方处理个人信息的目的、范围、方式等的合法性、正当性、必要性；

（2）出境个人信息的数量、范围、类型、敏感程度，个人信息出境可能对个人信息权益带来的风险；

（3）境外接收方承诺承担的责任义务，以及履行责任义务的管理和技术

---

〔1〕标准合同模板见附录。

措施、能力等能否保障出境个人信息的安全；

（4）个人信息出境后泄露、损毁、篡改、滥用等的风险，个人维护个人信息权益的渠道是否通畅等；

（5）境外接收方所在国家或者地区的个人信息保护政策法规对标准合同履行的影响；

（6）其他可能影响个人信息出境安全的事项。

首先，个人信息保护影响评估的责任主体，可以为企业自身，也可以委托相关律师事务所等第三方专业人员出具，不论采取何种方式，要求评估中应当具有独立性。

其次，个人信息保护影响评估与风险自评估有以下两点不同：第一，风险评估重点不同。风险自评估关注国家安全、公共利益、个人或者组织合法权益，而个人信息保护影响评估仅需评估对个人信息权益带来的风险。第二，境外国家的法律制度关注重点不同。风险自评估关注境外国家数据安全保护政策法规和网络安全环境对于出境后数据的影响，但影响评估中仅关注境外国家个人信息保护法律法规对标准合同履行的影响，如是否会造成合同履行不能等。

最后，在展开个人信息主体合法权益的影响评估时，《信息安全技术 个人信息安全规范》第10.4条要求"个人信息安全影响评估应主要评估处理活动遵循个人信息安全基本原则的情况，以及个人信息处理活动对个人信息主体合法权益的影响，内容包括但不限于：（1）个人信息收集环节是否遵循目的明确、选择同意、最小必要等原则；（2）个人信息处理是否可能对个人信息主体合法权益造成不利影响，包括是否会危害人身和财产安全、损害个人名誉和身心健康、导致差别性待遇等；（3）个人信息安全措施的有效性；（4）匿名化或去标识化处理后的数据集重新识别出个人信息主体或与其他数据集汇聚后重新识别出个人信息主体的风险；（5）共享、转让、公开披露个人信息对个人信息主体合法权益可能产生的不利影响；（6）发生安全事件时，对个人信息主体合法权益可能产生的不利影响"。

2. 数据跨境标准合同内容

《标准合同规定》提供一份标准合同模板[1]并在第6条要求标准合同包

---

〔1〕 标准合同模板见附录。

括以下主要内容：

（1）个人信息处理者和境外接收方的基本信息，包括但不限于名称、地址、联系人姓名、联系方式等；

（2）个人信息出境的目的、范围、类型、敏感程度、数量、方式、保存期限、存储地点等；

（3）个人信息处理者和境外接收方保护个人信息的责任与义务，以及为防范个人信息出境可能带来安全风险所采取的技术和管理措施等；

（4）境外接收方所在国家或者地区的个人信息保护政策法规对遵守本合同条款的影响；

（5）个人信息主体的权利，以及保障个人信息主体权利的途径和方式；

（6）救济、合同解除、违约责任、争议解决等。

以标准合同模板的内容而言，全文共9个条文，除第1条涉及定义外，其余内容围绕个人信息处理者（境内数据处理者）义务、境外接收方义务、当地个人信息保护政策的影响承诺、个人信息主体权利、救济、合同解除、违约责任以及争议解决。此外，企业还需提交个人信息出境说明，明确出境数据的类别、目的、数量，个人信息主体类别、境外接收方提供个人信息的接收方、传输方式、出境后数据存储的时间和地点。

综合来看，标准合同的内容并无过多修改空间，尤其是在个人信息传输双方责任义务、个人信息主体作为本合同第三方受益人的权益内容，仅在争议解决和技术和管理措施方面提供可供合同双方决定的选项，而且争议解决的仲裁（除《承认及执行外国仲裁裁决公约》成员的仲裁机构）和诉讼管辖权均置于中国，因此数据传输双方需要严格按照标准合同模板内容签订协议并就此开展数据跨境活动。

具体而言，标准合同综合我国目前对于个人信息保护的相关规定，甚至提供了更为明确和严格的义务和个人信息权益。举例而言，个人信息处理者的告知义务中新增"向个人信息主体告知其与境外接收方通过本合同约定个人信息主体为第三方受益人，如果个人信息主体未在三十天内明确拒绝，则可以依据该合同享有第三方受益人的权利"，"根据个人信息主体要求向个人信息主体提供本合同的副本"，个人信息主体"有权向个人信息处理者和境外接收方任何一方主张并要求履行本合同项下与个人信息主体权利相关的部分条款"，再如境外接收方有接受监管机关监督管理的义务。

（三）标准合同式跨境中的注意事项

1. 合同备案与监管

个人信息处理者应当在标准合同生效之日起 10 个工作日内，向所在地省级网信部门备案。备案应当提交以下材料：（1）标准合同；（2）个人信息保护影响评估报告。

个人信息处理者应当对所备案材料的真实性负责。标准合同生效后个人信息处理者即可开展个人信息出境活动。

虽然标准合同式跨境仅需备案，但省级以上网信部门依然需要对合同内容是否切实履行进行持续监管。例如，若省级以上网信部门发现，通过签订标准合同的个人信息出境活动在实际处理过程中不再符合个人信息出境安全管理要求、未履行备案程序或者提交虚假材料进行备案的，将书面通知个人信息处理者终止个人信息出境活动，个人信息处理者应当在收到通知后立即终止个人信息出境活动；未履行标准合同约定的责任义务，侵害个人信息权益造成损害的；出现影响个人信息权益的其他情形时，省级以上网信部门将按照规定，责令限期改正，拒不改正或者损害个人信息权益的，责令停止个人信息出境活动，依法予以处罚，构成犯罪的，依法追究刑事责任。在日常监管中，监管部门可以对个人信息处理者和境外接收方进行询问、检查。

2. 合同变更

标准合同并无规定适用期限，但是在标准合同有效期内出现下列情况之一的，个人信息处理者应当重新签订标准合同并备案：

（1）向境外提供个人信息的目的、范围、类型、敏感程度、数量、方式、保存期限、存储地点和境外接收方处理个人信息的用途、方式发生变化，或者延长个人信息境外保存期限的；

（2）境外接收方所在国家或者地区的个人信息保护政策法规发生变化等可能影响个人信息权益的；

（3）可能影响个人信息权益的其他情况。

三、个人信息保护认证

《个人信息保护法》第 38 条第 1 款第 2 项提出"按照国家网信部门的规定经专业机构进行个人信息保护认证"同样可以向境外提供个人信息。2022年 4 月国家信息安全标准化技术委员会发布了《网络安全标准实践指南——

个人信息跨境处理活动认证技术规范（征求意见稿）》，并于同年6月24日正式发布《网络安全标准实践指南—个人信息跨境处理活动安全认证规范》（简称《认证规范》）。

（一）个人信息保护认证的适用范围

个人信息保护认证区别于强制性安全评估，本认证属于国家推荐的自愿性认证，鼓励符合条件的个人信息处理者和境外接收方在跨境处理个人信息时自愿申请个人信息跨境处理活动认证，充分发挥认证在加强个人信息保护、提高个人信息跨境处理效率方面的作用，且在一定期限内可以作为连续跨境处理数据的合法性依据，但具体期限目前尚无规定。

《认证规范》第1条规定，认证仅在两类情况下可适用：（1）跨国公司或者同一经济、事业实体下属子公司或关联公司之间的个人信息跨境处理活动，即跨国公司的个人信息跨境处理活动，同一经济、事业实体下属子公司的个人信息跨境处理活动，以及关联公司之间的个人信息跨境处理活动三种场景下可以进行认证；（2）《个人信息保护法》第3条第2款适用的个人信息处理活动，即在境外处理境内自然人个人信息的活动，以向境内自然人提供产品或者服务为目的，或分析、评估境内自然人的行为，或存在法律、行政法规规定的其他情形时，同样适用个人信息保护认证机制。应当注意的是，若法律法规规定要求申报安全评估才可进行数据跨境时，个人信息保护认证不可作为数据跨境的适用路径。

（二）个人信息保护认证具体方案

个人信息保护认证的认证依据除《个人信息保护法》外，还将GB/T 35273《信息安全技术 个人信息安全规范》作为合规标准。与认证适用范围匹配，若认证为跨国公司或者同一经济、事业实体下属子公司或关联公司之间的个人信息跨境处理活动，可以由境内一方申请认证，而境外个人信息处理者可以由其在境内设置的专门机构或指定代表申请认证。

认证中存在五项重要原则：（1）合法、正当、必要和诚信原则。个人信息处理者在跨境处理个人信息时应当满足法律法规的规定，严格按照约定目的并采取对个人信息权益影响最小的方式处理个人信息，严守合同、协议等具有法律效力文件的约定和承诺，不得违背约定和承诺损害个人信息主体的合法权益。（2）公开、透明原则。个人信息处理者在跨境处理个人信息时应当满足处理规则公开、处理过程透明要求，及时向个人信息主体告知个人信息跨境提供的目的、范围和处理方式，确保个人信息主体了解自身个人信息的跨境处理情况。（3）信息质量原则。个人信息处理者和境外接收方在跨境处理个人信息时应当保证个人信息的质量，避免因个人信息不准确、不完整对个人权益造成不利影响。（4）同等保护原则。个人信息处理者和境外接收方在跨境处理个人信息时应当采取必要措施，确保个人信息跨境处理活动达到中华人民共和国个人信息保护相关法律法规规定的个人信息保护标准。（5）责任明确原则。个人信息处理者和境外接收方在跨境处理个人信息时应当采取必要措施，保护所处理个人信息的安全，保障个人信息主体权益，并指定境内一方、多方或者境外接收方在境内设置的机构承担法律责任。

（三）个人信息保护认证基本要求

基本要求包括提供具有法律约束力的协议、一定的组织管理、个人信息跨境处理规则、个人信息保护影响评估。

1. 有法律约束力的协议

开展个人信息跨境处理活动的个人信息处理者和境外接收方之间应当签订具有法律约束力和执行力的文件，确保个人信息主体权益得到充分的保障。文件应当至少明确下列内容：（1）开展个人信息跨境处理活动的个人信息处理者和境外接收方；（2）跨境处理个人信息的目的以及个人信息的类别、范围；（3）个人信息主体权益保护措施；（4）境外接收方承诺并遵守统一的个人信息跨境处理规则，并确保个人信息保护水平不低于中华人民共和国个人信息保护相关法律、行政法规规定的标准；（5）境外接收方承诺接受认证机构监督；（6）境外接收方承诺接受中华人民共和国个人信息保护相关法律、行政法规管辖；（7）明确在中华人民共和国境内承担法律责任的组织；（8）其他应当遵守的法律、行政法规规定的义务。

与安全评估中有法律约束力协议的要求相比，认证加强了监管部门对境外接收方的监管并要求其在境内设立或者明示承担法律责任的组织。此外，境外接收方的合规义务包含"确保个人信息保护水平不低于中华人民共和国个人信息保护相关法律、行政法规规定的标准"，这种合规义务比《个人信息保护法》中"达到本法规定的个人信息保护标准"要求更高，并要求境外接收方承诺接受中国法律法规管辖。

与标准合同式数据跨境相比，个人信息主体同样是本份协议中涉及个人信息主体权益相关条款的受益人，因此有权要求个人信息处理者和境外接收方提供法律文本中涉及个人信息主体权益部分的副本，有权向境外接收方查阅、复制、更正、补充、删除其个人信息，有权要求个人信息处理者和境外接收方对其个人信息跨境处理规则进行解释说明，有权在其经常居住地所在法院向开展个人信息跨境处理活动的处理者和境外接收方提起司法诉讼。

2. 组织管理

认证中首次提出个人信息跨境处理活动中应指定个人信息保护负责人和个人信息保护机构作为个人信息处理者和境外接收方履行个人信息保护义务的措施之一。

个人信息保护负责人应具备个人信息保护专业知识和相关管理工作经历，由本组织的决策层成员承担。个人信息保护负责人应当承担下列职责：（1）明确个人信息保护工作的主要目标、基本要求、工作任务、保护措施；（2）为本组织的个人信息保护工作提供人力、财力、物力保障，确保所需资源可用；（3）指导、支持相关人员开展本组织的个人信息保护工作，确保个人信息保护工作达到预期目标；（4）向本组织的主要负责人汇报个人信息保护工作情况，推动个人信息保护工作持续改进。

个人信息保护机构主要履行个人信息保护义务，防止未经授权的访问以及个人信息泄露、篡改、丢失等，并在个人信息跨境处理活动中承担下列职责：（1）依法制定并实施个人信息跨境处理活动计划；（2）组织开展个人信息保护影响评估；（3）监督本组织按照处理者和境外接收方约定的个人信息跨境处理规则处理跨境个人信息；（4）接受和处理个人信息主体的请求和投诉。

3. 个人信息跨境处理规则

认证中需要提交的第三份材料为个人信息跨境处理规则，要求个人信息处理者和境外接收方遵守统一的个人信息跨境处理规则，但是《认证规范》中并未要求本材料单独出具，换言之，在法律协议中有所体现即可。处理规则中至少包括下列事项：（1）跨境处理个人信息的基本情况，包括个人信息数量、范围、种类、敏感程度等；（2）跨境处理个人信息的目的、方式和范围；（3）个人信息境外存储的起止时间及到期后的处理方式；（4）跨境处理个人信息需要中转的国家或者地区；（5）保障个人信息主体权益所需资源和采取的措施；（6）个人信息安全事件的赔偿、处置规则。

就具体个人信息处理者和境外接收方的义务和责任，《认证规范》要求个人信息处理者以电子邮件、即时通信、信函、传真等方式告知个人信息主体开展个人信息跨境处理活动的个人信息处理者和境外接收方的基本情况，以及向境外提供个人信息的目的、类型和保存时间，并取得个人信息主体的单独同意。要求境外数据接收者承诺遵守中华人民共和国个人信息保护有关法律、行政法规，接受中华人民共和国司法管辖。要求个人信息处理者和境外接收方：（1）按照已签署的具有法律效力文件约定的处理目的、处理方式、保护措施等跨境处理个人信息，不得超出约定跨境处理个人信息；（2）为个人信息主体提供查阅其个人信息的途径，个人信息主体要求查阅、复制、更正、补充或者删除其个人信息时，应当及时予以响应，拒绝其请求的，应当说明理由；（3）当出现难以保证跨境个人信息安全的情况时，应当及时中止跨境处理个人信息；（4）发生或者可能发生个人信息泄露、篡改、丢失的，个人信息处理者及境外接收方应当立即采取补救措施，并通知履行个人信息保护职责的部门和个人；（5）应个人信息主体的请求，提供法律文本中涉及个人信息主体权益部分的副本；（6）境内法律责任承担方承诺为个人信息主体行使权利提供便利条件，当发生个人信息跨境处理活动损害个人信息主体权益时，承担法律赔偿责任；（7）承诺接受中华人民共和国认证机构对个人信息跨境处理活动的监督，包括答复询问、例行检查等。

本项处理规则可以认为是法律协议中规定的数据传输双方义务和责任的细化，较为特殊的地方在于要求企业明确跨境处理个人信息需要中转的国家或者地区，实际上认可了数据可以中转或者再委托/转让给第三方数据处理者，但必须说明并提供相应安全保障措施。

4. 个人信息保护影响评估

认证中同样需要个人信息处理者提供个人信息保护影响评估，以判断向境外提供个人信息活动是否合法、正当、必要，所采取的保护措施是否与风险程度相适应并有效。个人信息保护影响评估至少包括下列事项：（1）向境外提供个人信息是否符合法律、行政法规；（2）对个人信息主体权益产生的影响，特别是境外国家和地区的法律环境、网络安全环境等对个人信息主体权益的影响；（3）其他维护个人信息权益所必需的事项。

《认证规范》并未对影响评估的具体内容做出限制或约束，企业在合规审查中可以借鉴标准合同中对于个人信息保护影响评估的要求进行适当整合和修改。

（四）其他方式

《个人信息保护法》第 38 条除以上三种审核方式外，还允许企业依据我国缔结或者参加的国际条约、协定向境外提供个人信息。若企业需要向外国司法或执法机构提供境内个人信息，则应符合缔结或者参加的国际条约、协定或者按照平等互惠原则，并经我国主管机关批准后开展工作。

【思考题】

1. 简答题

简述如何判断数据跨境。

2. 论述题

论述数据跨境的几种审核方式。

第十章　特殊场景中的数据合规

【本章概述】本章主要列举了金融数据、人脸识别数据、数据挖掘活动、儿童个人信息处理活动、算法这几种特殊场景下的数据合规，阐述其内涵，从而作出相应的合规指引。

【学习目标】掌握特殊场景下如何进行数据合规。

第一节　金融数据合规指引

一、金融数据基本内涵

随着数据从信息化资产到生产要素的转变，其在整个经济社会中的作用日渐凸显，处于整个现代经济核心的金融数据又是重中之重。作为数据的下位概念，金融数据的定义首次出现在 2020 年 9 月 23 日中国人民银行发布的《金融数据安全 数据安全分级指南》（JR/T 0197-2020）第 3.10 条。金融数据是指金融业机构开展金融业务、提供金融服务以及日常经营管理所需或产生的各类数据。这里的"金融业机构"是个广义的概念，涵盖从事货币金融服务、资本市场服务、保险业等金融业务的相关机构。

从内容上看，金融数据主要包括：（1）个人金融信息，如个人身份信息、账户信息、鉴别信息、财产信息、借贷信息等；（2）金融市场交易信息，如证券市场交易信息、保险市场信息、货币市场信息、基金交易信息、衍生品交易信息等；（3）业务数据，如金融监管信息、统计数据、公告信息等；（4）经营管理数据，如营销服务数据、客户管理数据、渠道管理数据、经营状况信息、人力管理信息、财务管理信息、技术管理信息等。

除了《网络安全法》《数据安全法》《个人信息保护法》等一般法律规范

外，聚焦金融领域涉及数据合规的相关法律法规及政策性文件有：《中国人民银行金融消费者权益保护实施办法》、《个人金融信息保护技术规范》（JR/T 0171-2020）、《金融数据安全 数据安全分级指南》（JR/T 0197-2020）、《证券期货业数据分类分级指引》（JR/T 0158-2018）等。

二、个人金融信息合规指引

个人金融信息，具体是指金融机构通过提供金融产品和服务或者其他渠道获取、加工和保存的个人信息，主要包括个人身份信息、鉴别信息、财产信息、账户信息、信用信息、金融交易信息以及反映特定个人某些情况的信息。结合《个人金融信息保护技术规范》的规定，对原始数据进行处理、分析形成的，能够反映特定个人金融信息主体的消费意愿、支付习惯和其他衍生信息等数据都将纳入"个人金融信息"的范畴。据《个人信息保护法》第28条对"敏感个人信息"的定义，其中"金融账户"属于敏感个人信息的典型类型，需要采取更为严格的保护措施，这也对个人金融信息处理者提出了更高的合规要求。

（一）个人金融信息类别

《个人金融信息保护技术规范》第4.2条规定，根据信息遭到未经授权的查看或未经授权的变更后所产生的影响和危害，将个人金融信息按照敏感程度从高到低分为C3、C2、C1三个类别。值得注意的是，两种或两种以上的低敏感程度类别信息经过组合、关联和分析后可能产生高敏感程度的信息，如C1与C2类信息结合可能产生C3类别的信息，需要结合具体情况确定该信息所归入的类别，并应提升相应的安全保障措施。同一信息在不同的服务场景中可能处于不同的类别，应依据服务场景以及该信息在其中的作用对信息的类别进行识别，并实施针对性的保护措施。

表 10-1　个人金融信息类别

类别	描述	主要类型
C3 该类信息一旦遭到未经授权的查看或未经授权的变更，会对个人金融	用户鉴别信息	（1）银行卡磁道数据（或芯片等效信息）、卡片验证码（CVN和CVN2）、卡片有效期、银行卡密码、网络支付交易密码； （2）账户（包括但不限于支付账号、证券账

类别	描述	主要类型
信息主体的信息安全与财产安全造成严重危害		户、保险账户）登录密码、交易密码、查询密码； （3）用于用户鉴别的个人生物识别信息
C2 该类信息一旦遭到未经授权的查看或未经授权的变更，会对个人金融信息主体的信息安全与财产安全造成一定危害	可识别特定个人金融信息主体身份与金融状况的个人金融信息以及用于金融产品与服务的关键信息	（1）支付账号及其等效信息，如支付账号、证件类识别标识与证件信息（身份证、护照等）、手机号码。 （2）账户（包括但不限于支付账号、证券账户、保险账户）登录的用户名。 （3）用户鉴别辅助信息，如动态口令、短信验证码、密码提示问题答案、动态声纹密码；若用户鉴别辅助信息与账号结合使用可直接完成用户鉴别，则属于 C3 类别信息。 （4）直接反映个人金融信息主体金融状况的信息，如个人财产信息（包括网络支付账号余额）、借贷信息。 （5）用于金融产品与服务的关键信息，如交易信息（如交易指令、交易流水、证券委托、保险理赔）等。 （6）用于履行了解你的客户（KYC）要求，以及按行业主管部门存证、保全等需要，在提供产品和服务过程中收集的个人金融信息主体照片、音视频等影像信息。 （7）其他能够识别出特定主体的信息，如家庭地址等
C1 该类信息一旦遭到未经授权的查看或未经授权的变更，可能会对个人金融信息主体的信息安全与财产安全造成一定影响	主要为机构内部的信息资产，主要指供金融业机构内部使用的个人金融信息	（1）账户开立时间、开户机构； （2）基于账户信息产生的支付标记信息； （3）C2 和 C3 类别信息中未包含的其他个人金融信息

（二）个人金融信息处理的合规措施

第一，个人金融信息处理的技术和管理要求。

个人金融信息的处理包括收集、传输、存储、使用、删除、销毁等全生命周期的整个过程，需要遵循以下合规要求。

1. 收集

个人金融信息的收集是整个信息处理活动的开始，按照《个人信息保护法》的规定，应当遵循"合法、正当、必要和诚信原则"，收集个人信息应当限于实现处理目的的最小范围，不得过度收集个人信息。具体到金融领域，收集最小化原则的具体体现，即收集个人金融信息的目的应与实现和优化金融产品或服务、防范金融产品和服务的风险有直接关联。这里要求金融机构应向个人金融信息主体告知收集、使用个人金融信息的目的、方式、种类、保存期限，自身的数据安全能力，对外共享、转让、公开披露的规则，投诉与申诉的渠道及响应时限等。如果是从第三方获取个人金融信息，应要求个人金融信息提供方说明个人金融信息来源，并对其个人金融信息来源的合法性进行确认，如是否取得本人同意等。

金融信息处理者应取得本人的明示同意，不得采取不正当方式收集个人金融信息，不得变相强制收集个人金融信息。为了规制金融信息处理者凭借优势地位采取捆绑性条款强迫个人提供其金融信息的行为，《个人金融信息保护技术规范》明确要求金融业机构不应欺诈、诱骗，或以默认授权、功能捆绑等方式误导强迫个人金融信息主体提供个人金融信息，不应隐瞒金融产品或服务所具有的收集个人金融信息的功能等，不得以金融消费者不同意处理其金融信息为由拒绝提供金融产品或者服务。

在技术层面，《个人金融信息保护技术规范》对信息收集环节提出了具体要求：（1）不应委托或授权无金融业相关资质的机构收集 C3、C2 类别信息；（2）应确保收集信息来源的可追溯性；（3）应采取技术措施（如弹窗、明显位置 URL 链接等），引导个人金融信息主体查阅隐私政策，并获得其明示同意后，开展有关个人金融信息的收集活动；（4）对于 C3 类别信息，通过受理终端、客户端应用软件、浏览器等方式收集时，应使用加密等技术措施保证数据的保密性，防止其被未授权的第三方获取；（5）通过受理终端、客户端应用软件与浏览器等方式引导用户输入（或设置）银行卡密码、网络支付密码时，应采取展示屏蔽等措施防止密码明文显示，其他密码类信息宜采取展示屏蔽措施；（6）在网络支付业务系统中，应采取具有信息输入安全防护、即时数据加密功能的安全控件对支付敏感信息的输入进行安全保护，并采取有效措施防止合作机构获取、留存支付敏感信息；（7）在停止提供金融产品或服务时，应及时停止继续收集个人金融信息的活动。

2. 传输

各参与方都应保障个人金融信息在传输过程中的保密性、完整性和可用性。在传输个人金融信息前，通信双方应通过有效技术手段进行身份鉴别和认证。对于通过公共网络传输 C2、C3 类别信息，应使用加密通道或数据加密的方式进行传输。

3. 存储

个人金融信息在终端设备、信息系统内保存的过程中，存储时限应遵循最短时间要求，即符合个人金融信息主体授权使用的目的所必需的最短时间要求。超过该期限后，应对收集的个人金融信息进行删除或匿名化处理。其中，对于 C3 类别的个人金融信息应采用加密措施确保数据存储的保密性；应将去标识化、匿名化后的数据与可用于恢复识别个人的信息采取逻辑隔离的方式进行存储，确保去标识化、匿名化后的信息与个人金融信息不被混用。

4. 使用

个人金融信息的使用包括信息展示、共享和转让、公开披露、委托处理、加工处理、汇聚融合、开发测试等情形。

《个人金融信息保护技术规范》明确规定，金融业机构原则上不应共享、转让其收集的个人金融信息，确需共享、转让的，应符合以下条件：（1）应向个人金融信息主体告知共享、转让个人金融信息的目的、数据接收方的类型，并事先征得个人金融信息主体明示同意，共享、转让经去标识化处理（不应仅使用加密技术）的个人金融信息，确保数据接收方无法重新识别个人金融信息主体的除外。（2）应帮助个人金融信息主体了解数据接收方对个人金融信息的存储、使用等情况，包括个人金融信息主体的权利，如访问、更正、删除、注销账户等；在法律法规规定、行业主管部门有关规定及个人金融信息主体约定的范围内，个人金融信息主体行使其个人金融信息控制权利，金融业机构应配合响应其请求。（3）C3 类别信息以及 C2 类别信息中的用户鉴别辅助信息何情形下不应共享、转让。同时，在技术层面上，要求金融业机构在共享和转让前，应开展个人金融信息安全影响评估，并依据评估结果采取有效措施保护个人金融信息主体权益；开展个人金融信息接收方信息安全保障能力评估；应部署流量监控技术措施，对共享、转让的信息进行监控和审计等。

与之相类似，金融业机构原则上不应公开披露其收集的个人金融信息，除非符合特定条件：（1）向个人金融信息主体告知公开披露个人金融信息的目的、类别，并事先征得其同意，同时向其告知涉及的信息内容；（2）承担因公开披露个人金融信息对个人金融信息主体合法权益造成损害的相应责任；（3）应事先开展个人金融信息安全影响评估。对于 C3 类别信息以及 C2 类别信息中的用户鉴别辅助信息、个人生物识别信息等作出绝对排除，即任何情形下不应公开披露。

在个人金融信息的跨境传输上，《个人金融信息保护技术规范》也提出了具体要求，即原则上本地存储、处理和分析，仅在特定情形下基于业务需要向境外机构提供个人金融信息。跨境提供的具体要求包括：（1）应符合国家法律法规及行业主管部门有关规定；（2）应获得个人金融信息主体明示同意；（3）应依据国家、行业有关部门制定的办法与标准开展个人金融信息出境安全评估，确保境外机构数据安全保护能力达到国家、行业有关部门与金融业机构的安全要求；（4）应与境外机构通过签订协议、现场核查等方式，明确并监督境外机构有效履行个人金融信息保密、数据删除、案件协查等职责义务。从上述内容上看，明显比《个人信息保护法》关于跨境提供个人信息的规定更为严格。《个人信息保护法》第 38 条列举了因业务等需要向境外提供个人信息的三种法定情形，即通过国家网信部门组织的安全评估、按照国家网信部门的规定经专业机构进行个人信息保护认证、按照国家网信部门制定的标准合同与境外接收方订立合同。个人信息处理者可以根据不同情形选择信息出境的方式和渠道，原则上是可以出境的。相较而言，个人金融信息出境要求更高。

5. 删除

如果个人金融信息主体提出删除的要求，金融业机构应予以响应，采取技术手段在金融产品和服务所涉及的系统中去除个人金融信息，使其保持不可被检索和访问的状态。

6. 销毁

当个人金融信息不再留存或使用时，需要进行及时清除。金融业机构应建立个人金融信息销毁策略和管理制度，明确销毁对象、流程、方式和要求；应对个人金融信息存储介质销毁过程进行监督与控制，对待销毁介质的登记、审批、介质交接、销毁执行等过程进行监督；销毁过程应保留有关记录，记录至少应包括销毁内容、销毁方式与时间、销毁人签字、监督人签字等内容。

第二，制度和组织保障。

金融业机构应建立个人金融信息保护制度体系，明确工作职责和工作流程，相关制度包括个人金融信息保护管理规定、日常管理及操作流程、外包服务机构与外部合作机构管理、内外部检查及监督机制、应急处理流程和预案等。

具体要求如下：（1）制定个人金融信息保护管理规定，提出本机构个人金融信息保护工作方针、目标和原则。（2）开展个人金融信息分类分级管理，应针对不同类别和敏感程度的个人金融信息，实施相应的安全策略和保障措施。（3）建立日常管理及操作流程，应对个人金融信息的收集、传输、存储、使用、删除、销毁等环节提出具体保护要求，制定个人金融信息时效性管理规程，确保符合法律法规和行业主管部门有关规定。（4）建立信息系统分级授权管理机制，应在不影响履行反洗钱等法定义务的前提下，制定本机构人员个人金融信息调取权限与使用范围，并制定专门的授权审批流程。（5）建立个人金融信息脱敏（如屏蔽、去标识、匿名化等）管理规范和制度，应明确不同敏感级别个人金融信息脱敏规则、脱敏方法和脱敏数据的使用限制。（6）依据国家与行业有关标准，建立个人金融信息安全影响评估制度，应定期（至少每年一次）开展个人金融信息安全影响评估。（7）建立外包服务机构与外部合作机构管理制度。（8）建立个人金融信息安全检查及监督机制。（9）应将个人金融信息泄露等相关事件处理纳入机构信息安全事件应急处置工作机制，制定专门的流程和预案。结合《金融消费者权益保护实施办法》的规定，在确认信息发生泄露、毁损、丢失时，银行、支付机构应当立即采取补救措施；信息泄露、毁损、丢失可能危及金融消费者人身、财产安全的，应当立即向银行、支付机构住所地的中国人民银行分支机构报告并告知金融消费者；信息泄露、毁损、丢失可能对金融消费者产生其他不利影响的，应当及时告知金融消费者，并在72小时以内报告银行、支付机构住所地的中国人民银行分支机构。（10）建立个人金融信息投诉与申诉处理程序，明确投诉与申诉受理部门及处理程序，对个人金融信息主体要求更正或删除金融业机构收集其个人金融信息的情况，应受理、核实，并依据国家与行业主管部门要求予以处理。（11）明确个人金融信息共享、存储、使用和销毁的期限，金融业机构应具备个人金融信息存储时效性的控制能力。

在组织保障方面，金融业机构应建立专门的个人金融信息保护组织架构，明确机构各层级内设部门与相关岗位个人金融信息保护职责与总体要求；明确个人金融信息保护责任人和个人金融信息保护责任机构，并履行相应的个人金融信息管理职责；明确在提供金融产品和服务的过程中知悉个人金融信息的岗位，并针对相关岗位明确其个人金融信息安全管理责任与保密责任。

同时，对涉及个人金融信息相关人员的安全管理，《个人金融信息保护技术规范》亦做了安排，如在录用员工前，应进行必要的背景调查，并与所有可访问个人金融信息的员工签署保密协议或保密条款；定期开展内外部个人金融信息保护培训活动；在发生人员调离岗位时，应立即调整和完成相关人员的个人金融信息访问、使用等权限的配置，并明确有关人员后续的个人金融信息保护管理权限和保密责任；与员工终止劳动合同时，应立即终止并收回其对个人金融信息的访问权限，并明确其继续履行有关信息的保密义务要求等。

（三）典型案例

1. 池子事件

2020 年 5 月 6 日，池子（王越池）在社交平台上发布动态，称中信银行上海虹口支行在未经其本人授权，也未经司法机关的合法调查程序，擅自将其个人账户流水等信息提供给了笑果文化。据此，池子向中国银保监会、公安机关等进行了实名投诉和举报。事件发生后，中国银保监会历经 10 个月调查，于 2021 年 3 月 19 日对中信银行开具了 450 万元罚单。该案中信银行的主要违规之处在于客户信息保护体制机制不健全、客户信息收集环节管理不规范、系统权限管理存在漏洞、未经客户本人授权查询并向第三方提供属于客户敏感信息的个人银行账户交易信息等。该事件也警示金融机构应切实按照《中国人民银行金融消费者权益保护实施办法》《个人金融信息保护技术规范》的要求，健全个人金融信息保护管理制度体系，严格依法依规保障个人金融信息安全。

为了推动银行及保险业落实《个人信息保护法》，规范个人信息的管理和使用，保护消费者信息安全，中国银保监会于 2022 年 8 月下发《关于开展银行保险机构侵害个人信息权益乱象专项整治工作的通知》，要求全面梳理和排查银行业、保险业在个人信息保护方面的问题和漏洞，深入整治侵害消费者信息权益乱象，督促银行保险机构建立健全消费者个人信息保护工作机制。总而言之，金融领域的个人信息保护的合规管理，不仅需要遵守一般性法律规范，还应关注国家金融监管机构出台的最新政策文件的具体要求。

2. 中国农业银行崇左分行违规保存客户身份资料案

2021 年 12 月，有媒体报道称，广西崇左幼儿师范高等专科学校 1400 余名学生在不知情的情况下被开立 Ⅱ 类、Ⅲ 类电子账户。崇左幼师学校当时声明称，没有通过任何渠道泄露学生的身份信息，没有代理学生开设银行账户或办理 Ⅰ 类、Ⅱ 类、Ⅲ 类卡账户的业务。

2021 年 12 月 11 日，中国农业银行崇左分行发布说明称，经核实，此事确系农行辖属江州支行营业室未与客户充分沟通，内部审核把关不严，不规范操作所致。该行承诺，将尽快与相关学生逐一取得联系，销掉多开立的账户。同时，将加强内部管理，对相关责任人进行严肃追责。

据报道，中国人民银行崇左市中心支行在调查中发现，农业银行崇左江州支行因需完成银行账户开户增量指标任务，在未得到学生和学校同意、无相关开户文件的情况下，违规为崇左幼儿师范高等专科学校学生开立 Ⅱ 类、Ⅲ 类账户（未激活账户）。2022 年 1 月 20 日中国人民银行崇左市中心支行行政处罚信息显示，中国农业银行股份有限公司崇左分行因未落实个人银行账户实名制管理规定；违规使用个人金融信息；未严格落实银行账户风险监测要求；未按规定完整保存客户身份资料，被处以警告并共处人民币 1142.5 万元罚款。

表 10-2　行政处罚信息公示表

行政处罚信息公示表

序号	当事人名称（姓名）	行政处罚决定书文号	违法行为类型	行政处罚内容	作出行政处罚决定机关名称	作出行政处罚决定日期	备注
1	中国农业银行股份有限公司崇左分行	崇左银罚字〔2022〕1 号	未落实个人银行账户实名制管理规定；违规使用个人金融信息；未严格落实银行账户风险监测要求；未按规定完整保存客户身份资料	处以警告并共处人民币 1142.50 万元罚款	中国人民银行崇左市中心支行	2022 年 1 月 12 日	

续表

序号	当事人名称（姓名）	行政处罚决定书文号	违法行为类型	行政处罚内容	作出行政处罚决定机关名称	作出行政处罚决定日期	备注
2	梁晓军（时任中国农业银行股份有限公司崇左分行行长）	崇左银罚字〔2022〕2号	对中国农业银行股份有限公司崇左分行以下违法违规行为负有责任：未按规定完整保存客户身份资料；未严格落实银行账户风险监测要求	处以警告、并处人民币11万元罚款	中国人民银行崇左市中心支行	2022年1月12日	
3	高峰（中国农业银行股份有限公司崇左分行副行长）	崇左银罚字〔2022〕3号	对中国农业银行股份有限公司崇左分行以下违法违规行为负有责任：未按规定完整保存客户身份资料	处人民币5万元罚款	中国人民银行崇左市中心支行	2022年1月12日	
4	钟丽月（中国农业银行股份有限公司崇左分行个人金融部/个人信贷部/消费者权益保护办公室总经理）	崇左银罚字〔2022〕4号	对中国农业银行股份有限公司崇左分行以下违法违规行为负有责任：未按规定完整保存客户身份资料	处人民币5万元罚款	中国人民银行崇左市中心支行	2022年1月12日	
5	许亦猛（时任中国农业银行股份有限公司崇左江州支行行长）	崇左银罚字〔2022〕5号	对中国农业银行股份有限公司崇左分行以下违法违规行为负有责任：未按规定完整保存客户身份资料；未严格落实银行账户风险监测要求	处以警告，并处人民币11万元罚款	中国人民银行崇左市中心支行	2022年1月12日	
6	赖学芳（时任中国农业银行股份有限公司崇左江州支行行长助理	崇左银罚字〔2022〕6号	对中国农业银行股份有限公司崇左分行以下违法违规行为负有责任：未按规定完整保存客户身份资料	处人民币5万元罚款	中国人民银行崇左市中心支行	2022年1月12日	

此外，时任中国农业银行崇左分行行长梁晓军，对该行未按规定完整保存客户身份资料、未严格落实银行账户风险监测要求负有责任，被处以警告，并处人民币 11 万元罚款；中国农业银行崇左分行副行长高峰对该行未按规定完整保存客户身份资料负有责任，被处人民币 5 万元罚款；中国农业银行崇左分行个人金融部/个人信贷部/消费者权益保护办公室总经理钟丽月，对该行未按规定完整保存客户身份资料负有责任，被处人民币 5 万元罚款；时任中国农业银行崇左江州支行行长许亦猛，对该行未按规定完整保存客户身份资料、未严格落实银行账户风险监测要求负有责任，被处以警告，并处人民币 11 万元罚款；时任中国农业银行崇左江州支行行长助理赖学芳，对该行未按规定完整保存客户身份资料负有责任，被处人民币 5 万元罚款。

大数据在金融领域应用越来越广泛和深入，我国的金融数据化建设不断推进，金融大数据创新体系不断完善。以网络借贷、第三方征信等为代表，多种金融创新业态不断涌现。在金融创新的浪潮中，金融数据资源作为业务创新的基础，其潜能不断被挖掘，价值受到越来越高的重视；金融数据成了金融行业各方机构争相争夺的基础资源，如部分金融 APP 违规收集和使用客户信息、金融机构泄露客户信息、网络借贷平台侵害金融消费者隐私权等。

近年来，多家银行保险机构因违规收集使用个人信息、客户信息管理不善等问题被罚，2020 年中国建设银行、中国农业银行、中国银行的 6 家分支行因侵害消费者个人信息依法得到保护的权利等，被中国人民银行合计罚款达 4087 万元。2020 年 4 月 23 日，中国银保监会浙江舟山监管分局发布两条罚单。浙江岱山农商银行因违规泄露客户信息，被罚款人民币 30 万元。该银行员工王某亮对泄露客户信息负有主要责任，被禁止从事银行业工作 3 年。2020 年 8 月 5 日，上海银保监披露招商银行股份有限公司信用卡中心、交通银行股份有限公司太平洋信用卡中心各被罚 100 万元，被罚原因均涉及客户个人信息未尽安全保护义务。2021 年 3 月 19 日，银保监会网站公布行政处罚决定书，中信银行因客户信息保护不到位等问题，作出罚款 450 万元的处罚决定，认定的具体违法行为包括：一是客户信息保护体制机制不健全；柜面非密查询客户账户明细缺乏规范、统一的业务操作流程与必要的内部控制措施，乱象整治自查不力。二是客户信息收集环节管理不规范；客户数据访问控制管理不符合业务"必须知道"和"最小授权"原则；查询客户账户明细事由不真实；未经客户本人授权查询并向第三方提供其个人银行账户交易信息。三是对客户敏感信息管理不善，致其流出至互联网；违规存储客户敏感信息。四是系统权限管理存在漏洞，重要岗位及外包机构管理存在缺陷。中国人民银行上海总部 2022 年 1 月 10 日公布的行政处罚信息显示，东亚银行（中国）有限公司因违反信用信息采集、提供、查询及相关管理规定，被处以 1674 万元罚款，责令限期改正。2022 年 3 月 8 日，根据中国人民银行上海分行行政处罚信息公示，星展银行（中国）有限公司因存在未按规定履行客户身份识别义务、违反信用信息采集、提供、查询及相关管理规定等四项违规行为，被给予警告，并处罚款人民币 203.6 万元；时任星展银行风险管理部个人信贷部经理汪瑜则对"违反信用信息采集、提供、查询及相关管理规定"负有责任，被罚款 3.9 万元。

目前金融行业最普遍的数据违规现象大多集中在金融信息收集、保存、使用和对外提供当中。就行政处罚对象而言，包括国有六大行、股份制银行，以及城商行、村镇行、信用社等。可以说银行在个人金融信息保护相关违规问题上存在普遍性。

随着相关案例的出现，法律法规、规章制度也在不断完善，如《网络安全法》《数据安全法》《个人信息保护法》《个人金融信息保护技术规范》《金融数据安全数据生命周期安全规范》《金融数据安全 数据安全分级指南》《金融数据安全 数据安全评估规范（征求意见稿）》等一系列法律法规和标准规范发布。

总之，随着国家对个人信息的保护、金融行业数据合规的重视程度不断增强，人们对数据安全的保护意识也不断刷新。数据合规治理一方面有利于维护金融机构与客户之间的良好关系，另一方面可以防止金融机构陷入法律风险之中，因此，金融机构一定要对数据安全合规更加重视，在相关法律法规、规章制度等方面还需完善。

三、金融数据安全合规指引

随着金融科技和数字经济的快速发展，金融数据呈现出巨大的应用和商业价值，但金融数据又与国家金融安全、个人金融信息保护密切相关，如何在金融数据流通与数据保护之间谋求最佳平衡点成为核心问题。《数据安全法》第 21 条提出"国家建立数据分类分级保护制度"，各地区、各部门应当按照数据分类分级保护制度，确定本地区、本部门以及相关行业、领域的重要数据具体目录，对列入目录的数据进行重点保护。这也意味着，对于不同行业、领域所涉及的重要数据目录的制定权主要由部门及地区来具体落实。金融数据复杂多样，对其实施统一的分级管理，不仅能够进一步明确数据保护对象，有助于金融业机构合理分配数据保护的资源与成本，而且能有效促进数据在机构之间、行业之间的安全共享，有利于金融行业数据价值的挖掘与实现。2020年9月23日，中国人民银行发布《金融数据安全 数据安全分级指南》这一行业标准，规定了金融数据安全分级的目标、原则和范围以及数据安全定级的要素、规则、过程。需注意的是，证券期货行业数据分类分级标准则采用2018年9月27日中国证监会发布的《证券期货业数据分类分级指引》。

（一）金融数据安全定级及要素识别

金融数据安全性遭到破坏后可能造成的影响（如可能造成的危害、损失或潜在风险等）是确定数据安全级别的重要判断依据，主要考虑影响对象和影响程度两个要素。影响对象是指金融业机构数据安全性遭受破坏后受到影响的对象，包括国家安全、公众权益、个人隐私、企业合法权益等。影响程度是指金融业机构数据安全性遭到破坏后所产生影响的大小，从高到低分为严重损害、一般损害、轻微损害和无损害。影响程度的确定需要综合考虑数据类型、数据特征与数据规模等因素，并结合金融业务属性确定数据安全性遭到破坏后的影响程度。

表10-3　金融数据安全定级影响程度说明

影响程度	参考说明
严重损害	（1）可能导致危及国家安全的重大事件，发生危害国家利益或造成重大损失的情况； （2）可能导致严重危害社会秩序和公共利益，引发公众广泛诉讼等事件，或者导致金融市场秩序遭到严重破坏等情况； （3）可能导致金融业机构遭到监管部门严重处罚，或者影响重要/关键业务无法正常开展的情况； （4）可能导致重大个人信息安全风险、侵犯个人隐私等严重危害个人权益的事件

续表

影响程度	参考说明
一般损害	（1）可能导致危害社会秩序和公共利益的事件，引发区域性集体诉讼事件，或者导致金融市场秩序遭到破坏等情况； （2）可能导致金融业机构遭到监管部门处罚，或者影响部分业务无法正常开展的情况； （3）可能导致一定规模的个人信息泄露、滥用等安全风险，或对个人权益可能造成一定影响的事件
轻微损害	（1）可能导致个别诉讼事件，使金融业机构经济利益、声誉等轻微受损； （2）可能导致金融业机构部分业务临时性中断等情况； （3）可能导致超出个人客户授权加工、处理、使用数据等情况，对个人权益造成部分或潜在影响
无损害	对企业合法权益、个人隐私等不造成影响，或仅造成微弱影响但不会影响国家安全、公众权益、金融市场秩序或者金融业机构各项业务正常开展

通过综合考虑数据保密性、完整性和可用性的影响评估结果，用以识别数据安全定级关键要素，即作为最终数据安全级别评定时所使用的主要影响对象和影响程度，并按照数据定级规则进行数据安全级别的评定。这里的数据安全影响评估包括结合数据类型、数据内容、数据规模、数据来源、机构职能和业务特点等因素，对数据的保密性、完整性、可用性遭受破坏后所造成的影响进行评估。保密性影响评估，即通过评价数据遭受未经授权的披露可能对国家安全、公众利益、个人隐私及企业合法权益造成的影响，以及机构继续使用这些数据可能产生的影响进行评估。完整性影响评估，即通过评价数据遭受未经授权的修改或毁损可能对国家安全、公众利益、个人隐私及企业合法权益造成的影响，以及机构继续使用这些数据可能产生的影响进行评估。可用性影响评估，即通过评价数据以及经组合或融合形成的各类数据出现访问或使用中断所造成的影响，以及机构无法正常使用这些数据可能产生的影响进行评估。

（二）金融数据安全级别

根据金融业机构数据安全性遭到破坏后的影响对象和所造成的影响程度，将金融数据安全级别从高到低划分为五级。对于重要数据的安全等级不应低于五级。同时结合《金融数据安全 数据安全分级指南》附录 C 中对于重要数据的定义，即指我国政府、企业、个人在境内收集、产生的不涉及国家秘密，但与国家安全、经济发展以及公共利益密切相关的数据，一旦未经授权披露、丢失、滥用、篡改或销毁，或汇聚、整合、分析后，可能造成危害国家安全、国防利益，破坏国际关系，危害国家财产、社会公共利益和个人合法利益，危害国家关键基础设施、关键信息基础设施、政府系统信息系统安全，影响或危害国家经济秩序和金融安全，可分析出国家秘密或敏感信息等后果。

表 10-4　金融数据安全定级规则

最低安全级别参考	金融数据定级要素		金融数据一般特征
	影响对象	影响程度	
五级	国家安全	严重损害/一般损害/轻微损害	（1）重要数据，通常主要用于金融业大型或特大型机构、金融交易过程中重要核心节点类机构的关键业务使用，一般针对特定人员公开，仅为必须知悉的对象访问或使用； （2）数据安全性遭到破坏后，对国家安全造成影响，或对公众权益造成严重影响
	公众权益	严重损害	
四级	公众权益	一般损害	（1）数据通常主要用于金融业大型或特大型机构、金融交易过程中重要核心节点类机构的重要业务使用，一般针对特定人员公开，且仅为必须知悉的对象访问或使用； （2）个人金融信息中的 C3 类信息； （3）数据安全性遭到破坏后，对公众权益造成一般影响，或对个人隐私或企业合法权益造成严重影响，但不影响国家安全
	个人隐私	严重损害	
	企业合法权益	严重损害	
三级	公众权益	轻微损害	（1）数据用于金融业机构关键或重要业务使用，一般针对特定人员公开，且仅为必须知悉的对象访问或使用； （2）个人金融信息中的 C2 类信息； （3）数据安全性遭到破坏后，对公众权益造成轻微影响，或者对个人隐私或企业合法权益造成一般影响，但不影响国家安全
	个人隐私	一般损害	
	企业合法权益	一般损害	
二级	个人隐私	轻微损害	（1）数据用于金融业机构一般业务使用，一般针对受限对象公开，通常为内部管理且不宜广泛公开的数据； （2）个人金融信息中的 C1 类信息； （3）数据安全性遭到破坏后，对个人隐私或企业合法权益造成轻微影响，但不影响国家安全、公众权益
	企业合法权益	轻微损害	

最低安全级别参考	金融数据定级要素		金融数据一般特征
	影响对象	影响程度	
一级	国家安全	无损害	（1）数据一般可被公开或可被公众获知、使用； （2）个人金融信息主体主动公开的信息； （3）数据安全性遭到破坏后，可能对个人隐私或企业合法权益不造成影响，或仅造成微弱影响但不影响国家安全、公众权益
	公众权益	无损害	
	个人隐私	无损害	
	企业合法权益	无损害	

值得注意的是，上述金融数据安全级别都有一定的时效性，金融业机构需按照级别变更并结合具体场景对数据级别进行及时的调整。另外，如果出现数据汇聚融合、数据脱敏等情形，也会导致数据发生升降级。比如，生产数据脱敏后用于金融业机构内部业务经营或管理工作，数据安全级别将从三级降为二级；数据汇聚融合后具有高敏感性，则应提升数据安全级别。

（三）组织及制度保障

金融业机构应建立数据分级工作的相关制度，包括数据分级的目标和原则、所涉及的部门及职责、数据分级的方法和具体要求、数据分级的日常管理流程和操作规程、相关绩效考核和评价机制等。同时，还应确定数据安全管理的最高决策机构，设立并明确相关部门及其职责，确定本机构数据分级工作的领导组织及其负责人、数据分级工作的管理部门及其负责人等。

金融业机构所处理的数据中如果包括重要数据，按照《数据安全法》的要求应当明确数据安全负责人和管理机构。按照《网络安全法》的规定，当金融业机构被认定为关键信息基础设施运营者，除了履行一般网络运营者有关网络安全保护义务外，还要承担更重义务，如设置专门安全管理机构和安全管理负责人，并对该负责人和关键岗位的人员进行安全背景审查；定期对从业人员进行网络安全教育、技术培训和技能考核；对重要系统和数据库进行容灾备份；制定网络安全事件应急预案，并定期进行演练等。

第二节　人脸识别数据的合规

一、人脸识别数据概述

根据《民法典》第 1034 条第 2 款规定，个人信息包括自然人的生物识别信息，人脸识别数据可以归类到生物识别信息的范畴。根据《个人信息保护法》第 28 条第 1 款规定，敏感个人信息包括生物识别信息，故生物识别信息是一旦泄露或者非法使用，容易导致自然人的人格尊严受到侵害或者人身、财产安全受到危害的个人信息。而《深圳经济特区数据条例》对生物识别数据直接作出界定，其是指对自然人的身体、生理、行为等生物特征进行处理而得出的能够识别自然人独特标识的个人数据，包括自然人的基因、指纹、声纹、掌纹、耳廓、虹膜、面部识别特征等数据。处理生物识别数据的，应当在征得该自然人明示同意时，提供处理其他非生物识别数据的替代方案。但是，处理生物识别数据为处理个人数据目的所必需，且不能为其他个人数据所替代的除外。2021 年 1 月最高人民检察院印发的《人民检察院办理网络犯罪案件规定》也给出了生物识别信息的定义，即"计算机利用人体所固有的生理特征（人脸、指纹、声纹、虹膜、DNA 等）或者行为特征（步态、击键习惯等）来进行个人身份识别的信息"。

人脸识别数据还涉及民事主体的肖像权。肖像权是民事主体享有的人格权，自然人享有肖像权，有权依法制作、使用、公开或者许可他人使用自己的肖像。肖像是通过影像、雕塑、绘画等方式在一定载体上所反映的特定自然人可以被识别的外部形象。民事主体可以将自己的肖像等许可他人使用，但是依照法律规定或者根据其性质不得许可的除外。在地方立法层面，《杭州市物业管理条例》《天津市社会信用条例》等明令禁止在未告知情况下获取人脸数据等生物识别数据的行为。

总之，在《个人信息保护法》的视野下，人脸识别数据作为敏感个人信息的处理规则，除遵守个人信息的一般原则之外，还需要遵守敏感个人信息处理的特殊规则。只有在具有特定的目的和充分的必要性，并采取严格保护措施的情形下，个人信息处理者方可处理人脸信息。不同于非敏感个人信息的告知同意规则，处理人脸信息应当取得个人的单独同意，还应当向个人告知处理人脸信息的必要性以及对个人权益的影响。在公共场所安装图像采集、个人身份识别设备，应当为维护公共安全所必需，遵守国家有关规定，并设置显著的提示标识。所收集的个人图像、身份识别信息只能用于维护公共安全的目的，不得用于其他目的，取得个人单独同意的除外。

二、人脸数据处理活动的司法规制

实践中，处理人脸信息构成侵害人格权益的情形时有发生。为了给相关民事案件的审判提供裁判指引，2021 年 7 月 27 日最高人民法院发布《关于审理使用人脸识别技术处理个人信息相关民事案件适用法律若干问题的规定》（简称《人脸信息司法解释》），该司法解释在最高人民法院审判委员会的通过时间是 2021 年 6 月 8 日，当时《个人信息保护法》（二审稿）已经对外公布征求意见，并在 2021 年 8 月 17 日第十三届全国人大常委会第三十次会议上继续审议，有望表决通过。《人脸信息司法解释》的发布时间在《个人信息保护法》出台之前，制定的依据有《民法典》《网络安全法》《消费者权益保护法》《电子商务法》等，与侵害个人信息纠纷法律适用密切相关的《个人信息保护法》却并没有得到遵从和适用。《人脸信息司法解释》急于出台可能是基于《个人信息保护法》的立法进程存在一定的不确定性。随着郭兵诉杭州野生动物世界人脸识别第一案的二审宣判，人民法院审理人脸信息侵权纠纷存在紧迫性。据最高人民法院披露，在《民事案件案由规定》正式引入个人信息保护纠纷案由之后，截止到 2021 年 6 月 30 日，各级人民法院以个人信息保护纠纷案由立案的一审案件已经多达 192 件，并不包括以合同纠纷提起的涉及人脸识别的案件。

《人脸信息司法解释》确立了"人脸信息"属于《民法典》中的"生物识别信息"，以侵权和违约等常见争议解决为落脚点，除了民事侵权责任等裁判标准的实体规定之外，也包括诉前禁令、举证责任等程序性规定。虽然其性质是法院适用的司法解释，但在为信息主体提供切实的权利保障之余，也为市场主体依法使用人脸识别技术提供了合规指南。

首先，《人脸信息司法解释》从正反两方面规定侵害人脸信息的民事责任和免责事由，第 2 条规定了属于侵害自然人人格权益的八种信息处理者处理人脸信息的情形，主要包括违法和违约两个角度。违法情形包括违反法律和行政法规使用人脸识别技术及违背公序良俗处理人脸信息。违约情形包括违反约定而未获有效的单独同意或书面同意，及违背双方约定的处理人脸信息的目的、方式、范围而处理人脸信息。第 5 条列出了五种侵犯人脸信息的免责事由，而《个人信息保护法》（二审稿）是将相关情形作为信息处理者可以不经个人同意处理个人信息的例外。换言之，在信息处理者不经个人同意径直处理个人信息的情况下，也存在侵害个人信息而承担民事责任的可能。即便是应对突发公共卫生事件或维护公共安全的目的，如果对个人信息的处理违背合法正当必要等基本原则，或有违安全管理义务，造成个人信息的泄露和非法传输的，也可能需要承担侵权责任。因此，《人脸信息司法解释》第 5 条不能机械地单独适用，应结合第 2 条中认定侵权的违法情形进行综合判断。

其次，《人脸信息司法解释》对于处理人脸信息的"单独同意"作出进一步澄清。信息处理者不得以与其他授权捆绑等方式要求自然人同意处理其人脸信息，也不得强迫或者变相强迫自然人同意处理其人脸信息。单独同意应建立在自愿、明确的前提下，即同意应当由个人在充分知情的前提下自愿、明确作出。此外，单独同意也会面临信息处理者要求自然人同意处理其人脸信息才提供产品或者服务的情形，但是需要区分处理人脸信息是否属于提供产品或者服务所必需。此处可参考国家网信办、工信部、公安部、国家市场监管总局四部门于 2021 年 3 月发布的《常见类型移动互联网应用程序必要个人信息范围规定》。个人信息处理者处理人脸信息等敏感个人信息的，应当向个人告知处理敏感个人信息的必要性以及对个人的影响。申言之，在取得信息主体单独同意或书面同意之前，人脸信息处理的必要性或不可或缺性应该得到解释和充分告知。延续这一思路，物业服务企业或者其他建筑物管理人不得以人脸识别作为业主或者物业使用人出入物业服务区域的唯一验证方式，不同意的业主或者物业使用人可以请求其提供其他替代的合理验证方式。

再次，《人脸信息司法解释》规定了侵害人脸信息的侵权救济程序。自然人为制止非法处理人脸信息的侵权行为所支付的合理开支，可以认定为财产损失。合理开支包括该自然人或者委托代理人对侵权行为进行调查、取证的合理费用。根据当事人的请求和具体案情，人民法院可以将合理的律师费用计算在赔偿范围内。在受害个体获得财产性赔偿数额十分有限的侵犯个人信息民事案件中，支持维权开支对于鼓励受害者维权具有积极意义，这种激励政策的效果在知识产权维权制度中已经得到充分体现。此外，《人脸信息司法解释》还支持受害人对信息处理者正在实施或者即将实施侵害人脸信息的行为申请行为保全，请求人民法院依法作出人格权侵害禁令，以防止受害人的合法权益受到难以弥补的损害。

最后，《人脸信息司法解释》肯定了个人信息公益诉讼制度的构建的必要性。由于我国集体诉讼制度的缺失，基于同一信息处理者处理人脸信息侵害自然人人格权益发生的纠纷，多个受害人分别向同一人民法院起诉的，经当事人同意，人民法院方可合并审理。实践中，由于网络侵权管辖连接点导致的"被告就原告"的现象较为普遍，受害人可能在本地法院起诉，而非信息处理者的住所地。因此，各地法院针对同样的侵权行为如何保持相同的裁判尺度，也是裁判中面临的现实问题。由个体发动对于侵犯人脸信息的处理者的私力救济存在诸多困难，如调查取证等专业力量不对称。《人脸信息司法解释》第14条支持"法律规定的机关和有关组织"可以作为原告对信息处理者发起公益诉讼。"法律规定的机关和有关组织"在《个人信息保护法》中具体表述为：人民检察院、履行个人信息保护职责的部门和国家网信部门确定的组织。这意味着人脸信息公益诉讼作为私益诉讼的重要补充得到认可。

三、人脸识别数据的合规指引

除了《个人信息保护法》、《数据安全法》和《人脸信息司法解释》等法律规范的规制，我国还有 GB/T 37036.3-2019《信息技术 移动设备生物特征识别 第3部分：人脸》和《信息安全技术 人脸识别数据安全要求》等标准文件对人脸信息处理活动作出规范。

2019年10月18日发布并于2020年5月1日实施的 GB/T 37036.3-2019《信息技术 移动设备生物特征识别 第3部分：人脸》给出了移动设备人脸识别系统的技术架构，规定了移动设备人脸识别的业务流程、功能要求、性能要求和安全要求。该标准适用于移动设备人脸识别系统的设计、生产、集成与应用。2021年4月，全国信息安全标准化技术委员会归口的《信息安全技术 人脸识别数据安全要求》国家标准现已形成标准征求意见稿，并向社会公开征求意见。2022年12月，《信息安全技术 人脸识别数据安全要求》（GB/T 41819-2022）全文正式发布，并于2023年5月1日生效实施。

针对人脸信息处理活动的基本安全要求，数据控制者应当遵循法律和国家标准的强制性要求。数据控制者在处理人脸识别数据时应遵循最小必要原则，并采取安全措施确保数据主体权利，包括但不限于获取人脸识别数据使用情况、撤回授权、注销账号、投诉、获得及时响应等。遵守知情同意的基本原则，不应收集未授权自然人的人脸图像。数据控制者应具备与其所处理人脸识别数据的数量规模、处理方式等相适应的数据安全防护和个人信息保护能力。

在开展人脸验证或人脸识别时，应至少满足以下要求：（1）非人脸识别方式安全性或便捷性显著低于人脸识别方式；（2）原则上不应使用人脸识别方式对不满 14 周岁的未成年人进行身份识别；（3）应同时提供非人脸识别的身份识别方式，并提供给数据主体选择使用；（4）应提供安全措施保障数据主体的知情同意权；（5）人脸识别数据不应用于除身份识别之外的其他目的，包括但不限于评估或预测数据主体工作表现、经济状况、健康状况、偏好、兴趣等。

在收集人脸识别数据时，数据控制者应向数据主体告知收集规则，包括但不限于收集目的、数据类型和数量、处理方式、存储时间等，并征得数据主体明示同意。在自然人拒绝使用人脸识别功能或服务后，不应频繁提示以获取自然人对人脸识别方式的授权同意，不应因数据主体不同意收集人脸识别数据而拒绝数据主体使用基本业务功能。用于采集人脸识别数据的设备应遵循相关标准要求。在公共场合收集人脸识别数据时，应设置数据主体主动配合人脸识别的机制，例如要求数据主体直视收集设备并做出特定姿势、表情，或者通过标注"人脸识别"的专用收集通道等。在满足应用场景安全要求前提下，应仅收集用于生成人脸特征所需的最小数量、最少图像类型的人脸图像。

存储人脸数据的数据控制者在发生以下情况时，应删除人脸识别数据或进行匿名化处理：（1）数据主体明示停止使用功能、服务，或撤回授权；（2）数据主体授权的存储期限到期；（3）数据控制者无法提供或停止提供服务；（4）其他应删除人脸图像或进行匿名化处理的情况。数据控制者应采取安全措施存储和传输人脸识别数据，包括但不限于加密存储和传输人脸识别数据、采用物理或逻辑隔离方式分别存储人脸识别数据和个人身份信息等。

数据控制者不应存储人脸图像，经数据主体单独书面授权同意的除外。书面授权形式包括通过合同书、信件、电报、传真、电子数据交换和电子邮件方式进行授权。

对于人脸识别数据的使用，数据控制者需满足以下条件：（1）应在完成验证或辨识后立即删除人脸图像。（2）应生成可更新、不可逆、不可链接的人脸特征。其中，可更新指从同一人脸图像可产生不同的人脸特征。当特定人脸特征泄露时，可重新生成不同的人脸特征。不可逆指无法从人脸特征恢复人脸图像。不可链接指根据同一人脸图像产生的不同人脸特征之间不具备关联性。（3）应具备防护呈现干扰攻击的能力。呈现干扰攻击主要包括使用人脸照片、纸质面具、人脸视频、人脸合成动画、仿真人脸三维面具等攻击和干扰人脸识别。（4）在本地和远程人脸识别方式均适用时，应使用本地人脸识别。本地人脸识别是在采集终端中完成人脸识别数据的采集和人脸识别。远程人脸识别是通过采集终端完成人脸识别数据采集，并在服务器端完成人脸识别。

原则上，数据控制者不应公开披露人脸识别数据，不应共享、转让人脸识别数据。因业务需要，确需共享、转让的，应按照《个人信息保护法》、《数据安全法》和《信息安全技术——个人信息安全影响评估指南》开展安全评估，并单独告知数据主体共享或转让的目的、接收方身份、接收方数据安全能力、数据类别、可能产生的影响等相关信息，并征得数据主体的书面授权。

原则上，不应通过委托处理人脸数据，确需委托处理的，应在委托处理前审核受委托者的数据安全能力，并对委托处理行为开展个人信息安全影响评估。

四、典型案例

（一）案例一

在人脸识别第一案郭兵诉杭州野生动物世界有限公司服务合同纠纷案[1]中，二审法院认定：野生动物世界欲将其已收集的照片激活处理为人脸识别信息，超出事前收集目的，违反了正当性原则，应当删除郭兵办卡时提交的包括照片在内的面部特征信息；野生动物世界停止使用指纹识别闸机，致使原约定的入园服务方式无法实现，亦应当删除郭兵的指纹识别信息，故增判

---

[1] 参见杭州市富阳区人民法院（2019）浙 0111 民初 6971 号民事判决书，杭州市中级人民法院（2020）浙 01 民终 10940 号民事判决书。

野生动物世界删除郭兵办理指纹年卡时提交的指纹识别信息；郭兵在知悉野生动物世界指纹识别店堂告示内容的情况下，自主作出办理年卡的决定并提供相关个人信息，该店堂告示对双方均具约束力，且不符合格式条款无效的法定情形；而人脸识别店堂告示并非双方的合同条款，对郭兵不发生效力。

野生动物世界在涉指纹识别的"年卡办理流程"中规定"至年卡中心拍照"，郭兵亦同意在办卡时拍摄照片，但提供照片仅系为了配合指纹年卡的使用，不应视为其已授权同意野生动物世界将照片用于人脸识别。野生动物世界虽自述其并未将收集的照片激活处理为人脸识别信息，但其欲利用收集的照片扩大信息处理范围，超出事前收集目的，违反了正当性原则。同时，鉴于收集照片与人脸识别利用的特定关系，野生动物世界又以短信通知等方式要求郭兵激活人脸识别，表明其存在侵害郭兵面部特征信息之人格利益的可能与危险。

自然人的个人信息受法律保护。经营者以收集、存储、使用等方式处理个人信息时，应当遵循合法、正当、必要原则，明示收集、使用信息的目的、方式和范围，并征得个人同意。生物识别信息作为敏感的个人信息，深度体现自然人的生理和行为特征，具备较强的人格属性，一旦被泄露或者非法使用，可能导致个人受到歧视或者人身、财产安全受到不测危害，故更应谨慎处理和严格保护。

人脸识别信息相比其他生物识别信息而言，呈现出敏感度高，采集方式多样、隐蔽和灵活的特性，不当使用将给公民的人身、财产带来不可预测的风险，应当作出更加严格的规制和保护。经营者只有在消费者充分知情同意的前提下方能收集和使用人脸识别信息，且须遵循合法、正当、必要原则。

（二）案例二

意大利隐私保护局（Garante della privacy）在 2021 年分别收到隐私保护组织和个人基本权利保护组织关于 Clearview AI 面部识别产品的两项警告，四次收到针对 Clearview AI 的个人投诉。意大利隐私保护局随即对 Clearview AI 公司展开调查和评估。

Clearview AI 是一家注册地在美国的企业，旨在为企业、大学、个人和司法活动提供面部识别产品，他们可以运用算法将人脸和网络数据库中超过 200 亿的照片进行比对。从技术角度而言，他们通过网络爬取技术，从社交媒体如 Twitter 和 Facebook、博客以及一般有公开照片的网站收集图片，或者从在线视频如 Youtube 中收集。收集的图像将使用生物识别技术进行处理以提取每个人的识别特征，将其转化为"矢量标识"，再由多个向量组成表征进行哈希化（Hash），形成每张图片唯一的标识符（相当于面部指纹），以便于数据库检索。每张图片都可以用相关元数据（如图片或网页标题、来源链接、地理位置、性别、出生日期、国籍）等进行匹配，这意味着当软件识别出一个匹配图像时，就可以从数据库中提取所有相关图片，并将其与相关元数据和链接提供给使用检索服务的客户，从而使得每个来源页面都能被追踪。即便是原始照片或参考网页被删除或锁定为私人，软件收集的图像仍留存在数据库中。

Clearview AI 公司在收到意大利隐私保护局调查函后，其辩称：第一，它采取了阻止意大利及欧洲 IP 地址访问平台的技术措施，这意味着该公司并未在意大利提供产品和服务。第二，该公司的产品为图像检索应用程序，提供第三方网站链接的搜索结果，因此不会长期跟踪或检测个人，与谷歌搜索的技术类似，而且通过面部信息无法推导出个人信息，也不会出现位置信息、浏览器历史等行为活动。若运用 Clearview AI 软件的企业或个人根据面部信息确定自然人现在或将来的行为特征，则他们是数据控制者，独立于 Clearview AI 公司。第三，关于图片中的地理位置数据，地理定位仅指嵌入照片中的位置元数据，表明了照片的拍摄地点，Clearview AI 公司不向客户提供这种位置元数据，但如果在线照片中嵌入了位置元数据，则客户在使用照片的 URL 链接时可以直接获得地理位置数据。

意大利隐私保护局调查认为，Clearview AI 适用《通用数据保护条例》并应受相应处罚。首先，在适用性上，隐私保护局援引数据保护委员会《关于地域范围的第 3/2018 号指引》中的意见，即"决定处理方式和目的的控制者，若其行为表明其有意向对位于欧盟的数据主体提供商品或服务"以及《通用数据保护条例》前言第 23 项指出，网站的可访问性、电子邮件地址或联系方式、或使用控制者所在第三国的通用语言都不足以确认这种意图，但如果是适用一种在一个或多个成员国习惯使用的语言或货币，并有可能以相应语言订购商品和服务，或者提到欧盟的客户或用户，则可能表明控制者有向欧盟的数据主体提供商品或服务的意图。在本案中，Clearview AI 与瑞典签订的协议明确规定，若发生争议，则欧洲经济区或瑞士居民可以通过各自国家的数据保护机构进行投诉，而且约定采取适当的保障措施来保护从欧洲区域内流出的个人数据。其次，从其服务提供内容而言，Clearview AI 所进行的数据处理活动，主要是对收集图像进行技术上再处理而使其成为"生物识别数据"，所以该公司向客户提供的数据不仅是互联网可获取的照片，还包括从这些照片中提取的信息，包括地理位置元数据以及分析人脸而形成的生物识别数据。有关信息不断被补充进 Clearview AI 的数据库中，随着时间的推移，这些信息也反映了同一主体的物理变化。因此他们的数据处理行为可被理解为通过互联网追踪和分析来对数据主体的行为进行监测。

对于 Clearview AI 是否属于数据控制者的疑问，Clearview AI 公司在收集和处理图像的过程中，定义了收集的方法和来源，创建了用矢量量化图片的算法并确定了相应的归档函数，从而确定有关元数据以便提高检索结果的精确度，也就是说，他们能自主决定提供面部识别服务的目的和基本要素。除此之外，Clearview AI 公司还在其 2021 年 3 月的隐私政策中强调其数据控制者的身份，例如数据处理的法律依据、相关方的权利、信息主体可行使权利的方式等等。综上，Clearview AI 公司可以决定数据处理的目的和方法，应被视为数据控制者。

作为数据控制者，首先需考量信息的获取合法性问题，数据的公开并不意味着第三方收集这些数据的行为具有合法性，即便使用开源技术从免费公开的来源获取数据，也需在充分的法律依据下进行。此外，数据主体在社交媒体及其他互联网平台中公布个人数据，并不意味着第三方可以自由地再使用这些数据，尤其是不能将其在互联网上公布并被无限量的人所访问。[1]在本案中，Clearview AI 对于数据的爬取行为缺乏合法性依据。

意大利数据保护局同时对投诉中的数据主体查阅权未得到保障、未按照《通用数据保护条例》要求委派一名欧盟境内的代表等进行调查，最终判定 Clearview AI 公司存在违反数据处理合法性、目的明确性、存储最小化原则，敏感数据处理不当，未保障信息透明度以及未设立代表人等一系列违法行为，考虑到数据性质、违法行为严重程度、数据体量等，意大利数据保护局要求 Clearview AI 承担 2000 万欧元罚款处罚，禁止通过网络爬取技术进一步收集有关意大利境内人员的图像和相关元数据，禁止通过面部识别系统进一步处理意大利境内人员的一般数据和生物识别数据，要求删除其面部识别系统中

---

〔1〕 参见欧盟法院 C-101/01 号案件，2003 年 11 月 6 日，第 47 段。

有关意大利境内人员的数据，及时配合数据主体行使其权利，以及要求在欧盟境内指定一名代表。

第三节　数据挖掘活动的合规

由于数据确权并不明确，市场主体之间相互挖掘数据的行为较为常见，其合法性判断涉及数据保护措施、数据属性、数据类型等多重因素的综合考虑。数据挖掘本意是指从大量的数据中通过算法搜索隐藏于其中信息的过程，但在实践中经常指通过爬虫等手段获取他人数据的活动。因此，数据挖掘对应着法定数据处理活动中的收集、使用和传输等行为。

一、Robots 协议的法律效力

数据挖掘和爬虫技术的存在对互联网行业至关重要，诸多网络应用和业务模式依赖于爬虫技术，行业总体上对网络爬虫持开放态度。其中，表现在普遍遵守作为国际通行的行业惯例与商业规则的机器人协议。机器人协议（robots 协议）是指互联网网站所有者使用 robots. txt 文件，向网络机器人（Web robots）给出网站指令的协议。

机器人协议的全称是"机器排除标准"（Robots Exclusion Protocol），即拒绝或排除机器人协议，其本质是保障数据主机的自我保护机制。这是由于互联网发展初期，网站主机的硬件资源和网络带宽十分有限，如果爬虫机器人使用比率畸高，普通网络用户访问时会遭遇网络拥堵，访问速度和用户体验会大大下降。因此，机器人协议本质是数据主机和搜索引擎爬虫之间的一种沟通方式，数据主机通过爬虫协议列出允许抓取自己的页面或数据的网络搜索服务提供商名单（白名单）和禁止抓取自己的页面的网络搜索服务提供商名单（黑名单），二者可择一设置或同时适用。

综上，机器人协议并不是法律上的合同或协议，而是网站编写的技术规范，通过内嵌的程序代码单方宣示是否"准许"网络爬虫爬取数据。单纯的机器人协议本身并非技术措施，客观上无法起到强制禁止访问的技术效果。

尽管如此，机器人协议如同具有法律实施效果的软法或由代码所执行的法律，得到了普遍遵守。2012 年 11 月 1 日，由百度、即刻搜索、盘古搜索、奇虎 360、盛大文学、搜狗、腾讯、网易、新浪、宜搜、易查无限、中搜 12

家中国企业发起并签署《互联网搜索引擎服务自律公约》（简称《自律公约》），其中规定了："互联网站所有者设置机器人协议应遵循公平、开放和促进信息自由流动的原则，限制搜索引擎抓取应有行业公认合理的正当理由，不利用机器人协议进行不正当竞争行为，积极营造鼓励创新、公平公正的良性竞争环境。"对于违反 robots 协议抓取的内容，《自律公约》要求爬虫方在收到权利人符合法律规定的通知后，及时删除、断开侵权链接。这与《数据安全管理办法》规制"自动访问技术"的"指示停止"规则是一脉相承的。Robots 协议只涉及搜索引擎抓取网站信息的行为是否符合公认的行业准则的问题，不能回答搜索引擎抓取网站信息后的使用行为是否合法。[1]

然而，行业自律性质的公约毕竟不是法律。遵守 Robots 协议爬取数据不一定能得到法律豁免。反之，也不能认为搜索引擎只要遵守 Robots 协议就一定不构成不正当竞争。法律无法直接依据《自律公约》裁判案件，只能是在没有明确法律依据作为判定双方当事人权利义务边界的情况下，对《自律公约》所体现出的精神予以充分的考虑。[2]

在百度诉 360 案[3]中，百度 Robots 协议不允许 360 爬虫机器人抓取内容产品。而 360 爬虫机器人抓取了百度网站的内容，并作为搜索结果向用户提供。原告百度主张被告 360 公司违反了《自律公约》第 7 条和第 9 条的规定。在《自律公约》签订之日，被告向原告做出要求修改 Robots 协议的主张后，原告在合理期限内未明确提出其拒绝修改 Robots 协议的合理理由并书面告知。故在《自律公约》签订之日后，法院不予支持被告行为的不当性。Robots 协议出现伊始，其目的是解决爬虫机器人访问量对于网站服务器和带宽的沉重负担，以及存储于网站上的诸如用户信息和管理员密码等隐私信息的保护。如今，网站服务器和带宽已经不是大型互联网企业考虑的问题，隐私信息的保护也通过其他技术手段得以实现。因为搜索引擎的推广，相关网站可以获取更多的访问量，也能获得更多的盈利机会，以设置 Robots 协议的方式拒绝

---

[1] 参见上海汉涛信息咨询有限公司与北京百度网讯科技有限公司不正当竞争纠纷案，上海市浦东新区人民法院（2015）浦民三（知）初字第 528 号民事判决书。

[2] 参见北京百度网讯科技有限公司、百度在线网络技术（北京）有限公司诉北京奇虎科技有限公司不正当竞争纠纷案，北京市第一中级人民法院（2013）一中民初字第 2668 号民事判决书。

[3] 参见北京百度网讯科技有限公司、百度在线网络技术（北京）有限公司诉北京奇虎科技有限公司不正当竞争纠纷案，北京市第一中级人民法院（2013）一中民初字第 2668 号民事判决书。

搜索引擎爬虫机器人抓取的行为难以被理解。因此，有学者认为爬虫和被爬数据主机之间构成共生关系或互利关系，并不是简单的寄生或依附关系。[1]

在 HiQ Labs 与 LinkedIn 一案中，LinkedIn，是微软旗下的一个大型职业社交平台，用户可以在 LinkedIn 网站建立个人档案，包括教育背景、工作经历、技能等信息。HiQ 则是一家数据分析公司，HiQ 的商业模式依赖于其从 LinkedIn 爬取的公开数据，再将爬取的数据进行整理分析后，将处理结果出售给相关企业，帮助公司就如何留住和培训员工做出决策。

LinkedIn 所拥有的数据存储于 LinkedIn 系统中，然而，数据本身是由其用户提供给 LinkedIn 的，任何访问 LinkedIn 网站的人都可以访问这些数据。随着越来越多的公司开始爬取 LinkedIn 的数据，LinkedIn 采取了相关措施来禁止数据爬取行为，如在服务协议中明确禁止使用自动化工具，技术上采取 "robots.txt" "Sentinel system" 等爬虫识别系统、IP 禁止访问系统等，但 HiQ 通过利用代理服务的方式来掩盖爬取行为的 IP 地址，从而规避了 LinkedIn 对于这些 IP 地址的阻止措施。

在 HiQ 长期对 LinkedIn 的网站数据进行爬取行为后，2017 年 5 月，LinkedIn 向 HiQ 发送了禁止通知函，并在函中援引了《计算机欺诈与滥用法案》（Computer Fraud and Abuse Act，以下简称 CFAA）。LinkedIn 主张，其自身的服务条款已明确禁止使用自动化工具，因而他们有权通过禁止与数据爬取相关的 IP 地址来强制执行其服务条款，HiQ 不仅违反了 LinkedIn 的服务条款，而且也违反了 CFAA 以及其他相关法律。

而 HiQ 在收到禁止通知函的一周后，申请了临时禁令，以禁止 LinkedIn 阻止 HiQ 访问其数据，并且以反竞争行为起诉 LinkedIn。[2]地区法院基于数据的自由流动及公共利益的考量，向 HiQ 颁发了有利于数据分析公司 HiQ 的初步禁令，第九巡回上诉法院确认了这一禁令，认为 HiQ 已经证明了在没有初步禁令的情况下可能会受到不可挽回的伤害。

此后 LinkedIn 向美国最高法院提出了上诉。2021 年 6 月美国最高法院以 Van Buren 案为由撤销了这一判决，并发回第九巡回上诉法院重审。2022 年 4

---

〔1〕　See Hirschey, Jeffrey Kenneth, Symbiotic Relationships, "Pragmatic Acceptance of Data Scraping", *Berkeley Technology Law Journal*, Vol. 29, 2014.

〔2〕　See Case No. 17 - cv - 03301 - EMC, 04 - 19 - 2021, HIQ LABS, INC., Plaintiff, v. LINKEDIN CORPORATION, Defendant.

月第九巡回法庭仍然坚持颁发禁令。

本案关键争议点在于如何理解 CFAA 规定的"未经授权"（without authorization）。第九巡回法庭重点确认 HiQ 在收到 LinkedIn 的警告信后继续收集和使用 LinkedIn 会员数据的行为，是否构成 CFAA 所述之"未经授权"？首先，针对"授权"这一核心概念，CFAA 并未给出明确定义。第九巡回法庭肯定了最高法院在 Van Buren 案[1]中的认定，即如果有合法访问计算机网络的权利，但出于不正当或未经授权的目的访问该网络，并不违反 CFAA 的规定，也就是说，如果信息是公开网站上，那么就不存在"竖起或放下的闸门"（gates-up-or-down），即不存在限制访问权限的情形，因此也就不属于 CFAA 的规制范围。因此，公司只有在实现设置授权访问的情况下才可以依据 CFAA 请求禁令。第九巡回法庭强调，数据抓取行为的受害者可能根据普通法主张侵犯其财产权。

二、根据挖掘行为合法性的判断

（一）挖掘公开数据具有合法性

一般来说，如果被挖掘的数据是公开信息，从促进信息自由流通的角度，应鼓励信息得到最大程度的传播和分享。在不少数据挖掘不正当竞争案件中，数据处于公开状态也是被告常用的抗辩理由。例如，企业信息查询工具和应用对国家企业信用公示系统的数据挖掘，或者商业裁判文书网站对中国裁判文书网的数据挖掘。但是，如果挖掘公共数据没有及时更新，传播了错误的企业信息，可能构成商业诋毁和不正当竞争。[2]尽管相关数据是公开信息，如果是受到著作权法保护的客体，其挖掘行为依然可能具有违法性。

值得注意的是，《最高人民法院关于审理侵犯商业秘密民事案件适用法律若干问题的规定》第 1 条特别新增列举"数据"作为技术信息的一种，给市场主体提供了从商业秘密角度保护数据的新思路。

（二）区分数据挖掘行为与数据使用行为

市场经营主体之间的数据竞争行为分为数据获取行为和数据利用行为。

---

〔1〕 VanBuren v. United States 案中，法院裁定如果一名前经管在工作期间通过他被授权访问的计算机为工作以外的目的访问存储信息，不能被认定为违反法律。

〔2〕 参见浙江蚂蚁小微金融服务集团股份有限公司、重庆市蚂蚁小微小额贷款有限公司与苏州朗动网络科技有限公司商业诋毁及不正当竞争纠纷案，杭州铁路运输法院（2019）浙 8601 民初 1594 号民事判决书。

以不正当途径获取数据库信息，导致后续数据使用行为也不具有正当性，单独数据利用行为，应当结合行为的方式、手段、目的、后果进行综合分析。[1]

　　挖掘文字作品和视听作品的法律风险，不仅在于数据挖掘行为所形成的复制，更在于后续商业利益目的的使用行为。例如，在爬取小说侵犯文字作品信息网络传播权一案中，爬虫是免费阅读类 App "快读免费小说" 内置的搜索引擎，从正规的网站上将小说内容搬运到被告快读的服务器上，被告单位水滴在线公司以营利为目的，未经著作权人许可，通过信息网络复制发行其文字作品达 1453 部，情节严重，其行为已构成侵犯著作权罪。[2]在另一侵犯文字作品信息网络传播权案中，被告人金某某、潘某合伙成立杭州冰豆科技有限公司（简称冰豆公司），雇佣员工开发安卓手机 App 软件 "免费小说书城"，在该 App 软件上提供各类网络小说的在线阅读服务。被告人潘某负责编写爬虫软件从互联网上抓取小说数据存储至其租用的阿里云服务器内。被告人金某某负责对该软件进行推广并联系广告商在该 App 软件上登载广告，通过用户点击量牟取广告收益。经鉴定，上述阿里云服务器内存储的 3507 部文字作品与玄霆公司同名电子书存在实质性相似。其中《斗罗大陆》等 1024部小说经玄霆公司确认侵犯其信息网络传播权。[3]

　　在爬取视频侵犯电影作品信息网络传播权一案中，被告人段某在互联网上设立视频网站，利用搜索爬虫技术，针对其他视频网站的影视作品设置加框链接，并设置目录、索引、内容简介、排行榜等，吸引用户点击播放，另屏蔽所链影视作品的片头广告，在所设网站网页内发布广告后从网络 "广告联盟" 处收取费用牟利。从 2014 年起至案发，被告人经营 "窝窝电影网" 的广告费收入约为 53 万元，该金额应认定为被告人本案的非法经营额，由于已经超过 25 万元，属于 "有其他特别严重情节"。[4]整个行为从性质看系聚合

---

〔1〕　参见杭州执掌科技有限公司、杭州利导科技有限公司等与浙江中服网络科技有限公司不正当竞争纠纷一审民事，杭州铁路运输法院（2018）浙 8601 民初 956 号民事判决书。

〔2〕　参见某某在线（北京）网络技术有限公司、李某某、王某、徐某某侵犯著作权罪案，上海市浦东新区人民法院（2014）浦刑（知）初字第 24 号刑事判决书。

〔3〕　参见金某某、潘某侵犯著作权犯罪，上海市杨浦区人民法院（2018）沪 0110 刑初 150 号刑事判决书。

〔4〕　参见段某某侵犯著作权犯罪，上海市徐汇区人民法院（2017）沪 0104 刑初 325 号刑事判决书。

内容以后的加框链接，属网络服务提供行为，该行为属于司法解释中"通过信息网络向公众传播他人作品"。

三、判断数据挖掘手段行为的合法性

经营者通过技术手段对其他经营者提供的网络产品功能或服务进行限制或破坏，干扰其他经营者的运营模式和盈利方式，主观上具有过错，破坏竞争秩序和机制，阻碍该网络产品市场的正常、有序发展，减损消费者福祉，应当适用《反不正当竞争法》第 12 条第 2 款第 4 项的规定予以规制。[1]

挖掘计算机信息系统中的数据可能涉及对重要计算机信息系统的侵入，对数据的非法获取、删除修改和增加等行为，这些行为对应着不同的保护法益和刑事罪名。除了爬取数据行为本身，如果提供爬虫技术或工具，专门用于侵入、非法控制计算机信息系统，或者明知他人实施侵入、非法控制计算机信息系统的违法犯罪行为而为其提供爬虫程序、工具，情节严重的，也具有刑事可罚性。

在非法侵入公安交通管理系统案中，被告人李某使用"爬虫"软件，大量爬取全国各地及四川省凉山州公安局交警支队车管所公告的车牌放号信息，之后使用软件采用多线程提交、批量刷单、验证码自动识别等方式，突破系统安全保护措施，将爬取的车牌号提交至"交通安全服务管理平台"车辆报废查询系统进行对比，并根据反馈情况自动记录未注册车牌号，建立"全国未注册车牌号数据库"。[2]李某的行为首先是爬取车管所的"车牌号码信息系统"，并将所爬取的信息提交"车辆报废查询系统"，这两种系统都是属于"国家事务"的计算机信息系统。

保障计算机信息系统数据安全包括确保网络数据的可用性、完整性和保密性。网络爬取数据的行为一般不会影响数据的可用性和完整性，却可能影响数据的保密性，特别是爬取数据后对外公开披露。

非法获取计算机信息系统数据罪中的"情节严重"不同于"后果严重"。非法获取计算机信息系统数据罪的目标是获取数据，手段却各有千秋。例如，

---

〔1〕 参见深圳市腾讯计算机系统有限公司、腾讯科技（深圳）有限公司与斯氏（杭州）新媒体科技有限公司不正当竞争纠纷案，杭州铁路运输法院（2021）浙 8601 民初 309 号民事判决书。

〔2〕 参见李文环、王硕、卢晓燕等非法侵入计算机信息系统罪，四川省德昌县人民法院（2018）川 3424 刑初 169 号刑事判决书。

在非法获取淘宝用户数据案[1]中,被告人翁某通过利用网站漏洞在店铺源码中植入 URL,以获取访问被植入 URL 的淘宝店铺所有淘宝用户的 cookie,非法获取淘宝用户 cookie 达 2600 万余组,被告人黄某利用被告人翁某事先编写的网络爬虫程序读取虚拟队列中的 cookie 并获取淘宝用户的交易订单数据(内容包含用户昵称、姓名、商品价格、交易创建时间、收货人姓名、收货人电话、收货地址等)达 1 亿余条。

在非法爬取公交运行数据案[2]中,被告人为了提高智能公交 App "车来了"(详见第七章)在中国市场的用户量及信息查询的准确度,保证公司更好的经营,伙同他人编写爬虫程序,并不断更换爬虫软件程序内的 IP 地址以防止被察觉,进而利用所设置的不同 IP 地址及爬虫程序向酷米客发出数据请求,最终获取包括谷米公司在内的竞争对手公司服务器里的公交车行驶信息、到站时间等实时数据。

在非法获取视频数据案[3]中,行为人在没有获得授权的情况下,通过破解 App 的加密算法或 API 交互规则,使用伪造的设备 ID 绕过服务器的身份校验,使用伪造的 UA、IP 绕过服务器的访问频率设置等规避或突破系统技术保护措施的手段,突破权限许可获取数据,因而构成非法获取计算机信息系统数据罪。

四、结语

准确界定爬取数据的法律性质和刑事风险并不容易。一是其行为具有两个阶段,分别是数据获取和数据利用,可对每个阶段的行为单独作出法律评价。二是抓取的数据上附着多种不同的法益,包括但不限于计算机信息系统安全和数据安全、公民个人信息、著作权、商业秘密和市场竞争秩序等。获取阶段的非法性认定可能在公法与私法上有不同的看法,各个部门法的保护程度也有很大差异,该阶段非法获取触犯刑事罪名的风险较大。即使爬取数

---

[1] 参见黄后荣、翁秀豪非法获取计算机信息系统数据、非法控制计算机信息系统罪,浙江省杭州市余杭区人民法院(2014)杭余刑初字第 1231 号刑事判决书。

[2] 参见邵凌霜、陈昂、刘江红、刘坤朋、张翔犯非法获取计算机信息系统数据罪,广东省深圳市南山区人民法院(2017)0305 刑初 153 号刑事判决书。

[3] 参见上海晟品网络科技有限公司、侯明强等非法获取计算机信息系统数据案,北京市海淀区人民法院(2017)京 0108 刑初字 2384 号刑事判决书。

据获得权利主体授权或爬取公开数据，非法利用爬取数据的法律评价也涉及不同主体之间的权利保障和利益分配。

数据挖掘和爬虫行为既可能涉及民事侵权、行政违法，也可能构成犯罪。基于维护法秩序与互联网产业健康发展的需要，对爬虫行为的合理刑事规制极为必要。中国刑法对爬虫行为进行了规制：对于个人信息法益的保护提供了侵犯公民个人信息罪；对于计算机信息系统数据安全法益的保护，提供非法侵入计算机信息系统罪和非法获取计算机信息系统数据罪等罪名；对于知识产权法益的保护，提供侵犯著作权罪和侵犯商业秘密罪等。

总之，数据挖掘和网络爬虫并不是互联网行业或内容服务产业的敌人。相反，它将激励和引导互联网行业进入新一轮的自主竞争，数据爬取和知识发现可以转化形成更好的商业模式。由于缺乏实证证据证明网络爬虫造成的危害，法院禁止网络爬虫是不明智和不恰当的。同时，鉴于中国法律对网络爬虫技术和业务发展过程中并没有明确的避风港规则，基于网络安全法等合规干预的手段和法律依据十分充分。

第四节　儿童个人信息处理活动的合规

一、儿童个人信息保护与儿童利益最大化

儿童个人信息保护涉及《民法典》《个人信息保护法》《网络安全法》《数据安全法》等数据处理的一般上位法，还涉及《未成年人保护法》《未成年人网络保护条例（草案）》《儿童个人信息网络保护规定》等面向未成年人或儿童这一特殊群体的保护规范。

相较散落于不同法律中的个人信息保护规范，网信办《儿童个人信息网络保护规定》聚焦于儿童个人信息保护，对法律适用范围、儿童年龄划分、监护人同意、企业法定义务、执法处罚等都作出了明确的特殊规定。相较于成年人个人信息，要求企业在收集和使用儿童个人信息时要承担更重的法律义务。因此，《儿童个人信息网络保护规定》的总体基调便是"强保护"，这是由于法律需要对儿童给予特殊的照顾，与立法特殊保护未成年人的初衷一致。

我国《个人信息保护法》第 28 条第 1 款将"不满十四周岁未成年人的个

人信息"列为"敏感个人信息"。在儿童的年龄划分上，《儿童个人信息网络保护规定》将"儿童"界定为不满14周岁的未成年人，这可能结合了儿童身心发展的实际情况，并参考了国内刑事责任年龄的划分。在我国义务教育体系下，年满14周岁可能达到初中毕业，即完成基本的九年制义务教育，其知识储备和心理认知逐渐成熟。14周岁的划定界线与现有的部分国家标准、行业标准保持了一致。例如，《儿童社会福利机构基本规范》将儿童界定为14周岁及以下的人口；再如《儿童鞋安全技术规范》（GB30585-2014）适用于14周岁及以下儿童。但这种分类本身也存在许多需要澄清的地方，例如，"学龄期儿童"与"青少年"的界限并不清楚。

《儿童个人信息网络保护规定》进一步强化对儿童及监护人的权利保护。在现有上位法《网络安全法》和《未成年人保护法》的基础上，强化了《个人信息保护法》等个人信息保护规范中已经形成广泛共识的信息权利，如信息主体获知（查询）、更正及删除个人信息的权利，加大了对儿童个人信息权利的保护力度。

与权利保护相对应，《儿童个人信息网络保护规定》对企业义务作出明确规定，使企业的合规更加具体、可操作，便于企业遵照执行。该规定中的企业义务包括透明度义务、安全保障义务和个人信息泄露通知义务等多个方面。此外，《儿童个人信息网络保护规定》对无法识别属于儿童个人信息的计算机信息系统自动留存处理信息排除适用，但排除适用需要同时遵守两个条件：一是相关儿童个人信息已经去掉"识别性"，换言之，相关信息已属于"个人信息"；二是相关儿童个人信息由计算机系统自动留存处理，正体现了技术的中立，特别是系统运行中的自动处理技术。

最后在法律责任方面，《儿童个人信息网络保护规定》明确由网信部门主要负责，与《个人信息保护法》保持一致，电信、公安等有关部门在其职责范围内进行相应的执法活动。在严格执法和处罚之前，对于落实儿童个人信息安全管理责任不到位，存在较大安全风险或者发生安全事件的，可由网信部门依据职责约谈网络运营者，网络运营者则应当及时采取措施进行整改，消除隐患。在法律责任方面，监管部门可根据《网络安全法》的相关规定采取责令暂停相关业务、停业整顿、关闭网站、吊销相关业务许可证或者吊销营业执照等行政处罚。

《儿童个人信息网络保护规定》第7条要求网络运营者在收集、存储、使用、转移、披露儿童个人信息时，应当遵循正当必要、知情同意、目的明确、安全保障、依法利用的原则。该规定中对儿童个人信息的"操作"或"处理"包括收集、存储、使用、转移和披露已经较为全面。2019 年 5 月公示的《数据安全管理办法（征求意见稿）》第 2 条有关数据活动中使用的表述是"数据收集、存储、传输、处理、使用等活动"，两者并不一致。因此，法律应当根据数据处理技术的发展对数据操作活动进行准确的类型化界定，避免法律法规中出现不一致的描述，并且没有对概念的内涵和外延作出界定。

"正当必要、知情同意、目的明确、安全保障、依法利用"这些原则本身并没有问题，但这些原则也适用于成年人或非儿童的个人信息处理或操作。那么，儿童个人信息保护中的特有原则是什么？是监护人同意还是儿童利益最大化？如果儿童个人信息的保护原则与成年人个人信息保护没有任何区分，那么也没有另行制定儿童个人信息保护单行或特别规定的必要。

儿童利益最大化应当成为儿童个人信息网络保护的首要原则，这也是不同于成年人个人信息保护的最大特点。联想到当前教育类移动应用程序（App）违规事件频发，针对未成年人或主要以未成年人为对象的网络产品、服务和 App 应当有更加严格的准入和监管机制。教育部等八部门出台的《关于引导规范教育移动互联网应用有序健康发展的意见》中要求：以未成年人为主要用户的教育移动应用应当限制使用时长、明确适龄范围，对内容进行严格把关。这种从严要求恰恰是体现了儿童利益最大化原则。

《儿童个人信息网络保护规定》第 15 条部分体现了儿童利益最大化的规定，它要求网络运营者对其工作人员应当以最小授权为原则，严格设定信息访问权限，控制儿童个人信息知悉范围。网络运营者的普通工作人员访问儿童个人信息的，应当经过个人信息保护专员或者其授权的管理人员审批，记录访问情况，并采取技术措施，避免违法复制、下载儿童个人信息。本条是不同于成年人个人信息保护的一个特色条款，规定内容相当于商业秘密保护中的保密性特殊要求，其目的是减少儿童个人信息的接触人员和范围。如果该条实践执行中没有折扣，无疑有助于儿童个人信息的特殊保护。本条同时较为全面总结了保护儿童个人信息的特殊安全措施，包括限制接触人员、设定访问权限、记录访问情况、采取技术措施等。其中，"避免违法复制和下载"更多是从企业内控角度出发，同时也应当注意外部爬取个人信息或超越应用程序编程接口（API）授权调取儿童个人信息等违法犯罪行为。

二、儿童个人信息的特殊性

（一）主体的特殊性

联合国《儿童权利公约》第16条规定：儿童的隐私、家庭、住宅或通信不受任意或非法干涉，其荣誉和名誉不受非法攻击。在数字时代，未成年人不可能被网络隔离。如果法律规定只有成年人才能接触网络，显然是因噎废食的想法，实践中也不可能落地。反之，形成共识的是儿童有权接触网络，他们有权通过网络来学习、娱乐和社交。因此，即使是在实行内容分级制度的国家，通过场景隔离来绝对防止儿童不受网络暴力和欺凌的危害是不可行的，儿童个人信息网络保护也是如此。[1]虽然在校园或教育环境中儿童的个人信息和隐私极易受到不法侵害，[2]但企业不能基于儿童个人信息收集的合规条件将儿童挡在网络世界之外。儿童个人信息保护的目的是保护儿童权利，而非限制儿童接触网络。《儿童权利公约》对儿童获取信息和表达自由给予了极大的关照，该公约第13条在规定儿童自由发表言论的权利时，特别说明这项利可通过口头、书面或印刷、艺术形式或儿童所选择的任何其他媒介，寻求、接受和传递各种信息和思想。此外，在今天的语境下，儿童"所选择的任何其他媒介"显然是包括互联网的。同时，鉴于大众传播媒介的重要作用，《儿童权利公约》第17条重申缔约国应确保儿童能够从多种国家和国际来源获得信息和资料，但可制定适当的准则，保护儿童不受可能损害其福祉的信息和资料之害。

因此，儿童在网络接入和内容获取上与成年人有同样的权利。但是为了针对性地保护儿童，需要在儿童获取内容方面作出限制，同时在对儿童个人信息的处理上也应作出区别对待。

（二）违法收集和使用儿童个人信息的危害

根据中国互联网络信息中心（CNNIC）统计，截至2021年12月，我国网民规模达10.32亿，其中10岁以下网民群体占网民总体的4.3%，10岁~

---

〔1〕　See Benjamin Shmueli, Ayelet Blecher-Prigat, "Privacy for Children", *Columbia Human Rights Law Review*, Vol. 42, 2011, pp. 759-95.

〔2〕　参见解立军、刘桂美：《未成年学生隐私权与相关权利冲突问题的研究》，载《中国教育学刊》2003年第10期。

19 岁网民群体占网民总体的 13.3%。[1]

OECD 信息安全与隐私工作组将儿童上网风险分为三类：网络技术风险、商业风险（消费者相关的风险）和信息隐私与安全风险。[2]其中，线上骚扰、非法互动、在线营销、过度消费和欺诈交易等风险与儿童个人信息被非法收集和使用关系密切。一旦儿童个人信息被不法收集和使用，一方面，将影响儿童及其监护人的隐私与安宁；另一方面，由于儿童自我保护能力缺失，其个人信息的泄露和违法使用还会给儿童造成潜在的人身伤害。

（三）儿童个人信息与监护人个人信息的高度关联

由于儿童信息处理的财产价值相对有限，收集儿童信息的应用场景相对较少，实践中往往是父母等监护人"代为受过"，对儿童消费的营销都精准地定位到父母或其他监护人，但我国的儿童个人信息保护的必要性并不是个"伪命题"。

在实践中，有的家长不仅不是儿童个人信息的保护者，反而是儿童个人信息的泄露者。[3]例如，他们有意或无意地在社交网络上"晒娃"（发布子女的照片）和公布未成年子女的各种个人信息，[4]既可能是上传载有姓名和出生日期的各种文件，也可能是孩子的学习成绩和医疗记录，这将给儿童个人信息的保护带来严重的安全隐患。

另外，由于儿童与监护人共同居住与生活，成年人个人信息的泄露可能给儿童带来人身和财产利益上的损害，反之亦然。例如，各类学校在收集学生信息的同时，也收集了同住监护人的大量个人信息。加强儿童个人信息保护，也能更好地保护与儿童密切相关的监护人的个人信息。

三、儿童个人信息处理与监护人同意

由于儿童的认知和理性有限，各国在法律制度中普遍设计了监护人制度。

[1] 参见中国互联网络信息中心：《第 49 次〈中国互联网络发展状况统计报告〉》，载 http://www.cnnic.net.cn/n4/2022/0401/c88-1131.html，最后访问日期：2022 年 8 月 3 日。

[2] See OECD, "The Protection of Children Online: Recommendation of the OECD Council Report on risks faced by children online and policies to protect them", available at https://www.Dced-ilibrary.org/science-and-technology/the-protection-of-chiladren-onlion_ 5kgcjf71pl28-en.

[3] See Kay Mathiesen, "The Internet, children, and privacy: the case against parental monitoring", *Ethics Inf Technol*, vol. 15, 2013, pp. 263-274.

[4] See Stacey B. Steinberg, Sharenting, "Children's Privacy in the Age of Social Media", *Emory Law Journal*, Vol. 66, 2017.

监护人的职责是代理被监护人实施民事法律行为，保护被监护人的人身权利、财产权利以及其他合法权益等。因此，监护人有义务保护被监护人的个人信息，第三方收集使用被监护人的信息需要征得监护人的同意，并且这种同意应当是明示的、可以被验证的。然而，征求监护人同意也是儿童个人信息保护实践中最大的困难。

首先，获取儿童个人信息要获得监护人同意，必然要先收集监护人的联系方式。而监护人的联系方式属于监护人的个人信息，需要取得监护人本人的同意，未成年子女如果未经父母同意能否提供监护人的联系方式？如果是未经允许，不能获得信息并加以使用，那么信息收集者如何通知到监护人？"先收集监护人个人信息还是先收集儿童个人信息"就会演化成"先有鸡还是先有蛋"的困惑。

其次，假定法律规定为收集儿童个人信息而获得监护人联系方式是个人信息收集同意原则的法定例外，那么如何证明相关信息主体是儿童的法定监护人？网民经常调侃"证明我妈是我妈"是一种奇葩的存在，但线上场景中更难证明两个人的关系，特别是证明存在法律上的近亲属关系。如果需要提交儿童的户口本或出生医学证明等信息，那么会造成信息收集者违反信息收集的密切关联和最小必要原则，导致过度地获取儿童及其监护人的个人信息，甚至是个人敏感信息。

再次，如何处理监护人并非儿童父母的特殊情况同样困难重重。根据我国《民法典》，未成年人的父母已经死亡或者没有监护能力的，由祖父母、外祖父母、兄、姐，或其他愿意担任监护人的个人或者组织担任其监护人。近亲属之外的监护人可能还需要住所地的居民委员会、村民委员会或者民政部门出具"监护人证明"来证明儿童与特殊监护人之间的监护关系。

最后，如何证明监护人的同意是明示且可以验证的也是个难题。如果仅仅是电子邮件回复同意，可能存在儿童填写自己或同伴注册的邮箱代替父母回复的情形。如果需要银行卡验证或人脸识别和视频动态验证，监护人出于对隐私泄露的担心，可能拒绝同意。

总之，"明示同意"难以确保系监护人本人发出的真实意思表示。实践中会存在儿童冒充监护人同意关于自己的个人信息收集、使用和披露的情况。因此，美国《儿童在线隐私保护法》（COPPA）特别强调监护人同意需要"可验证"（verified），并且列举"可验证的监护人同意"的六种情形：父母签名的邮件、传真件或电子扫描件；金钱交易凭证；电话同意；视频连线同意；政府签发的身份认证系统；邮件回复双重确认。

这里有个问题需要澄清，如果儿童个人信息在运营者存储和使用一定期限后，儿童已经年满 14 周岁或已经成人，是否需要信息主体本人重新"同意"或"确认"？毕竟之前的同意由监护人代替儿童作出，信息收集者和控制者应当给予儿童本人在达到法定年龄之后确认处置自己个人信息的机会。

从儿童利益保护的角度来看，我国《民法典》规定，儿童可以独立实施纯获利益的民事法律行为或者与其年龄、智力相适应的民事法律行为。那么，对于这些数字时代的原著民，登录网站并使用视频或游戏应用，这些行为是否与其年龄、智力相适应？或者在除提供个人信息之外，无需支付任何金钱对价的网络应用场景中，是否能理解为"纯获利"行为？如果儿童对个人信息的处置只是"纯获利益"，能否设定为监护人同意的法定例外？由此可见，儿童对个人信息的处置不能与交易场景中支付金钱对价作简单类比，也不能与名誉权等一般人格权相提并论，这是由于个人信息既有人格权保护的隐私和安全利益，又有现实的商业价值。

四、儿童隐私政策与告知同意规则

根据《网络安全法》《个人信息保护法》《电子商务法》等法律规定，收集个人信息的主体必须制定并公开隐私政策（个人信息处理规则），告知数据主体被收集的数据使用目的和方式，甚至是存储位置和期限等。网络运营者同时收集成年人个人信息和儿童个人信息时，是否需要另行制定针对儿童的特殊版本隐私政策，还是在通用版本隐私政策中增加适当的条款来应对合规需要？由于法律没有明确规定，实践中多数网络运营者只是在隐私政策中增加一条关于处理儿童个人信息的格式条款。

《儿童个人信息网络保护规定》第 8 条要求网络运营者设置专门的儿童个人信息保护规则和用户协议，并设立个人信息保护专员或者指定专人负责儿童个人信息保护，并且适用于儿童的用户协议应当简洁、易懂。制定这种规定的初衷是加强对儿童个人信息的保护。但"专门的儿童个人信息保护规则和用户协议"如何体现？在哪些情况下，要求独立于普通隐私政策和用户协议之外的特殊版本？在客户对象不作区分时，目前多数中国网络运营者的惯常做法是在普通隐私政策和用户协议中增加特殊段落或条款文本。例如，以青少儿英语教学为主要服务的 VIP KID 在隐私政策（2019 年版）中曾规定："我们非常重视对未成年人信息的保护。若您是 18 周岁以下的未成年人，请在您的父母或监护人的指导下仔细阅读本《隐私政策》，并在征得您的父母或监护人同意的前提下提交您的个人信息及使用我们的产品和/或服务。"

不同于 GDPR 对"数据保护官"的强制要求，我国《网络安全法》中没有要求企业必须设定"个人信息保护专员"的机构或岗位，《个人信息保护法》要求处理个人信息达到国家网信部门规定数量的个人信息处理者应当指定"个人信息保护负责人"，《数据安全法》要求重要数据的处理者设定"数据安全负责人"。"个人信息保护负责人""个人信息保护专员""数据安全负责人"是否可以为同一岗位？如果二者为不同岗位，可能会增加企业的用人成本负担。实践中，网络运营者完全可能安排一个员工承担多个岗位职责。

"适用于儿童的用户协议应当简洁易懂"是否可行或必要？首先，如果儿童个人信息收集必须取得监护人同意，那么隐私政策和用户协议的读者都是监护人，而非儿童本人，这种针对儿童读者"简洁易懂"的必要性存疑。另外，这种"易懂"是要让儿童易懂，还是让监护人易懂？儿童对"个人信息"本身都没有概念，更何况信息收集、使用和处理及其背后的数据转移、数据画像和精准营销等概念。对于 14 周岁以下儿童来说，无论隐私政策多么具有针对性，多么简洁易懂，也很难充分认知和理解。当然，如果出现一个动画版的用户协议或个人信息使用规范，对儿童个人信息保护的法律普及有益无害。

其次，隐私政策成为网络运营者在严格监管之下最大化收集数据的豁免盾牌，网络运营者通过隐私政策为未来使用和转移个人信息留有空间。因此，网络运营者希望尽量全面具体地披露个人信息收集、使用、转移和公开的方方面面，难免使用晦涩难懂的计算机术语和法律专业词汇，实践中用户协议和隐私政策很难做到简洁和易懂。

最后，"告知–同意"规则在个人信息收集中被实践证明是无效的。如果用户不同意隐私政策，就无法使用网络运营者提供的网络服务，哪怕是与增值服务无关的基本服务。《儿童个人信息网络保护规定》要求网络运营者不得收集与其提供服务无关的儿童个人信息，不得违反法律、行政法规规定和用户协议约定收集儿童个人信息。这与《个人信息保护法》第 6 条第 2 款规定的"收集个人信息，应当限于实现处理目的的最小范围，不得过度收集个人信息"保持一致。但较之《网络安全法》第 41 条第 2 款 "网络运营者不得收集与其提供的服务无关的个人信息,不得违反法律、行政法规的规定和双方的约定收集、使用个人信息",少了对"使用"信息的合法、合规和合约定的要求。实践中,"服务有关"还是"服务无关"争议较大;哪些是基础服务和增值服务?何种服务理解为必要的基础服务?个人信息主体同意收集保证网络产品核心业务功能运行的个人信息后,网络运营者应当向个人信息主体提供核心业务功能服务,不得因个人信息主体拒绝或者撤销同意收集上述信息以外的其他信息,而拒绝提供核心业务功能服务。因此法律需要明确规定相关场景中需要哪些个人信息维持其核心业务,但场景和技术的不断发展和迭代给立法和司法适用带来极大挑战。

此外,关于"告知事项"的具体内容。根据《儿童个人信息网络保护规定》和《个人信息保护法》二者的补充和附加关系,理应是将儿童个人信息保护作为"特殊法",在普通(成人)个人信息保护规则的基础上对儿童个人信息保护附加额外义务。因此,告知事项的行文表述可以是在遵守《网络安全法》、《数据安全法》以及《民法典》人格权编和《个人信息保护法》等相关法规的基础上,增加披露或告知儿童个人信息保护相关的事项。由于《儿童个人信息网络保护规定》制定时间早于《个人信息保护法》,有必要根据上位法和实践情况及时作出修订。

第五节　算法合规

一、算法合规概述

大数据杀熟、骑手被困、信息茧房和诱导高额消费等种种乱象将网络平台的算法推上风口浪尖,算法频频成为法律政策规范的"座上宾"。例如,《关于落实网络餐饮平台责任切实维护外卖送餐员权益的指导意见》《关于维护新就业形态劳动者劳动保障权益的指导意见》《关于加强新时代文艺评论工作的指导意见》等多个政策文件提出开展网络算法推荐综合治理。

我国《个人信息保护法》对利用算法决策作出规范,要求当利用个人信息进行自动化决策时,应当保证决策的透明度和结果公平合理。此外,国家互联网信息办公室《互联网信息服务算法推荐管理规定》(简称《算法推荐管理规定》）意在系统地规范应用算法推荐技术提供互联网信息服务的活动，其规制对象是利用算法进行推荐的网络活动，包括提供算法和使用算法。推荐算法是计算机程序中通过一些数学算法，推测出用户可能喜欢的东西，大致可以分为三类：基于内容的推荐算法、协同过滤推荐算法和基于知识的推荐算法。

《算法推荐管理规定》中的算法推荐技术是指应用算法技术向用户提供信息内容，具体算法类型包括生成合成类、个性化推送类、排序精选类、检索过滤类、调度决策类等。《算法推荐管理规定》意在规制的"算法"恰恰是人工智能的核心。因此，这部规范也被称为首部深度规制人工智能的法律规范。

《算法推荐管理规定》确立了规制算法推荐技术的价值导向、指导原则、基本义务和业务场景合规。算法的价值导向应当是向上向善，旗帜鲜明地提出这个价值导向，就是有力地回应"算法中立"和"算法无价值观"等主张。算法不能成为从事危害国家安全、扰乱经济秩序和社会秩序、侵犯他人合法权益的工具，服务提供者更不得利用算法推荐服务传播法律、行政法规禁止的信息而主张享受避风港原则免责。

二、算法运用的四项基本原则

算法运用的四项基本原则分别为公正公平、公开透明、科学合理和诚实信用原则。首先，公正公平是指算法的运行结果要做到公正公平。例如，算法设计过程中，不得设置歧视性或者偏见性用户标签。在电子商务领域，不得根据消费者的偏好、交易习惯等特征，利用算法在交易价格等交易条件上实行不合理的差别待遇等违法行为。其次，公开透明原则是针对"算法黑箱"的特点而针对性提出的重要原则。该原则需要避免简单要求算法提供者披露算法源代码等行为，导致侵害知识产权和商业秘密。替代方法可以是只公开算法的逻辑，即以适当方式公示算法推荐服务的基本原理、目的意图、运行机制等。在技术上，综合运用内容去重、打散干预等策略，并优化检索、排序、选择、推送、展示等规则的透明度和可解释性。同时，还可赋予用户以算法解释权，当算法推荐服务提供者应用算法对用户权益造成重大影响的，用户有权要求算法推荐服务提供者予以说明，并采取相应改进或者补救措施。再次，科学合理原则表现在算法推荐结果要符合科学规律，且合乎理性。换言之，尽管算法运行并不违背强制性法律规范的要求，也没有导致不公正后果，但存在造成不合理结果的可能。比如利用算法诱导用户沉迷或高额消费。如果算法运行极易产生不合理结果，那么人工干预和用户自主选择机制则不可或缺。最后，诚实信用原则在"流量造假"猖獗的背景下，怎么强调都不为过。算法推荐服务提供者不得利用算法实施流量造假和流量劫持，也不得利用算法干预信息呈现，实施自我优待、不正当竞争、影响网络舆论或者规避监管。

三、算法解释权的法律适用

在陈鱼诉杭州阿里妈妈软件服务有限公司网络服务合同纠纷一案[1]中，原告陈鱼于 2017 年 4 月 27 日在被告阿里妈妈公司运营的"阿里妈妈"网站申请注册了淘宝客账户"安之鱼"。随后，原告利用自己注册的 www.qnjjt.com 域名搭建了内含多个页面的导航平台网站用以进行淘宝客的推广业务，即网络用户通过该导航平台网站的不同页面可进入相应的"淘宝""天猫"等购物平台进行浏览和购买，原告在此过程中可对该些订单的金额提取一定比例的佣金。2017 年 6 月，被告通知原告，因原告运营的导航平台网站内流量异常，冻结了原告的淘宝客账户。原告按照被告规定的程序提交申诉，被告认为申诉中原告提供的证据自相矛盾，无法解释流量异常，并且暴露流量的关联作弊属性，因此不予解冻，驳回申诉。

《阿里妈妈推广软件产品使用许可协议》6.1 违约认定规定，"阿里妈妈可通过过滤系统对淘宝客的推广效果数据进行排查，或通过人工对违约行为进行抓取；淘宝客有义务对其数据异常现象进行充分举证或合理解释，否则被认定为违约"。《阿里妈妈推广者规范》第 8 条规定，"推广渠道不得出现流量异常现象。流量异常包括如下三种情形：（一）通过程序、脚本模拟或其他形式进行或产生非正常的浏览、点击、交易行为等。（二）流量劫持。（三）其他阿里妈妈有合理理由证明的流量分布异常（如流量来源、分布等）情况"。第 22 条规定，"（一）认定标准，符合下述任一的，即可认定推广行为涉嫌违规：1. 阿里妈妈过滤系统对一定周期内的推广数据进行排查后，抓取到异常数据的。（三）通知 2. 阿里妈妈过滤系统涉及阿里妈妈核心商业秘密，阿里

---

〔1〕 参见浙江省杭州市中级人民法院（2018）浙 01 民终 7505 号。

妈妈无需向推广者披露具体异常数据。人工认定涉嫌违规的，阿里妈妈可视是否涉及商业秘密等而独立决定是否披露具体认定依据"。

本案争议焦点在于《阿里妈妈推广者规范》中约定"阿里妈妈过滤系统涉及阿里妈妈核心商业秘密，阿里妈妈无需向推广者披露具体异常数据。人工认定涉嫌违规的，阿里妈妈可视是否涉及商业秘密等而独立决定是否披露具体认定依据"的条款是否有效。

法院认为系争条款为网络交易平台单方拟定，且符合内容具有定型化和相对人在订约中处于服从地位的特点，故属于格式条款的范畴。在被告判定原告违约冻结账户的情况下，该条款排除了原告起诉后通过举证可能胜诉的权利，有违合同目的的实现，显失公平，故该合同条款无效。被告阿里妈妈公司提出因本案涉及其商业秘密，请求不公开审理，法院予以准许。在庭前证据交换中，原告通过当场演示安装 PE 系统，并在安装完成后点击浏览器收藏夹的收藏标签，访问原告的推广页面，提供初步证据证明了其淘宝客推广业务是通过在 PE 系统安装过程中将其推广链接添加进浏览器的收藏夹中这种方式进行的。被告应当对其认定原告淘宝客推广业务并非正常推广，而是流量异常承担举证责任。审理中，对于原告推广业务中 12.73% 的流量是通过正常的收藏夹推广方式产生的，被告并无异议。故原告通过搭建了内含多个页面的导航平台网站用以进行淘宝客推广业务赚取收入，符合合同约定，被告应当按约向与原告支付佣金。故法院判决原告依据合同开展淘宝客推广业务，被告应当按约支付佣金，原告实施违规行为，被告依据合同约定有权予以冻结账户、不予结算相应佣金。部分支持原告诉讼请求。

本案涉及算法解释权的法律适用。《个人信息保护法》第 24 条第 3 款规定，通过自动化决策方式作出对个人权益有重大影响的决定，个人有权要求个人信息处理者予以说明，并有权拒绝个人信息处理者仅通过自动化决策的方式作出决定。算法解释权来源于欧盟 GDPR。GDPR 第 22 条第 3 款规定了针对自动化决策的保障措施：数据控制者应当采取适当措施保障数据主体的权利、自由、正当利益，数据主体有权对控制者进行干预，表达其观点并对决策提出异议。Recitals 第 71 条中明确提到了算法解释权：接受自动化决策的主体享有适当的保障，包括控制者向数据主体提供具体信息、人工干预、表达其观点、获得对评估后自评出的决策进行解释和对决策进行异议的权利。

对本条款的理解，需要注意如下几点：

第一，对个人权益有重大影响的标准是客观标准，而非主观标准。从《中华人民共和国个人信息保护法（草案一次审议稿）》、《中华人民共和国个人信息保护法（草案二次审议稿）》（以下简称"一审稿""二审稿"）到法律正式出台，此处的表述发生了微妙的变化。一审稿称"个人认为自动化决策对其权益造成重大影响的……有权要求……"，而二审稿与正式立法则表述为"通过自动化决策方式作出对个人权益有重大影响的决定……个人有权要求……"，可见一审稿诉诸个人主观标准，只要个人认为该算法关涉其重大权益即可行使算法解释权，而二审稿转而诉诸客观标准。

第二，对个人权益的影响必须是"重大"的，而非一般的影响。算法可以分为非评价类和评价类。非评价类算法不适用算法解释权，评价类算法需要结合具体的交易金额、交易客体、交易差额及比率等因素，若交易金额不高、差额不大、差额占比较低，则不宜适用算法解释请求权。

第三，享有算法解释权的主体是特定对象的个人，而非不特定对象的社会公众。中国的民事诉讼主体从权利诉讼已经扩展到权益诉讼，突破了有损害才有救济的范畴，将算法解释权扩展到个人的利益相关者具有法理和诉讼制度的支撑，特定个人作为算法解释权的主体，在自动化决策对其个人权益有重大影响的情况下，行使算法解释权以寻求救济。

第四，算法解释权的内容是算法逻辑，而非算法本身，更非实现算法的计算机程序。从法律条文出发，联系前句"通过自动化决策方式作出的决定，个人有权要求予以说明"。以文意解释的角度看该条前句，个人享有的权利是要求个人信息处理者说明"算法作出的决定"，即要求信息处理者用平实语言描述出算法的运行逻辑而非告知算法本身。

第五，原告的举证责任和举证义务。证据法区分了行为意义上的举证义务和实体法意义上的举证义务。违反实体法意义上的举证义务将要承担举证不力的不利后果，违反行为意义上的举证义务会降低对方的举证要求。原告对算法损害后果承担实体法意义上的举证义务，对遭受算法歧视承担行为法意义上的举证义务。本案中，原告的账户被冻结可以作为原告存在实质性损害的证据。对于原告遭受到了算法歧视问题，原告在庭前证据交换中，原告通过当场演示安装 PE 系统，并在安装完成后点击浏览器收藏夹的收藏标签，访问原告的推广页面，提供初步证据证明了其淘宝客推广业务是通过在 PE 系统安装过程中将其推广链接添加进浏览器的收藏夹中这种方式进行的。据此，原告完成了其就遭受算法歧视承担的行为法意义上的举证义务，举证责任转移到被告。原告享有算法解释权，被告若不履行算法解释的义务或者没有证据证明其履行了算法解释的义务，则被告将承担举证不利的法律后果。

四、算法推荐服务提供者的基本义务

从企业合规的角度，算法推荐服务提供者的基本义务包括：（1）落实算法安全主体责任；（2）定期审核、评估、验证算法机制机理、模型、数据和应用结果等；（3）加强信息内容管理；（4）加强用户模型和用户标签管理；（5）加强算法推荐服务版面页面生态管理；（6）接受社会监督，设置便捷的投诉举报入口，及时受理和处理公众投诉举报；（7）配合有关主管部门依法实施的安全评估和监督检查工作，并提供必要的技术、数据等支持和协助。

目前，在未成年人保护、劳动者权利保护、电子商务消费者权益保护和具有舆论属性或者社会动员能力的算法推荐服务这四个业务场景中，《算法推荐管理规定》细化了算法推荐服务提供者的法律责任。在未成年人保护方面，除了防沉迷和诱导消费等一般要求之外，算法推荐服务提供者应当根据《未成年人保护法》的要求，通过开发适合未成年人使用的模式、提供适合未成年人特点的服务等方式，便利未成年人获取有益身心健康的信息内容；特别是不得向未成年人用户推送可能引发未成年人模仿不安全行为和违反社会公德行为、诱导未成年人不良嗜好等可能影响未成年人身心健康的信息内容。

在劳动者权利保护方面，针对被困在算法中骑手等业态劳动者，防止劳动者因算法考核而异化成劳动工具。算法推荐服务提供者不得将"最严算法"作为考核要求，通过"算法取中"等方式，合理确定订单数量、准时率、在线率等考核要素，适当放宽配送时限。考核算法还应充分听取工会或劳动者代表的意见建议，将结果公示并告知劳动者。

在电子商务消费者权益保护方面，《算法推荐管理规定》重申不得利用算法推荐进行大数据杀熟，即不得根据消费者的偏好、交易习惯等特征，利用算法在交易价格等交易条件上实行不合理的差别待遇等违法行为。为严格落实《电子商务法》的要求，算法推荐服务提供者应当向用户提供不针对其个人特征的选项，或者向用户提供便捷的关闭算法推荐服务的选项；用户选择关闭算法推荐服务的，算法推荐服务提供者应当立即停止提供相关服务。

最后，对于具有舆论属性或者社会动员能力的算法推荐服务提供者有较

高的法律义务。国家网信办早在 2018 年便出台《具有舆论属性或社会动员能力的互联网信息服务安全评估规定》对此类互联网信息服务的安全管理提出要求。舆论属性或社会动员能力的互联网信息服务包括开办论坛、博客、微博客、聊天室、通讯群组、公众账号、短视频、网络直播、信息分享、小程序等信息服务或者附设相应功能，以及其他开办提供公众舆论表达渠道或者具有发动社会公众从事特定活动能力的互联网信息服务。具有舆论属性或者社会动员能力的算法推荐服务提供者应当在规定的算法备案系统填报服务提供者的名称、服务形式、应用领域、算法类型、算法自评估报告、拟公示内容等信息，履行备案手续，并且对算法推荐服务日志等信息进行不少于 6 个月的留存。

2022 年 8 月 12 日，国家网信办首次公开发布境内互联网信息服务算法名称及备案编号，共涉及 30 个算法，其中个性化推荐类 17 个，检索过滤类和排序精选类各 4 个，调度决策类 3 个，生成合成类 2 个。[1]以美团配送调度决策算法为例，北京三快科技有限公司公示了算法基本原理、算法运行机制、算法应用场景、算法目的意图和算法公示情况等五个方面的信息。

总之，《算法推荐管理规定》首次系统又全面地对算法的价值导向、基本原则和合规义务作出规范，防止市场主体滥用"技术中立"或"算法中立"作为违法犯罪的挡箭牌，避免简单用算法实现管制化，提防算法被资本和商业力量操纵，真正从"算法之治"走向"法律之治"。

五、算法竞争与垄断

算法侵权中的部分行为可能涉嫌平台之间利用算法实施不正当竞争行为、垄断市场侵犯不特定群体的利益。产生垄断效果的算法共谋问题，也被称为有意识的平行行为，在没有竞争者协议干预价格的情况下却通过算法达到限制竞争的结果。例如，网约车平台统一在出行的高峰时段，根据不同参数按一定比例动态提高车费，可能涉嫌垄断高价。2017 年 OECD 发布《算法与共谋：数字时代的竞争政策》研究报告，该报告将可能引起反垄断法合规问题的算法归纳为四类，包括监测类算法（Monitoring Algorithms）、平行算法

---

[1] 参见国家互联网信息办公室：《关于发布互联网信息服务算法备案信息的公告》，载 http://www. cac. gov. cn/2022-08/12/c_ 1661927474338504. htm，最后访问日期：2022 年 8 月 15 日。

（Parallel Algorithms）、信号类算法（Signaling Algorithms）、自主学习类算法（Self-learning Algorithms），并根据不同算法在合谋过程中所起的作用，将算法合谋分为四类：信使合谋、轴辐合谋、预测者合谋，以及自主机器合谋。[1]

我国《反垄断法》明确规定固定价格、限制数量、分割市场、限制技术开发、联合抵制，以及维持最低转售价格为限制竞争的协议。而这些行为都可以通过算法加以实施，特别是固定价格、限制数量等借助算法和大数据可以更加精准地实施垄断控制行为，规避在传统线下实施垄断的人为因素。如2019年5月13日，美国最高法院9位大法官以5∶4的投票结果判决苹果公司败诉，宣布 iPhone 用户有权向法院提起关于 App Store 的反垄断诉讼，称原告应该被允许提供证据来证明苹果公司利用其垄断优势来提高 iPhone 应用程序的价格。[2]

2021年2月7日，国务院反垄断委员会正式印发《关于平台经济领域的反垄断指南》（简称《平台经济反垄断指南》）。在《平台经济反垄断指南》中"数据"一词出现多达18次，其中第二章"垄断协议"中5次，第三章"滥用市场支配地位"中6次，第四章"经营者集中"中7次。在反垄断处罚措施中，对于不予禁止的经营者集中，反垄断法执法机关甚至可以附加剥离数据无形资产和强制开放数据的结构性条件或行为性条件。数据成为平台经济反垄断执法中的关键因素。然而，数据只是实现算法的生产资料，其在垄断协议中具有工具性，不应作为反垄断审查的主要对象。在《平台经济反垄断指南》中，无论是横向协议中的"利用数据、算法、平台规则实现协调一致行为"，还是纵向垄断协议中的"利用数据和算法对价格进行直接或间接限定"或"利用数据和算法等方式限定其他交易条件，排除、限制市场竞争"，抑或是分析轴辐协议是否属于《反垄断法》规制的垄断协议，需要考虑经营者是否利用数据和算法等方式，达成、实施垄断协议，排除、限制相关市场竞争。"数据"和"算法"总是成对出现，形影不离。因此，垄断协议中与

---

〔1〕　See OECD, "Algorithms and Collusion Competition Policy in The Digital Age", available at https://www.oecd.org/daf/competition/Algorithms-and-colllusion-competition-policy-in-the-digital-age.pdf, last accessed on July 28, 2022.

〔2〕　See Supreme Court of the United States, "Apple Inc. V. Pepper Et Al. Certiorari to the United States Court of Appeals for the Ninth Circuit", available at https://www.supremecourt.gov/opinions/18pdf/17-204_bq7d.pdf, last accessed on May 31, 2022.

其说考虑数据的因素，不如说考虑算法的影响。如果把数据视为一种没有意思表示的生产资料，它是相对静态的对象；而算法则是有"动态思想"，甚至可能产生意思联络的表意方式。例如，如果 A 网络平台将其产品售价固定在 B 平台同类产品售价的 100%，那么 A 平台调价时，B 平台自然跟随调价，可能产生协议涨价的客观效果。这也被形象地称为"算法共谋"，或被称为有意识的平行行为。[1] 此时虽然没有竞争者书面协议去干预价格，但却达到限制竞争和垄断高价的结果。因此，垄断协议的审查中应注意对算法共谋行为的审查。

利用反垄断法规制算法共谋问题，在形式可以对"协议"作扩大解释，"协议"不仅包括竞争者之间的"书面或口头协议"，也包括意图共谋的算法和机器代码。如同合同法项下承认电子信息合同的形式，也要在反垄断法中识别垄断协议的变形或电子化形式。对于算法规制本身，离不开加强算法透明度和可解释性的各种尝试，[2] 包括在保护企业商业秘密的前提下披露算法规则的运行逻辑，提供监管可读的算法版本等措施。

除了反垄断法视角下的算法侵权，经营者之间的算法侵权行为还涉及反不正当竞争法的调整和评价。2019 年修订实施的《反不正当竞争法》在第 12 条设置了互联网不正当竞争条款，在一般性的禁止"经营者不得利用技术手段，通过影响用户选择或者其他方式"后，具体列举四种不同的不正当竞争行为法定类型，集中在禁止妨碍、破坏其他经营者合法提供的网络产品或者服务正常运行的行为。比如，利用算法实施流量劫持，未经其他经营者同意，在其合法提供的网络产品或者服务中，插入链接、强制进行目标跳转。

根据市场监管总局的《禁止网络不正当竞争行为规定（公开征求意见稿）》，经营者不得利用数据、算法等技术手段，通过收集、分析交易相对方的交易信息、浏览内容及次数、交易时使用的终端设备的品牌及价值等方式，对交易条件相同的交易相对方不合理地提供不同的交易信息，侵害交易相对方的知情权、选择权、公平交易权等，扰乱市场公平交易秩序；也不得利用数据、算法等技术手段，通过影响用户选择或者其他方式，实施流量劫持、

---

〔1〕 参见李振利、李毅：《论算法共谋的反垄断规制路径》，载《学术交流》2018 年第 7 期。

〔2〕 参见孙益武：《规制算法的困境与出路》，载《中国社会科学报》2019 年 4 月 24 日，第 5 版。

干扰、恶意不兼容等行为，妨碍、破坏其他经营者合法提供的网络产品或者服务正常运行。

六、算法合规的预防机制

对于算法造成的侵权行为，利害关系人可以寻求私益诉讼的司法救济。在许某某与杭州某软件服务公司网络服务合同纠纷案[1]中，用户有权对自动化决策提出质疑和申诉，进一步知晓算法逻辑构造，面对用户质疑，在算法契约披露不充分的情况下，平台应对算法逻辑构造作出合理解释。本案通过对算法自动化决策的司法审查，厘清了平台行使算法权利的合理边界，明确了算法自动化决策的程序正当性标准，提出算法自动化决策应遵循公开透明、平等公平、科学合理、安全可靠的原则，确定了平台公开算法规则、合理解释技术原理、第三方专业机构验证等裁判规则，并指出算法应用应当获得用户的知情同意，算法结果应当确保公平、公正。此外，公益诉讼也是制止算法侵害的最后保障，特别是在涉案行为没有达到刑事门槛的情况下。除了事后救济，制度设计还应尽力预防或加强事中监管，将利用算法侵犯消费者权益的违法行为尽早消除。尽管消费者要求披露全部算法代码存在困境，但对算法的知情权也并非完全束手无策，消费者和市场监管部门可从下列三个方面，打开或穿透智能算法的黑箱，了解经营者决策逻辑和过程，预防算法侵权行为的发生。

一是严格控制经营者对消费者个人信息的收集和使用。大数据时代的人工智能决策和数据画像（profiling）都依赖于基础信息的收集，包括个人基本信息、交易历史信息等。网络交易全程实名制导致"以信息换服务"的问题越发严重，消费者不提供个人信息就难以通过网络交易获得产品或服务，强制授权、过度索权、超范围收集个人信息的现象密集涌现，消费者个人信息安全保护形势严峻。经营者应当严格遵守《网络安全法》和《个人信息保护法》所确立的收集信息的知情同意原则和最小化收集原则。经营者收集信息越少，精准营销和诱导购买等智能算法的使用机会就越小。例如，根据全国信息安全标准化技术委员会2019年6月发布的《网络安全实践指南—移动互

---

〔1〕　参见许兴泉与杭州阿里妈妈软件服务有限公司的网络服务合同纠纷，杭州互联网法院（2020）浙0192民初3081号民事判决书。

联网应用基本业务功能必要信息规范》，网约车业务需要收集手机号码、账号信息、位置信息、交易信息和第三方支付信息，如果超过这些必要信息，就存在与业务无关的过度收集现象。

二是对与消费者权益保护有关公共利益算法开展备案或认证工作。首先，通过立法科学界定"公共利益算法"，即会对社会秩序、公共利益或国家安全造成严重危害或影响的算法。其次，可考虑对电子交易自动决策行为的算法进行备案公示。自动决策算法是指经营者直接依靠电子技术和设备，根据事先设定的算法和程序，从参数输入到完成决策整个阶段完全排除人工的行为。[1]对于这类算法，面向消费者的保护措施除了传统的知情权之外，还可以要求"人为介入"和"质疑人工智能决定"。相较于人为操作，自动决策程序对结果有更大一致性，减少潜在的人为差错、歧视或滥用权力。从负面效应来看，自动决策可能导致排除个体或对个体的歧视。实践中，根据个人数据画像自动决策导致的区别定价，如大数据杀熟等对作为数据主体的消费者具有实质性影响。最后，美国证券交易监管机构对智能投资顾问的算法进行持续监督，包括初步审查和持续审查等实质内容。这也是考虑到智能投顾算法影响的不仅是单笔或数笔交易本身，还将牵连整个交易市场的行情，最终导致股票指数的失真。[2]

三是充分发挥检察机关的督促建议作用和行业协会自律措施的功能，促进经营者对算法的主动解释。算法的本质是计算的逻辑。程序员深入浅出地对程序和程序逻辑向普通消费者作出适当解释可能存在一定的困难，但并非完全不可行性。算法设计者可以简化算法逻辑，或将算法依赖的知识图谱等业务逻辑向消费者大致解释清楚，在不披露代码的前提下做到算法可视化。对于机器学习和强人工智能等复杂算法可向消费者协会中的专业人士、委托的专业社会组织加以解释。

算法的解释并不必然会侵犯知识产权，可以不用披露算法的全部代码，或者让有意获得解释机会的特定消费者（协会）签订保密协议等方式，确保算法提供者的利益和权利不被无故侵犯。

---

〔1〕 参见查云飞：《人工智能时代全自动具体行政行为研究》，载《比较法研究》2018 年第 5 期。

〔2〕 参见李文莉、杨玥捷：《智能投顾的法律风险及监管建议》，载《法学》2017 年第 8 期。

第六节　健康医疗数据合规

一、健康医疗数据概述

2009 年《中共中央国务院关于深化医药卫生体制改革的意见》提出大力推进医药卫生信息化建设，建立实用共享的医药卫生信息系统。2015 年国务院发布《全国医疗卫生服务体系规划纲要（2015-2020 年）》，提出推动健康大数据应用，实现各级健康医疗信息共享。2016 年发布的《关于促进和规范健康医疗大数据应用发展的指导意见》中进一步明确推动健康医疗大数据融合共享、开放应用，形成跨部门健康医疗数据资源共享共用格局。

（一）健康医疗数据定义

2014 年原国家卫计委在《人口健康信息管理办法（试行）》中曾提到相关概念——"人口健康信息"，明确"人口健康信息"是指依据国家法律法规和工作职责，各级各类医疗卫生计生服务机构在服务和管理过程中产生的人口基本信息、医疗卫生服务信息等人口健康信息。这个概念很显然是比较窄的，只限于各种医疗机构产生的数据，且从"人口"角度上看更多的是从宏观层面上的视角看待健康数据。

2018 年 7 月，国家卫生健康委员会发布的《国家健康医疗大数据标准、安全和服务管理办法（试行）》［国卫规划发（2018）23 号］第 4 条规定："健康医疗大数据，是指在人们疾病防治、健康管理等过程中产生的与健康医疗相关的数据。"

2020 年 12 月 14 日国家质量监督检验检疫总局与国家标准化管理委员会发布了《信息安全技术健康医疗数据安全指南》（以下简称《健康医疗数据安全指南》），将个人健康医疗数据（personal health data）界定为：单独或者与其他信息结合后能够识别特定自然人或者反映特定自然人生理或心理健康的相关电子数据，而健康医疗数据（health data）则包括个人健康医疗数据以及由个人健康医疗数据加工处理之后得到的健康医疗相关电子数据，从而明确了健康医疗数据是指单独或者与其他信息结合后能够识别特定自然人或者反映特定自然人生理或心理健康的相关电子数据及其加工处理之后得到的衍生数据，不仅包括个体健康医疗数据，还包括群体健康医疗数据，如经过对群体健康医疗数据处理后得到的群体总体医疗数据分析结果、趋势预测、疾病防治统计数据等，但健康医疗数据的基础显然是自然人的生理或心理健康电子数据。

此外，还有病历资料、人类遗传资源信息、临床试验数据等概念与健康医疗数据密切相关，这些概念从内涵与外延分析很大程度上可归于健康医疗数据。

上述这些术语的来源出处具体可参见表 10-5：

表 10-5　相关术语来源出处

术语	法律定义	参考法律文件
健康医疗大数据	在人们疾病防治、健康管理等过程中产生的与健康医疗相关的数据	《国家健康医疗大数据标准、安全和服务管理办法（试行）》第 4 条、《关于促进和规范健康医疗大数据应用发展的指导意见》
病历	医务人员在医疗活动过程中形成的文字、符号、图表、影像、切片等资料的总和，包括门（急）诊病历和住院病历	《医疗机构病历管理规定（2013 年版）》第 2 条
电子病历	医务人员在医疗活动过程中，使用信息系统生成的文字、符号、图表、图形、数字、影像等数字化信息，并能实现存储、管理、传输和重现的医疗记录，是病历的一种记录形式，包括门（急）诊病历和住院病历	《电子病历应用管理规范（试行）》第 3 条
电子病历系统	医疗机构内部支持电子病历信息的采集、存储、访问和在线帮助，并围绕提高医疗质量、保障医疗安全、提高医疗效率而提供信息处理和智能化服务功能的计算机信息系统，既包括应用于门（急）诊、病房的临床信息系统，也包括检查检验、病理、影像、心电、超声等医技科室的信息系统	《电子病历系统功能规范（试行）》第 3 条

续表

术语	法律定义	参考法律文件
个人健康医疗数据	单独或者与其他信息结合后能够识别特定自然人或者反映特定自然人生理或心理健康的相关电子数据	《信息安全技术 健康医疗数据安全指南》第3.1条
健康医疗数据	个人健康医疗数据以及由个人健康医疗数据加工处理之后得到的健康医疗相关电子数据	《信息安全技术 健康医疗数据安全指南》第3.2条
人类遗传资源	人类遗传资源包括人类遗传资源材料和人类遗传资源信息 人类遗传资源材料是指含有人体基因组、基因等遗传物质的器官、组织、细胞等遗传材料 人类遗传资源信息是指利用人类遗传资源材料产生的数据等信息资料	《人类遗传资源管理条例》第2条
人类遗传资源信息	人类遗传资源信息包括利用人类遗传资源材料产生的人类基因、基因组数据等信息资料，不包括临床数据、影像数据、蛋白质数据和代谢数据	《人类遗传资源管理条例实施细则》第2条
人口健康信息	依据国家法律法规和工作职责，各级各类医疗卫生计生服务机构在服务和管理过程中产生的人口基本信息、医疗卫生服务信息等人口健康信息	《人口健康信息管理办法（试行）》第3条、《"十三五"全国人口健康信息化发展规划》
临床试验源数据、源文件	源数据，是指医疗器械临床试验中的临床发现、观察和其他活动的原始记录以及其经核准的副本中的所有信息，可以用于医疗器械临床试验重建和评价 源文件，是指包含源数据的印刷文件、可视文件或者电子文件等	《医疗器械临床试验质量管理规范》第64条

（二）健康医疗数据分类

《健康医疗数据安全指南》将健康医疗数据分为个人属性数据、健康状况数据、医疗应用数据、医疗支付数据、卫生资源数据以及公共卫生数据六大类别，其中个人属性数据是指能够单独或者与其他信息结合识别特定自然人的数据；健康状况数据是指能反映个人健康情况或同个人健康情况有着密切关系的数据；医疗应用数据是指能反映医疗保健、门诊、住院、出院和其他医疗服务情况的数据；医疗支付数据是指医疗或保险等服务中所涉及的与费用相关的数据；卫生资源数据是指那些可以反映卫生服务人员、卫生计划和卫生体系的能力与特征的数据；公共卫生数据是指关系到国家或地区大众健康的公共事业相关数据。具体范围如表 10-6 所示：

表 10-6　健康医疗数据类别具体范围

数据类别	范围
个人属性数据	（1）人口统计信息，包括姓名、出生日期、性别、民族、国籍、职业、住址、工作单位、家庭成员信息、联系人信息、收入、婚姻状态等；（2）个人身份信息，包括姓名、身份证、工作证、居住证、社保卡、可识别个人的影像图像、健康卡号、住院号、各类检查检验相关单号等；（3）个人通讯信息，包括个人电话号码、邮箱、账号及关联信息等；（4）个人生物识别信息，包括基因、指纹、声纹、掌纹、耳廓、虹膜、面部特征等；（5）个人健康监测传感设备 ID 等
健康状况数据	主诉、现病史、既往病史、体格检查（体征）、家族史、症状、检验检查数据、遗传咨询数据、可穿戴设备采集的健康相关数据、生活方式、基因测序、转录产物测序、蛋白质分析测定、代谢小分子检测、人体微生物检测等
医疗应用数据	门（急）诊病历、住院医嘱、检查检验报告、用药信息、病程记录、手术记录、麻醉记录、输血记录、护理记录、入院记录、出院小结、转诊（院）记录、知情告知信息等
医疗支付数据	医疗交易信息，包括医保支付信息、交易金额、交易记录等；保险信息，包括保险状态、保险金额等
卫生资源数据	医院基本数据、医院运营数据等
公共卫生数据	环境卫生数据、传染病疫情数据、疾病监测数据、疾病预防数据、出生死亡数据等

根据数据重要程度和风险级别以及对个人健康医疗数据主体可能造成的损害以及影响的级别，《健康医疗数据安全指南》建议将健康医疗数据划分为 5 级：

表 10-7

级别	范围	示例
第1级	可完全公开使用的数据	医院名称、地址、电话等，可直接在互联网上面向公众公开
第2级	可在较大范围内供访问使用的数据	不能标识个人身份的数据，各科室医生经过申请审批可以用于研究分析
第3级	可在中等范围内供访问使用的数据	经过部分去标识化处理，但仍可能重标识的数据，仅限于获得授权的项目组范围内使用
第4级	在较小范围内供访问使用的数据	可以直接标识个人身份的数据，仅限于相关医护人员访问使用
第5级	仅在极小范围内且在严格限制条件下供访问使用的数据	特殊病种（如艾滋病、性病）的详细资料，仅限于主治医护人员访问且需要进行严格管控

二、健康医疗数据使用场景

（一）健康医疗数据相关主体

根据《健康医疗数据安全指南》，健康医疗数据可能涉及以下四类主体。

1. 个人健康医疗数据主体

个人健康医疗数据主体（以下简称主体）是指个人健康医疗数据所标识的自然人。

2. 健康医疗数据控制者

健康医疗数据控制者（以下简称控制者）是指能够决定健康医疗数据处理目的、方式及范围等的组织或个人，包括提供健康医疗服务的组织、医保机构、政府机构、健康医疗科学研究机构、个体诊所等，其以电子形式传输或处理健康医疗数据。

判断组织或个人能否决定健康医疗数据的处理目的、方式及范围，可以考虑：

（1）该项健康医疗数据处理行为是否属于该组织或个人履行某项法律法

规规定所必需；

（2）该项健康医疗数据处理行为是否为该组织或个人行使其公共职能所必需；

（3）该项健康医疗数据处理行为是否由该组织或个人自行决定；

（4）是否由相关个人或者政府授权。

共同决定一项数据使用处理行为的目的、方式及范围等的组织或个人，为共同控制者。

3. 健康医疗数据处理者

健康医疗数据处理者（以下简称处理者）是指代表控制者采集、传输、存储、使用、处理或披露其掌握的健康医疗数据，或为控制者提供涉及健康医疗数据的使用、处理或者披露服务的相关组织或个人。常见的处理者有健康医疗信息系统供应商、健康医疗数据分析公司、辅助诊疗解决方案供应商等。

4. 健康医疗数据使用者

健康医疗数据使用者（以下简称使用者）是指针对特定数据的特定场景，不属于个人健康医疗数据所标识的自然人，也不属于控制者和处理者，但对健康医疗数据进行利用的相关组织或个人。

（二）健康医疗数据使用场景

《健康医疗数据安全指南》基于不同主体之间的数据流动，将健康医疗数据流通使用场景分为以下六类，如图10-1所示：

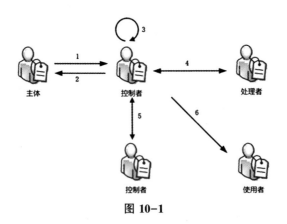

图 10-1

（1）主体–控制者间数据流通使用；

（2）控制者–主体间数据流通使用；

（3）控制者内部数据流通使用；

（4）控制者–处理者间数据流通使用；

（5）控制者间数据流通使用；

（6）控制者–使用者间数据流通使用。

三、健康医疗数据合规指引

（一）健康医疗数据合规监管框架

2023 年 4 月 19 日广东省计算机信息网络安全协会发布《健康医疗数据合规流通标准》，该项团体标准主要面向医疗机构、医药企业、医疗器械机构等参与到健康医疗数据流通的机构，以数据流通相关的国家法律法规政策体系和健康医疗行业标准规范为依据，对如何做好数据合规流通提出指引，明确了合规工作要覆盖参与主体、数据内容、流通机制、管理体系和审计措施等五方面，且在流通准备、流通过程及流通完成阶段等流通全流程均要采取合规的措施，包括对数据的合规处理、对传输的加密处理、对数据使用的跟踪评估等。具体框架如图 10-2 所示：

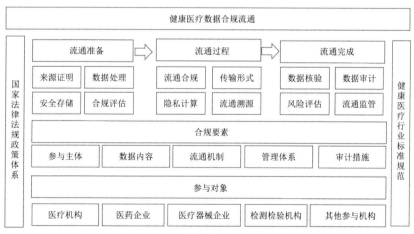

图 10-2

（二）健康医疗数据合规流通原则

《健康医疗数据合规流通标准》指出，健康医疗数据流通的参与各方应当在合法、合规、必要的前提下使用健康医疗数据，确保数据流通和使用的安全性、隐私性和合法性。宜建立合理和适当的管理体系和技术保障措施，并符合管理部门的监管要求，应符合以下基本原则：

1. 应遵守我国关于数据安全管理的相关法律法规，如《数据安全法》《个人信息保护法》《生物安全法》，不得侵害国家利益、社会公共利益和公民、法人及其他组织的合法权益；

2. 应遵循有益、不伤害、公正的医学伦理原则，充分尊重个人信息知情、同意等权利，依照合法、正当、必要和诚信原则处理个人信息，保障个人隐私与数据安全，不得损害个人合法数据权益，不得以窃取、篡改、泄露等方式非法收集利用个人信息，不得侵害个人隐私权；

3. 应确保健康医疗数据的真实可信、合法性、健康医疗数据流通过程可控和流通的抗抵赖性，做到安全事件可追溯、安全风险监控、重大风险可防范；

4. 应确保健康医疗数据的流通共享遵循上述原则前提下，同时满足业务发展需求。

（三）健康医疗数据法律法规政策体系

健康医疗数据法律规制不仅需遵守数据法上的要求，而且还需遵守健康医疗领域相关的法律法规制度，其法律法规政策主要涉及以下制度性规范文件。

表 10-8　健康医疗数据法律法规政策体系

效力层级	文件名称	发文机关	生效日期
法律	《民法典》	全国人大及其常委会	2021.01.01
	《刑法》		2021.03.01
	《网络安全法》		2017.06.01
	《个人信息保护法》		2021.11.01
	《数据安全法》		2021.09.01
	《疫苗管理法》		2019.12.01
	《基本医疗卫生与健康促进法》		2020.06.01
	《生物安全法》		2021.04.15
	《药品管理法》		2019.12.01

续表

效力层级	文件名称	发文机关	生效日期
行政法规	《人类遗传资源管理条例》	国务院	2019.07.01
	《医疗机构管理条例》		2022.05.01
	《医疗纠纷预防和处理条例》		2018.10.01
	《药品管理法实施条例》		2019.03.02
	《医疗器械监督管理条例》		2021.06.01
	《互联网信息服务管理办法》		2011.01.08
	《关键信息基础设施安全保护条例》		2021.09.01
部门规章及规范性文件	《关于促进"互联网+医疗健康"发展的意见》	国务院办公厅	2018.04.25
	《关于促进和规范健康医疗大数据应用发展的指导意见》		2016.06.21
	《信息安全技术 网络安全等级保护基本要求》	国家市监局、国家标准化管理委员会	2019.12.01
	《贯彻落实网络安全等级保护制度和关键信息基础设施安全保护制度的指导意见》	公安部	2020.07.22
	《网络安全审查办法》	国家网信办、发改委、工信部等	2022.02.15
	《医疗机构病历管理规定（2013年版）》	原国家卫计委、国家中药局	2014.01.01
	《信息安全技术 个人信息安全规范》	全国信息安全标准化技术委员会	2020.10.1
	《国家健康医疗大数据标准、安全和服务管理办法（试行）》	国家卫健委	2018.07.12
	《儿童个人信息网络保护规定》	国家网信办	2019.10.01

效力层级	文件名称	发文机关	生效日期
部门规章及规范性文件	《人口健康信息管理办法（试行）》	原国家卫计委	2014.05.05
	《电子病历应用管理规范（试行）》	原国家卫计委、国家中药局	2017.04.01
	《卫生行业信息安全等级保护工作的指导意见》	原卫生部	2011.11.29
	《数据出境安全评估办法》	国家网信办	2022.09.01
	《远程医疗信息系统建设技术指南》	原国家卫计委	2014.12.10
	《电子病历系统功能规范（试行）》	原卫生部	2011.01.01
	《药物临床试验质量管理规范》	国家药监局、国家卫健委	2020.07.01
	《医疗器械临床试验质量管理规范》	国家药监局、国家卫健委	2022.05.01
	《医疗器械网络安全注册技术审查指导原则》	原国家食药监局	2018.01.01

（四）健康医疗数据合规要点

健康医疗数据的全生命周期中主要包括收集、传输、使用、存储、委托处理等环节，其相应的合规要点如表 10-9[1]：

---

[1] 参见刘婷婷：《大健康行业企业机构医疗数据合规要点和应对建议》，载 https://mp. weixin. qq. com/s/wvoJV_ 8sZK85-2QCb-rVLQ，最后访问日期：2023 年 4 月 20 日。

表 10-9　健康医疗数据合规要点

处理环节	法律义务和/或合规要点
收集（或采集）	病历资料：只能由医疗机构或医务人员进行采集
	健康医疗大数据：需保障公民知情权、使用权和个人隐私
	人类遗传资源：应当事先告知提供者采集目的、采集用途、对健康可能产生的影响、个人隐私保护措施及其享有的自愿参与和随时无条件退出的权利，征得提供者书面同意
	人口健康信息：只能由各级各类医疗卫生计生服务机构按照"一数一源、最少够用"负责人口健康信息的采集
	临床试验数据：研究者和临床试验机构进行采集
存储（或保藏）	病历资料：住院病历由医疗机构管理；门（急）诊病历经患者或法定代表人同意，可由医疗机构保管，一般为出院日起 30 年
	健康医疗大数据：健康医疗大数据应当存储在境内安全可信的服务器上，因业务需要确需向境外提供的，应当按照相关法律法规及有关要求进行安全评估审核
	人类遗传资源：中方单位（见下文定义）根据自身条件和相关研究开发活动需要开展人类遗传资源保藏工作；保藏我国人类遗传资源、为科学研究提供基础平台且满足一定条件的企业
	人口健康信息：不得将人口健康信息在境外的服务器中存储，不得托管、租赁在境外的服务器
	临床试验数据：所有临床试验的纸质或电子资料应当被妥善地保存，能够准确地报告、解释和确认。应保护受试者的隐私和其相关信息的保密性
使用（或利用）	病历资料：医疗机构及其医务人员应当严格保护患者隐私，禁止以非医疗、教学、研究目的泄露患者的病历资料
	健康医疗大数据：强化居民健康信息服务规范管理，明确信息使用权限，切实保护相关各方合法权益，建立"分级授权、分类应用、权责一致"的管理制度
	人类遗传资源：外国组织及外国组织、个人设立或者实际控制的机构（外方单位）需要利用我国人类遗传资源开展科学研究活动的，应遵守有关规定，并采取与我国科研机构、高等学校、医疗机构、企业（中方单位）合作的方式进行
	人口健康信息：利用实行分类管理，应以提高医学研究、科学决策和便民服务水平为目的
	临床试验数据：申办者使用的电子数据管理系统，应通过可靠的系统验证，符合预先设置的技术性能，以保证试验数据的完整、准确、可靠，并保证在整个试验过程中系统始终处于验证有效的状态

处理环节	法律义务和/或合规要点
传输 (对外提供)	病历资料：电子病历数据的系统对操作人员进行身份识别，确保操作记录可查询、追溯，设置使用、修改权限
	健康医疗大数据：责任单位（医疗机构）因业务需要确需向境外提供的，应按照相关法律法规及有关要求进行安全评估审核
	人类遗传资源：将人类遗传资源信息向外方单位提供或者开放使用的，应向国务院科学技术行政部门备案并提交信息备份
	人口健康信息：依法应向社会公开的信息应当及时主动公开；涉及保密信息和个人隐私信息，不得对外提供
	临床试验数据：根据监查员、稽查员、伦理委员会或者药监部门的要求，研究者和临床试验机构应当配合并提供所需的与试验有关的记录
委托处理	人口健康信息：责任单位应当建立人口健康信息综合利用工作制度，授权利用有关信息。利用单位或者个人不得超出授权范围利用和发布人口健康信息

（五）健康医疗数据合规监管要求

根据《健康医疗数据合规流通标准》，健康医疗数据流通的参与方应接受主管部门的监管工作，发生安全事件时需立即采取措施并报告，面对监管审查时需配合完成审查和整改。

1. 数据流通双方宜支持对数据的流通情况形成报告，并可接入有关主管部门的监管平台；

2. 数据流通过程应在有关主管部门建设的区块链平台进行上链存证，防止恶意篡改和行为抵赖；

3. 持续性的数据流通应长期接受有关主管部门监管，数据接收方应定期向主管部门报告风险评估情况；

4. 发生数据安全事件时，应立即采取相应的补救和防范措施。涉及个人信息的，及时以电话、短信、邮件或者信函等方式告知个人信息主体，同时对可能危害国家安全、公共安全、经济安全和社会稳定的按相关要求向有关主管部门报告；

5. 面对主管部门审查时，数据流通提供方、数据接收方应迅速响应，依据法律规定、监管要求和内部合规体系要求，应配合查处与整改工作。

【思考题】

1. 名词解释
（1）健康医疗数据
（2）人类遗传资源
2. 简答题
（1）健康医疗数据可以分为哪些类别？
（2）健康医疗数据有哪些使用场景？
3. 论述题
如何做到健康医疗数据合规？

第十一章　数据产品及服务交易的合规审查

【本章概述】在数据交易中，无论通过场外方式交易还是通过数据交易所场内方式交易，对数据产品及服务提供方及其数据产品及服务的合规审查均是数据交易合规的重点。本章将对数据交易过程中几方的审查要求进行详细阐述。

【学习目标】掌握数据产品及服务交易中的基本要求。

第一节　数据交易中对数据产品及服务提供者合规审查的一般性要求

一、数据产品及服务提供者资质的审查

（一）业务资质的审查

2021年生效的《数据安全法》第33条规定，从事数据交易中介服务的机构提供服务，应当要求数据提供方说明数据来源，审核交易双方的身份，并留存审核、交易记录。该条为数据交易中的数据提供方的审查提供了基本法律要求。

数据处理者应当具有数据处理的业务资质。《数据安全法》第34条规定"法律、行政法规规定提供数据处理相关服务应当取得行政许可的，服务提供者应当依法取得许可"。类似规定也在其他法律法规中存在，如《电信条例》第9条规定，经营基础电信业务，须取得《基础电信业务经营许可证》；经营增值电信业务，须取得《跨地区增值电信业务经营许可证》或《增值电信业务经营许可证》。又如，《互联网信息服务管理办法》第7条第1款规定，从事经营性互联网信息服务，应当办理互联网信息服务增值电信业务经营许可证。再如，2022年修订的国家互联网信息办公室《移动互联网应用程序信息

服务管理规定》第 7 条规定，通过移动互联网应用程序提供信息服务，应当经有关主管部门审核同意或者取得相关许可。

在实务中，数据产品及服务提供者需要根据经营范围、数据种类、具体业务模式和技术部署等，取得相应行政许可。除明确规定需要取得行政许可的业务之外，监管部门的一些规定实际上也创设了行政许可要求，如国家互联网信息办公室关于《网络数据安全管理条例（征求意见稿）》（以下简称《网数条例》）第 43 条第 3 款规定"日活用户超过一亿的大型互联网平台运营者平台规则、隐私政策制定或者对用户权益有重大影响的修订的，应当经国家网信部门认定的第三方机构评估，并报省级及以上网信部门和电信主管部门同意"。《区块链信息服务管理规定》第 11 条第 1 款规定，区块链信息服务提供者应当在提供服务之日起 10 个工作日内通过国家网信办区块链信息服务备案管理系统进行备案，履行备案手续。

（二）数据产品及服务提供者的网络安全等级

2017 年施行的《中华人民共和国网络安全法》第 21 条明确规定，国家实行网络安全等级保护制度。网络运营者应当按照网络安全等级保护制度的要求，履行安全保护义务，保障网络免受干扰、破坏或者未经授权的访问，防止网络数据泄露或者被窃取、篡改。此后，《密码法》《数据安全法》《个人信息保护法》《关键信息基础设施安全保护条例》《网络产品安全漏洞管理规定》等法律法规相继出台，等保工作成为衡量企业信息安全的重要标准，同时也是国家基本信息安全制度要求。等级保护是对数据处理机构的安全管理的要求，虽然不可证明其提供的数据本身的合规属性，但是可以在一定程度上证明其数据产生的业务系统边界的安全。

依据现行监管要求，所有网络运营者及其相关的网络系统均应当属于网络安全等级保护范围。依据《公安部关于落实网络安全保护重点措施深入实施网络安全等级保护制度的指导意见》，所有网络系统均已被纳入等级保护定级范围，包括基础网络、业务专网、信息系统、云平台、工控系统、物联网、采用移动互联技术的系统、大数据等。作为网络运营者的数据产品及服务提供者不仅应落实网络安全技术保护措施，还应落实网络安全保护管理制度，否则可能违反网络安全保护义务，依据《网络安全法》第 59 条第 1 款的规定被处以行政处罚"网络运营者不履行本法第二十一条、第二十五条规定的网络安全保护义务的，由有关主管部门责令改正，给予警告；拒不改正或者导致危害网络安全等后果的，处一万元以上十万元以下罚款，对直接负责的主管人员处五千元以上五万元以下罚款"。

目前实践中对网络运营者的范围难以界定，但相关法律法规已明确规定需要确定等级保护标准的网络运营者，必须按照相关规定和标准严格执行进行等保测。即便主张自身为非网络运营者的数据产品及服务提供者等亦应做出评估排除风险。因此对于涉及数据处理的企业，尤其是运营用户交互系统的企业进行数据交易，建议通过相关等保测评机构对自身进行定级。

二、数据来源的合规审查

（一）数据类型

目前法律上未明确规定可以进行交易的数据类型，尚无可以进行交易的数据类型的正面清单，但可从负面清单角度分析可以交易的数据类型。目前可交易的数据产品不应包含（并非同一维度的分类，而仅仅是基于负面清单的角度）：未经权利人同意的个人信息相关数据（取得权利人合法同意或具备其他《个人信息保护法》第13条规定的合法性基础的个人信息相关数据交易应无禁止）；可能危害国家安全和公共利益的数据，包括任何核心数据以及未经政府主管部门同意交易的重要数据；其他法律法规禁止交易的数据。

1. 个人信息相关数据

个人信息相关数据在商业环境中是具有较高价值的数据类型，如何在保护隐私权、人格权的基础上实现个人信息相关数据的有效合规利用是一个难题也是一个必须解决的问题。《个人信息保护法》生效后，不合规的个人信息相关数据交易将面临法律的规制。众多法律规范或标准均提及关于个人信息相关数据交易或转让的问题，尽管表述存在差异，但均可归纳为未经过合法权利人授权同意的个人信息禁止交易。数据接收方应审查数据提供方所提供之数据是否包含未经合法权利人授权同意的个人信息，但由于巨大的授权成本，实践中往往无法获得全部个人信息主体的授权。

《个人信息保护法》第4条第1款规定："个人信息是以电子或者其他方式记录的与已识别或者可识别的自然人有关的各种信息，不包括匿名化处理后的信息。"实践中，一般认为如数据产品及服务提供者所提供的数据为匿名化数据，则理论上应成为可以交易的数据。但是匿名化的界定和实现在实践中争议很大，导致法律后果具有不确定性。而去标识化的思路严格来说并不能完全等同于匿名化，数据接收方依然可能识别到个人，仍然需要取得个人信息主体的单独同意，基于去标识化思路的数据交易存在法律风险。

鉴于数据交易的特点，如数据的可复制性、个人信息相关数据交易的法律不确定性等问题，要推动数据交易尤其是个人信息相关数据交易在合法合规的前提下快速发展，一方面需要在法律层面的制度构建，解决数据权属等疑难问题；另一方面需要通过隐私计算等技术手段辅助解决数据交易的一些难点问题，实现数据的可用不可见。

在交易双方或多方处理个人信息相关数据的场景中如不具备《个人信息保护法》第 13 条第 2 至 7 项情形的，可采用征得数据主体（个人）的"同意"，或实现"匿名化"两种合规路径。其中，如采取"同意"路径，需明确告知相关个人具体的数据处理行为并征得同意、备案存证。如采用"匿名化"路径，则在数据流通过程中，数据相关处理方（包括提供方、加工方、使用方等机构）需保障全过程中的数据处理行为满足数据"无法识别特定个人且不能复原"的法律要求，并留存相关存证以达到匿名化的效果证明。因此采取匿名化合规路径的参与方，可使用特定技术、标准或互相兼容的技术框架，在各自数据管理范围内（数据域内）执行数据去标识化处理，并证明全过程中各方数据处理行为（提供、加工、传输、使用等）均在可证明的匿名化情况下实施，使流通过程满足合规性要求。

案例：2020 年 11 月网信办通报"课后网"App 存在"既未经用户同意，也未做匿名化处理，向第三方提供用户课后网的账号信息"个人信息收集使用问题。2021 年 12 月《哈啰出行》（版本 6.4.5，360 手机助手）、《58 同城》（版本 10.24.2，乐商店）、《易购》（版本 11.7.0512，乐商店）App 同样存在向第三方提供未做匿名化处理的个人信息问题。由中央网信办、工信部、公安部、市场监管总局组成的 App 专项治理工作组 2020 年 9 月发布公告显示，WIFI 万能密码（版本 4.5.2）既未经用户同意，也未做匿名化处理，通过嵌入的 Nearme、友盟等 SK 向第三方提供设备 IMEI 号、Android ID 等个人信息；多多计算器（版本 3.1.9）未经用户同意，也未做匿名化处理，通过嵌入的字节跳动等 SK 向第三方提供设备 MAC 地址、设备序列号等个人信息；查悦公社（版本 3.5.6）既未经用户同意，也未做匿名化处理，通过嵌入的腾讯等 SK 向第三方提供设备 IMEI 号等个人信息；玩图（版本 7.3.1）既未经用户同意，也未做匿名化处理，通过客户端嵌入的头条等 SK 向第三方提供设备

IMEI 号等个人信息；运动赚（版本 1.0.9.5.66.2）既未经用户同意，也未做匿名化处理，将设备 IMEI 号等个人信息直接传输至第三方服务器；新浪体育（版本 4.10.0.0）既未经用户同意，也未做匿名化处理，通过客户端嵌入的 Crashlytics 等 SK 将数据传输到境外服务器等 12 个 App 均涉及将未做匿名化处理的信息传输至第三方的违法违规行为。

匿名化处理一直是数据处理中极为重要的技术和法律难题，例如，2006 年网飞（Netflix）公布了 50 万用户对 100 万部影片的评价，虽然进行了所谓的匿名化处理，但可以通过简单的方式重新识别到用户个人。[1]我国《网络安全法》第 42 条第 1 款、《民法典》第 1038 条第 1 款、《个人信息保护法》第 73 条第 1 款第 4 项均将"匿名化"定义为经加工后的个人信息无法识别特定个人且不能复原的数据，既需无法识别又需不能复原。根据《个人信息保护法》第 5 条第 1 款，匿名化数据不属于个人信息，结合《App 违法违规收集使用个人信息行为认定方法》第 5 条来看，即（1）既未经用户同意，也未做匿名化处理，App 客户端直接向第三方提供个人信息，包括通过客户端嵌入的第三方代码、插件等方式向第三方提供个人信息；（2）既未经用户同意，也未做匿名化处理，数据传输至 App 后台服务器后，向第三方提供其收集的个人信息，两项内容均可被认定为"未经同意向他人提供个人信息"，若对未经匿名化处理的个人信息进行处理的话，应严格按照《个人信息保护法》及相关法律法规进行处理，而进行匿名化处理后的个人信息则不属于个人信息范畴内，即不适用相关规定。

那么如何判断数据是否有效进行匿名化则为数据保护的重点内容。目前我国没有关于匿名化标准或指南，但在新加坡已经出具相关指引，尤其是关于"不能复原"作出规定。例如，在《新加坡匿名化指引》提出匿名化的五个步骤。

---

[1]　See Arvind Narayanan, Vitaly Shmatikov, "How to break anonymity of the Netflix prize dataset", available at arXiv preprint cs/0610105. https://arxiv.org/abs/cs/0610105.

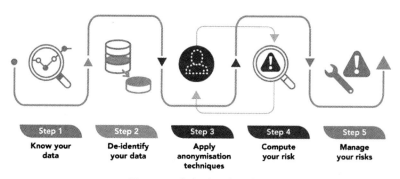

图 11-1　新加坡匿名化指引

第一步"识别数据"，所控制数据划分为直接标识符（Direct Identifiers）、间接标识符（Indirect Identifiers）与重要属性（Target Attributes），其中直接标识符是指对个人而言唯一的数据属性并且可以作为关键数据属性来重新识别个人身份，如姓名、电话号码、护照号码；间接标识符是指对个人而言非唯一的数据属性，但在与其他信息结合后可以重新识别个人身份，如性别、年龄、身高；重要属性是指在数据集中发挥重要作用的数据，此类数据属性为敏感，可能导致在披露时对个人产生不利影响，如医疗诊断、征信信息、工资薪金等，此类信息一般难以通过公开或私人途径获得。第二步，去标识化，即删除数据中的所有直接标识符，或为直接标识符分配唯一假名，以假名替换直接标识符，但假名也应注意不易被复原。第三步，应用匿名化技术，即对数据中的间接标识符应用匿名化技术，可采用技术如删除数据行、删除数据属性、将数据值中的某些字符替换为"＊"或"x"、降低数据颗粒度（如将"26 岁"替换为"25～29 岁"）、增加干扰因素（noise）修改原数据等。第四步，评估匿名化效果，利用 K-匿名性（K-anonymity）来计算数据的再识别风险水平。K-匿名性将计算一个数据集中能被识别为同一组的数据量，[1]如果该值较低，则意味着记录是唯一的，具有较高重识别风险；如果该值较高，则重新识别的风险较低。若面临重识别的风险较高，则重复第三步与第四步，

---

〔1〕 举例而言如何使用 K-匿名性，将员工年龄以 5 岁为界限对年龄进行去标识化处理，那么如果员工年龄分别为 21 岁、22 岁、25 岁、26 岁、31 岁、37 岁、40 岁，那么匿名化后 21～25 岁为 3 人，26～30 岁为 1 人，31～35 岁为 1 人，35～40 岁为 2 人，K 值为（3+1+1+2）/4，约为 1.75。若以 10 岁为界限进行处理，那么匿名化后 21～30 岁为 4 人，31～40 岁为 3 人，那么 K 值为（4+3）/2，约为 3.5，后者 K 值越大实际代表的是数据颗粒度越大，那么匿名化处理效果后者比前者更优。

直到达到最佳数据匿名化效果。第五步为管理数据重识别与披露风险，即采取数据加密、访问权限控制等技术、流程控制措施等管理措施，管理数据使用中的重识别与披露风险。

2. 重要数据及核心数据

《网络数据安全管理条例（征求意见稿）》第 5 条第 2 款规定："国家对个人信息和重要数据进行重点保护，对核心数据实行严格保护。"依此，重要数据交易受限程度大于一般数据，可交易的范围大于核心数据，核心数据不能成为数据交易的对象。

所交易数据若包含重要数据，数据接收方应审查以下内容：第一，是否取得相关部门的同意或许可。重要数据可能涉及国家安全、经济运行、社会稳定、公共健康和安全等方面，所以数据产品及服务提供者在交易重要数据前，应征得主管部门的同意或许可，确有必要或可能涉及国家秘密的，应当经过国家保密行政管理部门的审核，排除国家机密范围后，再进行交易。第二，是否进行数据安全风险评估。数据安全风险评估主要以发现国家关键信息基础设施行业数据安全方面的大风险、大隐患为主要目的，在数据识别、法律遵从、数据处理、支撑环境和特殊场景数据跨境流动安等方面开展风险评估。[1]第三，是否超出协议约定的范围。重要数据产品及服务提供者与接收方之间应通过数据交易协议或其他方式，明确约定处理数据的目的、范围、处理方式，数据安全保护措施等，不得超出约定的目的、范围、处理方式处理重要数据。

3. 公共数据

公共数据秉承共享和开放原则，不允许直接交易。例如《上海市数据条例》第 38 条第 1 款规定，公共管理和服务机构之间共享公共数据，应当以共享为原则，不共享为例外。公共数据应当通过大数据资源平台进行共享。第 41 条第 1 款规定，本市以需求导向、分级分类、公平公开、安全可控、统一标准、便捷高效为原则，推动公共数据面向社会开放，并持续扩大公共数据开放范围。2021 深圳市发布的《深圳经济特区数据条例》第 67 条第 1 项规定，交易的数据产品和服务包含未经依法开放的公共数据禁止交易。因此公

---

〔1〕 参见宋璟等：《新时代下数据安全风险评估工作的思考》，载《中国信息安全》2021 年第 9 期。

共数据不应该直接被交易，但是含有公共数据的数据产品或服务在公共数据系依法开放时可以进行交易。此外，授权运营应也是公共数据合法交易的一种渠道，根据《上海市数据条例》第46条还对公共数据授权运营作出的规定，通过公共数据授权运营形成的数据产品和服务，可以依托公共数据运营平台进行交易撮合、合同签订、业务结算等；通过其他途径签订合同的，应当在公共数据运营平台备案。

（二）数据来源的合法[1]

《数据安全法》第32条第1款明确指出，"任何组织、个人收集数据，应当采取合法、正当的方式，不得窃取或者以其他非法方式获取数据"。在数据交易的情境下，数据来源的方式"合法、正当"是企业固定与构筑自身数据资产的第一步，也是数据产品得以交易的首要原则。《上海市数据条例》第13条规定"自然人、法人和非法人组织可以通过合法、正当的方式收集数据。收集已公开的数据，不得违反法律、行政法规的规定或者侵犯他人的合法权益。法律、行政法规对数据收集的目的和范围有规定的，应当在法律、行政法规规定的目的和范围内收集"，第14条也明确"自然人、法人和非法人组织对其合法取得的数据，可以依法使用、加工。法律、行政法规另有规定或者当事人另有约定的除外"。

合法的数据来源包括：公开数据收集，指通过爬取等方式获取公开数据，应当说明其合法正当；自行生产，应当提供其系统运行和记录形成情况；合法间接获取，应当提供购买协议或许可使用协议等；合法的直接采集，涉个人信息的数据已经获得个人同意，或者遵循数据采集合法基础的其他来源，如数据产品的数据来源于企业与政府大数据中心通过公共数据授权运营合作方式获得。

此外，数据产品及服务提供者需审查数据来源是否合法合规，即使数据产品及服务提供者的数据系间接采集，也应当向上穿透审查数据产品及服务提供者的数据来源合法性，以保证上层数据源的数据处理都在合法范围内。

---

[1]《2022数据交易合规法律报告》，载 https://mp.weixin.qq.com/s/GmAT-XmdzcoLuI9Mbv1QdA。

三、数据产品及服务提供者的数据处理合规审查

（一）数据产品及服务提供者可以处理的数据

《民法典》第 1035 条第 2 款规定，个人信息的处理包括个人信息的收集、存储、使用、加工、传输、提供、公开等。《数据安全法》第 3 条第 2 款规定，数据处理，包括数据的收集、存储、使用、加工、传输、提供、公开等。《数据安全法》第 32 条第 2 款规定，应当在法律、行政法规规定的目的和范围内收集、使用数据。《个人信息保护法》第 5 条规定，处理个人信息应当采用合法、正当的方式。

从上述法律规定来看，数据处理的概念均包括收集、存储、使用、加工、传输、提供、公开等。数据接收者应全面审查数据产品及服务提供者所提供的数据授权协议，确保不会对后续数据产品的形成和流通形成障碍。数据接收者应审查数据产品及服务提供者所提供的数据是否属于在先数据授权协议的范畴，是否超过了数据权利主体的授权范围。《信息安全技术 网络数据处理安全要求》GB/T 41479 第 5.2 条规定，从个人信息主体以外的其他途径获得个人信息的，应了解个人信息来源、个人信息提供方已获得的个人信息处理授权同意范围，并按照该文件的要求履行安全保护义务。因此数据接收者应谨慎甄别并核实个人信息提供方的授权真实性及个人信息处理授权同意范围，避免因提供方侵犯个人信息主体合法权益而承担连带责任。

（二）数据产品及服务提供者处理数据时的保障措施

数据接收者应当关注数据产品及服务提供者的数据安全保护能力，审查数据产品及服务提供者是否全面履行了《网络安全法》《数据安全法》《个人信息保护法》及相关现行有效的法律法规项下对于企业的整体义务，企业应当构建起以组织为保障、以制度为贯穿、以安全为基石的数据保护体系，包括设立专人负责、建立管理制度和流程、搭建安全防范机制等。

例如《网络安全法》适用范围为"在中华人民共和国境内建设、运营、维护和使用网络"，对包括网络服务提供者在内的网络运营者规定了一系列保护"网络运行安全"方面的要求和义务；《数据安全法》明确了数据处理活动的监管要求，数据交易的主体需遵守数据的收集、存储、使用、加工、传输、提供、公开等的义务，以及制度管理、风险监测、风险评估、数据收集、数据交易、事前许可和配合调查等多个方面的相应义务；《个人信息保护法》在立法

层面完善了对个人信息的全生命周期保护。企业应当构建起以组织为保障、以制度为贯穿、以安全为基石的个人信息保护体系，包括设立专人负责、建立管理制度和流程、搭建安全防范机制等，企业是否按照《个人信息保护法》的要求充分履行了个人信息保护相关的义务也应当考虑纳为数据合规评估的要素。

《网络安全法》第 21 条、《数据安全法》第 27 条、《个人信息保护法》第 51 条都强调数据处理者应当采取措施确保数据处理活动符合法律、行政法规的规定，并防止未经授权的访问以及数据泄露、篡改、丢失，包括但不限于：网络运营者应当按照网络安全等级保护制度的要求，履行安全保护义务，制定内部安全管理制度和操作规程，确定网络安全负责人，落实网络安全保护责任；采取防范计算机病毒和网络攻击、网络侵入等危害网络安全行为的技术措施；采取监测、记录网络运行状态、网络安全事件的技术措施，并按照规定留存相关的网络日志不少于 6 个月；采取数据分类、重要数据备份和加密等措施；建立健全全流程数据安全管理制度；组织开展数据安全教育培训；采取相应的技术措施和其他必要措施，保障数据安全；建立风险数据安全管理的策略与标准，采取有效技术措施，保障数据在采集、传输、存储、处理和销毁过程中的安全等。

第二节　场内（类场内）场景下的数据产品及服务提供者合规审查的要求

目前国内的数据交易场所建设如火如荼，除了以数据交易所命名，有国家层面相关政策支持的数据交易场所之外，很多省市也建设了在法律依据、交易模式等方面较为模糊的数据交易中心，本节将其视为场内或准场内数据交易。虽然现有机制尚且模糊，但是多数场内模式的数据交易平台交易规则均明确要求挂牌交易的数据提供方需要请第三方中介机构对数据产品合规性进行评估。以上海数据交易所为例，根据相关公开信息，其试运行阶段数据产品交易的大致流程：数据产品及服务提供者通过合规评估的数据集或数据服务在上海数据交易所经审核后公开挂牌，数据需求方应当依照场景需要对挂牌数据进行点选，供需双方自主确定交易价格和交付方式，通过上海数据交易所签订交易合同后进行交易，交易合同应载明数据内容、应用场景、交易价格、交付方式等。

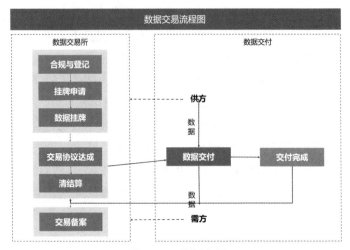

图 11-2　数据交易

数据产品挂牌交易流程			
序号	流程	实施主体	备注
1	挂牌数据准备	挂牌单位	挂牌单位填写《挂牌数据产品详单》。
2	合规评估	律师事务所	合规评估为必选动作。 由律所根据合规评估指引进行评估，提交材料两份至供方 （1）法律意见书详细版本(包括附件清单) （2）法律意见书摘要(后续披露给需方会员)
3	质量评估	第三方评估机构	暂时采取自评，根据模板填写后盖章。
4	系统注册及材料提交	挂牌单位	由挂牌单位在数交所系统进行注册并提交全套材料。 （1）营业执照复印件盖章或CA （2）法人身份证复印件盖章 （3）企业logo矢量图 （4）《数据产品交易服务协议【供方】》盖章 （5）律所法律意见书详版及摘要版 （6）质量评估自评文件（盖章）
5	挂牌完成	数据交易所	数交所审查材料，有异议的将要求补充材料。 通过审核的，在数交所平台上挂牌数据，并获得相应凭证，在数交所进行挂牌仪式。
6	交易撮合（可选）	数据经纪商	由第三方对数据供需进行撮合，也可自行对接。
7	交易协议形成	供需双方	需求单位通过数交所平台提出交易意向，挂牌确认数据购买意向，在平台中签订合约。
8	数据交付	供需双方、交付服务方（可选）	根据合约确定的方式交付数据，可选择隐私计算等第三方服务商。
9	清结算	数据交易所、供需双方	双方确认无误后，数交所向银行账户发起指令完成清结算。
10	交易完结	数据交易所	交易合约履行完成后，双方确认，由数交所发放完成凭证。
11	争议解决	供需双方、仲裁机构、法院等	

图 11-3　数据产品挂牌交易流程

对于数据产品及服务提供者的合规评估主要由数据产品及服务提供者聘请的外部律师事务所等中介机构进行。首先，需关注公司基本情况，确定数据交易主体具备法律所规定的从事民事活动的主体资格及行为能力，具备进行数据交易行为的主体资格。其次，需关注数据产品及服务提供者所提供的数据产品是否具有合法来源。最后，需关注该数据产品的可交易性，审查其知识投入情况及注入劳动情况。数据产品挂牌企业需要提交关于知识投入情况（创造性劳动）的数据处理过程说明（如采用何种算法、知识进行加工），以及关于注入劳动情况（实质性加工）的说明（数据处理有关佐证如服务器日志）。在创造性劳动和实质性加工的判断上，合规评估主要解决定性的问题，相关的评估标准在不断完善。此外，需在具体场景下关注数据产品的流通风险。实质上场内数据交易的评估和场外数据交易并无实质区别，只是场内交易在合规评估的具体标准相对更高。该部分主要关注以下内容：

1. 拟挂牌的数据产品需明确界定使用场景，鉴于数据产品的特殊性，数据交易秉承无场景不交易的原则，数据交易必须预设使用场景，以发挥数据的价值，也避免数据的无序和违法利用。

2. 拟挂牌的数据产品应当限定数据使用条件和约束机制，如对数据使用主体的资质和使用期限、能否转售、再许可作出明确要求。

3. 数据产品本身的可流通性要考察数据流通是否有任何特殊限制。例如，《数据安全法》第 34 条规定"法律、行政法规规定提供数据处理相关服务应当取得行政许可的，服务提供者应当依法取得许可"，即数据交易主体应在取得相应资质或者许可牌照的前提下开展合规的数据处理服务与经营活动。数据产品的供应和获取是否都受限于特定的前置性证照，是数据产品流通性应当重点考察的要素之一。

4. 企业是否存在相应的数据安全风险预防、管理和处置措施。

5. 是否涉及数据出境。目前的数据产品及服务基本都是针对境内主体，但是数据跨境流动或被境外访问的需求日益扩大，根据《个人信息保护法》第 38 条，个人信息处理者因业务需要，确需向中国境外提供个人信息的，应当具备下列条件之一：（1）依照本法第 40 条的规定通过国家网信部门组织的安全评估；（2）按照国家网信部门的规定经专业机构进行个人信息保护认证；（3）按照国家网信部门制定的标准合同与境外接收方订立合同，约定双方的权利和义务；（4）法律、行政法规或者国家网信部门规定的其他条件。

《数据安全法》第 31 条规定："关键信息基础设施的运营者在中华人民共和国境内运营中收集和产生的重要数据的出境安全管理，适用《网络安全法》的规定；其他数据处理者在中华人民共和国境内运营中收集和产生的重要数据的出境安全管理办法，由国家网信部门会同国务院有关部门制定。"《网络安全法》第 37 条规定："关键信息基础设施的运营者在中华人民共和国境内运营中收集和产生的个人信息和重要数据应当在境内存储。因业务需要，确需向境外提供的，应当按照国家网信部门会同国务院有关部门制定的办法进行安全评估；法律、行政法规另有规定的，依照其规定。"

2022 年 7 月 7 日，国家网信办发布《数据出境安全评估办法》对于重要数据和个人信息的数据出境确立了评估规则。2022 年 11 月 4 日，国家市场监督管理总局和国家网信办发布了《个人信息保护认证实施规则》作为个人信息保护认证的基本规则。2023 年 2 月 24 日，国家网信办正式发布了《个人信息出境标准合同办法》及附件《个人信息出境标准合同》为个人信息标准合同出境指引了方向。

第三节　典型案例

随着大数据产业市场规模的不断扩大，大数据开发共享、交换流通成为趋势，数据交易已经成为释放数据价值的关键环节。并且，数据交易在未来将成为国家和地区的核心竞争力。

在此背景下，2015 年 4 月 14 日，贵阳大数据交易所正式挂牌运营，在全国率先探索数据流通交易价值和交易模式。从贵阳大数据交易所的交易规则——《贵阳大数据交易所 702 公约》来看：交易的内容是数据清洗建模分析后的数据结果，不包括底层数据；交易的数据种类多达 30 多种，包括金融大数据、医疗大数据、通信大数据、教育大数据、电信大数据、环境大数据等；交易主体实行会员制，需要审核通过成为会员，才有数据买卖资格，交易所对数据供应商实行的是"宽进严管法"，供应商对数据交易有兴趣就能参与，有不良表现就在受到处罚，对违规或违法、数据造假、数据欺诈、数据来源不合法的供应商有三种处罚，失去资格、"交易所黑名单"、负刑事责任；交易时间为 365 天，7×24 小时不休市。

在定价方面，不同品种的大数据价格机制是不一样的，实时价格主要取决于数据的样本量和单一样本的数据指标项价值，数据指标包括数据品种、数据实时性、数据样本覆盖、数据完整性、数据深度、时间跨度等。而后通过交易系统自动定价，价格实时浮动。

同时，为了保证数据交易能够合法有序地进行，交易所建立了相应的制度及规范体系，主要包括数据格式标准化、数据质量认证体系、数据交易定价体系、数据安全防范体系、数据源追溯体系、数据交易信息披露体系、市场主体考核评价体系。

2021年3月31日，北京国际大数据交易所正式成立。北数所的独特之处在于其利用隐私计算等技术，绕开数据所有权的争论，给数据流通交易打造"数据可用不可见，用途可控可计量"的安全环境，同时，"数据可用不可见，用途可控可计量"也是北数所的交易范式。为实现这样的交易范式，降低交易风险，北数所设立了系列规则：准入方面，实行实名注册的会员制，对数据来源进行合规审核，对数据交易行为进行规范管理；管理方面，实行数据分级分类管理，创新免费开放、授权调用、共同建模、联邦学习、加密计算等多种融合使用模式；流转方面，探索从数据、算法定价到收益分配的涵盖数据交易全生命周期的价格体系，形成覆盖数据全产业链的数据确权框架；产业链延伸方面，培育数据来源合规审查、数据资产定价、争议仲裁等中介机构，推动产业链创新发展。此外，还将探索建立大数据资产评估定价、交易规则、标准合约等政策体系，积极推动数据创新融通应用纳入到"监管沙盒"。

2021年11月25日，上海数据交易所在上海浦东新区正式揭牌成立。上海数据交易所的设立，重点是聚焦确权难、定价难、互信难、入场难、监管难等关键共性难题，形成系列创新安排，而且有五大首发：一是全国首发数商体系，全新构建"数商"新业态，涵盖数据交易主体、数据合规咨询、质量评估、资产评估、交付等多领域，培育和规范新主体，构筑更加繁荣的流通交易生态，支持市场自主定价；二是全国首发数据交易配套制度，率先针对数据交易全过程提供一系列制度规范，涵盖从数据交易所、数据交易主体到数据交易生态体系的各类办法、规范、指引及标准，确立了"不合规不挂牌，无场景不交易"的基本原则，让数据流通交易有规可循、有章可依；三是全国首发全数字化数据交易系统，上线新一代智能数据交易系统，保障数据交易全时挂牌、全域交易、全程可溯，解决确权难问题；四是全国首发数据产品登记凭证，首次通过数据产品登记凭证与数据交易凭证的发放，实现一数一码，可登记、可统计、可普查；五是全国首发数据产品说明书，以数据产品说明书的形式使数据可阅读，将抽象数据变为具象产品。

【思考题】

1. 简述题

简述数据产品及服务提供者处理数据时的保障措施。

2. 论述题

论述数据产品及服务提供者的合规评估须注意的内容。

第十二章　数据合规风险点梳理

【本章概要】数据合规是数据流通、共享、交易的基础。本章将以我国的《民法典》《网络安全法》《数据安全法》等相关法律法规为主要指导依据，对就数据安全处理过程中的收集、存储、使用、加工、传输、提供、公开七个维度进行梳理。

【学习目标】掌握数据合规的风险点提示。

第一节　数据收集的合法必要

一、相关法规

《民法典》第 111 条规定，自然人的个人信息受法律保护。任何组织或者个人需要获取他人个人信息的，应当依法取得并确保信息安全，不得非法收集、使用、加工、传输他人个人信息，不得非法买卖、提供或者公开他人个人信息。《民法典》第 1035 条第 1 款规定，处理个人信息的，应当遵循合法、正当、必要原则，不得过度处理，并符合下列条件：（1）征得该自然人或者其监护人同意，但是法律、行政法规另有规定的除外；（2）公开处理信息的规则；（3）明示处理信息的目的、方式和范围；（4）不违反法律、行政法规的规定和双方的约定。

《数据安全法》第 32 条第 1 款规定，任何组织、个人收集数据，应当采取合法、正当的方式，不得窃取或者以其他非法方式获取数据。第 38 条规定，国家机关为履行法定职责的需要收集、使用数据，应当在其履行法定职责的范围内依照法律、行政法规规定的条件和程序进行。《数据安全法》第 51 条、52 条规定，窃取或者以其他非法方式获取数据，开展数据处理活动排除、限制竞争，或者损害个人、组织合法权益的，依照有关法律、行政法规的规定处罚。给他人造成损害的，依法承担民事责任。

《网络安全法》第41条规定，网络运营者收集、使用个人信息，应当遵循合法、正当、必要的原则，公开收集、使用规则，明示收集、使用信息的目的、方式和范围，并经被收集者同意。网络运营者不得收集与其提供的服务无关的个人信息，不得违反法律、行政法规的规定和双方的约定收集、使用个人信息，并应当依照法律、行政法规的规定和与用户的约定，处理其保存的个人信息。

《信息安全技术　个人信息安全规范》中第5部分规定，收集个人信息的合法性、最小必要、多项业务功能的自主选择、收集个人信息时授权同意及其例外。其中合法性体现在：不应以欺诈、诱骗、误导的方式收集个人信息；不应隐瞒产品或服务所具有的收集个人信息功能；不应从非法渠道获取个人信息；不应收集法律法规明令禁止收集的信息；不应大规模收集我国公民的种族、民族、政治观点、宗教信仰等个人敏感信息。最小必要性体现在：收集的个人信息的类型应与实现产品或服务的业务功能有直接关联；直接关联是指没有上述个人信息的参与，产品或服务的功能无法实现；自动采集个人信息的频率应是实现产品或服务的业务功能所必需的最低频率；间接获取个人信息的数量应该是实现产品或服务的业务功能所必需的最少数量。

二、数据收集风险

在数据收集环节，风险威胁主要涵盖保密性威胁、完整性威胁。保密性威胁指攻击者通过建立隐蔽隧道，对信息流向、流量、通信频度和长度等参数的分析，窃取敏感的、有价值的信息；完整性威胁指数据伪造、刻意篡改、数据与元数据的错位、源数据存在破坏完整性的恶意代码。

第二节　数据存储的加密管理

一、相关法规

《民法典》第1038条规定，信息处理者不得泄露或者篡改其收集、存储的个人信息；未经自然人同意，不得向他人非法提供其个人信息，但是经过加工无法识别特定个人且不能复原的除外。信息处理者应当采取技术措施和其他必要措施，确保其收集、存储的个人信息安全，防止信息泄露、篡改、丢失；发生或者可能发生个人信息泄露、篡改、丢失的，应当及时采取补救措施，按照规定告知自然人并向有关主管部门报告。

《数据安全法》第 27 条规定，开展数据处理活动应当依照法律、法规的规定，建立健全全流程数据安全管理制度，组织开展数据安全教育培训，采取相应的技术措施和其他必要措施，保障数据安全。利用互联网等信息网络开展数据处理活动，应当在网络安全等级保护制度的基础上，履行上述数据安全保护义务。重要数据的处理者应当明确数据安全负责人和管理机构，落实数据安全保护责任。

《网络安全法》第 42 条规定，网络运营者不得泄露、篡改、毁损其收集的个人信息；未经被收集者同意，不得向他人提供个人信息。但是，经过处理无法识别特定个人且不能复原的除外。网络运营者应当采取技术措施和其他必要措施，确保其收集的个人信息安全，防止信息泄露、毁损、丢失。在发生或者可能发生个人信息泄露、毁损、丢失的情况时，应当立即采取补救措施，按照规定及时告知用户并向有关主管部门报告。第 44 条规定，任何个人和组织不得窃取或者以其他非法方式获取个人信息，不得非法出售或者非法向他人提供个人信息。

《关键信息基础设施安全保护条例》第 30 条规定，网信部门、公安机关、保护工作部门等有关部门，网络安全服务机构及其工作人员对于在关键信息基础设施安全保护工作中获取的信息，只能用于维护网络安全，并严格按照有关法律、行政法规的要求确保信息安全，不得泄露、出售或者非法向他人提供。

《信息安全技术　个人信息安全规范》中第 6 部分规定，个人信息存储时间最小化、去标识化处理。其中时间最小化体现在：个人信息存储期限应为实现个人信息主体授权使用的目的所必需的最短时间，法律法规另有规定或者个人信息主体另行授权同意的除外；超出上述个人信息存储期限后，应对个人信息进行删除或匿名化处理。去标识化处理体现在：收集个人信息后，个人信息控制者宜立即进行去标识化处理，并采取技术和管理方面的措施，将可用于恢复识别个人的信息与去标识化后的信息分开存储并加强访问和使用权限的管理。个人敏感信息的传输和存储要求：传输和存储个人敏感信息时，应采用加密等安全措施（采用密码技术时宜遵循密码管理相关国家标准）；个人生物识别信息应与个人身份信息分开存储；原则上不存储原始个人生物识别信息，可采取的措施包括但不限于：仅存储个人生物识别信息的摘要信息；在采集终端中直接使用个人生物识别信息实现身份识别、认证功能；在使用面部识别特征、指纹、掌纹、虹膜等实现识别身份、认证等功能后删除可提取个人生物识别信息的原始图像。

二、数据存储风险

在数据存储环节，风险威胁主要来自外部因素、内部因素、数据库系统安全漏洞。外部因素包括黑客脱库、数据库后门、挖矿木马、数据库勒索、恶意篡改等；内部因素包括内部人员窃取、不同利益方对数据的超权限使用、弱口令配置、离线暴力破解、错误配置等；数据库系统安全漏洞包括数据库软件漏洞和应用程序逻辑漏洞，如：SQL 注入、提权、缓冲区溢出、存储设备丢失等其他情况。因此要避免在数据存储阶段侵害个人信息权益，既不得无限期存储数据，违反存储限制；也不得造成数据泄露，违反安全义务。

三、数据存储阶段的个人信息保护手段

制定数据清单及目录，确立相应的隐私与个人信息风险等级；限制个人信息存储期限，避免无限期保存；完善数据安全风险评估制度，及时检测存在的安全风险；编制数据安全事件应急预案，完善数据泄漏通知制度。

数据被遗忘权案例：西班牙著名报纸《先锋报》分别于 1998 年 1 月 19 日和 3 月 9 日刊登了一则强制拍卖财产的公告，其中包括西班牙籍男士冈萨雷斯（Mario Costeja González）的财产，他的名字也出现在该拍卖公告中。拍卖公告的电子版也随即出现在网络上。

2010 年 3 月 5 日，冈萨雷斯向西班牙信息保护机构（APED）提出针对《先锋报》和谷歌公司（Google Spain and Google Inc.）的投诉，原因是当他在谷歌搜索引擎里输入自己的名字时，搜索结果显示含有 1998 年那则拍卖公告的链接。

对于针对《先锋报》的投诉，冈萨雷斯先生主张《先锋报》应该删除或修改这些页面，与他有关的个人数据不应再出现，或使用搜索引擎提供的某些工具，以保护这些数据。他认为随着时间的推移，这些内容已属不再相关的信息，继续留存在网络上，会对其声誉造成损害。

对于针对谷歌公司的投诉，冈萨雷斯要求谷歌西班牙公司或谷歌公司删除或隐藏与他有关的个人资料，使其信息不再出现在搜索结果中并且不再出现在《先锋报》的链接中。

APED 驳回了冈萨雷斯针对《先锋报》的请求，理由是公布拍卖公告的有关信息在法律上是合理的，因为它是根据劳动和社会事务部的命令进行的，目的是为拍卖提供最大的宣传，以确保尽可能多的竞标者。但 APED 受理了冈萨雷斯针对谷歌的请求，并裁决谷歌败诉，理由有以下三点：第一，搜索引擎的经营者作为信息社会的中介机构，为他们负责数据进行数据处理，应受到数据保护立法的约束；第二，当它认为查找和传播数据有可能损害数据保护的基本权利和广义上的人的尊严时，它有权要求搜索引擎的经营者撤回数据和禁止访问某些数据，这也包括当事人希望这些数据不被第三方知道的意愿。第三，搜索引擎的运营者可以直接承担这一义务，而没有必要从其出现的网站上删除数据或信息，包括在法定条款证明在该网站上保留信息是合理的情况下。

谷歌随即向西班牙国家高等法院上诉，西班牙国家高等法院指出一个问题：搜索引擎的经营者对公布在第三方网站上的个人信息应承担何种义务来履行其个人信息保护的义务，尤其是在搜索引擎会将自然人个人与包含与他们相关的个人数据的网站相连接。这个问题的答案取决于在如何对 Directive 95/46 指令中个人信息主体权利进行解释。西班牙国家高等法院随即决定中止诉讼程序，并将相关争议焦点提交至欧盟法院。

欧盟法院主要就 Google 应为个人信息控制者还是处理者，个人信息主体是否拥有被遗忘的权利做出解释。

Google Search 作为一个内容提供者，其活动包括定位第三方在网络上发布或包含的信息、自动编制索引、临时存储，最后根据特定的偏好向互联网用户提供。当这些信息包含第三方的个人数据时，像这样的活动是否应该被解释为属于 Directive 95/46/EC 指令第 2（b）条中使用的"数据处理"（Processing of data）的概念？如果对该问题的回答是肯定的，Google Search 是否应被视为其索引的网页中包含的个人数据的"控制者"？

法院认为 Directive 95/46/EC 指令第 2 条针对"个人数据处理"给出了相关定义，争议焦点即搜索引擎的活动能否归为指令第二条所指的"处理"，以及搜索引擎运营商是否是指令第二条所指的"控制者"。

谷歌公司主张搜索引擎的活动不能被视为处理显示在搜索结果列表中的第三方网页上的数据，因为搜索引擎处理互联网上的所有信息，而没有在个人数据和其他信息之间进行选择。此外，即使该活动必须被归类为"数据处理"，搜索引擎的经营者也不能被视为被处理个人信息的"控制者"，因为它对这些数据一无所知，也不对其进行控制数据。

冈萨雷斯认为搜索引擎的活动很明显涉及指令所指的"个人数据处理"，它与网站发布者的数据处理不同，其追求的目标也与这种处理不同。搜索引擎的操作者是其所执行的数据处理的"控制者"，因为它决定了该处理的目的和手段。

对于"个人数据处理"的范围，欧洲法院已在 Lindqvist 案[1]中做出相应裁决，认为在互联网页面上加载个人数据的操作必须被视为指令第 2 条所指的"处理"。欧洲法院还在判决书中提到，对搜索引擎发现、索引和存储并提供给其用户的数据包括与已识别或可识别的自然人有关的信息，因而属于第 2（a）条意义上的"个人数据"。

欧洲法院同时认为正是搜索引擎运营商决定了该数据处理活动的目的和手段，从而决定了其本身在该活动框架内对个人数据的处理，因此，根据第 2（d）条，搜索引擎运营商必须被视为该处理的"控制者"。

关于个人信息主体的权利，即 Directive 95/46/EC 指令关于删除权（right of erasure）、反对权（right to object）和被遗忘权（right to be forgotten）的保护范围，是否应该被理解为数据主体删除个人数据的权利、屏蔽个人数据的权利（blocking of data）。本案中，冈萨雷斯向谷歌提出删除含有个人信息的网页链接，是否可被视为行使其作为数据主体的删除权、被遗忘权的表现。

对此，欧洲法院认定，搜索引擎运营商有义务将根据人名搜索出来的由第三方发布的包含个人信息的网页链接从搜索结果中删除，即使这些信息仍旧会被保存在原始网页上或者这些信息的发布本身合法。

欧洲法院进一步解释道，在评估这些条款的适用条件时，应特别审查随着时间流逝，数据的提供是否为"不充分、不相关或不再相关，或过度"，若答案为肯定，那么数据主体可以根据《欧盟宪章》第 7 条和第 8 条规定的基本权利，要求不再向公众提供有关信息。

---

[1] 参见 Case C-101/01 *Lindqvist* EU：C：2003：596，para25.

第三节　数据使用中的检测依据

一、相关法规

《民法典》第 1035 条第 1 款规定，处理个人信息的，应当遵循合法、正当、必要原则，不得过度处理，并符合下列条件：（1）征得该自然人或者其监护人同意，但是法律、行政法规另有规定的除外；（2）公开处理信息的规则；（3）明示处理信息的目的、方式和范围；（4）不违反法律、行政法规的规定和双方的约定。

《数据安全法》第 18 条规定，国家促进数据安全检测评估、认证等服务的发展，支持数据安全检测评估、认证等专业机构依法开展服务活动。国家支持有关部门、行业组织、企业、教育和科研机构、有关专业机构等在数据安全风险评估、防范、处置等方面开展协作。第 22 条规定，国家建立集中统一、高效权威的数据安全风险评估、报告、信息共享、监测预警机制。国家数据安全工作协调机制统筹协调有关部门加强数据安全风险信息的获取、分析、研判、预警工作。第 29 条规定，开展数据处理活动应当加强风险监测，发现数据安全缺陷、漏洞等风险时，应当立即采取补救措施；发生数据安全事件时，应当立即采取处置措施，按照规定及时告知用户并向有关主管部门报告。第 40 条规定，国家机关委托他人建设、维护电子政务系统，存储、加工政务数据，应当经过严格的批准程序，并应当监督受托方履行相应的数据安全保护义务。受托方应当依照法律、法规的规定和合同约定履行数据安全保护义务，不得擅自留存、使用、泄露或者向他人提供政务数据。

《网络数据安全管理条例（征求意见稿）》第 25 条第 1 款规定，数据处理者利用生物特征进行个人身份认证的，应当对必要性、安全性进行风险评估，不得将人脸、步态、指纹、虹膜、声纹等生物特征作为唯一的个人身份认证方式，以强制个人同意收集其个人生物特征信息。

《信息安全技术　个人信息安全规范》中第 7 部分规定，对个人信息的使用进行规制，具体包括：个人信息访问控制措施、个人信息的展示限制、个人信息使用的目的限制、用户画像的使用限制、个性化展示的使用、基于不同业务目的收集个人信息的汇聚融合、信息系统自动决策机制的使用等内容。

二、数据使用风险

在数据使用环节，风险威胁主要来自外部因素、内部因素、系统安全问题。外部因素包括账户劫持、APT 攻击、身份伪装、认证失效、密钥丢失、漏洞攻击、木马注入等；内部因素包括内部人员、DBA 违规操作窃取、滥用、泄露数据等，如非授权访问敏感数据、非工作时间、工作场所访问核心业务表、高危指令操作；系统安全问题包括不严格的权限访问、多源异构数据集成中隐私泄露等。因此在数据使用中要严格规范使用目的，不得将匿名化数据"去匿名化"，导致个人信息被"再识别"，也不得将不同数据聚合关联，引发新的隐私风险。

三、数据使用阶段的个人信息保护手段

通过信用监管强化对政府数据使用者进行事前审查；通过数据使用协议强化对政府数据使用者进行事后监察。

第四节　数据加工的风险响应

一、相关法规

《数据安全法》第 22 条规定，国家建立集中统一、高效权威的数据安全风险评估、报告、信息共享、监测预警机制。国家数据安全工作协调机制统筹协调有关部门加强数据安全风险信息的获取、分析、研判、预警工作。第 23 条规定，国家建立数据安全应急处置机制。发生数据安全事件，有关主管部门应当依法启动应急预案，采取相应的应急处置措施，防止危害扩大，消除安全隐患，并及时向社会发布与公众有关的警示信息。第 29 条规定，开展数据处理活动应当加强风险监测，发现数据安全缺陷、漏洞等风险时，应当立即采取补救措施；发生数据安全事件时，应当立即采取处置措施，按照规定及时告知用户并向有关主管部门报告。第 30 条规定，重要数据的处理者应当按照规定对其数据处理活动定期开展风险评估，并向有关主管部门报送风险评估报告。风险评估报告应当包括处理的重要数据的种类、数量，开展数据处理活动的情况，面临的数据安全风险及其应对措施等。

《网络数据安全管理条例（征求意见稿）》第 11 条规定，数据处理者应当建立数据安全应急处置机制，发生数据安全事件时及时启动应急响应机制，采取措施防止危害扩大，消除安全隐患。安全事件对个人、组织造成危害的，数据处理者应当在 3 个工作日内将安全事件和风险情况、危害后果、已经采取的补救措施等以电话、短信、即时通信工具、电子邮件等方式通知利害关系人，无法通知的可采取公告方式告知，法律、行政法规规定可以不通知的从其规定。安全事件涉嫌犯罪的，数据处理者应当按规定向公安机关报案。发生重要数据或者 10 万人以上个人信息泄露、毁损、丢失等数据安全事件时，数据处理者还应当履行以下义务：（1）在发生安全事件的 8 小时内向设区的市级网信部门和有关主管部门报告事件基本信息，包括涉及的数据数量、类型、可能的影响、已经或拟采取的处置措施等；（2）在事件处置完毕后 5 个工作日内向设区的市级网信部门和有关主管部门报告包括事件原因、危害后果、责任处理、改进措施等情况的调查评估报告。

《移动互联网应用程序个人信息保护管理暂行规定》（征求意见稿）第 13 条规定，从事 App 个人信息处理活动的相关主体，应当加强人员教育培训，制定个人信息保护内部管理制度，落实网络安全等级保护和应急预案等制度要求；采取加密、去标识化等安全技术措施，防止未经授权的访问及个人信息泄露或者被窃取、篡改、删除等风险；需要认证用户真实身份信息的，应当通过国家统一建设的公民身份认证基础设施所提供的网上公民身份核验认证服务进行。

二、数据加工风险

在数据加工环节，泄露风险主要由分类分级不当、数据脱敏质量较低、恶意篡改/误操作等情况所导致。在数据加工、使用和分析中，规避数据滥用和泄露。针对敏感数据进行脱敏处理，平衡数据的可用性和安全性；数据分析过程采取适当安全措施，降低有价值的个人信息泄露风险；严格按照国家法律、行政法规和部门规章要求正当使用法律，并建立相关责任机制。因此在数据加工阶段要避免侵害个人的信息权益，明确数据加工的目的是使数据可使用、可管理，使其符合现行的数据治理标准，数据使用者通过提取、转换和加载的数据管道，从中获得可信赖的、可操作的分析信息。

三、数据加工阶段的个人信息保护手段

完善内部的数据加工制度和操作流程，强化专业培训教育；采取技术手段，确保数据加工过程安全；保障信息主体的访问权和更正权，增强数据加工透明度。

第五节　数据传输的加密方式

一、相关法规

《网络数据安全管理条例（征求意见稿）》第9条规定，数据处理者应当采取备份、加密、访问控制等必要措施，保障数据免遭泄露、窃取、篡改、毁损、丢失、非法使用，应对数据安全事件，防范针对和利用数据的违法犯罪活动，维护数据的完整性、保密性、可用性。数据处理者应当按照网络安全等级保护的要求，加强数据处理系统、数据传输网络、数据存储环境等安全防护，处理重要数据的系统原则上应当满足三级以上网络安全等级保护和关键信息基础设施安全保护要求，处理核心数据的系统依照有关规定从严保护。

《个人信息保护法》第28条规定，敏感个人信息是一旦泄露或者非法使用，容易导致自然人的人格尊严受到侵害或者人身、财产安全受到危害的个人信息，包括生物识别、宗教信仰、特定身份、医疗健康、金融账户、行踪轨迹等信息，以及不满十四周岁未成年人的个人信息。只有在具有特定的目的和充分的必要性，并采取严格保护措施的情形下，个人信息处理者方可处理敏感个人信息。

《数据出境安全评估办法》第5条规定，数据处理者在申报数据出境安全评估前，应当开展数据出境风险自评估，重点评估以下事项：数据出境和境外接收方处理数据的目的、范围、方式等的合法性、正当性、必要性；出境数据的规模、范围、种类、敏感程度；数据出境可能对国家安全、公共利益、个人或者组织合法权益带来的风险；境外接收方承诺承担的责任义务，以及履行责任义务的管理和技术措施、能力等能否保障出境数据的安全；数据出境中和出境后可能遭到篡改、破坏、泄露、丢失、转移或者被非法获取、非

法利用等的风险，个人信息权益维护的渠道是否通畅等；与境外接收方拟订立的数据出境相关合同或者其他具有法律效力的文件等（以下统称法律文件）是否充分约定了数据安全保护责任义务；其他可能影响数据出境安全的事项。

二、数据传输风险

在数据传输环节，数据泄露主要包括网络攻击、传输泄露风险。其中，网络攻击包括 DDoS 攻击、APT 攻击、通信流量劫持、中间人攻击、DNS 欺骗和 IP 欺骗、泛洪攻击威胁等；传输泄露包括电磁泄漏或搭线窃听、传输协议漏洞、未授权身份人员登录系统、无线网安全薄弱等。应采取非必要不交换，建立规范化流程，管理数据导入和导出，降低泄漏风险；评估合作方数据安全保障能力，降低因数据共享带来的风险；建立数据接口安全管理机制；未经许可不得擅自向境外传输数据。

三、数据出境传输的五点要求

（一）我国数据出境监管模式

《网络安全法》第37条、《个人信息和重要数据出境安全评估办法（征求意见稿）》、《个人信息出境安全评估办法（征求意见稿）》和《数据安全管理办法（征求意见稿）》中指出，原则上禁止数据出境，经安全评估后，一事一议。

（二）跨境数据场景及采取的合规措施

1. 知情主动传输：通过明示告知用户，征得用户同意后向境外传输数据。措施：将数据迁移至境内，在境内重新搭建服务器。

2. 不知情被动传输：软件开发工具包通过宿主申请打开的权限，在不知情的前提下，收集用户个人信息并传输至境外。

措施：通过选用国内软件开发工具包替代确保数据不出境。

3. 知情被动传输：知道软件开发工具包将数据传输至境外，但因依赖于第三方软件开发工具包相关服务，不得不潜入此软件开发工具包，此情况常常存在于强势软件开发工具包和弱势应用程序之间。措施：在与操作系统方充分沟通完善判断数据主体所属机制的前提下，免不了仍在不可控情况下出现数据出境情况，在尽可能少的版本中嵌入此推送软件开发工具包，同时提前告知用户存在这种可能性。

（三）推动数据出境合规

建立数据出境工作组；建立企业内部数据分类分级规则；组织数据出境安全自评估。

（四）据传输过程中企业要履行的义务

企业在数据出境前，对于非重要和敏感数据，应自行组织评估、制定出境计划后方可出境；对于重要数据应在行业主管部门或国家网信办组织数据安全评估后方可出境。

（五）数据不得出境的三种情形

个人信息出境未经个人信息主体同意，或可能侵害个人利益；数据出境给国家政治、经济、科技、国防等安全带来风险，可能影响国家安全、损害社会公共利益；其他经国家网信部门、公安部门、安全部门等有关部门认定不能出境的情形。

第六节　数据提供的评估监督

一、相关法规

《数据安全法》第 33 条规定，从事数据交易中介服务的机构提供服务，应当要求数据提供方说明数据来源，审核交易双方的身份，并留存审核、交易记录。第 34 条规定，法律、行政法规规定提供数据处理相关服务应当取得行政许可的，服务提供者应当依法取得许可。《数据安全法》第 22 条、第 23 条、第 24 条均规定，国家为保护数据安全应采取的措施。第 22 条规定，国家建立集中统一、高效权威的数据安全风险评估、报告、信息共享、监测预警机制。国家数据安全工作协调机制统筹协调有关部门加强数据安全风险信息的获取、分析、研判、预警工作。第 23 条规定，国家建立数据安全应急处理机制。发生数据安全事件，有关主管部门应当依法启动应急预案，采取相应的应急处理措施，防止危害扩大，消除安全隐患，并及时向社会发布与公众有关的警示信息。第 24 条规定，国家建立数据安全审查制度，对影响或者可能影响国家安全的数据处理活动进行国家安全审查，依法做出的安全审查决定为最终决定。第 29 条规定，开展数据处理活动应当加强风险监测，发现数据安全缺陷、漏洞等风险时，应当立即采取补救措施；发生数据安全事件时，应当立即采取处置措施，按照规定及时告知用户并向有关主管部门报告。第 30 条规定，重要数据的处理者应当按照规定对其数据处理活动定期开展风险评估，并向有关主管部门报送风险评估报告。风险评估报告应当包括处理的重要数据的种类、数量，开展数据处理活动的情况，面临的数据安全风险及其应对措施等。

《个人信息保护法》第 17 条第 3 款规定，个人信息处理者通过制定个人信息处理规则的方式告知第一款规定事项的，处理规则应当公开，并且便于查阅和保存。第 21 条第 1 款规定，个人信息处理者委托处理个人信息的，应当与受托人约定委托处理的目的、期限、处理方式、个人信息的种类、保护措施以及双方的权利和义务等，并对受托人的个人信息处理活动进行监督。

《网络数据安全管理条例（征求意见稿）》第 12 条规定，数据处理者向第三方提供个人信息，或者共享、交易、委托处理重要数据的，应当遵守以下规定：（1）向个人告知提供个人信息的目的、类型、方式、范围、存储期限、存储地点，并取得个人单独同意，符合法律、行政法规规定的不需要取得个人同意的情形或者经过匿名化处理的除外；（2）与数据接收方约定处理数据的目的、范围、处理方式，数据安全保护措施等，通过合同等形式明确双方的数据安全责任义务，并对数据接收方的数据处理活动进行监督；（3）留存个人同意记录及提供个人信息的日志记录，共享、交易、委托处理重要数据的审批记录、日志记录至少 5 年。第 13 条规定，数据处理者开展以下活动，应当按照国家有关规定，申报网络安全审查：（1）汇聚掌握大量关系国家安全、经济发展、公共利益的数据资源的互联网平台运营者实施合并、重组、分立，影响或者可能影响国家安全的；（2）处理 100 万人以上个人信息的数据处理者赴国外上市的；（3）数据处理者赴香港上市，影响或者可能影响国家安全的；（4）其他影响或者可能影响国家安全的数据处理活动。大型互联网平台运营者在境外设立总部或者运营中心、研发中心，应当向国家网信部门和主管部门报告。第 14 条规定，数据处理者发生合并、重组、分立等情况的，数据接收方应当继续履行数据安全保护义务，涉及重要数据和 100 万人以上个人信息的，应当向设区的市级主管部门报告；数据处理者发生解散、被宣告破产等情况的，应当向设区的市级主管部门报告，按照相关要求移交或删除数据，主管部门不明确的，应当向设区的市级网信部门报告。《网络数据安全管理条例（征求意见稿）》第 35 条规定，数据处理者因业务等需要，确需向中华人民共和国境外提供数据的，应当具备下列条件之一：（1）通过国家网信部门组织的数据出境安全评估；（2）数据处理者和数据接收方均通过国家网信部门认定的专业机构进行的个人信息保护认证；（3）按照国家网信部门制定的关于标准合同的规定与境外数据接收方订立合同，约定双方权利和义务；（4）法律、行政法规或者国家网信部门规定的其他条件。第36条规定，数据处理者向中华人民共和国境外提供个人信息的，应当向个人告知境外数据接收方的名称、联系方式、处理目的、处理方式、个人信息的种类以及个人向境外数据接收方行使个人信息权利的方式等事项，并取得个人的单独同意。第37条规定，数据处理者向境外提供在中华人民共和国境内收集和产生的数据，属于以下情形的，应当通过国家网信部门组织的数据出境安全评估：（1）出境数据中包含重要数据；（2）关键信息基础设施运营者和处理100万人以上个人信息的数据处理者向境外提供个人信息；（3）国家网信部门规定的其他情形。第38条规定，中华人民共和国缔结或者参加的国际条约、协定对向中华人民共和国境外提供个人信息的条件等有规定的，可以按照其规定执行。第39条规定，数据处理者向境外提供数据应当履行以下义务：（1）不得超出报送网信部门的个人信息保护影响评估报告中明确的目的、范围、方式和数据类型、规模等向境外提供个人信息；（2）不得超出网信部门安全评估时明确的出境目的、范围、方式和数据类型、规模等向境外提供个人信息和重要数据；（3）采取合同等有效措施监督数据接收方按照双方约定的目的、范围、方式使用数据，履行数据安全保护义务，保证数据安全；（4）接受和处理数据出境所涉及的用户投诉；（5）数据出境对个人、组织合法权益或者公共利益造成损害的，数据处理者应当依法承担责任；（6）存留相关日志记录和数据出境审批记录3年以上；（7）国家网信部门会同国务院有关部门核验向境外提供个人信息和重要数据的类型、范围时，数据处理者应当以明文、可读方式予以展示；（8）国家网信部门认定不得出境的，数据处理者应当停止数据出境，并采取有效措施对已出境数据的安全予以补救；（9）个人信息出境后确需再转移的，应当事先与个人约定再转移的条件，并明确数据接收方履行的安全保护义务。第40条规定，向境外提供个人信息和重要数据的数据处理者，应当在每年1月31日前编制数据出境安全报告，向设区的市级网信部门报告上一年度以下数据出境情况：（1）全部数据接收方名称、联系方式；（2）出境数据的类型、数量及目的；（3）数据在境外的存放地点、存储期限、使用范围和方式；（4）涉及向境外提供数据的用户投诉及处理情况；（5）发生的数据安全事件及其处置情况；（6）数据出境后再转移的情况；（7）国家网信部门明确向境外提供数据需要报告的其他事项。

二、数据提供风险

在数据提供环节，风险威胁主要来自政策因素、外部因素、内部因素。政策因素主要指不合规地提供和共享；内部因素指缺乏数据拷贝的使用管控和终端审计、行为抵赖、数据发送错误、非授权隐私泄露/修改、第三方过失而造成数据泄露；外部因素指恶意程序入侵、病毒侵扰、网络宽带被盗用等情况。

数据泄露事件响应方案：伴随着互联网的飞速发展，数据泄露事件也日益增多。根据 IBM Security 发布的《2020 年数据泄露成本报告》，2020 年数据泄露的平均总成本为 386 万美元，客户的个人可识别信息是最常受到破坏的记录类型，每条记录客户个人可识别信息的平均成本为 150 美元，合人民币 1030 元，而恶意攻击引起的数据泄露中每条记录的成本高达 171 美元，合人民币 1175 元。自 2014 年起，数据泄露总平均成本增长了 10%。由此可见，数据泄露事件将会对企业造成巨大损失。

尽管增强数据安全性，降低泄露风险的工具和方案不断产生，黑客仍在不断寻找攻击数据的方法，数据泄露事件也仍在发生，每一个企业都应该为数据泄露做好准备。保护用户的数据安全，不仅仅是企业应该履行的义务，也是评价一个企业成熟与否的标志。有效应对数据泄露的能力对于每一个企业而言都至关重要，这需要建立一个切实有效的流程或通用方案，在根本上帮助相关企业保护声誉，降低罚款、诉讼费用和补救成本。

【第一步：数据响应方案的确定】数据泄露事件响应方案的制定要以了解相关法律为前提。企业在制定数据泄露事件响应方案时首先要了解相关法律法规中对"数据"这一概念的定义，知晓"数据"与其他重要概念之间的关系，这有利于响应方案实施主体的确定。不仅如此，只有在法律允许的范围内对数据进行保护及泄露处理，才能有效降低企业为数据泄露事件所付出的代价。

【第二步：确认数据是否泄露】为了作出合理且切实有效的数据泄露事件响应，首先要确定数据是否已经泄露。这一步不仅仅要求企业宏观地知道数据已经泄露，而且要求企业知道哪些数据已经被泄露，以及被泄露的数据是否存有备份、泄露的数据是否被加密使非法获得者无法使用数据。当企业不去确定数据是否被泄露就在慌乱之中作出关闭/打开某些装置的"弥补措施"时，可能会导致企业面临更加棘手的数据丢失、数据泄露等问题。

【第三步：明确数据泄露原因】此后，在确认数据已经泄露的基础上，要求相关人员查明泄露原因。针对原因提出具体的解决方案才能事半功倍。根据 IBM Security 发布的《2020 年数据泄露成本报告》，数据泄露的根本原因分为三类：系统故障、人为失误以及恶意攻击。三者占比分别为 25%，23% 及52%。由此可见，网络受到恶意攻击导致数据泄漏的风险更高。只有明确泄露原因后，才能完成初始团队的组建，并吸收相关人员加入泄露事件处理的队伍中。

【第四步：确定数据泄露负责人】当明确数据泄露原因后，企业需要尽快确定数据泄露事件处理的总负责人。例如，因系统故障导致的数据泄露，主要任务是对现有数据进行再加密以及快速修补系统故障，此时企业技术部门可以在技术主管的带领下完成对数据泄露事件的快速响应；因人为失误导致数据泄露，此时企业的主要任务是完成泄露数据统计、快速弥补损失，这可以在公关部门的主管以及技术部门主管的配合下完成；因恶意攻击导致数据泄露事件中，可能会涉及多个部门的配合，包括法务部、技术部、公关部等，此时最好由级别较高的主管或者由董事长/总经理担任事件处理的总负责人。只有在确定负责人后，各部门才能各司其职，在负责人的带领下迅速且顺利地完成数据泄露事件的响应。只有这样，才能在最大程度上降低企业的时间成本，有序的处理数据泄露事件。

【第五步：完成数据泄露的处理】在确定主要负责人之后，企业应该对症下药，在尽可能短的时间内完成本次数据泄露事件的处理。在处理的过程中，企业应该在法务团队或外部法律团队的指导下，在法律允许的范围内，采取所有必要的措施保留与案件相关的证据。这将有利于后续对相关人员追责。

【第六步：排除数据泄露的其他风险因素】在处理完本次数据泄露事件后，企业应该合理根除事件的原因。只要有合理的可能性，并且不会进一步危害系统或数据的安全性与完整性，也不会破坏重要证据，并且对数据保护有一定的正向作用，就应该根除数据泄露事件的原因。只有不断完善数据保护体系，才能降低数据泄露风险。

第七节　数据公开的危害与影响

一、相关法规

《数据安全法》第 23 条规定，国家建立数据安全应急处置机制。发生数据安全事件，有关主管部门应当依法启动应急预案，采取相应的应急处置措施，防止危害扩大，消除安全隐患，并及时向社会发布与公众有关的警示信息。第 29 条规定，开展数据处理活动应当加强风险监测，发现数据安全缺陷、漏洞等风险时，应当立即采取补救措施；发生数据安全事件时，应当立即采取处置措施，按照规定及时告知用户并向有关主管部门报告。第 41 条规定，国家机关应当遵循公正、公平、便民的原则，按照规定及时、准确地公开政务数据。依法不予公开的除外。

《网络安全法》第 53 条规定，国家网信部门协调有关部门建立健全网络安全风险评估和应急工作机制，制定网络安全事件应急预案，并定期组织演练。负责关键信息基础设施安全保护工作的部门应当制定本行业、本领域的网络安全事件应急预案，并定期组织演练。网络安全事件应急预案应当按照事件发生后的危害程度、影响范围等因素对网络安全事件进行分级，并规定相应的应急处置措施。第 54 条规定，网络安全事件发生的风险增大时，省级以上人民政府有关部门应当按照规定的权限和程序，并根据网络安全风险的特点和可能造成的危害，采取下列措施：（1）要求有关部门、机构和人员及时收集、报告有关信息，加强对网络安全风险的监测；（2）组织有关部门、机构和专业人员，对网络安全风险信息进行分析评估，预测事件发生的可能性、影响范围和危害程度；（3）向社会发布网络安全风险预警，发布避免、减轻危害的措施。第 55 条规定，发生网络安全事件，应当立即启动网络安全事件应急预案，对网络安全事件进行调查和评估，要求网络运营者采取技术措施和其他必要措施，消除安全隐患，防止危害扩大，并及时向社会发布与公众有关的警示信息。

《信息安全技术　个人信息安全规范》中第 8 部分规定，个人信息原则上不应公开披露。个人信息控制者经法律授权或具备合理事由确需公开披露时，应符合以下要求：事先开展个人信息安全影响评估，并依评估结果采取有效的保护个人信息主体的措施；向个人信息主体告知公开披露个人信息的目的、类型，并事先征得个人信息主体明示同意；公开披露个人敏感信息前，除上述中告知的内容外，还应向个人信息主体告知涉及的个人敏感信息的内容，准确记录和存储个人信息的公开披露的情况，包括公开披露的日期、规模、目的、公开范围等；承担因公开披露个人信息对个人信息主体合法权益造成损害的相应责任；不应公开披露个人生物识别信息；不应公开披露我国公民的种族、民族、政治观点、宗教信仰等个人敏感数据的分析结果。

二、数据公开风险

在数据公开环节，泄露风险主要是很多数据在未经过严格保密审查、未进行泄密隐患风险评估，或者未意识到数据情报价值或涉及公民隐私的情况下随意发布。无论是过度披露敏感个人信息，还是过于关注个人而忽视群体隐私保护都是侵害个人信息权益的表现。

三、数据公开阶段的个人信息保护手段

区分不同的公开方式，采用不同的政府数据访问机制；广泛使用去标识化技术，降低政府数据的被再识别风险。

【思考题】

1. 简答题
简述数据处理各过程的风险。
2. 论述题
论述数据处理各过程可以适用哪些个人信息保护手段。

附　录

附录一　数据法律法规库

第一部分：法律
1.《中华人民共和国民法典》
2.《中华人民共和国刑法（2020 修订）》
3.《中华人民共和国个人信息保护法》
4.《中华人民共和国数据安全法》
5.《中华人民共和国网络安全法》
6.《中华人民共和国电子商务法》
7.《中华人民共和国未成年人保护法（2020 修订）》
8.《中华人民共和国消费者权益保护法（2013 修正）》
9.《中华人民共和国广告法（2021 修正）》
10.《中华人民共和国基本医疗卫生与健康促进法》
11.《中华人民共和国密码法》
12.《全国人民代表大会常务委员会关于加强网络信息保护的决定》
13.《反垄断法（2022 修正）》
14.《中华人民共和国测绘法（2017 修订）》
15.《中华人民电子签名法（2019 修正）》
第二部分：司法解释
1.《最高人民法院关于适用〈中华人民共和国反不正当竞争法〉若干问题的解释》
2.《最高人民法院关于审理使用人脸识别技术处理个人信息相关民事案件适用法律若干问题的规定》（法释〔2021〕15 号）

第二部分：司法解释
3.《最高人民法院关于审理利用信息网络侵害人身权益民事纠纷案件适用法律若干问题的规定》（2020 修正）
4.《最高人民法院关于审理侵害信息网络传播权民事纠纷案件适用法律若干问题的规定》（2020 修正）
5.《最高人民法院、最高人民检察院关于办理非法利用信息网络、帮助信息网络犯罪活动等刑事案件适用法律若干问题的解释》
6.《最高人民法院、最高人民检察院关于办理侵犯公民个人信息刑事案件适用法律若干问题的解释》法释〔2017〕10 号
7.《最高人民法院、最高人民检察院关于办理利用信息网络实施诽谤等刑事案件适用法律若干问题的解释》法释〔2013〕21 号
8.《最高人民法院、最高人民检察院关于办理危害计算机信息系统安全刑事案件应用法律若干问题的解释》法释〔2011〕19 号
9.《最高人民法院关于审理网络消费纠纷案件适用法律若干问题的规定（一）》
第三部分：行政法规
1.《关键信息基础设施安全保护条例》
2.《信息网络传播权保护条例》（2013 修订）
3.《征信业管理条例》
4《计算机信息网络国际联网安全保护管理办法》（2011 修订）
5.《中华人民共和国计算机信息网络国际联网管理暂行规定》（1997 修正）
第四部分：部门规章及规范性文件
1.《个人信息和重要数据出境安全评估办法（征求意见稿）》
2.《电信和互联网用户个人信息保护规定》
3.《网络交易监督管理办法》
4.《银行业金融机构数据治理指引》
5.《公安机关互联网安全监督检查规定》
6.《检察机关办理侵犯公民个人信息案件指引》
7.《具有舆论属性或社会动员能力的互联网信息服务安全评估规定》
8.《互联网个人信息安全保护指引（征求意见稿）》

第四部分：部门规章及规范性文件
9.《关于开展 App 违法违规收集使用个人信息专项治理的公告》
10.《App 违法违规收集使用个人信息自评估指南》
11.《网络安全审查办法》
12.《互联网用户账号名称信息管理规定（征求意见稿）》
13.《App 违法违规收集使用个人信息行为认定方法》
14.《互联网个人信息安全保护指南》
15.《工业和信息化领域数据安全管理办法（试行）》
16.《中国银保监会监管数据安全管理办法（试行）》
17.《儿童个人信息网络保护规定》
18.《个人信息出境安全评估办法（征求意见稿）》
19.《网络信息内容生态治理规定》
20.《关于开展"清朗·2022 年算法综合治理"专项行动的通知》
21.《常见类型移动互联网应用程序必要个人信息范围规定》（国信办秘字〔2021〕14号）
22.《网络安全等级保护条例（征求意见稿）》
23.《汽车数据安全管理若干规定（试行）》
24.《网络产品安全漏洞管理规定》
25.《移动互联网应用程序个人信息保护管理暂行规定（征求意见稿）》
26.《中国人民银行金融消费者权益保护实施办法》
27.《互联网用户公众账号信息服务管理规定（2021 修订）》
28.《数据出境安全评估办法》
29.《互联网平台落实主体责任指南（征求意见稿）》
30.《互联网平台分类分级指南（征求意见稿）》
31.《网络数据安全管理条例（征求意见稿）》
32.《互联网广告管理办法》
33.《中央网信办、工业和信息化部、公安部、市场监管总局关于开展 App 违法违规收集使用个人信息专项治理的公告》

续表

第四部分：部门规章及规范性文件
34.《数据安全管理办法（征求意见稿）》
35.《互联网信息服务算法推荐管理规定》
36.《直播电子商务平台管理与服务规范（征求意见稿）》
37.《科学数据管理办法》
38.《关于加强互联网信息服务算法综合治理的指导意见》
39.《金融产品网络营销管理办法（征求意见稿）》
40.《工业和信息化部办公厅关于印发〈车联网网络安全和数据安全标准体系建设指南〉的通知》
41.《未成年人网络保护条例（征求意见稿）》
42.《国家发展改革委办公厅、银保监会办公厅关于加强信用信息共享应用推进融资信用服务平台网络建设的通知》
43.《工业和信息化部、网信办、公安部关于印发网络产品安全漏洞管理规定的通知》
44.《工业和信息化领域数据安全管理办法（试行）》
45.《互联网信息服务深度合成管理规定》
46.《网络产品安全漏洞收集平台备案管理办法》
47.《互联网弹窗信息推送服务管理规定》
48.《数据出境安全评估办法》
49.《个人信息保护认证实施规则》
50.《气象数据共享服务与安全管理办法（试行）》
51.《关于开展网络安全服务认证工作的实施意见》
52.《个人信息出境标准合同规定（征求意见稿）》
53.《数据出境安全评估申报指南（第一版）》
第五部分：地方性法规、规范性文件
1.《上海市数据条例》
2.《深圳经济特区数据条例》
3.《广东省数字经济促进条例》

续表

第五部分：地方性法规、规范性文件
4.《浙江省数字经济促进条例》
5.《海南省大数据开发应用条例》
6.《辽宁省大数据发展条例》
7.《江苏省数字经济促进条例》
8.《广东省企业首席数据官建设指南》
9.《深圳经济特区人工智能产业促进条例》
10.《上海市公共数据开放实施细则（征求意见稿）》
11.《四川省数据条例》
12.《上海市数据交易场所管理实施办法（征求意见稿）》
13.《北京市数字经济促进条例》
14.《河南省网络安全条例》
15.《江苏省数据出境安全评估申报工作指南（第一版）》
16.《广州市跨境电商行业合规指引（试行）》
第六部分：国家及行业标准
1.《信息安全技术-个人信息安全规范》
2.《信息安全技术-个人信息安全影响评估指南》
3.《信息安全技术-网络安全等级保护基本要求》
4.《网络安全实践指南-移动互联网应用基本业务功能必要信息规范》
5.《信息安全技术-移动互联网应用（App）收集个人信息基本要求》
6.《信息安全技术个人信息处理中告知和同意的实施指南（送审稿）》2022 年 2 月 14 日版
7.《网络安全标准实践指南-移动互联网应用程序（App）个人信息安全防范指引（征求意见稿）》
8.《网络安全标准实践指南-移动互联网应用程序（App）收集使用个人信息自评估指南》
9.《信息安全技术网络数据处理安全要求》

续表

第六部分：国家及行业标准
10.《网络安全标准实践指南–移动互联网应用程序（App）中的第三方软件开发工具包（SK）安全指引》
11.《网络安全标准实指南–移动互联网应用程（App）系统权限申请使用指引》
12.《网络安全标准实践指南–移动互联网应用程序（App）个人信息保护常见问题及处置指南》
13.《金融业数据能力建设指引》
14.《信息安全技术–移动互联网应用程序（APP）个人信息安全测评规范（征求意见稿）》
15.《信息安全技术个人信息去标识化效果分级评估规范（征求意见稿）》
16.《个人金融信息保护技术规范》
17.《信息安全技术–移动智能终端个人信息保护技术要求》
18.《个人信息处理法律合规性评估指引第 1 部分：概述与术语》
19.《个人信息处理法律合规性评估指引第 2 部分：合规框架》
20.《个人信息处理法律合规性评估指引第 3 部分：实施指南》
21.《信息安全技术数据出境安全评估指南（征求意见稿）》
22.《信息技术移动设备生物特征识别第 1 部分：通用要求》
23.《信息技术移动设备生物特征识别第 2 部分：指纹》
24.《信息技术移动设备生物特征识别第 3 部分：人脸》
25.《信息技术移动设备生物特征识别第 4 部分：虹膜》
26.《网络安全标准实践指南——网络数据分类分级指引》
27.《产品质量信息系统信息分类与共享交换》
28.《信息安全技术重要数据识别规则（征求意见稿）》2022 年 5 月 12 日版
29.《信息安全技术移动互联网应用程序（App）生命周期安全管理指南（征求意见稿）》
30.《信息安全技术健康医疗数据安全指南》
31.《信息安全技术移动智能终端的移动互联网应用程序（App）个人信息处理活动管理指南（征求意见稿）》
32.《信息安全技术网络数据处理安全要求》

第六部分：国家及行业标准
33.《网络安全标准实践指南——个人信息跨境处理活动安全认证规范 V2.0》
34.《信息安全技术网络数据分类分级要求》（征求意见稿）
35.《智能网联汽车数据通用要求（征求意见稿）》
36.《信息安全技术网络预约汽车服务数据安全要求》
37.《信息安全技术网络音视频服务数据安全要求》
38.《信息安全技术网络数据分类分级要求》
39.《数据出境安全评估申报指南（第一版）》
40.《关于开展网络安全服务认证工作的实施意见（征求意见稿）》
41.《信息技术安全技术网络安全第 3 部分：面向网络接入场景的威胁、设计技术和控制》
42.《信息技术安全技术网络安全第 4 部分：使用安全网关的网间通信安全保护》
43.《信息安全技术网上购物服务数据安全要求》
44.《信息安全技术基因识别数据安全要求》
45.《信息安全技术声纹识别数据安全要求》
46.《信息安全技术个人信息安全工程指南》
47.《信息安全技术人脸识别数据安全要求》
48.《信息安全技术汽车数据处理安全要求》
49.《信息安全技术即时通信服务数据安全要求》
50.《信息安全技术快递物流服务数据安全要求》
51.《信息安全技术互联网平台及产品服务隐私协议要求（征求意见稿）》
52.《信息安全技术关键信息基础设施安全保护要求》
53.《数据安全和个人信息保护社会责任指南（征求意见稿）》
54.《信息安全技术移动智能终端的移动互联网应用程序（App）个人信息处理活动管理指南（征求意见稿）》
55.《信息安全技术互联网平台及产品服务隐私协议要求（征求意见稿）》

个人信息出境标准合同

国家互联网信息办公室 制定

为了确保境外接收方处理个人信息的活动达到中华人民共和国 相关法律法规规定的个人信息保护标准，明确个人信息处理者和境外接收方个人信息保护的权利和义务，经双方协商一致，订立本合同。

个人信息处理者：_____

地址：_____

联系方式：_____

联系人：_____　职务：_____

境外接收方：_____

地址：_____

联系方式：_____

联系人：_____　职务：_____

个人信息处理者与境外接收方依据本合同约定开展个人信息出境活动，与此活动相关的商业行为，双方【已】／【约定】于____年____月____日订立（商业合同，如有）。

本合同正文根据《个人信息出境标准合同办法》的要求拟定，在不与本合同正文内容相冲突的前提下，双方如有其他约定可在附录二中详述，附录构成本合同的组成部分。

第一条　定义

在本合同中，除上下文另有规定外：

（一）"个人信息处理者"是指在个人信息处理活动中自主决定处理目的、处理方式的，向中华人民共和国境外提供个人信息的组织、个人。

（二）"境外接收方"是指在中华人民共和国境外自个人信息处理者处接收个人信息的组织、个人。

（三）个人信息处理者或者境外接收方单称"一方"，合称"双方"。

（四）"个人信息主体"是指个人信息所识别或者关联的自然人。

（五）"个人信息"是指以电子或者其他方式记录的与已识别或者可识别的自然人有关的各种信息，不包括匿名化处理后的信息。

（六）"敏感个人信息"是指一旦泄露或者非法使用，容易导致自然人的人格尊严受到侵害或者人身、财产安全受到危害的个人信息，包括生物识别、宗教信仰、特定身份、医疗健康、金融账户、行踪轨迹等信息，以及不满十四周岁未成年人的个人信息。

（七）"监管机构"是指中华人民共和国省级以上网信部门。

（八）"相关法律法规"是指《中华人民共和国网络安全法》《中华人民共和国数据安全法》《中华人民共和国个人信息保护法》《中华人民共和国民法典》《中华人民共和国民事诉讼法》《个人信息出境标准合同办法》等中华人民共和国法律法规。

（九）本合同其他未定义术语的含义与相关法律法规规定的含义一致。

第二条　个人信息处理者的义务

个人信息处理者应当履行下列义务：

（一）按照相关法律法规规定处理个人信息，向境外提供的个人信息仅限于实现处理目的所需的最小范围。

（二）向个人信息主体告知境外接收方的名称或者姓名、联系方式、附录一"个人信息出境说明"中处理目的、处理方式、个人信息的种类、保存期限，以及行使个人信息主体权利的方式和程序等事项。向境外提供敏感个人信息的，还应当向个人信息主体告知提供敏感个人信息的必要性以及对个人权益的影响。但是法律、行政法规规定不需要告知的除外。

（三）基于个人同意向境外提供个人信息的，应当取得个人信息主体的单独同意。涉及不满十四周岁未成年人个人信息的，应当取得未成年人的父母或者其他监护人的单独同意。法律、行政法规规定应当取得书面同意的，应当取得书面同意。

（四）向个人信息主体告知其与境外接收方通过本合同约定个人信息主体为第三方受益人，如个人信息主体未在 30 日内明确拒绝，则可以依据本合同享有第三方受益人的权利。

（五）尽合理地努力确保境外接收方采取如下技术和管理措施

（综合考虑个人信息处理目的、个人信息的种类、规模、范围及敏感程度、传输的数量和频率、个人信息传输及境外接收方的保存期限等可能带来的个人信息安全风险），以履行本合同约定的义务：

<u>（如加密、匿名化、去标识化、访问控制等技术和管理措施）</u>

（六）根据境外接收方的要求向境外接收方提供相关法律规定和技术标准的副本。

（七）答复监管机构关于境外接收方的个人信息处理活动的询问。

（八）按照相关法律法规对拟向境外接收方提供个人信息的活动开展个人信息保护影响评估。重点评估以下内容：

1. 个人信息处理者和境外接收方处理个人信息的目的、范围、方式等的合法性、正当性、必要性。

2. 出境个人信息的规模、范围、种类、敏感程度，个人信息出境可能对个人信息权益带来的风险。

3. 境外接收方承诺承担的义务，以及履行义务的管理和技术措施、能力等能否保障出境个人信息的安全。

4. 个人信息出境后遭到篡改、破坏、泄露、丢失、非法利用等的风险，个人信息权益维护的渠道是否通畅等。

5. 按照本合同第四条评估当地个人信息保护政策和法规对合同履行的影响。

6. 其他可能影响个人信息出境安全的事项。保存个人信息保护影响评估报告至少 3 年。

（九）根据个人信息主体的要求向个人信息主体提供本合同的副本。如涉及商业秘密或者保密商务信息，在不影响个人信息主体理解的前提下，可对本合同副本相关内容进行适当处理。

（十）对本合同义务的履行承担举证责任。

（十一）根据相关法律法规要求，向监管机构提供本合同第三条第十一项所述的信息，包括所有合规审计结果。

第三条　境外接收方的义务

境外接收方应当履行下列义务：

（一）按照附录一"个人信息出境说明"所列约定处理个人信息。如超出约定的处理目的、处理方式和处理的个人信息种类，基于个人同意处理个人信息的，应当事先取得个人信息主体的单独同意；涉及不满十四周岁未成年人个人信息的，应当取得未成年人的父母或者其他监护人的单独同意。

（二）受个人信息处理者委托处理个人信息的，应当按照与个人信息处理者的约定处理个人信息，不得超出与个人信息处理者约定的处理目的、处理方式等处理个人信息。

（三）根据个人信息主体的要求向个人信息主体提供本合同的副本。如涉及商业秘密或者保密商务信息，在不影响个人信息主体理解的前提下，可对本合同副本相关内容进行适当处理。

（四）采取对个人权益影响最小的方式处理个人信息。

（五）个人信息的保存期限为实现处理目的所必要的最短时间，保存期限届满的，应当删除个人信息（包括所有备份）。受个人信息处理者委托处理个人信息，委托合同未生效、无效、被撤销或者终止的，应当将个人信息返还个人信息处理者或者予以删除，并向个人信息处理者提供书面说明。删除个人信息从技术上难以实现的，应当停止除存储和采取必要的安全保护措施之外的处理。

（六）按下列方式保障个人信息处理安全：

1. 采取包括但不限于本合同第二条第五项的技术和管理措施，并定期进行检查，确保个人信息安全。

2. 确保授权处理个人信息的人员履行保密义务，并建立最小授权的访问控制权限。

（七）如处理的个人信息发生或者可能发生篡改、破坏、泄露、丢失、非法利用、未经授权提供或者访问，应当开展下列工作：

1. 及时采取适当补救措施，减轻对个人信息主体造成的不利影响。

2. 立即通知个人信息处理者，并根据相关法律法规要求报告监管机构。通知应当包含下列事项：

（1）发生或者可能发生篡改、破坏、泄露、丢失、非法利用、未经授权提供或者访问的个人信息种类、原因和可能造成的危害。

（2）已采取的补救措施。

（3）个人信息主体可以采取的减轻危害的措施。

（4）负责处理相关情况的负责人或者负责团队的联系方式。

3. 相关法律法规要求通知个人信息主体的，通知的内容包含本项第 2 目的事项。受个人信息处理者委托处理个人信息的，由个人信息处理者通知个人信息主体。

4. 记录并留存所有与发生或者可能发生篡改、破坏、泄露、丢失、非法利用、未经授权提供或者访问有关的情况，包括采取的所有补救措施。

（八）同时符合下列条件的，方可向中华人民共和国境外的第三方提供个人信息：

1. 确有业务需要。

2. 已告知个人信息主体该第三方的名称或者姓名、联系方式、处理目的、处理方式、个人信息种类、保存期限以及行使个人信息主体权利的方式和程序等事项。向第三方提供敏感个人信息的，还应当向个人信息主体告知提供敏感个人信息的必要性以及对个人权益的影响。但是法律、行政法规规定不需要告知的除外。

3. 基于个人同意处理个人信息的，应当取得个人信息主体的单独同意。涉及不满十四周岁未成年人个人信息的，应当取得未成年人的父母或者其他监护人的单独同意。法律、行政法规规定应当取得书面同意的，应当取得书面同意。

4. 与第三方达成书面协议，确保第三方的个人信息处理活动达到中华人民共和国相关法律法规规定的个人信息保护标准，并承担因向中华人民共和国境外的第三方提供个人信息而侵害个人信息主体享有权利的法律责任。

5. 根据个人信息主体的要求向个人信息主体提供该书面协议的副本。如涉及商业秘密或者保密商务信息，在不影响个人信息主体理解的前提下，可对该书面协议相关内容进行适当处理。

（九）受个人信息处理者委托处理个人信息，转委托第三方处理的，应当事先征得个人信息处理者同意，要求该第三方不得超出本合同附录一"个人信息出境说明"中约定的处理目的、处理方式等处理个人信息，并对该第三方的个人信息处理活动进行监督。

（十）利用个人信息进行自动化决策的，应当保证决策的透明度和结果公平、公正，不得对个人信息主体在交易价格等交易条件上实行不合理的差别待遇。通过自动化决策方式向个人信息主体进行信息推送、商业营销的，应当同时提供不针对其个人特征的选项，或者向个人信息主体提供便捷的拒绝方式。

（十一）承诺向个人信息处理者提供已遵守本合同义务所需的必要信息，允许个人信息处理者对必要数据文件和文档进行查阅，或者对本合同涵盖的处理活动进行合规审计，并为个人信息处理者开展合规审计提供便利。

（十二）对开展的个人信息处理活动进行客观记录，保存记录至少 3 年，并按照相关法律法规要求直接或者通过个人信息处理者向监管机构提供相关记录文件。

（十三）同意在监督本合同实施的相关程序中接受监管机构的监督管理，包括但不限于答复监管机构询问、配合监管机构检查、服从监管机构采取的措施或者作出的决定、提供已采取必要行动的书面证明等。

第四条　境外接收方所在国家或者地区个人信息保护政策和法规对合同履行的影响

（一）双方应当保证在本合同订立时已尽到合理注意义务，未发现境外接收方所在国家或者地区的个人信息保护政策和法规（包括任何提供个人信息的要求或者授权公共机关访问个人信息的规定）影响境外接收方履行本合同约定的义务。

（二）双方声明，在作出本条第一项的保证时，已经结合下列情形进行评估：

1. 出境的具体情况，包括个人信息处理目的、传输个人信息的种类、规模、范围及敏感程度、传输的规模和频率、个人信息传输及境外接收方的保存期限、境外接收方此前类似的个人信息跨境传输和处理相关经验、境外接收方是否曾发生个人信息安全相关事件及是否进行了及时有效地处置、境外接收方是否曾收到其所在国家或者地区公共机关要求其提供个人信息的请求及境外接收方应对的情况。

2. 境外接收方所在国家或者地区的个人信息保护政策和法规，包括下列要素：

（1）该国家或者地区现行的个人信息保护法律法规及普遍适用的标准。

（2）该国家或者地区加入的区域性或者全球性的个人信息保护方面的组

织，以及所作出的具有约束力的国际承诺。

（3）该国家或者地区落实个人信息保护的机制，如是否具备个人信息保护的监督执法机构和相关司法机构等。

3. 境外接收方安全管理制度和技术手段保障能力。

（三）境外接收方保证，在根据本条第二项进行评估时，已尽最大努力为个人信息处理者提供了必要的相关信息。

（四）双方应当记录根据本条第二项进行评估的过程和结果。

（五）因境外接收方所在国家或者地区的个人信息保护政策和法规发生变化（包括境外接收方所在国家或者地区更改法律，或者采取强制性措施）导致境外接收方无法履行本合同的，境外接收方应当在知道该变化后立即通知个人信息处理者。

（六）境外接收方接到所在国家或者地区的政府部门、司法机构关于提供本合同项下的个人信息要求的，应当立即通知个人信息处理者。

第五条　个人信息主体的权利

双方约定个人信息主体作为本合同第三方受益人享有以下权利：

（一）个人信息主体依据相关法律法规，对其个人信息的处理享有知情权、决定权，有权限制或者拒绝他人对其个人信息进行处理，有权要求查阅、复制、更正、补充、删除其个人信息，有权要求对其个人信息处理规则进行解释说明。

（二）当个人信息主体要求对已经出境的个人信息行使上述权利

时，个人信息主体可以请求个人信息处理者采取适当措施实现，或者直接向境外接收方提出请求。个人信息处理者无法实现的，应当通知并要求境外接收方协助实现。

（三）境外接收方应当按照个人信息处理者的通知，或者根据个人信息主体的请求，在合理期限内实现个人信息主体依照相关法律法规所享有的权利。

境外接收方应当以显著的方式、清晰易懂的语言真实、准确、完整地告知个人信息主体相关信息。

（四）境外接收方拒绝个人信息主体的请求的，应当告知个人信息主体其拒绝的原因，以及个人信息主体向相关监管机构提出投诉和寻求司法救济的途径。

（五）个人信息主体作为本合同第三方受益人有权根据本合同条款向个

信息处理者和境外接收方的一方或者双方主张并要求履行本合同项下与个人信息主体权利相关的下列条款：

1. 第二条，但第二条第五项、第六项、第七项、第十一项除外。

2. 第三条，但第三条第七项第 2 目和第 4 目、第九项、第十一项、第十二项、第十三项除外。

3. 第四条，但第四条第五项、第六项除外。

4. 第五条。

5. 第六条。

6. 第八条第二项、第三项。

7. 第九条第五项。

上述约定不影响个人信息主体依据《中华人民共和国个人信息保护法》享有的权益。

第六条 救济

（一）境外接收方应当确定一个联系人，授权其答复有关个人信息处理的询问或者投诉，并应当及时处理个人信息主体的询问或者投诉。境外接收方应当将联系人信息告知个人信息处理者，并以简洁易懂的方式，通过单独通知或者在其网站公告，告知个人信息主体该联系人信息，具体为：

联系人及联系方式（办公电话或电子邮箱）

（二）一方因履行本合同与个人信息主体发生争议的，应当通知另一方，双方应当合作解决争议。

（三）争议未能友好解决，个人信息主体根据第五条行使第三方受益人的权利的，境外接收方接受个人信息主体通过下列形式维护权利：

1. 向监管机构投诉。

2. 向本条第五项约定的法院提起诉讼。

（四）双方同意个人信息主体就本合同争议行使第三方受益人权利，个人信息主体选择适用中华人民共和国相关法律法规的，从其选择。

（五）双方同意个人信息主体就本合同争议行使第三方受益人权利的，个人信息主体可以依据《中华人民共和国民事诉讼法》向有管辖权的人民法院提起诉讼。

（六）双方同意个人信息主体所作的维权选择不会减损个人信息主体根据其他法律法规寻求救济的权利。

第七条 合同解除

（一）境外接收方违反本合同约定的义务，或者境外接收方所在国家或者地区的个人信息保护政策和法规发生变化（包括境外接收方所在国家或者地区更改法律，或者采取强制性措施）导致境外接收方无法履行本合同的，个人信息处理者可以暂停向境外接收方提供个人信息，直到违约行为被改正或者合同被解除。

（二）有下列情形之一的，个人信息处理者有权解除本合同，并在必要时通知监管机构：

1. 个人信息处理者根据本条第一项的规定暂停向境外接收方提供个人信息的时间超过 1 个月。

2. 境外接收方遵守本合同将违反其所在国家或者地区的法律规定。

3. 境外接收方严重或者持续违反本合同约定的义务。

4. 根据境外接收方的主管法院或者监管机构作出的终局决定，境外接收方或者个人信息处理者违反了本合同约定的义务。

在本项第 1 目、第 2 目、第 4 目的情况下，境外接收方可以解除本合同。

（三）经双方同意解除本合同的，合同解除不免除其在个人信息处理过程中的个人信息保护义务。

（四）合同解除时，境外接收方应当及时返还或者删除其根据本

合同所接收到的个人信息（包括所有备份），并向个人信息处理者提供书面说明。删除个人信息从技术上难以实现的，应当停止除存储和采取必要的安全保护措施之外的处理。

第八条 违约责任

（一）双方应就其违反本合同而给对方造成的损失承担责任。

（二）任何一方因违反本合同而侵害个人信息主体享有的权利，应当对个人信息主体承担民事法律责任，且不影响相关法律法规规定个人信息处理者应当承担的行政、刑事等法律责任。

（三）双方依法承担连带责任的，个人信息主体有权请求任何一方或者双方承担责任。一方承担的责任超过其应当承担的责任份额时，有权向另一方追偿。

第九条 其他

（一）如本合同与双方订立的任何其他法律文件发生冲突，本合同的条款优先适用。

（二）本合同的成立、效力、履行、解释、因本合同引起的双方间的任何争议，适用中华人民共和国相关法律法规。

（三）发出的通知应当以电子邮件、电报、电传、传真（以航空信件寄送确认副本）或者航空挂号信发往（具体地址）_____

或者书面通知取代该地址的其它地址。如以航空挂号信寄出本合同项下的通知，在邮戳日期后的____天应当视为收讫；如以电子邮件、电报、电传或者传真发出，在发出以后的____个工作日应当视为收讫。

（四）双方因本合同产生的争议以及任何一方因先行赔偿个人信息主体损害赔偿责任而向另一方的追偿，双方应当协商解决；协商解决不成的，任何一方可以采取下列第____种方式加以解决（如选择仲裁，请勾选仲裁机构）：

1. 仲裁。将该争议提交

☐中国国际经济贸易仲裁委员会

☐中国海事仲裁委员会

☐北京仲裁委员会（北京国际仲裁中心）

☐上海国际仲裁中心

☐其他《承认及执行外国仲裁裁决公约》成员的仲裁机构_____

按其届时有效的仲裁规则在(仲裁地点)_____进行仲裁；

2. 诉讼。依法向中华人民共和国有管辖权的人民法院提起诉讼。

（五）本合同应当按照相关法律法规的规定进行解释，不得以与相关法律法规规定的权利、义务相抵触的方式解释本合同。

（六）本合同正本一式____份，双方各执____份，其法律效力相同。

本合同在（地点）_____签订

个人信息处理者：_____

____年____月____日

境外接收方：_____

____年____月____日

附录一

个人信息出境说明

根据本合同向境外提供个人信息的详情约定如下：

（一）传输的个人信息属于下列类别的个人信息主体：

（二）传输是为了以下目的：

（三）传输个人信息的数量：

（四）出境个人信息类别（参考 GB/T 35273《信息安全技术 个人信息安全规范》和相关标准）：

（五）出境敏感个人信息类别（如适用，参考 GB/T 35273《信息安全技术 个人信息安全规范》和相关标准）：

（六）境外接收方传输的个人信息只向以下接收方提供：

（七）传输方式：

（八）出境后存储时间：

（九）出境后存储地点：

（十）其他事项（视情况填写）：

附录二

双方约定的其他条款（如需要）

附录三　数据产品及服务交易法律意见书样式

数据产品合规评估法律意见书

一、对数据产品交易主体的合规评估

【解决的问题】确保数据产品交易主体具备挂牌交易资格，可以依法进行数据交易活动

（一）总体要求

1. 在中国境内依法设立并有效存续，具有固定的经营场所的法人或非法人组织；

2. 组织治理结构完善，有健全的数据保护和风险管理制度，董事、监事、高级管理人员等不存在对数据交易活动构成实质性重大不利影响的情形；

3. 合法经营，具备数据安全保护能力，三年内未发生过数据泄露等安全事件，不存在重大数据类违法违规行为以及其他可能对数据交易活动构成实质性重大不利影响的情形；

4. 数据产品挂牌交易应当具备的其他条件。

（二）合规经营能力

1. 企业及关联企业的主营业务类型、涉及数据相关业务、主要经营场所等企业基本情况；

2. 企业信用报告等企业信用信息；

3. 经营风险有效控制，主要资产不存在重大权属纠纷，不存在重大偿债风险，不存在影响持续经营的担保、诉讼以及仲裁等重大事项；

4. 三年内无数据相关行政处罚或其他重大行政处罚记录，对三年内数据

相关诉讼或其他重大涉诉事项应予调查并记载。

（三）数据保护和风险管理制度

1. 依法履行了包括但不限于作为网络运营者、数据处理者、个人信息处理者等相关义务，处理重要数据时应当明确数据安全负责人和管理机构；

2. 依法建立健全了全流程数据安全管理制度和技术保护机制，能采取必要措施确保数据安全，防止数据篡改、泄露、毁损、丢失或非法获取、非法利用等风险；

3. 具备安全的数据存储环境，建立了风险监测机制，发现数据安全缺陷、漏洞等风险时，能及时采取补救措施；

4. 建立了数据安全事件的完整处置流程，确保发生数据安全事件时，能立即采取处置措施，按规定及时告知用户并向有关主管部门报告；

5. 利用互联网等信息网络开展数据处理活动时，实施了网络安全等级保护备案；

6. 定期组织开展数据安全教育培训；

7. 法律法规规定的其他数据安全保护要求。

【法律依据】

《数据安全法》第二十七条　开展数据处理活动应当依照法律、法规的规定，建立健全全流程数据安全管理制度，组织开展数据安全教育培训，采取相应的技术措施和其他必要措施，保障数据安全。利用互联网等信息网络开展数据处理活动，应当在网络安全等级保护制度的基础上，履行上述数据安全保护义务。

第三十三条　从事数据交易中介服务的机构提供服务，应当要求数据提供方说明数据来源，审核交易双方的身份，并留存审核、交易记录。

《上海市数据条例》第十五条　自然人、法人和非法人组织可以依法开展数据交易活动。法律、行政法规另有规定的除外。

《信息安全技术数据交易服务安全要求》5.1 数据供方安全要求

数据交易服务机构应确保数据供方满足以下要求：

a）为一年内无重大数据类违法违规记录的合法组织机构。

b）完成在数据交易服务机构的注册，并经数据交易服务机构审核通过，才允许参与数据交易业务。

c）数据供方应证明其具备向数据需方安全交付数据的能力。

d）向数据交易服务机构提供书面的安全承诺，内容包括但不限于：交易数据来源合法性证明材料、交易数据满足法律法规和政策要求、对交易数据质量评估说明、遵守数据交易安全原则、愿意接受数据交易服务机构安全监督、愿意对数据流通后果负责等。

e）遵守数据交易服务机构的安全管理制度和流程。

二、对系列数据产品的合规评估

（一）产品基本信息和总体要求

根据《数据产品说明书》内容及委托人提供的产品相关信息对产品进行逐一介绍。

数据产品合规评估应当先分级后分类。

（二）数据来源的合法性

1. 数据来源于公开收集的，应当提供公开获取方式本身的技术性描述，说明遵循 Robots 协议行业规则，并承诺没有采用侵入、非法控制计算机信息系统、非法获取计算机信息系统数据的程序；

2. 数据来源于自行生产的，应当提供建设和运维的系统情况、传感器、智能设备数量和运行及平均采集规模等情况说明；

3. 数据来源于合法间接获取的，应当提供完整的购买协议、合作协议或许可使用协议等证明；

4. 数据涉及个人信息采集的，应当提供涉个人信息的数据采集字段、采集方式和已经获得个人同意证明和提供时已经获得单独同意的证明；进行匿名化处理，不再具有关联到个人属性；依据其他合法性基础收集的涉个人信息的数据说明数据产品仍然在该合法性基础范围内；

5. 其他证明数据来源合法的证明。

（三）数据产品的可交易性

1. 数据产品本身及其交易不危害国家安全、公共安全和公共秩序，不违背公序良俗；

2. 数据产品不属于且不涉及法律禁止获取、持有和对外提供的数据；

3. 数据产品不侵犯数据上的合法权益，包括但不限于数据主体权利、商业秘密、数据使用利益和许可使用利益；

4. 对身份信息或直接标识符、私密信息、敏感信息等内容已进行适当处理，保证无法识别特定个人且不能复原；

5. 关于知识投入情况（创造性劳动）的说明——数据处理过程说明（如采用何种算法、知识进行加工）；

6. 关于注入劳动情况（实质性加工）的说明——数据处理有关佐证（如服务器日志）；

7. 其他关于数据可交易性的说明。（如相关行业实践、相关司法判例、不违反法律法规其他强制性规定等。）

【法律依据】

《民法典》第一千零三十四条　自然人的个人信息受法律保护。

个人信息是以电子或者其他方式记录的能够单独或者与其他信息结合识别特定自然人的各种信息，包括自然人的姓名、出生日期、身份证件号码、生物识别信息、住址、电话号码、电子邮箱、健康信息、行踪信息等。

个人信息中的私密信息，适用有关隐私权的规定；没有规定的，适用有关个人信息保护的规定。

《个人信息保护法》第二十八条　敏感个人信息是一旦泄露或者非法使用，容易导致自然人的人格尊严受到侵害或者人身、财产安全受到危害的个人信息，包括生物识别、宗教信仰、特定身份、医疗健康、金融账户、行踪轨迹等信息，以及不满十四周岁未成年人的个人信息。

只有在具有特定的目的和充分的必要性，并采取严格保护措施的情形下，个人信息处理者方可处理敏感个人信息。

《数据安全法》第二十一条　国家建立数据分类分级保护制度，根据数据在经济社会发展中的重要程度，以及一旦遭到篡改、破坏、泄露或者非法获取、非法利用，对国家安全、公共利益或者个人、组织合法权益造成的危害程度，对数据实行分类分级保护。国家数据安全工作协调机制统筹协调有关部门制定重要数据目录，加强对重要数据的保护。

关系国家安全、国民经济命脉、重要民生、重大公共利益等数据属于国家核心数据，实行更加严格的管理制度。

各地区、各部门应当按照数据分类分级保护制度，确定本地区、本部门以及相关行业、领域的重要数据具体目录，对列入目录的数据进行重点保护。

第三十条 重要数据的处理者应当按照规定对其数据处理活动定期开展风险审查，并向有关主管部门报送风险评估报告。

风险审查报告应当包括处理的重要数据的种类、数量，开展数据处理活动的情况，面临的数据安全风险及其应对措施等。

第三十二条 任何组织、个人收集数据，应当采取合法、正当的方式，不得窃取或者以其他非法方式获取数据。

法律、行政法规对收集、使用数据的目的、范围有规定的，应当在法律、行政法规规定的目的和范围内收集、使用数据。

《个人信息保护法》**第十三条** 符合下列情形之一的，个人信息处理者方可处理个人信息：

（一）取得个人的同意；

（二）为订立、履行个人作为一方当事人的合同所必需，或者按照依法制定的劳动规章制度和依法签订的集体合同实施人力资源管理所必需；

（三）为履行法定职责或者法定义务所必需；

（四）为应对突发公共卫生事件，或者紧急情况下为保护自然人的生命健康和财产安全所必需；

（五）为公共利益实施新闻报道、舆论监督等行为，在合理的范围内处理个人信息；

（六）依照本法规定在合理的范围内处理个人自行公开或者其他已经合法公开的个人信息；

（七）法律、行政法规规定的其他情形。

依照本法其他有关规定，处理个人信息应当取得个人同意，但是有前款第二项至第七项规定情形的，不需取得个人同意。

第十四条 基于个人同意处理个人信息的，该同意应当由个人在充分知情的前提下自愿、明确作出。法律、行政法规规定处理个人信息应当取得个人单独同意或者书面同意的，从其规定。

个人信息的处理目的、处理方式和处理的个人信息种类发生变更的，应当重新取得个人同意。

《民法典》**第一千零三十八条** 信息处理者不得泄露或者篡改其收集、存储的个人信息；未经自然人同意，不得向他人非法提供其个人信息，但是经过加工无法识别特定个人且不能复原的除外。

《个人信息保护法》第十条　任何组织、个人不得非法收集、使用、加工、传输他人个人信息，不得非法买卖、提供或者公开他人个人信息；不得从事危害国家安全、公共利益的个人信息处理活动。

三、对数据流通风险的评估

【解决的问题】评估数据后续流通风险，最大程度上防范数据安全隐患。

（一）应用场景

依数据使用条件、约束机制等评估数据产品的应用场景。

（二）其他利益相关方

综合评估数据产品可能涉及的其他利益相关方并就利益相关方情况作出风险提示。

（三）国家强制性规定

1. 依法需要行政许可才能流通的数据产品，应当提示数据交易主体依法取得相关行政许可；

2. 跨境流通的数据产品，应当提示通过相应评估；

3. 其他需要提示的情形。

【法律依据】

《网络安全法》第三十七条　关键信息基础设施的运营者在中华人民共和国境内运营中收集和产生的个人信息和重要数据应当在境内存储。因业务需要，确需向境外提供的，应当按照国家网信部门会同国务院有关部门制定的办法进行安全评估；法律、行政法规另有规定的，依照其规定。

《数据安全法》第三十一条　关键信息基础设施的运营者在中华人民共和国境内运营中收集和产生的重要数据的出境安全管理，适用《中华人民共和国网络安全法》的规定；其他数据处理者在中华人民共和国境内运营中收集和产生的重要数据的出境安全管理办法，由国家网信部门会同国务院有关部门制定。

结论

综上，本所律师认为＿＿＿＿＿＿

（范文：综上，本所律师认为：【　】公司具备进行数据交易的主体资格，在过去三年中无数据领域的违法违规记录和行政处罚以及诉讼，本次交易的数据产品系根据_____来源获得并加工形成的数据产品，不违反现行法律和行政法规的强制性规定。)

参考文献

［1］ Samuel Warren, Louis Brandeis, "The Right to Privacy", *Harv. L. Rev.*, Vol. 4, No. 5., 1890.

［2］ Lawrence Lessig, "Privacy as Property", *Social Research*, Vol. 69, No. 1., 2002.

［3］ Jamie Lund, "Property Rights to Information", *Nw. J. Tech. &Intell. Prop.*, Vol. 10, No. 1., 2011.

［4］ 纪海龙：《数据的私法定位与保护》，载《法学研究》2018 年第 6 期。

［5］ 申卫星：《论数据用益权》，载《中国社会科学》2020 年第 11 期。

［6］ 钱子瑜：《论数据财产权的构建》，载《法学家》2021 年第 6 期。

［7］ 韩旭至：《数据确权的困境及破解之道》，载《东方法学》2020 年第 1 期。

［8］ 赵磊：《数据产权类型化的法律意义》，载《中国政法大学学报》2021 年第 3 期。

［9］ 卢扬逊：《数据财产权益的私法保护》，载《甘肃社会科学》2020 年第 6 期。

［10］ 张晓君：《数据主权规则建设的模式与借鉴——兼论中国数据主权的规则构建》，载《现代法学》2020 年第 6 期。

［11］《一般数据保护条例》，丁晓东译，载 https://www.tisi.org/5029，最后访问日期：2023 年 3 月 7 日。

［12］ Van Buren v. United States, 593 U. S. ----, 141 S. Ct. 1648, 210 L. Ed. 2d 26 (2021).

［13］ 李敏：《融资领域区块链数字资产属性争议及监管：美国经验与启示》，载《现代法学》2020 年第 2 期。

［14］ 周怡君：《数字人民币担保制度框架构建》，载《现代法学》2022 年第 2 期。

［15］ Uniform Fiduciary Access to Digital Assets Act of 2020, Sec. 21-2502, (9).

［16］ Kaal, Wulf A., "Digital Asset Market Evolution." *Journal of Corporation Law*, vol. 46, no. 4., 2021.

［17］ Committee on National Security Systems (CNSS) Glossary, CNSSI 4009-2022.

［18］ Hiroshi Miyashita, "The Evolving Concept of Data Privacy in Japanese Law", *International Data Privacy Law*, Vol. 1, No. 4., 2011.

［19］ National Internet Advisory Committee Legal Subcommittee，Report on Model Data Protection Code for the Private Sector（February 2002）Annex 2.

［20］ 陈瑞华：《西门子的合规体系》，载《中国律师》2019 年第 6 期。

［21］ 李素鹏等编：《合规管理体系标准解读及建设指南》，人民邮电出版社 2021 年版。

［22］ 李玉华：《有效刑事合规的基本标准》，载《中国刑事法杂志》2021 年第 1 期。

［23］ 姜先良：《企业合规与律师服务》，法律出版社 2021 年版。

［24］ 英国司法部《反贿赂法案指引》（2011 年 3 月 30 日颁布）六大原则中的相称程序原则的内在精神。

［25］ 李素鹏等：《企业合规管理实务手册》，人民邮电出版社 2022 年版。

［26］ 陈瑞华：《中兴公司的专项合规计划》，载《中国律师》2020 年第 2 期。

［27］ 陈瑞华：《行政监管合规体系的基本标准——美国 OFAC〈合规承诺框架〉简介》，载《中国律师》2019 年第 12 期。

［28］ 娄鹤、陈国彧：《中国企业个人数据跨境传输最佳法律实践探讨》，载《信息安全与通信保密》2019 年第 8 期

［29］ 丁晓东：《数据到底属于谁？——从网络爬虫看平台数据权属与数据保护》，载《华东政法大学学报》2019 年第 5 期。

［30］ 黄舒浩：《电力物联网对电网稳定性的作用》，载《数码设计（上）》2019 年第 11 期。

［31］《元宇宙技术全景白皮书（2022）》。

［32］ 刘传勇：《基于 rfid 的物流大数据资产管理及数据挖掘研究》，上海师范大学 2015 年硕士学位论文。

［33］ 李爱民：《数据挖掘技术在经济统计中的应用》，载《环球市场信息导报》2017 年第 26 期。

［34］ 刘波：《浅谈数据挖掘技术在临床医学领域中的应用》，载《电子世界》2017 年第 12 期。

［35］ 王云宏：《基于 DIRECT 算法的微震震源快速网格搜索定位方法研究》，载《地球物理学进展》2016 年第 4 期。

［36］ "MTE（Minimum Transmission Energy）路由协议"，载 http://blog.csdn.net/SSH5366/article/details/77529989.

［37］ LEACH 百度百科。

［38］ 吴臻、金心宇：《无线传感器网络的 LEACH 算法的改进》，载《传感技术学报》2006 年第 1 期。

［39］ Kamel Tebessi, Fouzi Semchedine, "An Improvement on LEACH-C Protocol（LEACH-CCMSN）", *Automatic Control and Computer Sciences*, Vol. 56, No. 1., 2022.

[40] 塞强、龚正虎、朱培栋、桂春梅：《无线传感器网络 MAC 协议研究进展》，载《软件学报》2008 年第 2 期。

[41] 王海浪、张玲华：《基于 PEGASIS 的无线传感器网络路由协议改进》，载《计算机工程》2022 年第 12 期。

[42] 方伟欣、王新、郑英丽：《一种基于 PEGASIS 协议的路径优化方法》，载《云南民族大学学报（自然科学版）》2017 年第 3 期。

[43] 史久根、胡小博：《高效节能的无线传感器网络数据收集协议》，载《电子测量与仪器学报》2012 年第 5 期。

[44] Huseyin Ozgur Tan, Ibrahim Korpeoglu, "Power Effificient Data Gathering and Aggregation in Wireless Sensor Networks", *ACM SIGMOD Record*, Vol. 32, No. 4. , 2003.

[45] 朱茵、王军利、周彤梅编著：《智能交通系统导论》，中国人民公安大学出版社 2007 年版。

[46] 张勇：《数据安全分类分级的刑法保护》，载《法治研究》2021 年第 3 期。

[47] 魏唐槐：《电气自动化系统的数据处理分析》，载《城市建设理论研究（电子版）》2014 年第 35 期。

[58] 郑显龙：《企业存储管理中 san 技术的应用研究》，兰州大学 2007 年硕士学位论文。

[59] 李苏剑等编著：《物流管理信息系统理论与案例》，电子工业出版社 2005 年版。

[50] 李金哲等：《条形码自动识别技术》，国防工业出版社 1991 年版。

[51] 张翠兰：《反应堆燃料组件条码识别技术的调研》，载《城市建设理论研究（电子版）》2016 年第 14 期。

[52] 谢正龙：《同城交换业务系统的研究与设计》，湖南大学 2011 年硕士学位论文。

[53] 冀潇、李杨：《采用 ECharts 可视化技术实现的数据体系监控系统》，载《计算机系统应用》2017 年第 6 期。

[54] 冀潇、李杨：《JavaScript 与 Java 在 Web 开发中的应用与区别》，载《通信技术》2013 年第 6 期。

[55] 刘凡凡：《支持 AJAX 的定址网络爬虫系统的研究与实现》，北京邮电大学 2012 年硕士学位论文。

[56] 王锡良、卿光勇、武敬锋：《基于 HTML5 的数据图表在公共气象服务中的应用》，载《电脑编程技巧与维护》2015 年第 15 期。

[57] 石景明：《基于卫生行业信息系统的数据仓库和数据挖掘设计》，上海交通大学 2007 年硕士学位论文。

[58] 毛云鹏、龙虎、邓韧、郭欣：《数据清洗在医疗大数据分析中的应用》，载《中国数字医学》2017 年第 6 期。

[59] 李晓菲：《数据预处理算法的研究与应用》，西南交通大学 2006 年硕士学位论文。

［60］金明：《企业数据仓库的 ETL 技术》，载《电力信息化》2010 年第 9 期。

［61］陈俊：《企业信息化项目中的业务数据迁移研究》，苏州大学 2014 年硕士学位论文。

［62］李必辉：《基于神经网络的销售分析预测研究与应用》，东华大学 2008 年硕士学位论文。

［63］谢新洲、施侃、胡璇：《网站商业价值评估探讨》，载《情报学术》2017 年第 12 期。

［64］马子晴：《云计算的发展对会计行业的新变革》，载《现代经济信息》2020 年第 12 期。

［65］莫涛：《基于 Open Stack 的石化企业私有云建设实践》，载《科学与信息化》2020 年第 18 期。

［66］闫鸿滨：《基于环 Zn 上的圆锥曲线的多秘密共享方案》，载《计算机仿真》2014 年第 5 期。

［67］郭丹：《电子商务下的匿名隐私代理模型的研究》，载《中国电子商务》2013 年第 3 期。

［68］罗松：《两大热门技术碰撞论区块链在物联网中的应用》，载《通信世界》2017 年第 14 期。

［69］王建荣：《浅谈数据通信及其发展趋势》，载《科技情报开发与经济》2010 年第 12 期。

［70］毛京丽、董跃武编著：《数据通信原理》，北京邮电大学出版社 2015 年版。

［71］郑海涛：《数字签名技术在电子商务中的应用》，载《大陆桥视野》2015 年第 18 期。

［72］张晓莺：《政府信息化资产管理系统开发与实现》，电子科技大学 2011 年硕士学位论文。

［73］吴小钧、徐丽编著：《计算机网络应用教程》，西安电子科技大学出版社 2013 年版。

［74］闫雨石：《计算机网络安全防御技术的探讨》，载《吉林广播电视大学学报》2018 年第 11 期。

［75］魏中华主编：《电子商务安全》，西南财经大学出版社 2011 年版。

［76］郑倩：《基于安全发布/订阅机制的房产信息集成平台设计》，载《江苏科技信息》2015 年第 26 期。

［77］徐显秋：《配电网信息采集系统数据通路复用及安全加密的研究》，载《重庆科技学院院报（自然科学版）》2013 年第 5 期。

［78］任丽鸿：《数据库加密系统分析研究》，中国石油大学 2007 年硕士学位论文。

［79］王炳新等：《基于 CA 的安全组播源认证方案研究》，载《计算机与现代化》2005 年第 9 期。

［80］曾宪文、高桂革：《对称密码加密系统与公钥密码加密系统》，载《上海电机学院学报》2005 年第 2 期。

［81］ 周明：《浅谈计算机安全技术之数据加密技术》，载《科协论坛（下半月）》2010 年第 10 期。

［82］ 愈晓：《文档管理一体化系统关键技术研究》，载《电脑知识与技术（学术交流）》2014 年第 15 期。

［83］ 朱卫东：《计算机安全基础教程》，清华大学出版社、北京交通大学出版社 2009 年版。

［84］ 张松敏、陶荣、于国华：《安全散列算法 SHA-1 的研究》，载《计算机安全》2010 年第 10 期。

［85］ 王泽、曹莉莎：《散列算法 MD5 和 SHA-1 的比较》，载《电脑知识与技术》2016 年第 11 期。

［86］ 乔秀全、黄亚坤：《面向 6G 的去中心化的人工智能理论与技术》，载《移动通信》2020 年第 6 期。

［87］ 汤天玮：《面向动态网络的隐私保护方法研究》，哈尔滨工程大学 2019 年硕士学位论文。

［88］ 钱晴：《基于差分隐私的图数据直方图发布研究》，苏州大学 2019 年硕士学位论文。

［89］ 姜唐：《云计算安全之数据加密》，载《计算机与网络》2018 年第 18 期。

［90］ 王艳：《数据隐私保护技术综述》，载《知识经济》2011 年第 14 期。

［91］ 李杨等：《差分隐私保护研究综述》，载《计算机应用研究》2012 年第 9 期。

［92］ 韩旭至：《个人信息与个人隐私的区别》，载《网络法律评论》2017 年第 1 期。

［93］ 冯雨欣：《大数据时代》，载《数字化用户》2018 年第 37 期。

［94］ 许俊红：《分布式海量数据储存系统负载均衡算法的优化设计与实现》，电子科技大学 2013 年硕士学位论文。

［95］ 黄霖等：《数据自治开放的加密技术挑战》，载《大数据》2018 年第 2 期。

［96］ 朱扬勇等：《数据自治开放模式》，载《大数据》2018 年第 2 期。

［97］ 王智慧等：《数据自治开放模式下的隐私保护》，载《大数据》2018 年第 2 期。

［98］ 熊赟、朱扬勇：《面向数据自治开放的数据盒模型》，载《大数据》2018 年第 2 期。

［99］ 郭晶晶等：《保序加密技术研究与进展》，载《密码学报》2018 年第 2 期。

［100］ 聂元铭等：《重要信息系统数据销毁/恢复技术及其安全措施研究》，载《信息网络安全》2011 年第 1 期。

［101］ 肖卫兵：《政府数据开放机制的建立和完善：结合〈政府信息公开条例〉谈起》，载《理论探讨》2015 年第 4 期。

［102］ 胡小明：《从政府信息公开到政府数据开放》，载《电子政务》2015 年第 1 期。

［103］ 肖卫兵：《论我国政府数据开放的立法模式》，载《当代法学》2017 年第 3 期。

［104］ 马怀德：《行政基本法典模式、内容与框架》，载《政法论坛》2022 年第 3 期。

[105] 张懿：《"餐饮脸谱"上网，食安信息直达消费者》，载《上海文汇报》2021年10月28日，第2版。

[106] 中国软件评测中心：《公共数据运营模式研究》，载《软件和集成电路》2022年第6期。

[107] 张会平、顾勤：《政府数据流动：方式、实践困境与协同治理》，载《治理研究》2022年第3期。

[108] 陈越峰：《超越数据界权：数据处理的双重公法构造》，载《华东政法大学学报》2022年第1期。

[109] 常江、张震：《论公共数据授权运营的特点、性质及法律规制》，载《法治研究》2022年第2期。

[110] 张会平、顾勤、徐忠波：《政府数据授权运营的实现机制与内在机理研究——以成都市为例》，载《电子政务》2021年第5期。

[111] Hirschey, Jeffrey Kenneth, Symbiotic Relationships, "Pragmatic Acceptance of Data Scraping", *Berkeley Technology Law Journal*, vol. 29, 2014.

[112] Case No. 17-cv-03301-EMC, 04-19-2021, HIQ LABS, INC., Plaintiff, v. LINKEDIN CORPORATION, Defendant.

[113] Benjamin Shmueli, Ayelet Blecher-Prigat, "Privacy for Children", *Columbia Human Rights Law Review*, Vol. 42, 2011.

[114] 解立军、刘桂美：《未成年学生隐私权与相关权利冲突问题的研究》，载《中国教育学刊》2003年第10期。

[115] OECD, "The Protection of Children Online: Recommendation of the OECD Council Report on risks faced by children online and policies to protect them", available at https://www. Dced-ilibrary. org/science-and-technology/the-protection-of-chiladren-onlion_5kgcjf71pl28-en.

[116] Stacey B. Steinberg, Sharenting, "Children's Privacy in the Age of Social Media", *Emory Law Journal*, Vol. 66, 2017.

[117] OECD, "Algorithms and Collusion-Background Note by the Secretariat", DAF /COMP (2017) 4, 9 June 2017.

[118] 李振利、李毅：《论算法共谋的反垄断规制路径》，载《学术交流》2018年第7期。

[119] 孙益武：《算法规制的困境和出路》，载《中国社会科学报》2019年4月24日，第5版。

[120] 查云飞：《人工智能时代全自动具体行政行为研究》，载《比较法研究》2018年第5期。

[121] 李文莉、杨玥捷：《智能投顾的法律风险及监管建议》，载《法学》2017年第8期。

［122］ Arvind Narayanan，Vitaly Shmatikov，"How to break anonymity of the Netflix prize data-set"，available at https：//arxiv. org/abs/cs/0610105.

［123］ 宋璟等：《新时代下数据安全风险评估工作的思考》，载《中国信息安全》2021 年第 9 期。

数据合规师研修班介绍

　　数据正成为驱动经济社会发展的关键生产要素。根据国家工业信息安全发展研究中心（以下称"CIC工信安全"）等机构联合发布的《中国数据要素市场发展报告（2021年-2022）》，2021年数据要素对我国GDP增长的贡献率和贡献度分别为14.7%和0.83个百分点，呈现持续上升状态。市场空间方面，2021年我国数据要素市场规模达到815亿元，2022年市场规模接近千亿元，并且在"十四五"期间有望保持25%的复合增速。

　　自2020年4月9日，《中共中央国务院关于构建更加完善的要素市场化配置体制机制的意见》正式公布，首次将数据作为一种新型生产要素写入文件，到目前为止形成了以《数据安全法》《网络安全法》《个人信息保护法》等法律法规为核心的数据领域基本法律框架。而后，《数据出境安全评估办法》《个人信息保护认证实施规则》《个人信息出境标准合同办法》相继出台，个人信息和数据保护领域的法律法规越加完善。

　　上海数据交易所是由上海市人民政府指导下组建的准公共服务机构。上海数据交易所以构建数据要素市场、推进数据资产化进程为使命，承担数据要素流通制度和规范探索创新、数据要素流通基础设施服务、数据产品登记和数据产品交易等职能。目前，上海数据交易所正在围绕打造全球数据要素配置的重要枢纽节点的目标，紧扣建设国家数据交易所的定位，体现规范确权、统一登记、集中清算、灵活交付"四个特征"，积极打造高效便捷、合规安全的数据要素流通与交易体系，引领并培育发展"数商"新业态，为我国在2025年之前在数据要素市场化配置基础制度建设、数据要素流通规则建立等方面的探索做出重大贡献。

　　上海市数商协会（SDSPA）是受上海市经济和信息化委员会指导、上海市民政局的管理监督，由上海数据交易所等6家单位共同发起的全国首个由本市从事数据创造、消费、流通、交易等单位和在数局领域专业知识背景的个人组成的非营利性社会团体。协会会员主要有数据要素型、技术赋能型、第三方服务商等三大类型企业组成，主要为本市金融机构、航运交通、通信、工业、互联网、能源等行业以数据作为主要业务活动的单位和在数商领域有专业知识背景的个人。协会以"布局数字经济新赛道，繁荣数商生态、服务于全国统一数据要素市场"为宗旨，以"数联全球、商通未来"为文化理念，以"链接政府、助力产业、服务会员"积极推动数据要素流通、释放数字红利、促进数字经济发展。

2022年2月，上海市法学会与上海数据交易所签订战略合作框架协议，约定合作研究、开展学术交流以及合作举办数据合规业务培训班，引导数据合规流通。随后在2022年6月10日，上海市法学会与上海政法学院签署《数据合规项目协议书》，在上海政法学院建立"上海市法学会数据合规培训与考试基地"，开发与数据合规相关的系列培训教材，由上海政法学院组织培训、由上海市数商协会负责考试。

本项目旨在培养掌握数据法学基本原理、数据合规实务能力、数据保护管理能力的数据合规师，有效提升自身及单位的业务实力，提高数据治理合规与风控水平。经过培训之后获得数据合规师培训合格证书，通过考试后获得考试合格证书。

项目特色

通过本项目培训和考试的人员将具备数据法学基本原理、数据合规实务能力、数据保护管理能力，将具备从事数据交易流通过程中对于数据产品设计、数据交易合规评估的能力；将具备在日常工作中、人才选拔、业务发展等诸多方面脱颖而出，有效提升自身竞争力和所在团队及单位的业务实力，提高数据治理合规与风控水平的能力。

◆数据合规师：数据合规师是熟悉网络信息技术且具有法律背景的专家。数据合规师是为企业提供数据合规管理，防范数据合规风险的人员。

◆名师讲坛：依托上海市法学会数据合规培训与考试基地，由资深专家和业界专业团队联合授课。

◆多维度教学：涵盖数据法学、管理学、计算机科学等多个核心领域，立足于深入剖析数据和数据产品合规全流程。

♦高度实务化：依托强大的行业资源，打造全面的教学与实践计划，充分锤炼学员的实际操作技能。

一、指导单位

上海市法学会
上海数据交易所

二、主办单位

上海市数商协会
上海政法学院（丝绸之路律师学院）

三、协办单位

上海政法学院经济法学院数字法学研究中心

招生简章　　　　　　　　招生咨询